江苏高校哲学社会科学研究重大项目资助
（项目编号：2020SJZDA119)

职业教育类型化变革的江苏路径研究

张学军 著

同濟大學出版社
TONGJI UNIVERSITY PRESS
·上海·

图书在版编目(CIP)数据

职业教育类型化变革的江苏路径探索 / 张学军著.
上海 : 同济大学出版社, 2024. 12. -- ISBN 978 - 7
- 5765 - 1427 - 8

Ⅰ. G719.21

中国国家版本馆 CIP 数据核字第 202546WY35 号

职业教育类型化变革的江苏路径研究

ZHIYE JIAOYU LEIXINGHUA BIANGE DE JIANGSU LUJING YANJIU

张学军 **著**

出 品 人 金英伟　**责任编辑** 丁国生　**责任校对** 徐逢乔　**封面设计** 陈益平

出版发行 同济大学出版社　www.tongjipress.com.cn
(地址: 上海市四平路 1239 号　邮编: 200092　电话: 021 - 65985622)
经　　销 全国各地新华书店、网络书店
排版制作 南京展望文化发展有限公司
印　　刷 苏州市古得堡数码印刷有限公司
开　　本 710 mm×1000 mm　1/16
印　　张 24.75
字　　数 388 000
版　　次 2024 年 12 月第 1 版
印　　次 2024 年 12 月第 1 次印刷
书　　号 ISBN 978-7-5765-1427-8

定　　价 98.00 元

序一
把握职业教育类型定位的三个视角

2019年1月，国务院印发《国家职业教育改革实施方案》指出，“职普”类型不同、地位同等，由此确立了“职业教育”（可简称为“职教”）的类型定位。党的二十大报告提出“优化职业教育类型定位”，由此为深化现代职业教育体系建设改革，推进职业教育高质量发展指明了方向。当今，由于职业教育类型定位及其制度效应还没有更好显现，人们对职业教育的偏见和误解仍然没有减少，人才市场技术技能人才缺口与产业高素质技能型人才瓶颈也始终没有得到有效缓解。在社会发展中，制度处于基础地位，决定社会长期发展。要真正实现“职普”类型相同、地位同等，必须将职业教育类型定位转换为制度供给。

分类是教育分类的首要问题，我们理解世界的方式有很多，分类思维是其中的基本方式之一。教育“类型学”能够帮助我们发现教育的本质特征。一般来说，在更大程度上，情感决定了事物分类方式的差异性和相似性。事物本性对群体情感影响不同，导致它们在不同的社会中也会发生改变。教育现象的科学分类体系是我们对教育现象认识和理解的集中体现，教育类型定位决定了教育制度与政策的发展方向。对于职业教育来说，基于类型定位的制度，能够为职业教育活动提供合理边界和持续保障，同样，在推进职业教育高质量发展中，职业教育活动对于优化类型定位、强化类型制度也具有重要作用。世界各国的历史经验表明，国家介入是影响职业教育发展的最重要因素。国家通过制度和立法，平衡劳动与管理、塑造生产模式、影响职业教育类型定位。职业教育是社会分工的产物，其也对产业和民众及其生活产生深刻影响。因此，从国家发展、社会进步和个人成长三个视角深入理解职业教育类型定位，有助于将职业教育类型定位转换为制度供给。

第一，国家发展视角下的职业教育类型定位。国家能力决定国家发展。国家能力是指将国家的意志转化为行动、将目标转化为现实的能力，由国家发展能力和治理能力组成。教育在国家发展中具有重要地位，承载着国家意志、具有价值取向，是促进国家发展的关键力量。在促进国家能力形成过程中，教育类型不同，功能定位就不同，发展路径也就不同。职业教育是不同于普通教育的类型教育，在促进国家发展中，其经济属性不可替代，是促进国家发展中所需人力资源禀赋的关键；职业教育的政治性、社会性功能能够有效增进国家治理能力，但其实现方式则更为隐蔽。

在促进国家发展能力形成上，职业教育无法被取代。经济社会发展的人力资本基础具有多元化、系统性特征，"奠基"需要科学人才，"转化"需要工程人才，"实现"需要技能人才。职业教育是国民教育体系和人力资源开发的重要组成部分，其培养高素质的技术技能人才，是服务现代产业、推动中国式现代化的重要力量。当今，现代产业呈现智能化特征，对从业人员的技能要求也趋于综合化，因而，形成和提升国家发展能力，需要确立职业教育类型定位，培养经济社会发展需要的技术技能人才。在促进国家治理能力形成上，职业教育作用巨大。一方面，治理能力源于职业教育发展的社会观念基础。在我国，技术技能人才主要由职业教育培养，当"技能成就未来，职教点亮人生""就业引领、技创未来""技能成就梦想"等宣传理念与大力推进职业教育发展的国家政策互动，再结合职业教育的改革发展成就，不仅促进了人们科学认识职业教育经济社会功能，也促进了职业教育社会观念基础的形成，从而转化为国家治理能力。另一方面，治理能力源于职业教育生产性与平民性特征。生产性是指职业教育对生产力发展的促进作用，平民性是指职业教育在理念和实践上强调贴近生活、结合劳动、强调人人性，特别是维护弱势群体权益，体现职业教育的价值取向。据2020年12月8日教育部举行的新闻发布会介绍，拥有第一代大学生是我国千万家庭的梦想，目前，我国70%的职业院校学生来自农村，"职教一人、脱贫一家"托起了弱势群体的"小康梦"。

第二，社会进步视角下的职业教育类型定位。社会分工的细化是社会进步的重要标志。社会分工是指社会总劳动不断地被细化为若干专门劳动的过程，一方面，这些专门劳动既相对独立，又互相依存。另一方面，这个过程是从自发分工到自觉分工的发展过程。人的需要是人的本性，是社会历史发展的最终动因，是社会分工的原动力。人类历史上经历了游牧业脱离农业、手工业脱离农业、商业脱离农业和手工业三次革命性社会分工，同时，也伴随了“脑体”分野。可以说，社会分工促进了生产力的发展和资本主义生产方式出现，进而也提高了劳动生产率和社会财富增长。因为社会分工，人与人之间实现了“结构性依赖”，拥有了更广阔的社会交往，形成了具有普遍道德属性的关系。同时，人们也有了不同的能力和需要，通过服务交换，满足自己和他人的需要，并赢得服务报酬。人类广泛的社会分工构成了社会的团结，而随着社会分工的再细化，“有机团结”在“机械团结”的基础上就形成了。因此，社会分工不仅使劳动有了专业化特征，也使不同的技能类型和层次在不同的岗位中更为突出。而社会分工的深化，不仅增加了职业种类，更使社会分化为不同的社会领域。

知识和技能分类、专门教育建立和教育类型制度发展因社会分工而产生，而教育领域、社会分工和社会结构也因教育类型的不同而不同。对职业教育来说，第一，教育类型制度能够促进人才精准供给。当前，我国劳动力市场的结构性矛盾依然突出，职业教育类型制度能够降低其交易成本，精准供给技术技能人才，推动经济可持续发展。第二，“职业”必须随着技术的变化而变化。一般而言，“技术”和“应用”不平衡，职业教育具有灵活性特征，能够按照技术的发展要求，为职业内容开展有针对性的教育和培训。第三，社会分工意蕴融入职业教育实施过程。职业和职业教育自身的内在逻辑体现在基本范式跨界性、培养主体异质性、培养过程合作性和培养内容多元性，并通过基于社会分工的培养行为体现出来。总之，强化职业教育类型制度，重视社会分工带来的知识差异，通过传授技术知识，适应不同职业需求，培养技术技能人才，实现社会进步目标。

第三，个人成长视角下的职业教育类型定位。个人成长是指在毕生发展中个体在认知、行为和情感上的变化，该变化可因自身年龄增长而发生，也可因环境因素而引起，还可是自身主动而改变。影响人的成长过程的因素很多，但最重要变量就是教育，适合的教育是个人成长的根本途径，是最好的教育。“面向人人、因材施教”“适应社会需要、社会共同参与”是适合的教育的本质特征。依据新修订的《职业教育法》，“面向人人、因材施教”就是职业教育的办学方针，“适应社会需要、社会共同参与”也正是职业教育的办学方向。因此,培养全面发展的人、训练职业技能和培养岗位技能人才,就是强化职业教育类型定位的核心体现。与普通教育相比,职业教育为适应学生的个人禀赋,从内容、形式、手段、目标和方向等方面为学生提供适合自己的选择,学生以自己的能力差异方式服务经济社会发展,由此形成了职业教育促进“三个相统一”的个体教育逻辑,即促进学生个性与共性相统一、学生个性发展与经济社会发展相统一、学生当下发展和未来发展相统一。为此,职业教育的适应性既要体现在关注个体差异、促进自身认知、提高职业能力,促进人的完整、和谐、多方面和自由发展,也要适应未来工作和生活世界,尊重人格与生命、培养关键能力与时代责任感,具有为经济社会发展做贡献的知识和能力,成为现代社会合格公民。因此,对于个人而言,职业教育是指向不同培养目标与定位的教育逻辑,其既不是次等教育,也不是补充教育,更不是淘汰教育,而是特色鲜明的一种教育类型,可能发生在个人成长的任何阶段,接受职业教育的学生,可升学、可就业,也可先就业再升学,最大限度地助力学生成长成才。职业性、选择性、终身性与包容性是职业教育区别普通教育的显著特征,同时,也是社会个体的实现全面适应性发展的重要途径。

制度强化是确保教育类型认知的基础,制度调试是优化职业教育类型定位的关键。自《国家职业教育改革实施方案》发布后,我国职业教育制度强化、制度调试加速推进,为职业教育高质量发展奠定了坚实基础。党的十八大以来,江苏召开两次职业教育大会,推出了一系列政策举措,省级财政 10 年投入 70 多亿元,职业教育发展各项关键指标始终位居全国前列。一是在增强职业教育类型制度观念上,努力推动职业教育知识的价值取向与内容实质深入人心。摒弃“劳心者治人,劳力者治于人”知识观偏见,强调技术知识在职业教育中的重要性,把培育和弘扬劳模精神、工匠精神作为技术技能人才培养的本质要求。二是在强化职业教育类型制度建设上,注重体现“职普”类型不同、地位同等。通过出台重要政策,在促进产教融合持续深入发展、构建区域现代职业教育体系、优化区域职业教育制度环境、建立现代职业教育管理体系、提升职业教育社会服务能力和推进职普教育享有同等地位等方面发挥了引领和保障作用。三是在完善职教类型制度配套体系上,积极推动职业教育制度与观念、文化和社会基础之间互动。完善省域技能治理制度,在技能形成上强化政府主导，在技能治理上完善劳资关系。保障技能人才社会地位，通过出台专门政策，让技术技能人才在政治上有地位、在经济上有待遇、在发展上有前景。推动国家资历框架建立，在终身学习资历框架设计、终身学习制度体系构建、学习成果认证制度建设和数字学分银行制度建设等方面主动作为、久久为功、稳步推进。本书基于历史制度主义视角，对我国职业教育制度，特别是江苏职业教育制度发展进行了系统的阐述，并深度结合江苏职业教育的改革发展和成就，内容具体、体系完整、重点突出，可为职业教育理论研究者、职业院校和企业、政府等参考、借鉴。

苏霄飞

苏州健雄职业技术学院党委书记、研究员

序二
坚持类型定位　推动职业教育高质量发展

我国职业教育发展源远流长，但只有 150 多年左右的历史具有“现代”意义。区分类型是不同教育赖以生存的基础，从 1866 年福建船政学堂创立到现在的 150 多年历史中，职业教育一直追求与普通教育平等地位。2019 年 1 月的《国家职业教育改革实施方案》首次在国家顶层文件中提出了“职普”类型不同、地位同等的类型化改革思想。那么，是什么基本特征使得职业教育成为一种类型教育？为什么要特别着重强调职业教育是一种类型教育？怎么做才能使职业教育实现类型化的高质量发展？理解这些问题，不仅有助于坚持和优化职业教育类型定位，也有助于推进职业教育类型化的高质量发展。

第一，是什么基本特征使得职业教育成为一种类型教育？

我国职业教育经过改革开放 40 多年卓有成效的发展，已经成为一个独特的教育类型。作为一种教育类型，职业教育应有着自己的边界和内涵，是什么基本特征使得职业教育成为一种类型教育，这个问题必须在当今优化职业教育类型定位过程中深入思考。研究职业教育类型属性和特征对于确立职业教育类型定位意义重大，近年来，国内外学者在这方面的研究持续深入。2008 年，国内学者姜大源认为，作为一种教育类型，职业教育在培养目标和课程内涵上有其独特的基本特征。国外学者 Moodie 认为，职业教育是指经济社会需要的中等层次的教育与培训。2017 年欧洲职业培训发展中心也认为，职业教育知识体系的核心特征是缄默知识，职业教育教学实施的本质特征是工作本位学习。同时，随着外部环境的变化，职业教育类型特征也会随着自身的动态发展而变化。职业教育有两种传统形式，一个是学徒制，一个是技术学校。中等职业学校是 20 世纪中叶职业教育实施的主流形态。

青年失业和再培训项目在20世纪70年代以来经济危机的促进下得到了快速发展。高等层次职业教育在20世纪80年代以来高等教育大众化和新职业主义的影响下获得了迅猛发展。如今,职业教育已经超越了传统形态、跨越了不同层次,呈现出多元化发展趋势,不仅在教育教学方式上呈现多元化,也在教育机构、层次和对象上呈现多元化。同时,职业专科、职业本科表现出快速的扩容、扩展、扩张趋势。发生这些变化一般有两个方面的原因,一方面,是人口、科技和经济变化,另一方面,是职业教育与培训体系内部因素驱动。因此,分析职业教育的类型特征,也必须从上述这两个方面来考虑。当今,职业教育所具有的"三性一化"特征最为核心,教育对象和内容的开放性、学习制度和形式的灵活性、教育机构和利益相关者的多元性、个体和企业需求的个性化,体现了新时代职业教育不同于普通教育的实质。如今,职业教育面向人人、密切工作、关系行企、社会关切,是有别于普通教育的一种教育类型。

第二,为什么要特别着重强调职业教育是一类型教育?

一是根据职业教育改革发展做出的正确判断。改革开放以来,职业教育改革发展成就显著,关键办学能力、社会服务能力和自身发展能力显著提高,如今,技术技能人才深受新一轮科技革命和产业革命的期待,职业教育改革发展的重要性和紧迫性日趋突出,其地位和作用日益凸显。为此,我国尤为重视职业教育的发展,并把职业教育与普通教育放到了同等重要位置。二是根据人们深化认识职业教育的正确选择。长期以来,尽管职业教育一直在追求类型地位,但一直没有获得广泛认可。社会对职业教育一直存在认识偏差,认为职业教育是次等教育,无法与普通教育相比,在招生、培养和就业等方面备受影响,其教育教学质量也一直为人诟病。而今,强调职业教育为类型教育已经上升为国家政策法律层面,社会民众认识和理解职业教育类型定位将更为深刻。三是根据把握职业教育办学方向的正确抉择。要实现职业教育向类型教育转变,就要按照职业教育自身的发展特点和规律,从根本上推动职业教育全方位、系统性和深层次变革创新,在院校与专业设置、师资与队伍建设、培养与评价改革、管理与服务创新等各方面,聚焦类型定位、凝练类型特征、体现类型属性,促进职业教育类型化高质量发展。

现实中,人们早已感受到职业教育与普通教育的不同,已经接纳和认可职业教育是一种教育类型。然而，职业教育的类型属性尚需进一步明晰，需要在理论和实践上给予进一步指导。一方面，要加强职业教育研究。作为一种教育类型，职业教育发展具有自身的基本规律，只有在研究的基础上，这些规律才能更好地被认识、遵循和利用。因此，需要研究职业教育与社会发展、产业发展、受教育者和人的发展的关系，同时，也需要研究职业教育教学、人才培养、师资队伍建设和校企合作的规律，只有遵照规律，才能办好职业教育。另一方面，要贯通职业教育体系。改革开放以来，尽管职业教育得到了快速发展，但职业教育却止于专科层次。纵向达不到更高层次，横向不衔接普通教育。打破职业教育"天花板"，设置职业本科、研究生教育，既建立职业教育中职、职业专科、职业本科和职业研究生的纵向晋升通道，也衔接普通教育，破除"职普"边界，共享两类资源、协同两种模式、互认两项成果。全方位、多层次、开放式的现代职业教育体系对于促进职业教育高质量发展至关重要。

第三，怎么做才能使职业教育实现类型化的高质量发展？

要实现职业教育类型化高质量发展，就要按照职业教育发展规律，把准改革发展方向、把握改革发展重点、把牢改革发展责任，立足类型教育确立，聚焦高质量发展，提升社会服务能力，彰显职教类型特色，实现职教创新发展。党的十八大以来，我国通过建体系、强机制、立法规、增能力，大力推进职业教育发展，取得了令人瞩目的成就。

"建体系"是类型教育确立的根本前提。在构建现代职业教育体系上，我国高度重视制度推动。从《关于加快发展现代职业教育的决定》(2014)到《国家职业教育改革实施方案》(2019)，初步构建了中国特色现代职业教育体系制度框架，其中，中职教育处于基础地位，职业专科处于核心地位，职业本科处于引领地位。从而，一方面，突破了职业教育层次的"天花板"。截至 2024 年 6 月，我国职业本科的院校与专业设置标准，以及职业教育学位制度已经初步建立，设置职业本科高校 51 所，并且正在呈现强烈的扩张趋势。另一方面，建立了符合职教规律的"职教高考"。目前，我国各地强力推动考试评价改革，纷纷建立符合本地实际的"文化素质 + 职业技能"的考试办法，职业教育高考招生模式也呈现出开放式特征，为社会各界人士，特别是让具有不同禀赋的中职学生、普教学生和社会人员圆梦于纵向贯通的现代职业教育。

“强机制”是校企深度融合的关键所在。在深化校企合作、产教融合发展上，我国高度重视机制改革。宏观层面形成协同推进机制。目前，我国建立了“部际协调机制”“部际联席会议制度”，形成了教育行政、人社、行业主管部门和社会团体统筹协调、协同推进职业教育发展局面。中观层面深化与产业体系融通。我国持续深化职业教育体系与产业体系互融互通，不断持续产教融合新模式。目前，已经有省市联合建设改革新模式、市域产教联合体、职业教育集团、行业产教融合共同体、“校中厂”、“厂中校”、产业学院和产教融合型企业等多种形式。微观层面推动校企双元育人。实现校企双元育人，深化校企合作是关键。“土地 + 金融 + 财政 + 信用”政策，促进了企业参与职业教育人才培养全过程，在技术技能人才培养的各个环节中，企业意愿愈发强烈、行动愈发主动、成效愈发明显，校企双元育人模式已经形成。

“立法规”是类型教育发展的根本保障。在推进法律制度环境优化上，坚持开放思维，借鉴国外经验，吸收改革成果，修订《职业教育法》。通过优化法律制度环境，确立职业教育类型法律地位，为企业主动参与职业教育、提升职业教育吸引力和认可度提供了法律遵循。通过建立国家、地方、行业企业和社会团体的统筹协调的职业教育治理体系，有效地促进了职业教育改革发展。同时，也为建立健全中国特色现代职业教育体系，推动职业教育纵向贯通、横向融通，职普协调发展提供了发展依据。

“增能力”是类型教育职能的外在表征。在促进社会服务能力提升上，充分发挥技术技能人才培养和技术创新职能，始终以服务经济社会发展为己任，以改革创新融入国家重大战略，服务地方经济与重点行业、领域及企业的发展。在服务产业中紧跟发展步伐，助力产业高端和高端产业发展。在扶贫攻坚中“扶志”“扶技”“扶业”，以教育培训扶志、技能培训扶技、产业帮扶扶业，让贫困人员拥有了一技之长、实现脱贫致富。在服务开放中传播文化、深化交流，“鲁班工坊”已经成为我国职业教育“走出去”的亮丽名片。

江苏是教育大省，也是教育强省。一直以来，江苏始终坚持和加强党对职业教育事业的全面领导，以人民为中心，守正创新、开放发展，积极推动职业教育作为一种独立的教育类型进入新发展阶段，努力构建高质量职业教育体系，将产教融合作为促进经济社会协调发展的重要举措，融入经济转型升级各环节，贯穿人才开发全过程，以类型定位推动职业教育高质量发展，以中国特色职教样板服务经济社会高质量发展。本书以职业教育类型化为主线，对职业教育类型化的重要问题进行了深刻阐述、逻辑论述和调查研究，背景详实，分析深刻，内容系统。坚持贴近江苏职业教育类型化变革的实际与实践，突出江苏在构建省域现代职业教育体系、促进产教融合持续深入发展、优化区域职业教育制度环境、建立现代职业教育管理体系、提升职业院校社会服务能力和推进职普教育享有同等地位等方面经验做法和突出成绩，不仅展现了江苏作为职教大省、职教强省的责任与担当，也扛起了江苏在我国职业教育发展中“争当表率、争做示范、走在前列”的光荣使命，具有时代性、系统性和科学性。本书既可为职业教育理论研究者提供参考，也可供职业院校和企业、政府等借鉴。

林长永

苏州健雄职业技术学院党委副书记、院长

目录

第三部分 职业教育类型化

第五部分　发达国家职业教育类型化发展

第六部分　职业教育类型化的江苏探索

第八部分　职业教育类型化变革的江苏路径

第一部分　绪论

第一章　研究背景与意义

第一节　研究背景

我国职业教育追求与普通教育平等地位的梦想初心不改，始终如一。在全面深化改革的新时代，我国提出了职业教育类型化改革的政策方向，明确了职业教育类型定位的改革思想，对于确立职业教育在国民教育体系中的战略定位具有重大现实意义。2019 年 1 月，国务院印发的《国家职业教育改革实施方案》（以下简称"职教 20 条"）指出，"职普"类型不同、地位同等，由此确立了职业教育的国家战略地位。2020 年 12 月，教育部在新闻发布会上指出，我国"十三五"期间职业教育改革发展的最大贡献是"确立了职业教育的类型"。[①] 2021 年 4 月，全国职教大会对职业教育提出了明确要求，即优化职业教育类型定位，加快构建现代职业教育体系[②]。2022 年 5 月实施的新《职业教育法》也对"职普"类型不同、地位同等做出了法律确认。由此，职业教育成为了与普通教育地位同等的一种教育类型。

党中央、国务院高度重视职业教育的改革发展。习近平总书记强调，要优化职业教育的类型定位，实实在在地把职业教育搞好，要增强职业教育的适应性，培养更多的能工巧匠、大国工匠，为促进经济社会发展和提高国家竞争力提供优质人力资源支撑。一直以来，在国家政策导向推动下，职业教育努力适应经济社会的发展要求，不断激发自身内生动力，以产业需求为导向，坚持产教融合校企合作，对接行

① 邢彦明：《从教育类型学观中国特色职业教育"类型"定位》，载《中国职业技术教育》2021 年第 33 期，第 24—30 页。

② 庄西真：《分类和我国职业教育的发展——从〈我国本科教育的分类问题〉说开去》，载《中国职业技术教育》2023 年第 36 期，第 7—11 页。

业门类齐全、产业形态不同、技术技能迭代的产业发展和需求特征，逐步形成了多种职业教育模式，丰富了技术技能人才的供给类型，形成了培养技能蓝领、技术灰领和应用型技师的较为完备的技术技能人才链，成为我国产业国际竞争力的优势所在。

一、职业教育类型化是我国职教政策变迁的历史诉求

政策层面一张蓝图绘到底，为职业教育类型化发展提供充足上位支撑，彰显了国家治理现代化的“中国特色”。职业教育政策是推动职业健康发展的重要保障和动力源泉。改革开放前后，我国职业教育在不同程度的政策制度推动下，得到了相应的发展。

一方面，改革开放前，职业教育整体处于探索阶段。

过渡时期(1949—1956)。新中国成立后，国家着重在巩固政权和保障民主方面做了大量工作。这个时期的职业教育政策重点突出“整顿”和“改造”。

社会主义建设的探索时期(1957—1966)。国家相继设立了职业中学和农业中学，优化了新中国农村教育结构。这个时期的职业教育政策的重点是推动普及农村地区的职业教育。1958 年，敢为天下先的江苏省主动探索农村职业教育，自主办学，开办农业中学，招收高小毕业生和初中毕业生，极大地促进了农业职业教育的发展。

“文革”初期(1966—1977)。很多教师被贴上了“臭老九”的标签，学校也被改变了功能，变成了工厂，教育成为首先受到冲击的领域。这个时期的职业教育政策大多荒废，无法得到有效落实，人们对职业教育的作用和规律的认知还存在明显的偏差。①

另一方面，改革开放后，职业教育进入快速发展阶段。

内在需求发展阶段(1978—1989)。改革开放后，我国经济社会发展进入快车道，亟需大量专门人才，特别是生产一线技术技能人员、管理人员和服务人员。这个阶段的职业教育政策多点开花、持续完善，推动了职业教育快速发展。1986 年 7 月 2 日至 6 日，新中国成立以来我国第一次全国职业技术教育工作会议召开，促进

① 武智：《新中国职业教育政策变迁研究(1949—2019)》，扬州大学 2021 年博士学位论文，第 41—48 页。

了职业教育的快速发展。

巩固提高发展阶段(1990—1998)。20 世纪 90 年代初期,我国经济社会发展急需各类专业人才,而职业教育却相对落后,急需扩大办学规模,亟待提高办学层次,亟须提高培养质量,这需要在制度层面进行顶层设计,统筹推进。为此,1991 年 1 月 25 日,全国第二次职业教育工作会议召开,大会分析了当前形势,提出了今后任务,旗帜鲜明地提出要大力发展职业技术教育。1996 年 6 月 17 日至 20 日,召开了第三次全国职业教育工作会议,明确了我国跨世纪发展职业教育的目标和任务。并相继于 1996 年 5 月 15 日和 1998 年 8 月 29 日先后颁布了我国第一部《职业教育法》和《高等教育法》。

深化改革发展阶段(1999—2011)。我国职业教育处于快速高位发展态势。这一时期,我国高等教育还处于大众化发展阶段,许多企业的技术水平还不够高,高等职业教育尚处于办学初期,人才培养质量总体不高,高等职业教育“高在哪里”一度成为重要研究课题。这个阶段的职业教育政策对职业教育起到了巨大的促进作用,但由于政策落实不力,又没有相应的配套措施,高职教育改革发展受到了很大影响。2002 年 7 月 28 日至 30 日,第四次全国职业教育工作会议召开,大会就当前职业教育发展过程中存在的问题进行了分析,并提出了今后的工作要求。2004 年 6 月 17 日,在南京召开第五次全国职业教育工作会议。2005 年 11 月 7 日,第六次全国职业教育工作会议召开,这次大会的主题是“大力发展中国特色的职业教育”,国务院总理温家宝就“大力发展中国特色的职业教育”做了重要讲话。

内涵提升与高质量发展阶段(2012—2021)。以 2012 年党的十八大召开为标志,中国特色社会主义事业进入了崭新的发展阶段,这个阶段的职业教育政策重点推动政府与社会力量共同促进职业教育发展。随着我国经济社会进入高质量发展,也为职业教育发展带来了历史新机遇,这个时期的政策出发点是解决问题,促进职业教育高质量发展。2014 年 6 月 23 日至 24 日,召开了第七次全国职业教育工作会议。2021 年 4 月 12 日至 13 日,召开了第八次全国职业教育大会(第一次这样命名大会名称)。这十年,是职业教育向现代化迈进的关键十年。许多重要的新政策、新举措在这一时期诞生,如建设现代职业教育体系、确立职业教育类型地位、开发国家专业教学标准、建设产教融合型企业、试点现代学徒制、建设中国特色高水平高职学校和专业、推进职业教育高质量发展、构建技能型社会等，已经形成了职业教育现代化的基本框架。

分析我国改革开放前后职业教育的政策文件及其出台背景可以发现，职业教育类型化一直是我国教育和职业教育的政策诉求，这些政策文件伴随着我国构建现代职业教育体系、推动职业教育类型化政策的变化而变化。以政策推动职业教育类型化，是我国从重视职业教育的就业功能到重视职业教育的就业与升学功能的发展结果。

二、职业教育类型化是经济社会持续发展的现实要求

社会发展以经济为物质基础，科技是推动经济发展的第一生产力，人才是推进科技发展的主体力量，教育是人才培养的基础和关键，而经济又是支撑教育发展的基础，因此，经济、教育、人才与科技四者互相依存，不可分割。社会经济发展规律的研究表明，推动经济社会发展，人才是关键。职业教育肩负着传承技术技能、培养技术技能人才和促进人的全面发展的重要职责。[①] 我国国内生产总值每增长1%，就业岗位就可增加100万个，而其中的高技能人才就需要9万～10万人。职业院校是高技能人才培养的主阵地，是高质量社会服务的主力军，能够在经济社会高质量发展中发挥更大作用。我国目前拥有职业院校1.13万所，在校生3 088万人，职业教育已占教育的半壁江山，职业教育体系在全世界规模最大。“增强职业技术教育适应性”“优化职业教育类型定位”已经成为我国“十四五”职业教育改革发展的总要求。在向第二个百年奋斗目标进军的征程中，职业教育的重要地位和作用将会愈发凸显，与经济社会发展的联系也越来越紧密。

当前，我国经济社会发展面临前所未有的挑战与机遇。一方面，世界百年变局加速演进，我国经济社会高质量发展正面临着史无前例的挑战，这些挑战主要来自包括新冠疫情持续冲击、全球经济低速增长、产业链价值链加速重构以及“不平衡、不充分”的国内发展矛盾等带来的深刻变化。另一方面，推动经济社会高质量发展、推进中国式现代化建设和推进中华民族伟大复兴，我们依然有着诸多有利条

① 曾天山、李杰豪：《新〈职业教育法〉保障职业教育高质量发展》，载《中国职业技术教育》2022年第16期，第16—22页。

件。党的坚强领导，是我们做好一切工作的根本保证。新型举国体制，是我们科技进步、成就事业的重要法宝。快速发展积累，是我们保持强大的韧性与活力的重要保障。社会长期稳定，是我们拥有获得感、幸福感、安全感以及提升社会治理水平的坚实基础。激扬自信自强，是我们中华民族在历史的洪流中始终屹立不倒、挺立潮头的精神力量。在以中国式现代化全面推进强国建设、民族复兴伟业过程中，经济社会发展需要更多的技术技能人才，彰显职业教育类型地位，发挥职业教育重要作用正当其时。

执行层面一以贯之做到位，职业教育取得丰硕且具潜能的成果。几十年来，职业教育在经济社会发展中发挥了巨大的作用，取得了卓越的成就。职业教育相关的行政单位、教育机构、企事业单位等积极贯彻落实文件、法规精神，职业教育相关领域表现出极大的潜力和动能。职业院校群体自身从实习实训场地设施建设、师资结构调整、产学研经验积累、学生数量、创新创业成果等方面亮点纷呈，成为促进地方经济社会发展的一股可持续动力；在助推经济社会发展方面，职教园、产教城为区域特色产业注入源头活水；一批产教融合型城市构建起了城市、行业、企业、院校等生态发展共同体；在实用管用的技术技能驱动下，“鲁班工坊”“中文＋职业技能”等项目在“一带一路”合作伙伴中逐步树立起中国职教品牌，形成“职”育民心、“技”植友谊的时代热潮；中职免费、高职奖助、技能就业等一系列具有鲜明职教特征的措施在脱贫攻坚、阻断贫困以及乡村振兴中发挥出了独特作用。职业教育在社会发展完整生态中的鲶鱼效应作用凸显，且显现出深远潜能。

尽管我国已建成世界上规模最大的职业教育体系，但与西方发达国家的职业教育相比，还存在很多需要提升的方面，技能人才与产业需求不匹配是掣制当前我国技能人才队伍建设的关键问题。从结构看，我国 28％的高技能人才占比，较发达国家有很大差距。从队伍质量看，我国制造业全员劳动生产率为 30 948.41 美元／人，仅为美国的 1／5，日本和德国的 1／3。同时，在职业教育理论研究、评价方式、师资建设、政策落实等方面还存在很多不足，需要在今后的实践中完善落实。当前，我国正处在实现中国式现代化的历史进程中，大力加快建设现代职业教育，实现职业教育类型化发展不仅是对经济社会发展需求的积极回应，也是推动现代职业教育体系不断完善、促进现代职业教育加快建设的不二法门。职业教育要坚定类型化发展道路，深化产教融合、校企合作的人才培养方式，努力培养符合经济社会发展需要的高素质技术技能人才。

三、职业教育类型化是职业教育深化改革的内生需求

职业教育之所以能够成为我国产业国际竞争力的优势所在，主要在于职业教育已经成为我国经济持续增长的主要人力资源之一。但在促进地区经济增长后，出现了与区域经济在联动上的脱节、失轨、失措的现象，这种“不适应”，与我国经济社会高质量发展的需要之间产生了非常明显的负面效应。其主要表现在以下几个方面。

一是“结构”不对接，导致脱节。学校专业结构没有与区域产业结构对接，专业招生结构没有与区域规模结构对接，人才层次结构没有与区域技术结构对接。

二是“合作”不深入，导致失轨。职业院校与企业合作的层次、深度不够，职业院校培养的专业人才与本区域的主导产业不匹配，职业院校毕业生开发利用新技术、新材料和新工艺的能力偏低，现代职业教育体系不够完善，职业教育与高等教育、继续教育协同创新不足。

三是“保障”不精准，导致失措。在参与职业教育与区域经济联动过程中，政府存在决策不合理、参与度把握不当等问题，要么过度参与，要么参与不够，职业教育的“三个转变”还有很长的路要走。

为适应经济社会高质量发展要求，职业教育紧扣服务区域经济社会发展内生需求深化改革，积极搭建“三维一体”的服务“骨架”，勾勒“多维对接”的服务“经络”，塑造“点线面聚合”的服务“血肉”，通过立体式服务道路的构建，赋予职业教育服务区域经济社会高质量发展的生命活力。

一是努力构建“三维一体”的协动路径。“利益”“规则”“效率”是促进职业教育与区域经济联动发展的重要杠杆，通过这三个维度的立体支撑，实现二者立体化联动的持续发展。以利益驱动促进联动。[①] 利益既是二者联动的逻辑起点，也是二者发展的最终归宿。“政行企校”利益主体的联动效率与正确处理主体间的利益关系

---

① 朱德全、徐小容：《职业教育与区域经济的联动逻辑和立体路径》，载《教育研究》2014 年第 35 期，第 45—53 + 68 页。

直接相关。在利益分配上，秉持公平公正；在利益协调上，建立协调机制；在利益补偿上，实现“帕累托优化”；在利益激励上，政策倾斜有效；以规则保障促进联动。“政行企校”为就某些教育与经济问题达成共识、签署相关合作协议、规范利益主体行为、明确各方权利义务、建立责任共担机制和追究机制、规范利益主体、提高合作效率提供联动保障；以效率优先促进联动。强调联动发展，并非要求政、行、企、校同步发展或“削峰补壑”，而是利益均衡的效率优先，根据各主体的加入、投入和深入的程度，厘清职责边界，明晰责任分工，做好各自工作，提高合作效率、提升合作效能、提增合作效益。

二是努力构建“多维对接”的路径。结构决定功能，在结构上实现职业教育与区域经济多维对接是二者联动、共同发展的首要前提。在助推职业教育专业结构与区域经济产业结构匹配方面，职业院校从产业结构的最新状态出发，按照市场导向，建构与产业结构相匹配的专业结构体系，适应产业调整和技术提升的内在要求；在推动职业教育层次结构与区域经济技术结构对接方面，职业院校根据区域经济技术结构，培养技术技能人才。区域经济的技术结构决定了职业教育发展的层次结构。与发达国家的先进型技术结构相比，我国仍处于后进型技术结构状态。因而，在人才培养层次上，区域职业教育要在强化中等职业教育基础性地位、提高人才培养质量的基础上，大力推进职业本科和专业学位研究生培养。在推引职业教育招生结构与区域经济规模结构对等方面，政府、行业、企业和学校共同推动，合力作为。通过“政行企校”构建区域人才需求的预测机制，预测区域技术技能人才的数量变化，有利于为职业院校有针对性地更新专业设置，确定教学规划，为促进区域人才需求与职业院校人才有效培养间的衔接提供参考。在推进职业教育布局结构与区域经济分布结构配套方面，整合、优化区域职教资源，发挥“1 + 1＞2”的整体效益。区域经济原有的分布结构是基础，职业院校本身的布局结构调整是前提。通过组建“校校”“校企”职教集团，打造校企命运共同体，推进各方优势资源融合组合，实现职业教育布局结构与区域经济分布结构配套。

三是努力构建“点线面聚合”的联动路径。职业教育与区域经济的立体化联动表现为多层次、多维度，政、行、企、校的“点式”联动表现为利益主体之间，“线式”联动体现为产学研载体，“面式”联动出现在区域内或区域间。“点式”联动表现为职业院校联动行业企业、校企共同联动政府部门和职业院校联动职业院校。其中,院校之间联动又分为横向联动与纵向联动,横向联动凸显彼此借鉴,共同协作,组建资源共享平台和集团化职教园区;纵向联动建有中、高、本衔接通道,包括中职与职业专科(3+2、4+2、3+3)、中职与普通本科(3+4)、五年制职业专科与普通本科(5+2)、职业专科与普通本科(3+2、4+0)等。职业院校横向、纵向一体化联动,为区域经济持续发展奠定了坚实基础;在院校与行业企业联动方面,有的组建了教育集团或教育联盟,有的进行了"契约式"结合,但无论联动采取哪种方式,建立双方利益协调机制是首要任务,通过利益协调机制,厘清合作权责,责任共担,利益共享,解决企业参与职业教育的后顾之忧;政府与校企联动方面,政府持续不断地为校企合作提供政策、资金和信息等方面的支持保障。"线式"联动具体表现为以平台为载体的产学研合作。一方面,体现在两两合作的"线线"联动上。学校与企业、企业与科研机构或学校与科研机构两两合作项目申报,不仅发挥了各自优势,开展重大项目的创新研发,也通过互惠共赢实现了共同发展。另一方面,体现在创建实体型合作平台的"一条线"联动上。创建实体型合作平台是区域内学校、企业和科研机构开展深层次合作的最佳路径。由企业高层技术人员、高校资深教授和科研机构高端人才组建的区域"产学研联合体",通过整合已有资源,推动教学、生产、研发"一条线"运行,并最大化地提高效率、降低成本。"面式"联动具体表现为城乡之间、区域之间的职教与经济联动。在城乡"面式"联动上,城市职业教育提供了与"三农"发展需求相匹配的职业教育与培训,对接县(市)、乡、村职业教育与培训网络,保证三级体系联通、互通、畅通和全覆盖,并有效结合"三农"实际,开发特有新专业,培训剩余劳动力,助力失地农民城镇再就业。在区域"面式"联动上,实现了国家、区域政府、职业院校三级治理,通过协调更多、更广范围的联动要素,实现职业教育与经济的联动。一方面,是区域职业教育之间的治理,通过统筹各方资源,协调各方利益,实现区域职教间的沟通与协作。另一方面,以区域间职教的联动为纽带,拉动区域间经济的协同发展并向区域经济高质量发展迈进。

实践表明,职业教育在繁荣经济、促进就业、消除贫困、和谐社会构建、新型城镇化建设和技能型社会打造的进程中都能发挥重要作用。因此,要继续保持职业教育的这些作用,职业教育自身的深化改革必须持久地深入下去。而坚持和优化职业教育类型定位、持续提升技术技能人才培养质量、实现特色化发展已经成为职业教育深化改革的内生需求，只有以类型化发展为起点，才能确定职业教育的类型化特征和发展方向，在内容要素、制度体系等方面推进职业教育的纵深改革。

四、职业教育类型化是职业教育改革发展的目标追求

改革开放以来，特别是党的十八大以来，党中央和国务院高度重视职业教育的改革和发展，确立了职业教育类型地位，加大了制度供给，深化了现代职业教育体系建设，职业教育进入了高质量发展新阶段。

在办学规模上，2021 年，全国共有中等职业教育学校（不含技工学校）7 294 所，高职（专科）学校 1 486 所，本科层次职业学校 32 所，其中，高职（专科）学校比 2011 年增加了 238 所。全国职业本专科招生人数 556.72 万人，占普通高等学校招生数的 55.60%。全国职业本专科在校生人数 1 603.03 万人，占在校生总数的 45.85%。全国中等职业学校（不含技工学校）招生人数 488.99 万人，在校生人数 1 311.81 万人，分别占高中阶段教育（不含技工学校）招生人数和在校生总数的 35.08%和 33.49%。2011—2021 年，全国高职院校毕业生人数呈逐年递增趋势，从 2011 年的 328 万人增长至 2021 年的 398 万人，增加了 70 万人；在财政投入上，2011—2020 年，职业院校国家财政性教育经费从 1 933.89 亿元增长至 4 446.34 亿元，增加了 1.3 倍，年均增速为 9.69%。职业院校国家财政性教育经费占国内生产总值的占比从 2011 年的 4.1%提高到 2020 年的 4.4%；在师资建设上，2021 年底，全国职业院校专任教师队伍总规模达 126.56 万人，其中，中职专任教师 69.54 万人，生师比 18.86∶1，“双师型”专任教师 38.6 万人，占专业（技能）课程专任教师比例的 55.51%；高职专任教师 57.02 万人，生师比 19.85∶1。

在专业布局上，国家统一制定中职、高职、本科专业目录，五年一大修，每年动态更新。《职业教育专业目录（2021 年）》包括中职、高职专科、职业本科三个层次，共设置 19 个专业大类、97 个专业类、1 349 个专业，覆盖了国民经济各个领域。全国职业教育专业布点数达 12 万余个，其中，装备制造大类、信息技术大类高职专科专业布点超 1.7 万个，比 2011 年增长了约 40%。在教学标准体系建设上，积极推进职业教育标准体系建设，先后发布了中职专业 230 个和专科高职专业 347 个教学标

准、职业院校专业实训教学条件建设标准 101 个、专业(类)顶岗实习标准 136 个以及中职 10 门、高职 2 门公共基础课程标准;在产教融合、校企合作上,截至 2021 年,全国组建了职业教育集团 1 500 个,吸引企业 3 万余家,覆盖了职业院校近 70%,教育部遴选示范性职业教育集团(联盟)培育单位 299 家。2021 年,国家发展改革委、教育部遴选公布了国家产教融合型企业 63 家。各省(区、市)积极培育省级产教融合型企业,纳入地方产教融合型企业建设培育库共有 2 079 家。自 2015 年以来,全国布局现代学徒制试点 558 个。在职业教育信息化上,“国家职业教育智慧教育平台”于 2022 年 3 月上线,目前,该平台汇聚了职业教育丰富的教学资源,其中,职业教育专业大类 19 个,职业专科专业 396 个,专业教学资源库 660 余个,在线精品课、视频公开课分别有 1 000 余门和 2 000 余门,同时,视频、图片、文档等颗粒化资源 420 余万条。在职业技能大赛上,截至 2021 年,职业技能大赛赛项数量达到 102 项,涉及新产业、新业态的赛项占比达 40%,赛区覆盖了 27 个省市,合作企业发展到 100 余家,参赛学生年度规模增长到 7 600 余人,累计参赛学生数达 12 万人。

在职业技能培训上,积极面向企业职工、退役军人、农村转移劳动力、返乡农民工、社会救助对象和残疾人等重点群体开展职业技能培训。“十三五”以来,全国共组织开展补贴性职业技能培训近 1 亿人次。在继续教育上,2021 年,全国学历继续教育招生 662.4 万人,比 2011 年增加 156.74 万人,增幅达 38.64%;2021 年学历继续教育在籍生 1 706.6 万人,比 2011 年增加 979.51 万人,增加了 1.35 倍。学历继续教育在学人数占高等教育本专科学生数的 48.8%。在社区教育上,截至 2021 年,全国已初步建立了省级(28 个)、地市级(280 个)、县区(1 450 个)、街道或乡镇(16 855 所)和居委会或行政村(363 390 个)等五级社区办学网络;在老年教育上,截至 2021 年,全国开放大学体系建成省级老年开放大学及老年教育机构 30 所,在 216 个市(地)、689 个县(市区)、4 856 个乡镇(街道)、26 698 个村(社区)设立了老年教育学习点。

美国心理学教授肯·谢尔顿(Ken Sheldon)指出,目标追求由目标设定、持续投入和目标实现三个阶段构成。职业教育从设定“类型化”目标,到持续投入、改革和发展,再到如今取得了显著成绩,实现了从办学层次到教育类型的既定目标。职业教育类型化道路任重道远,要优化职业教育的类型定位,加快构建中国特色现代职业教育体系。坚持以学生为中心理念，促进学生高质量就业。创新"扬长教育"实践，促进学生的个性化发展。深化职业教育供给侧改革，推动职业教育创新发展。

五、职业教育类型化变革研究可行性及江苏的典型性

长期以来，由于在认识上没有把职业教育看作一种类型教育，职业教育社会地位被"矮化"、职业院校办学偏离类型方向、教师教学违背类型教学规律、师资队伍建设背离办学定位，一些职业院校的领导和老师，缺乏创新意识，缺少改革动力，学生学习目标缺失，这些认识上的偏差，已经成为制约职业教育更好发展的重要原因。划分和认知教育类型，是一个国家完善教育体系、推进社会进步的重要体现。而能公平看待不同类型教育，持续推动不同类型教育协调发展的程度，则是一个国家经济、文化和教育共同发展到一定程度的具体反映。从 2019 年 1 月《国家职业教育改革实施方案》指出的职普"类型不同、地位同等"，到 2021 年全国职教大会提出的"优化职业教育类型定位"，再到 2022 年 4 月修订的新《职业教育法》指出的职普"类型不同、地位同等"，至此，我国正式确立了职业教育类型地位。走类型化发展道路，按照职业教育规律办职业教育，是职业教育健康发展的必由之路。研究职业教育类型化过程中存在的问题，构建区域现代职业教育体系，促进产教融合持续深入发展，优化区域职业教育制度环境，建立现代职业教育管理体系，提升职业教育社会服务能力，推进职普教育享有同等地位是职业教育类型化实践的核心内涵。我国幅员辽阔，地域差异大，各地经济社会发展不均衡，职业教育发展也存在不同步的现象，这就为职业教育类型化实践提供了先行先试的条件和可能。

坐落在长三角中心区域，江苏的经济社会发展一直领先，始终居于全国 31 个省、市、自治区第二位。一直以来，江苏高度重视职业教育发展，已经成为职教大省、职教强省。改革开放以来，江苏产业经历了三次跨越，即乡镇经济推动了"由农到工"的跨越，开放型经济推动了"由内到外"的跨越，转型经济推动了"由低到高"的跨越。与此同时，江苏职业教育也走过了三大历程，[①]即乡镇经济促进了"恢复起步"、开放性经济促进了"快速发展"和转型经济促进了"调整提高"，由此，江苏职业

① 杨湘宁：《职业教育公益性及江苏的实践与探索》，载《职业技术教育》2010 年第 31 期，第 9—12 页。

教育进行了三次创业，即从起步兴办到骨干建设，再到职业教育现代化建设，并且在发展中，始终围绕区域经济社会发展需要，扩大规模，调整结构，提高质量。特别是党的十八大以来，职业教育改革发展更是取得了显著成效，为职业教育类型化实践先行先试提供了先决条件。一是完善现代职教体系，类型特征更加彰显。中职地位持续增强。目前，相继建成了一批国家级和省级示范职教学校以及特色中职学校，50所"领航计划"学校，以及393个现代化专业群和432个品牌特色专业。先后制订了中职学校的课程标准和人才培养方案分别为432个、66个，发挥首创精神，在全国率先实行中职学业考试，并成为职教高考的重要组成部分。中职升本率不断提高，现在已由不足40%提高到70%。高职院校持续扩大。高职院校数量稳步提高，现已由原来的77所增加为现在的91所，其中，国家示范性(骨干)学校、国家优质专科学校和国家"双高"学校分别有15所、17所和20所，各类"国家级"学校入选数量占比均居全国第一。现已招生的南京工业职业技术大学为获批的全国首家公办职业本科学校。贯通培养率先试点。现有5 000多个中职与职业专科、中职与职业本科(应用本科)和职业专科与职业本科(应用本科)等贯通培养项目。二是坚持产教融合校企合作，办学特色日益鲜明。成立职教行委会11个，组建省级职教集团32个，入选全国示范性职教集团(联盟)15个，占全国入选总数的10%。已建成100个省级高职产教深度融合实训平台，36个产教融合集成平台。部省共建推进苏锡常都市圈职业教育改革创新，以及"十大"千亿级产教融合体标杆项目建设。① 三是推进教育教学改革，育人质量明显提升。深化思想政治教育和劳动教育，建设省级中小学生职业体验中心192个，助力普职融通和中小学劳动教育。改革创新教学方式方法，全国职业院校教学能力大赛连续九年获得一等奖数第一。建设优质教材和数字课程资源，入选全国首届教材奖21本，居全国第一，作为第一主持单位建设的国家职业教育专业教学资源库32个，居全国第一。强化"双师型"队伍建设，入选国家级教学创新团队39个(总数全国第一)，入选省级教学创新团队120个。优化企业导师结构，选聘757名优秀产业技术人员担任省级产业教授。四是扛起责任担当，社会服务能力不断强化。目前，江苏职业教育开设专业涵盖了江苏省域国民经济所有领域，其中，有189个中职专业和433个高职专业。江苏每

① 陶韬：《江苏职业教育十年高质量发展》，载《江苏科技报》2022年10月19日，第2版。

年输送50万名技术技能人才服务经济社会发展。面向社会大规模开展职业技能培训,年均社会培训量超过500万人。深入开展"东西部协作"行动计划,累计有7 700余名中职学生来江苏就读。为助力企业"走出去",还建立了中外校群合作平台,累计为共建"一带一路"国家培养培训人员11万人次,开发供当地学校使用的专业教学标准近300个。江苏自然资源禀赋优越,历史文化底蕴深厚,教育资源供给充足,已经走在了全国前列。江苏职业教育具有典型性,对中国职业教育发展具有重要启示。

第二节　研究意义

一、有助于完善国家职业教育制度体系框架

党和国家高度重视职业教育发展,把加快发展现代职业教育摆在更加突出的位置。[①] 党的十八大以来,职业教育得到了前所未有的重视,以一系列重大判定、重要论述和重点举措推动了职业教育的改革发展。党的十九大以来,职业教育改革已经进入攻坚克难的关键阶段,推动新时代职业教育大改革大发展,必须深入分析深层次问题,制定实施性方案,提出针对性措施,才能推动职业教育更好更快发展。《国家职业教育改革实施方案》明确提出职普"类型不同、地位同等"。为此,职业教育如何才能成为一种独立的教育类型?这种教育类型呈现什么样态?当前的职业教育有怎样的差距?这需要深入研究,广泛探讨。类就是纲,"纲举"才能"目张"。只有以职业教育类型化为主线,构建中国特色现代职业教育制度体系,才能展现出职业教育类型化的"自画像",形成自己的"风景画"。因此,同经济社会发展相协调,与深化教育改革相适应,以纵向贯通、横向融通为核心,以普职"双轨"运行为标志,统筹构建制度体系,积极深化校企合作,全面落实立德树人,才能培养新时代全面发展的技术技能人才。

第一,有利于建立现代职业教育纵向贯通职业学校体系。职业学校体系是职

① 陈子季:《以大改革促进大发展推动职业教育全面振兴》,载《中国职业技术教育》2020年第1期,第5—11页。

业教育类型化的物质基础,其不仅完善了学校类型,也完善了学校层次。初等职业教育面向经济欠发达地区和特殊教育领域,是个体初步技能培养的保证。中等职业教育是职业学校体系的基础,能够与普通教育融通、渗透。高等职业教育,包括职业专科教育、职业本科教育和职业研究生层次教育,是职业学校体系的主体。第二,有利于健全职教纵向贯通、职普横向融通制度保障。作为一种教育类型,职业教育的不同层次,初等、中等和高等职业教育需要相互促进、互相连通,而实现各层次之间的连接、通连需要职教高考制度。避免职业教育自成"孤岛",需要职业教育与普通教育融合通达,而实现课程共享与学生流动,需要普职融通制度。为了体现普职同等重要,实现学习成果就业价值同等,需要国家资历框架制度。第三,有利于强化职业教育类型化有效运行的支撑条件。支撑培养技术技能人才的完整过程需要六个条件,具体包括:产业人才数据平台,实现职业教育与产业需求精准对接;专业教学标准,体现职业教育人才培养具有职教特色;产教融合型企业,实现校企人才培养、技术研发利益共享;教师专业化培养体系,建立和完善大学培养与在职教育双轨制教师专业化培养体系;办学质量监控体系,通过全员参与、全程控制、全面管理,实现高质量人才培养;公平的升学与就业制度,实现职业教育学生与普通教育学生成长和发展享有同等机会。

二、有助于推进现代职业教育的高质量发展

当前,从中央到地方高度重视职业教育,从文件到法规整体推动,职业教育高质量发展步伐只争朝夕、坚定有力。我国已经全面进入高质量发展新阶段,人民向往美好生活的程度前所未有,职业教育受重视程度前所未有,职业教育在经济社会中的重要程度前所未有,职业教育改革的艰巨程度前所未有。同时,我们也深深感到,职业教育正在服务高质量教育体系建设,正在支撑经济社会高质量发展、正在成就人民的美好生活。深化现代职业教育体系建设改革,不断优化职业教育类型定位,已经成为当今职业教育高质量发展的核心任务。近年来,为增强职业教育的适应性和吸引力,推动职业教育高质量发展,职业教育要紧贴产业趋势,夯实发展基础,培养高素质技术技能人才。要破解堵点难点,增强改革动力,建立高质量产教融合体系。要完善职教体系,强化类型特色,畅通多样化成长成才路径,在推动

职业教育高质量发展大路上阔步前进。

一是夯实发展基础要补短板。当前，职业教育发展的短板就是职业教育体系和制度框架现状与产业发展需求、高质量发展、现代化要求还有差距。须通过《职业教育提质培优行动计划(2020—2023 年)》，以“双轨制”“双通制”为核心，对职业院校体系、职业招考制度全面统筹部署。在优化层次方面，构建结构合理、定位清晰的院校体系，并实现自下而上无缝衔接。坚持职普比大体相当，巩固中职基础地位。优化高等教育结构，大力发展高等职业教育。坚守职业教育类型特色，加快发展高质量职业本科教育。在健全职业教育考试招生制度方面，健全分类考试招生制度，完善“文化素质 + 职业技能”评价方式，突出省级统筹、面向人人、实践能力。改革职业教育考试招生制度是职业教育类型定位的必然要求。

二是增强改革动力要激活力。当前，职业教育要破解堵点难点，就要增强改革动力、建立健全体制机制。在加快职业教育治理能力建设上，不仅要健全职业教育标准体系，推动职业教育改革发展的关键突破口，也要打造高素质专业化管理队伍，完善办学质量监管评价机制。在构建职业教育多元办学格局上，深化校企合作，产教融合，建立高质量产教融合体系。既要建立和完善激励机制，积极鼓励社会力量举办职业教育，也要建立健全校企双元协同育人机制，鼓励企业全过程参与人才培养。在部省共建苏锡常都市圈职业教育创新高地上，发挥江苏敢为、敢闯、敢干、敢首创精神，先行先试创经验、敢闯敢为走在前，拿出一批可复制、可推广的经验，服务国家改革发展，支持兄弟省份共同提高。

三是坚持类型特色要强内涵。一是要落实立德树人的根本任务。以深化现代职业教育体系建设、提高职业教育质量、增强职业教育适应性和吸引力为目标，坚持职教类型特色，推进产教深度融合，制订学校发展规划，优化学校专业设置，服务地方经济社会发展。要将校企“双元”育人与学校“三全”育人有机结合，开好思政课程，强化课程思政，着力培养“德技并修”的技术技能人才。二是要全面推进“三教”改革。要优化类型定位，推进“三教”改革。要加强“双师素质”队伍建设，以数字化转型推动教师素质提升，以“做中学”方式促进教师能力提升，以“多元化”机制拓宽教师来源渠道。要聚焦“技术知识”教材开发，校企专家协同推进技术知识开发、专业课程标准构建和技术知识教材开放。要突出“理实一体”混合教学，基于校企合作推进“理实一体”场景建设，基于学习导向开展“为学而教”课堂革命，基于岗位任务开展“理实一体”混合教学。[①] 促进学生综合职业能力的提高，培养数字化时代高素质技术技能人才，推动职业教育高质量发展。三要推动职业教育数字化转型。要重视数字化智慧校园建设，提升数字化时代师生的数字素养与技能。要提升师生的数字化素养，高质量完成“教”与“学”。要提升职教课堂的创新活力。重构教学组织方式，更多支持学生的学。要围绕知识迁移能力塑造，助力学生洞察事物的本质与规律。要推动职业教育从培养的标准化向培养的个性化跃升，培养数字化技术技能人才。四是提升服务能力要增效益。要提升服务经济社会发展能力。对接市场需求和科技趋势是评价职业教育发展效益的根本。面对经济转型升级加速和人民美好生活需要，不仅要推进校企合作、产教融合，强化职业教育的适应性，也要发挥职业教育人才和资源优势，立足区域经济社会发展，在“东西部结对”“脱贫攻坚”“共同富裕”中发挥更大作用。要提升服务全民终身学习能力。党的二十大明确提出了“建设全民终身学习的学习型社会、学习型大国”的重大战略任务。职业教育要融入终身学习体系，以“资历框架”指引职业教育发展融入，以“三教协同”促进职业教育发展融入，以“主动适应”推动职业教育发展融入，服务“人人皆学、处处能学、时时可学”终身学习体系建设。要提升服务国际产能合作能力。加快国际产能合作急需人才培养，为我国“走出去”企业及产能合作国培养培训急需人才。要借鉴境外职业教育的办学经验，引进优质职业教育资源，促进“本土化、再创新”。同时，职业教育也要“走出去”，特别是要让我国职业教育沿着“一带一路”走出去，以提升我国的国际影响力。

三、有助于深化现代职业教育体系建设改革

2019 年的《国家职业教育改革实施方案》、2021 的全国职教大会和新修订的《职业教育法》相继确立了职业教育的类型定位，但要完整理解职业教育类型化含义，不仅需要在性质上正确认知职业教育与普通教育的差异，也需要在体系建设上深刻认识职业教育体系拥有自身核心特征的独立形态。建设独立形态的职业教育

① 张丽颖、张学军：《高职课堂革命：内涵、动因与策略》，载《中国职业技术教育》2021 年第 2 期，第 18—22 页。

体系与确立职业教育类型定位是辩证关系,独立形态的职业教育体系建设需要以职业教育类型定位的确立为前提,而职业教育类型定位的最终确立又要以独立形态的职业教育体系建设为物质基础。这一独立体系既要包括职业教育实施机构体系,也要包括职业教育的管理体系。

职业教育类型化有三个方面的基本要求。一是职业教育招生要稳定。确立了职业教育的类型定位,就认可了职业教育的存在价值,从而在政策和制度层面就能稳定职业教育招生比例,也就提高了职业院校的办学积极性。职业教育是面向大众的教育,关注更多的是如何培养人。稳定的职业教育体系需要体系内的组成部分也处于稳定状态,招生环节是职业教育体系的重要组成部分,招生稳定是人才培养过程的稳定和就业的稳定的前提,对职业教育体系的稳定起到重要作用。二是职业教育学制结构要完整。职业教育深层次改革是构建职业教育体系的基础。一方面,学制层次结构要完整。要建立中专、专科、本科和研究生层次的职业教育,也要根据特殊专业的人才培养需要,实施 5 年(本科)或 8 年(本 + 硕)制职业教育。学制层次完整是职业教育形成体系的基础。另一方面,学制层次之间要通畅。通过深入实施职教高考制度,彻底打通职业教育低学制到高学制进路,不仅能让职业教育低学制学生继续升学、有发展,也能让普通教育有意愿学技能的学生技能成才、技能报国。三是职业教育制度框架要完善。构建完整稳定的职业教育体系,不仅需要深入理顺学校职业教育内部管理体系和运行机制,还需要在国家层面构建产教融合、校企合作制度框架,多元化办学制度框架,以及国家资历框架。这些国家制度凸显了职业教育的办学规律,顺应了职业教育的发展要求,是职业教育类型化和构建职业教育体系的迫切要求。通过构建国家制度框架,能够使行业企业和社会力量真正参与职业教育的人才培养中,使职业教育办学方向、办学路径、办学地位更加明确、清晰、有保障,职业教育学生所获学分能够得到普通教育认可,职业教育毕业生的就业与升学,能够与普通教育毕业生享有同等待遇。

第二章　研究设计

第一节　研究思路

本书的研究对象为江苏职业教育类型化发展现状。研究方法为文献研究法、案例研究法和历史研究法。通过运用这些方法,对“职业教育类型化”的概念进行了系统界定,对职业教育类型化的国内外研究现状进行了系统梳理,对我国职业教育类型化变革的政策理念进行了系统描述,对江苏职业教育类型化的探索实践进行了系统总结,对美国、德国和英国等发达国家的职业教育类型化发展进行了系统介绍,对江苏职业教育类型化发展对策进行了重点阐述,以期为我国职业教育类型化发展提供参考。

第二节　研究内容

本书共分为八个部分。

第一部分　绪论,包括第一章的研究背景与意义和第二章的研究设计;

第二部分　国内外研究文献综述,包括第三章的国外研究现状、第四章的国内研究现状和第五章的国内外研究评述;

第三部分　职业教育类型化,包括第六章的国家政策维度的“类型化”、第七章的类型学的维度的“类型化”、第八章的经济发展维度的“类型化”、第九章的人才标准维度的“类型化”和第十章的自身发展维度的“类型化”;

第四部分　我国职业教育类型化变革的政策理想,包括第十一章的职业教育类型化的学理基础、第十二章的基于技术知识的职业教育类型特征和第十三章的我国职业教育类型化变革政策理想；

第五部分 发达国家职业教育类型化发展，包括第十四章的美国职业教育类型化发展、第十五章的德国职业教育类型化发展和第十六章的英国职业教育类型化发展；

第六部分 职业教育类型化的江苏探索，包括第十七章的构建省域现代职业教育体系、第十八章的促进产教融合持续深入发展、第十九章的优化区域职业教育制度环境、第二十章的建立现代职业教育管理体系、第二十一章的提升职业院校社会服务能力和第二十二章的推进职普教育享有同等地位；

第七部分 江苏职业教育类型化变革困境，包括第二十三章的调研和访谈规划实施和第二十四章的职业教育类型化困境；

第八部分 职业教育类型化变革的江苏路径，包括第二十五章的深化江苏现代职业教育体系建设、第二十六章的强化江苏职业教育职业学科建设和第二十七章的推进江苏职教融入终身学习体系。

第三节 研究方法

一、文献研究法

文献研究法意为在对文献进行搜集查阅、鉴别确认和研究整理的基础上，科学认识事物的本质。本书尽可能地搜集查阅国内外与职业教育类型化发展相关的纸质图书、纸质杂志和电子文献，搜集的文献包括纸质图书、电子图书、纸质杂志、电子期刊、报纸文章、硕士生博士生优秀论文、领导讲话、新闻发布、统计年鉴和统计公报等。通过鉴别确认，形成对职业教育类型化及其发展的整体认知，力图从本质上对如何开展职业教育类型化发展建设工作做出具体、明确的安排。

二、历史研究法

历史研究法意为通过对相关的历史资料，如政策文件、手稿和日记等，根据历史的发展脉络，对曾经发生过的重要事件进行多角度、全方位、系统性的研究，既要了解事物发展的前因后果，也要洞察事物的本质属性、存在形式和发展态势。本书以历史制度主义视角对职业教育类型化发展进行了研究，通过对改革开放以来我国不同时期关于职业教育类型化发展的相关政策进行分析，厘清这些政策的出发点和落脚点，理解政策的目标和任务，从而总结职业教育类型化发展在不同发展阶段的具体特征，为今后更好推动我国职业教育类型化发展奠定基础。

三、案例分析法

案例分析法意为根据文献资料、探索实践和具体事实，对单一对象进行系统分析，从而找出事物发展的普遍性和一般性规律的方法。[①] 本书的研究选取江苏职业教育类型化实践作为单一的研究对象，通过收集江苏省教育厅网站的相关信息、省委、省政府和教育厅领导的讲话及文章、江苏职业教育年度质量报告和关于江苏职业教育改革发展特别是关于江苏职业教育类型化发展的学术文献等，经过对这些资料进行探究、分析，在内容改革、运行制度、管理过程、主要特征和出现问题上全面系统地了解江苏职业教育类型化发展，针对江苏类型化发展的实际，提出今后类型化发展的主要对策。

① 张彦媛：《从了解、理解到化解——由案例分析浅谈班主任解决学生问题的方法》，载《教师》2019 年第 4 期，第 12—13 页。

第二部分 国内外研究文献综述

第三章　国外研究现状

第一节　职业教育政策演进历程

职业教育制度既是确保职业教育持续发展的基本保障，也是制约职业教育发展的重要因素。职业教育类型化的发展过程，就是职业教育制度的制定与实施过程，职业教育的国家干预，是职业教育类型化发展的重要保障。从美国、德国和英国等国家视角看各自职业教育类型化发展，更能知晓国家制度法规是促进职业教育类型化发展的唯一道路。同时，与我国不同，国外没有专门的与职业教育类型化发展直接相关的研究，但关于职业教育的功能定位与现代职业教育体系的研究，对我们还是具有一定的借鉴意义。

（一）美国职业教育制度变迁与特点

1. 制度创建阶段(1776—1917)

英国对美国独立前的职业教育影响很大。美国独立后，通过重视手工训练，使农业和商业教育发展很快。南北战争前，各地创办讲习所、兴办技术学院、成立农业学会，推动了工农业发展，培养了工程技术人才。南北战争期间的 1862 年，联邦政府颁发了职业教育的第一个法规《莫雷尔法案》，并于南北战争后的 1865 年全面实施，1890 年补充修订，增强了对高等职业教育的国家干预。随着赠地学院数量增加，为确保各州土地拨款使用的均衡，同年又出台了《第二赠地法》。1914 年，政府出台了《史密斯—利弗法案》，进一步推动了赠地学院服务各州农业技术发展。这一时期，美国职业教育尤为重视专业技术人才和科学技术人才的培养。

2. 制度发展阶段(1917—1963)

美国的南北战争,让美国坐上了“世界最强工业国家”的宝座,而赠地学院由于在 20 世纪初的政策倾斜,其教学与科研发展很快。杜威实用主义思想在这个时期深刻影响了美国中等职业教育的发展。① 1913 年,中等教育改造委员会成立,1917 年,《史密斯—休斯法案》颁布实施,至此,美国职业教育制度正式确立。② 1920 年,为使“一战”伤残复转士兵融入国家建设,《史密斯—费斯法案》颁布实施。1934 年,《乔治—埃利泽法》颁布实施。1936 年,《乔治—迪恩法》颁布实施。③ “二战”期间,为满足战争需要,培养技术工人,1940 年,国会通过了《国防训练法》。通过该法的实施,美国逐年增加对优秀学生的贷款数额,1959 年、1960 年和 1962 年,政府分别为学生贷款 4 750 万美元、8 250 万美元和 9 000 万美元。1961 年,美国国家“职业教育顾问委员会”成立,随后,《地区开发法》和《人力开发训练法》颁布实施。这个阶段的职业教育发展迅速,一方面,受益于政府政策的强力推动,另一方面,也为解决失业问题、抑制经济衰退、保障国家安全、促进战争经济做出了贡献。

3. 制度完善阶段(1963—1984)

这一时期,冷战、民权运动和人力资本理论备受瞩目,教育追求公平化,关注底层群体教育需求成为了美国政府的工作重点。1963 年颁布实施的《职业教育法》指出,解除职业教育的地域和年龄限制,人人享有平等的教育和培训的机会。职业教育的国家全面干预和管理全面启动,美国职业教育迈入新阶段。1964 年,颁布了《初中等教育法》,推动底层民众享有平等教育机会。同年,《高等教育法》颁布实施。1968 年,为推动职普融合,《职业教育修正案》颁布实施。1973 年,出台《综合雇佣和训练法案》。1974 年,颁布《教育修正案》。1976 年,出台《职业教育修正案》。1977 年,出台《青年就业和示范工程法案》,颁布《生涯教育激励法》。几年内密集出台职业教育相关政策法规,核心是关注底层群体的发展权利,注重职

① 祁占勇、王锦雁:《美国职业教育制度的发展演变及其基本特征》,载《职教论坛》2017 年第 34 期,第 58—64 页。

② 唐智彬、石伟平:《生产方式发展与职业教育办学模式变迁》,载《河北师范大学学报(教育科学版)》2013 年第 15 期,第 63—68 页。

③ 程宇:《中国职业教育与经济发展互动效应研究》,吉林大学 2020 年博士学位论文,第 156 页。

业教育的生涯教育，关注职业教育的投入与收益平衡。1971 年，教育总署长西德尼·马兰提出“生计教育”，1977 年，政府拨款 4 亿美元支持“生计教育五年计划”。这一阶段，美国职业教育制度对国计民生尤为关注，职业教育成为底层民众摆脱贫困的保障。

4. 制度优化阶段(1984 年至今)

20 世纪 80 年代，美国经济快速发展，对劳动力需求越来越大。同时，也在深刻反思 60 年代以来由于对教育公平的过度追求，造成的教育平庸化问题。1984 年，《卡尔·D.帕金斯职业教育法》颁布实施，在强调以高质量职业教育促进经济发展、满足未来劳动力需求的同时，对社会弱势群体给予了特殊关注。1990 年，颁布《卡尔·D.帕金斯职业与应用技术教育法》，以期提高美国国际经济竞争力。1998 年，《卡尔·D.帕金斯职业技术教育法》颁布实施，该法律首次将“职业技术教育”概念确定下来，指出其可以提供当前和今后的继续教育服务受教育者。21 世纪的技术进步，对劳动力素质的要求更高，职业教育的人才培养也由此面临更大挑战。2006 年，《卡尔·D.帕金斯生涯与技术教育法案》颁布实施，首次确定“生涯技术教育”概念，打破了联邦拨款壁垒。这一阶段，美国职业教育制度在促进职业教育层次和质量提升方面发挥了推动作用，在职普融通、产教融通、校企融通等方面发挥了引导作用，在创新管理机制、资金使用方式和职教评估制度等方面发挥了主导作用，美国职业教育现代化进程正加快推进。自美独立后，政府主要通过立法主导职业教育发展。在管理上，建立健全制度体系。在教育理念上，重视培养质量及促进个人发展。在职教体系建设上，力促职普融通。在财政支持上，加大财政拨款，明确使用途径。在法治保障上，法治建设与社会经济发展相适应。国家干预下的美国职业教育，为社会稳定和经济发展做出了巨大贡献。

(二) 英国职业教育政策制度变迁与特点

1. 职业教育的政府早期干预阶段(中世纪—1889)

中世纪以来，英国的家庭学徒制、行会学徒制盛行，圈地运动后，英国政府相继出台了《工匠、徒弟法》和《济贫法》，开启了征税办教育的先河。几次受到法国、德国在世博会技术展示的影响，英国采取一系列重要举措，包括成立皇家工艺学会、科学和工艺署、议会科学教育特别委员会和皇家技术教育委员会，[①]对职业教育给予超乎寻常的重视，1884 年公开发布的《关于技术教育的报告》，极大地促进了 1889 年英国《技术教育法》的快速出台，该法律不仅对职业教育的法律地位进行了确立，也将职业教育纳入完整的学制体系之中。

2. 现代职业教育制度的建立阶段(1890—1943)

20 世纪初期，为确立初等职业教育的地位，1904 年，《中等学校条例》颁布实施。1909 年，《职业交换法》颁布实施。1910 年，《职业选择法》颁布实施。1913 年，《技术学校条例》颁布实施。这期间，英国创立了相应的职业学校，学生毕业就业好，有力推动了初等职业教育的发展。第一次世界大战推动了政府与大学和学院的紧密合作，高等职业教育得到了空前重视，除颁布相应法案外，政府还建立了国家职业资格证书制度。

3. 职业教育制度发展与完善阶段(1944—1987)

《1944 年教育法》和《克劳瑟报告》改变了以文法中学为中心的中等教育格局，推动了中等职业教育的发展。1945 年，《珀西报告》发布。1946 年，《巴洛报告》发布。1956 年《技术教育》白皮书发布。由此，极大促进了高等职业教育的快速发展。20 世纪 70 年代后期，英国政府多措并举，通过强力推进中等职业教育的快速发展，在全国普及推行职业资格证书制度，根据经济社会发展需要和职业教育人才培养需求，建立多科技术学院和学院基金委员会，不仅顺应了产业发展的需要、深化了校企的紧密结合，也增强了政府推动职业教育更好更快发展的决心。

4. 职业教育进入改革发展新阶段(1988 年至今)

《1988 年教育改革法》由英国议会于 1988 年 7 月讨论通过。该法强调废除高等教育“双重制”，建立两种中等教育机构，一个是城市技术学院，一个是城市工艺技术学院。1995 年，正式推行现代学徒制，并出台相应的促进政策。2009 年，颁布实施《学徒制、技能、儿童和学习法案》。相继在 2017 年出台了《技术和继续教育法案》，2019 年出台了《高等技术教育：当前的制度和变革的理由》，以及 2020 年出台了《高等技术教育咨询分析》等政策文件，持续强化了对职业教育的支持改进。同

① 王宇翔：《英国职业教育制度变迁研究——基于历史制度主义视角》，载《高等理科教育》2022 年第 5 期，第 118—123 页。

时，为打通学徒制与学术教育的通道，实现职业资格等级和学位对接，还进一步完善了国家资历框架体系。从以上职业教育制度变迁看，英国的政治、经济和文化对职业教育制度的形成和发展起到了举足轻重的作用，推动职业教育制度变迁的根本动力是职业教育主体为达到自身目的而采取的行动，政府干预与企业参与是推动职业教育稳定发展的关键。

（三）德国职业教育政策制度变迁与特点

“双元制”在本质上是一种工读交替的学习培训制度，是德国、奥地利、瑞士和挪威等国家的职业教育广泛采用的制度。德国双元制职业教育制度经历了三个发展阶段。第一阶段，行会学徒制的发展历经波折。中世纪以来，欧洲职业教育基本形式就是行会学徒制。德国工业革命晚于英国和法国，他国的经历与本国国情促使德国政府对行会与其学徒制产生了又取消、又恢复的矛盾心理。1845 年出台的《普鲁士手工业法案》授予行会充分权力。德国统一后的 1871 年颁布的《德意志帝国工业法典》又剥夺了传统行会的权力。而受工人运动的影响，1881 年颁布的《德意志帝国工业法典修正案》（亦称“行会法案”）又恢复了行会权力。1897 年，颁布了《手工业法案》，以完善“行会法案”，一方面，严格监管行会权力，另一方面，政府不想过深介入。直到 1936 年以后，各商会相继有了组建考试委员会和举办考试的权力。第二阶段，学校职业教育立法制度出现。企业培训是典型的经济行为，只有与学校的教育属性有机结合，才能促进学生的生涯发展。《德意志帝国工业法典》推动了与企业培训密切相关的学校职业教育立法制度的建立。一方面，师傅资质与培训质量缺乏监管，再加上教育属性难以保障，学徒生涯发展令人担忧。另一方面，由于各级各类继续教育学校办学理念不清晰，对此类学校感兴趣的雇主和年轻人少之又少。在《德意志帝国工业法典》的基础上，1881 年和 1990 年《德意志帝国工业法典修正案》也对“学生教育问题”做出了明确说明。德国教育家凯兴斯泰纳在其《德国青年的公民教育》一文中指出，应以公民教育目标和劳作教育原则改造和新设继续教育学校，使其兼具职业教育、道德教育和公民教育复合职能。1919 年，《德意志帝国宪法》（又称《魏玛宪法》）第一次将强迫性的继续教育推广到整个德国，继续教育类学校成为了德国职业教育和培训的有力支撑。第三阶段，双元制职业教育立法的产生。"一战"前后，德国已经形成两大职业教育体系，一个是商会牵头的学徒培训系统，一个是以继续教育类学校职业教育为补充的学校系统。要使这分属于不同的社会系统的两大体系有效联结步履艰难，1969 年，《职业培训法》意图推动两大系统实现联结，但诸多不确定因素依然存在。1959 年，德国工会向国会提交职业培训法提案，1966 年，多党联合政府向国会提交职业培训法提案，1969 年，联邦议院职业培训法小组委员会向国会提交提案，这三次提案均未获通过，主要源于主要政党意见不一、立法条件不具备、提案考虑不周全等方面的原因。1964 年，德国教育委员会第一次将两大体系联结成完整系统，并形成德国职业教育培训系统评估报告，在国会第二次审议职业教育提案时被提出，各利益团体对此进行了激烈争论。1967 年，在一次劳工事务委员会和家庭、青年事务委员会的公开听证会上，该思想再次成为争论焦点，这两次争论无果而终。直到 1969 年，由"社民党"牵头递交的提案，因国家立法环境发生改变，党派利益格局发生变化，最终被国会通过。从上述三个阶段可以看出，德国双元制职业教育制度创制过程受到了多种复杂因素的影响。双元制职业教育立法是传统与现代因素相互结合的产物，是多种力量长期斗争与合作的结果。该立法看似偶然，实则必然，具有自身的独特性，很难复制。

第二节 职业教育功能定位研究

(一) 基于功能主义的教育功能研究

关于教育功能相关研究，国外起步早，角度多，内容也十分丰富。本书仅从社会学角度对国外教育功能的研究文献进行梳理。19 世纪后半叶，就开始运用社会学理论对教育功能进行了系统研究，并涌现出具有代表性的功能主义、冲突论和社会改造论等学派。[①] 基于功能主义的教育功能研究体现在以下两个方面：

一是教育的社会功能。相关学者认为，在教育功能中，其社会功能更为突出，

① 傅维利：《教育功能论》，辽宁教育出版社 1990 年版，第 100—106 页。

并居核心地位。法国犹太裔社会学家埃米尔·涂尔干(Émile Durkheim)最早提出教育的社会功能,认为教育的目的在于培养符合社会准则的公民,其不仅对教育功能与社会发展的关系进行了深刻的阐述,也对“社会决定教育,教育对社会也具有反作用”做出了具体的说明,同时,他认为,培养符合社会准则的公民,既是一种社会制度、社会现象,也是一个社会过程。[①] 此外,美国社会学家塔尔科特·帕森斯(Talcott Parsons)也指出,教育的功能主要体现在社会功能和选择功能两个方面,其中,社会功能是教育的主要功能。

二是教育的筛选功能。筛选功能是指为促进社会流动,在教育程度差异基础上建立的社会筛选机制。有一部分学者认为,教育的主要功能是筛选功能。美国社会学家塔尔科特·帕森斯(Talcott Parsons)将教育的社会功能进行了深入阐述后,对教育的选拔功能(也称角色安置功能或角色分配功能)进行了论述,在此基础上,深刻分析了社会功能和选拔功能之间的关系,指出学生的认知成就与道德成就在初等学校里区分得不是很明显,可他们一旦到了中学,就会非常清楚地区分这两个层次的成就。有较高认知成就的人,一般适合担当技术性的角色,而有较高道德认知的人,则更适合做一位“社会性”或“人性”传播者。[②] 特别是美国社会学家拉尔夫·H.特纳(Ralph H. Turner)关于“赞助性流动”与“竞争性流动”的研究很有代表性,特纳认为,每个社会都非常重视和发展自己的选择制度,选择制度是教育的根本制度,一个社会对人才的选拔,为什么选择、何时选择、怎样选择和选择哪一个等都不尽相同。因此,学者们往往先研究教育的正向功能,因而对“社会功能”“选拔功能”这两个教育功能给予充分肯定。但结构功能主义对教育功能的认识有了新改变,美国经济学家鲍尔斯(Samuel Bowles)和金蒂斯(Herbert Gintis)认为,社会公平、教育均等不是教育决定的,更不取决于教育是不是公立教育,教育是阶级再生产的工具,只能加剧社会的不平等。[③] 社会结构才对社会公平、教育均等具有决定作用。

---

① 张人杰:《国外教育社会学基本文选》,华东师范大学出版社 1989 年版,第 9—23 页。

② [法] 布列克里局、杭特著,李锦旭译:《教育社会学理论》,台北桂冠图书股份有限公司 1987 年版,第 88—97 页。

③ [美] S.鲍尔斯、H.金蒂斯,王佩雄译:《美国:经济生活与教育改革》,上海教育出版社 1990 年版,第 68 页。

(二) 基于争论的职业教育功能研究

1. 关于职业教育功能的争论

在该争论中,一种是持有职业教育特殊性功能论的观点,一种是持有职业教育普通性功能论的观点(徐晔,2019)。[①] 关于职业教育特殊性功能论,该论断主要包括职业中心主义和效率中心主义两种类型观点。德国学者凯兴斯泰纳(Kerschensteiner Georg)和美国学者戴维·斯内登(David Snedden)、查尔斯·普洛瑟(Charles Prosser)是职业中心主义观点的代表人物,该观点认为,就业功能是职业教育的核心,职业教育就是为了职业而进行的教育,职业教育学校应独立设置,为突出职业教育的职业性,应重视职业技能训练。查尔斯·普洛瑟在其《民主中的职业教育》书中指出,职业教育的概念有广义和狭义两种解释,广义上是谋求职业且伴随一生,狭义上是为了职业接受教育或技能训练。[②] 古德(Carter V. Good)是效率中心主义观点的代表人物,该观点认为,职业性和专业性是职业教育的显著特点,职业教育能够通过提高个人能力,促进个体就业,推动社会效率提升。古德在其《教育词典》中指出,职业教育具有很强的功能,其能够使受教育的人拥有利用更少时间、完成更多工作的一种能力。此外,人力资本理论认为,经济社会要想发展得又好又快,必须拥有相当数量的中等技术人员。关于职业教育普通性功能论,该观点认为,职业教育也是通识教育,在关注个体的社会性和个性发展的基础上,兼顾职业领域特点。该论断包括民主主义者和自由教育者两种类型观点。民主主义是在批判封建专制主义的基础上提出的平等、自由思想。美国哲学家约翰·杜威(John Dewey)是民主主义者观点的代表人物,杜威认为,不仅要通过技能训练促进职业教育,也要让学生接触社会、了解社会,将理智的内容渗透到职业教育,才能促使学生在与科学、社会的互动中,更好地掌握科学知识,更好地理解工作的意义,更好地促进职业教育的发展。并且,职业教育的内容不仅只有科学训练,还要培养创新精神、思考和行动能力,既要学习经济学知识,也要学习政治学知识。使职业教育成为“社会化教育”。因此,特殊性功能论突出体现职业教育的功利价

① 徐晔:《现代职业教育体系下中等职业教育功能定位研究》,天津大学 2019 年博士学位论文,第 27—28 页。
② 路宝利:《美国中等职业教育发展的职业主义与民主主义之争:“普杜之辩”研究》,中国社会科学出版社 2015 年版,第 71 页。

值，更关注社会个体接受职业教育后所获得的发展，强调经济社会发展由于职业教育的促进而发展进步。[①] 而普通性功能论是坚持以人为本，其目标是促进社会个体的个性化、社会化发展，强调职业教育服务社会个体发展。

2. 关于发展中国家发展中等职业教育的争论

该争论起于20世纪60年代。美国学者菲利普·福斯特(Philip J. Foster)认为，由于发展中国家的经济社会发展没有达到一定程度，不应该发展中等职业教育。1965年，其在《发展规划中职业学校谬误》中指出，中等职业教育，特别是学校职业教育，不应该被发展中国家推崇，因为如果这样做，会使教育陷落为经济社会发展的附庸，也实现不了既定的教育规划，如果开设了中等职业教育，也应该缩减其规模。[②] 同时，世界银行教育专家沙卡罗巴斯(Psacharopoulos G)也同样认为，发展中国家不适合发展职业教育[③]。1999年11月，世界银行的《21世纪中国教育战略目标》也指出，中国应在未来20年内使中等职业教育规模缩减，直至比例减少为零。[④] 学者保罗·本奈尔(Bennell P)是发展中国家发展职业教育的坚定支持者，保罗·本奈尔指出，发展中国家的职业教育与普通中等教育相比，社会收益率前者明显高于后者。职业教育也是OECD国家中等教育的重要构成部分。可以看出，保罗·本奈尔严重质疑沙卡罗巴斯的观点(Bennell P，1995)。现实中，许多发展中国家对中等职业教育高度重视，特别是中国、俄罗斯和印度这些发展中大国。我国多年来出台了一系列相关政策发展中等职业教育，高度重视职普比例大体相当的发展战略，取得了显著的成效(Bennell P，1998)。

第三节　现代职业教育体系研究

称呼“职业教育”，不同国家会各有不同。美国为“生涯教育”，德国为“职业训

① 徐国庆：《职业教育课程论》，华东师范大学出版社2015年版，第81页。
② 萧今、黎万红：《发展经济中的教育与职业》，天津人民出版社2002年版，第177—190页。
③ 李莹：《发展中国家是否应发展中等职业教育？——一个长期的国际争议》，载《教育科学》2007年第1期，第68—72页。
④ 国家教育发展研究中心：《2000年中国教育绿皮书》，教育科学出版社2000年版，第34页。

练”,英国为“技术教育”。现代职业教育及其体系与工业大生产相伴相生,与经济社会发展相随相伴,国家越发达,越重视发展职业教育,越重视完善职业教育体系,也越容易协调职普一体化发展。目前,没有任何一个发达国家没有较为完备的现代职业教育体系。

(一)美国现代职业教育体系

职业教育在美国被称为“职业生涯与技术教育”,美国的资本主义民主政治体制以及自由开放的市场体制,体现了文化的“民主”与“自由”,对职业教育产生了深远影响,更促进了职业教育体系的多元开放。新职业主义就是试图整合初等、中等和高等职业教育,整合学术教育与职业教育、中等教育与中等后教育,并搭建起教育与工作生活之间的桥梁。在完善的职业生涯及技术教育体系下,经过实践训练,综合高中的学生就掌握了一定的职业技能,不仅可以顺利地找到工作,也能更好地长远发展自己。生涯与技术教育在高中阶段的广泛推行,已经成为促进高中生可持续发展的重要推动力量。实践证明,美国的“单轨制”教育体制,体现了民主主义教育思想,突出了职业教育与学术教育等值理念,在同一教育轨道上,实现了人的平等发展。同时,“职业生涯与技术教育”体系同人力资源市场之间的无缝衔接,也为促进“职业生涯与技术教育”可持续发展增添了动力。

美国职业教育模式的代表——社区学院。一个世纪以来,美国社区学院秉承了“教育是实际的、自由的,可服务大众,也可发展个人”的托马斯·杰弗逊信念,承担着职业教育的职能,对美国的教育与生活产生了巨大的影响,有“人民学院”的美誉。吴雪萍和蒋新峰(2002)认为,美国社区学院职业教育具有适应性、针对性、灵活性和经济性的特点。① 刘江义(2007)认为,社区学院提供的是开放的教育,课程广泛,公开入学,公平就学,面向社区培养技术应用型人才,无缝对接终身学习,职业教育费用低、技术高、能力强,公平开放、综合包容、服务社区、终身教育和质高价廉是其办学理念与特征。② 方小斌(2008)认为,美国社区学院的办学理念是“法治、

① 吴雪萍、蒋新峰:《美国社区学院的高等职业教育管窥》,载《教育与职业》2002年第2期,第57—59页。
② 刘江义:《美国的“人民学院”——关于美国社区学院的理念、经验和特点研究》,载《中国职业技术教育》2007年第2期,第55—58页。

平等、务实、品牌、人本”。[①] 王凤玉和刘英俊(2012)认为，培养目标的多样性、培养途径的开放性、专业设置的灵活性、师资管理的适应性、课程体系的综合性和管理体制的开放性是美国社区学院的办学特色。[②] 赵文平(2014)认为，职普融合的开放性是美国职业教育体系最大的特征，开放性体现在职业教育对象、办学主体、场域、培养过程和教师结构五个方面。[③] 涂雪仁和黄宇红(2015)认为，美国社区学院职业教育具有面向社区、服务公民的服务性，注重实践、培养技能的实践性，以及职普结合、相互渗透的融合性三个特征。[④] 梁燕(2020)认为，美国社区学院生涯与技术教育具有双低标准普惠大众、学习方式弹性灵活、服务经济社会发展和课程设置独具特色的特征。[⑤]

(二) 德国现代职业教育体系

在“双轨制”教育体制的国家中，德国最为典型，是完全的“双轨制”国家。德国职业教育与普通教育是两种不同的教育类型，现代职业教育体系相对完善，且与普通教育体系能够实现无缝衔接。德国严格细致、踏实努力的实干精神文化，是完全“双轨制”教育体制落地生根、开花结果的根本。在德国，从政府到企业，从官员到百姓，对职业教育普遍重视，技术工人备受尊重，其社会地位和认可度较高，工作薪酬高于大学毕业生白领，不少领域的技术工人薪酬远远高于普通公务员，有的甚至高过大学教授，因此，职业教育有着更强的吸引力，这也是“双轨制”教育制度在德国能够发展壮大的重要环境基础。在“双轨制”基础上建立起来的“双元制”职业教育体系虽也存在一定的缺点和不足，但发展稳健、效果突出、受到肯定。德国在促进职业教育与普通教育衔接和等值、推动职业教育向高等职业教育延伸，以及完善现代职业教育体系做了大量卓有成效的政策推动，特别是德国职业教育的层次特

① 方小斌：《美国社区学院的办学理念及其对我国高等职业教育的启示》，载《教育与职业》2008年第8期，第17—18页。

② 王凤玉、刘英俊：《美国社区学院的办学特色》，载《现代教育管理》2012年第7期，第118—123页。

③ 赵文平：《美国职业教育体系的开放性特征分析》，载《职教论坛》2014年第34期，第53—56页。

④ 涂雪仁、黄宇红：《美国社区学院职业教育发展特征及趋势》，载《教育评论》2015年第1期，第149—151页。

⑤ 梁燕：《美国社区学院生涯与技术教育的发展成就与借鉴》，载《职教论坛》2020年第4期，第167—176页。

别完整,高等职业教育“学士—硕士—博士”学位体系完整、通顺,学生完全能够在职普体系之间自由转换。现如今,哥本哈根进程和博洛尼亚进程对德国影响很大,德国职业教育与高等教育融合发展趋势越发显著,这无疑会给学生提供了更多的发展机会和条件。

德国职业教育模式的代表——双元制。“双元制”(Dual System)起源于德国高中阶段,是指学校和企业合作培养技能人才的职业教育制度,其中,“一元”是国家办的学校,“一元”是私人办的企业。双元制教育经费的投入,企业承担约2/3,国家承担约1/3。学习年限依据职业的不同分为二年制、三年制和三年半制三种。学习者与企业签署《职业教育合同》后成为双元制学徒,每周在企业学习3～4天,在职业学校学习1～2天,在双元制学习期间,学习者的生活津贴由企业发放。据德国官方统计,高中阶段的约65%的年轻人都愿意接受双元制职业教育。“双元制”是国家法律约束的正规的职业教育制度。“双元制”的主要学习地点是企业。所有的德国企业都有资格开展职业培训,但拥有从事“双元制”职业教育资格的企业只有20%～25%,它们是“双元制”职业教育的主体,承担社会责任、培养职业人才,具有崇高的社会地位和声誉,被称为“教育企业”。教育机构由学校扩展至企业。“双元制”的重要学习地点是学校。学校以各州《教育法》为根本遵循,遵守联邦政府同各州签署的各项框架教育协议,在《职业教育条例》的指导下,按照《职业教育框架教育计划》,传授专业和文化知识,使学生的职业行动能力得到提升,实现企业学习的系统性补充。学生参加“双元制”学习结束,需要通过行会组织的考试才能获得职业资格证书。因此,法律上,“双元制”职业教育是企业和职业学校合作培养技能人才;经费上,“双元制”职业教育是企业与国家共同承担培养经费;教学上,“双元制”职业教育是企业承担实践教学,职业学校负责专业与文化传授。姜大源(2013)认为,双元合作、企业主体、教育调节、育人为本是“双元制”职业教育的主要特征。[①] 马宇(2012)认为,在“双元制”职业教育发展中,有效立法是首要前提,完善体系是坚实基础,专业师资是重要保障,政企投入是主要支撑。[②] 薛思敏和董显辉(2020)认为,德国高等教育领域“双元制”项目具有应用型人才培养层次高、与区域经济社

① 姜大源:《德国“双元制”职业教育再解读》,载《中国职业技术教育》2013年第33期,第5—14页。
② 马宇:《德国“双元制”职业教育发展特点新论》,载《教育评论》2012年第6期,第150—152页。

会结合紧、校企联合办学模式多、国家提供制度保障足、对参加学习的学生吸引强等特点。[①]

（三）英国现代职业教育体系

在实施“双轨制”教育体制的国家中，英国也是比较典型的国家。英国完善的职业教育体系是建立在国家职业资格框架基础上的，该体系基于职业资格和学分框架，密切联系经济环境与就业体系，并能最大程度地促进职普互通衔接、学生的技能习得和不同学习轨道的灵活切换。文化对一个国家的教育影响非常大，并通过个人的教育选择和接受心态表现出来。从历史上看，英国是一个重视精英文化的国家，一直以来，职业教育发展得不到应有的重视，缺乏文化环境。

英国职业教育模式的代表——现代学徒制。英国十分推崇学徒制，是世界上最早以法令形式规范学徒制的国家之一。从 12 世纪的兴起，到 14—15 世纪的鼎盛，再到 18 世纪的衰落，英国学徒制的发展跌宕起伏。随着工业革命带来的机械化生产体系的快速发展，推动了传统学徒制的土崩瓦解，并被学校职业教育所取代。英国现代学徒制实行培训与学习交替进行的模式，参加学习的学生 2/3 的时间在工作场所开展技能培训，1/3 的时间在继续教育学院或其他培训中心脱产学习理论知识，学习结束后，学生可获得国家职业资格三级水平。现代学徒制的这种工作现场培训和课堂学习紧密结合方式，对于弥补学校职业教育的不足起到了重要作用。学习者通过面试或考试随时可以申请学徒制岗位，当今，英国现代学徒制从低到高，从“青年”到“高等”分为五个等级。除青年学徒制外，其他四级分别对应国家职业资格一级至四级。英国现代学徒制是一个多方参与的联动机制，行业设计培训框架，企业负责培训管理，政府发挥主导作用。同时具备以“新型劳动者”为培养目标、以关键能力为培养核心、以获取更高水平职业资格证书为培养方向、以行业企业为培养主体、以因材施教为培养方式和以国家立法为培养保障等方面的特点。多年以来，英国现代学徒制学习者逐年增加的同时，大幅推升了英国的就业率，也产生了企业主和学徒的“双满意”效应。

---

① 薛思敏、董显辉：《德国高等教育“双元制”项目发展现状及其特点》，载《职教论坛》2020 年第 36 期，第 162—168 页。

第四章　国内研究现状

当前，我国关于职业教育类型化发展的研究主要集中分布在职业教育政策演进、职业教育的功能定位、现代职业教育体系、个体教育需求和类型化发展等方面的研究。

第一节　职业教育的政策演进历程

我国职业教育在不断取得新进展、新成就、新突破的历程中，经历了制度、层次和类型三种不同的定位，它们既相互联系，又互相支撑，为构建现代职业教育体系指明了方向、提供了动力。以历史制度主义视角审视我国职业教育发展的关键阶段，发现由于经济社会发展对技术技能人才需求变化影响，在我国教育体系中，职业教育的基本定位经历了三个发展阶段，即 1949—1984 年、1985—2013 年和 2014 年至今。基本定位总体呈现出由朦胧模糊到清晰明朗的变化过程，从教育制度到教育层次，再由教育层次转变为教育类型，以此实现了由量的积累到质的飞跃。制度是职业教育一种稳定的结构状态与行为方式，是职业教育实践发展中基于共识与规范的产物，也是以强制性规则约束和调整职业教育实践，向层次和类型定位发展积蓄力量，并以经济社会发展需求为导向不断驱动自我变革，强化自身在职业教育发展中的推动作用；层次是指基于递进的职业教育内部结构，而确立职业教育类型定位，构建现代职业教育体系，一定需要职业教育内部学制层次结构完整、内部进路通畅。因此，我国职业教育定位从制度化到层次化，再到类型化，与我国经济社会发展历程相一致、相契合，体现了职业教育发展的时代特征，也印证了职业教育的历史嬗变与走向,揭示了我国职业教育的本质属性,及其在独特作用。

(一) 职普并举下的制度化定位阶段: 1949—1984 年

新中国成立后,国家一方面需要恢复经济和改善民生,另一方面要保障和巩固新生人民政权。这个时期的职业教育开始得到重视,制度重点突出“整顿”和“改造”的目标。《中国人民政治协商会议共同纲领》于 1949 年 9 月由全国政协颁布实施,推动了新中国职业教育制度的制定。同年 12 月召开的新中国第一次教育工作会议,对职业教育整体目标进行了明确,会议强调着重发展中等技术教育,培养大量初等、中等技术人才。全国第一次中等技术教育大会于 1951 年 6 月召开,大会专题讨论了中等技术教育的教育方针、学制安排和领导体制等。同年 10 月,政务院颁布实施《关于改革学制的决定》,强调了职业技术教育重要性,职业技术学校在全国范围内开始兴办,并列入教育序列。《关于整顿和发展中等技术教育的指示》《中等技术学校暂行实施办法》分别于 1952 年 3 月和 8 月由政务院颁布实施,《中等专业学校章程》于 1954 年 11 月由教育部发布实施,对职业技术学校的设置与管理进行了规范。出台的一系列政策表明,我国已经开始重点规范职业学校建设、提高职业教育地位和促进技术教育发展,与此同时,对职业教育在我国教育体系中的基本定位没有给予重点明确。

进入 1958 年,我国职业教育制度化发展的理念初步显现。1958 年 5 月,在中共中央政治局扩大会议上,为更好地践行“两条腿走路”方针,刘少奇明确提出我国应该实行半工半读的学校教育制度和劳动制度。[①] 同年 9 月,中共中央、国务院出台《关于教育工作的指示》指出,多快好省地发展教育事业,坚持普通教育与职业技术教育并举的多样性办学,并同普通教育一起,将职业(技术)教育作为一种办学形式提了出来。《关于讨论试行全日制中小学工作条例草案和对当前中小学教育工作几个问题的指示》于 1963 年 3 月由中共中央出台颁布,[②]指出要认真贯彻“两条腿走路”方针,要求普通教育与职业(技术)教育并举,要采取多种形式举办中小学

① 杨秀果:《毛泽东社会主义劳动教育思想研究》,湖南科技大学 2021 年博士学位论文,第 134 页。
② 娄元元:《新中国成立以来基础教育普职融通政策的回顾与展望》,载《职业教育研究》2021 年第 2 期,第 17—23 页。

教育。1965 年 3 月，教育部召开了农村半农半读教育会议，同年 10 月，又召开了城市半工半读教育会议，"两种教育制度"开始施行并成为潮流，职业教育制度基本确立并得到强化。但自 1966 年始，由于社会大环境影响，"两种教育制度"广受批评，职业教育地位每况愈下，发展严重受阻。

直到"文革"结束，改革开放开始，我国重新以经济建设为中心，职业教育再次受到重视。《关于中等教育结构改革的报告》于 1980 年 10 月由教育部和国家劳动总局联合发布，指出"两种教育制度"符合我国国情，职业技术教育已经成为我国教育制度的重要组成部分。[①] 至此，通过政策制度确立了职业教育制度化定位。《关于改革城市中等教育结构、发展职业技术教育的意见》于 1983 年 5 月由教育部等部门发布，进一步明确了改革中等教育结构、发展职业技术教育的方向、途径和要求。因此，这一阶段一再强调"职普并举"，突出了"两种教育制度"中，职业教育已经成为国家教育制度"重要组成部分"的认识理解，夯实了职业教育的制度化定位，推动了我国职业教育事业的快速发展。

（二）探索前行中的层次化定位阶段：1985—2013 年

随着改革开放的日益深入，经济发展、社会需求和技术更新也发生深刻变化，然而，职业教育相关制度的规范化、体系化、系统化还很薄弱，与经济转型发展对人才需求的适配性还有不足，与社会主义现代化建设要求还有距离，因此，我国职业教育只有不断改革发展，持续深化制度体系，在优化定位中提升自身价值。《关于教育体制改革的决定》于 1985 年 5 月由中共中央颁发，指出职业教育是我国整个教育事业最薄弱的环节，应大力发展职业教育，对高中毕业生做必要的分流，一部分到普通高校，一部分去职业学校，并提出要建立从初级到高级的职业技术教育体系。中国职业教育进入了新的发展阶段。

20 世纪 90 年代是我国社会主义现代化建设非常关键的时期。大力发展职业技术教育是关系到我国实现第二步战略目标和下世纪经济振兴的重要措施。《关于大力发展职业技术教育的决定》于 1991 年 10 月由国务院颁发，指出要优先发展

① 曹晔：《我国现代职业教育体系建设历程与发展趋势》，载《职教论坛》2012 年第 25 期，第 44—48 页。

教育事业,大力发展职业教育。在 20 世纪 90 年代逐步做到:初步建立起有中国特色的、从初级到高级……又能与其他教育相互沟通、协调发展的职业技术教育体系的基本框架,加强职业技术教育的法规建设。以此,将职业教育地位和作用提升到了国家战略,并力图促进职业教育法规建设制度化、体系化、系统化,不仅描绘了建设“纵向贯通、横向融通”的职业教育体系的“未来图景”,也为职业教育基本定位向类型化发展奠定了基础。自此以后,国家相关的政策文件对职业教育定位的表述基本是“国家教育事业的重要组成部分”,这既不是教育层次定位,也不是教育类型定位,而是对职业教育基本定位从制度化向层次化过渡阶段的一种表述。《中华人民共和国职业教育法》于 1996 年 9 月由全国人大颁布,其中的第三条指出,“职业教育是国家教育事业的重要组成部分……建立、健全……职业教育制度”,这是我国第一次以立法形式对职业教育的基本定位做出的具体表述,这对于描述职业教育基本定位有着浓重的“制度化”定位色彩。其中的第十二条指出,“实施……教育分流,建立、健全……并与其他教育相互沟通、协调发展的职业教育体系”,从职业教育基本定位角度理解,有着“类型化”定位印记。其中的第十三条指出,“高等职业学校教育根据需要和条件由高等职业学校实施,或者由普通高等学校实施”,从职业教育基本定位角度理解,又有着“层次化”定位痕迹。充分表明,该法已就职业教育基本定位进行了初步勾画,为职业教育真正朝着类型化发展奠定了坚实基础。从在这之后颁布的职业教育相关政策和实践表明,关于职业教育的定位一直是“教育层次”。《国家中长期教育改革和发展规划纲要(2010—2020 年)》于 2010 年 7 月由国家中长期教育改革和发展规划纲要工作小组办公室发布,表明“职业教育和普通教育相互沟通”已经成为战略目标,“到 2020 年,形成适应……要求、体现……的现代职业教育体系”已经成为发展任务。前者的表述与前期政策制度表述不同,职业教育第一次与普通教育相并列,说明我国对职业教育类型化定位已有了初步认识。后者提出的“现代职业教育体系”这种表述也是第一次,说明我国职业教育在朝着职业教育现代化迈进过程中,也必将对职业教育基本定位给予充分明确。这个阶段出台的有关职业教育各项政策制度表明,职业教育的基本定位仍总体停留在“层次化”定位上,反映出我国对职业教育基本定位仍然处在抉择和探索阶段。

（三）类型化发展的类型化定位阶段：2014 年至今

《现代职业教育体系建设规划(2014—2020 年)》于 2014 年 6 月由教育部等六部门联合发布，文中首次有“现代职业教育是……的教育类型”表述，也是国家首次对职业教育类型定位进行的确认。然而，该文这一重大变化没有引起业界的广泛共鸣，而由此之后的职业教育相关政策也未再次着重提及。造成业界没有积极反应的原因是内外两方面都还没有准备好。一方面，是时机还不够成熟，条件还没有具备，经济社会发展还没有达到类型化阶段要求。另一方面，是职业教育领域对类型化定位的理解还不够深刻，认识还不够全面，思想还没做好准备。但无论怎样，职业教育类型化定位已经在人们的心里扎下了根，同时也标志着我国职业教育类型化改革实现了从业内艰辛探索上升为国家政策主张。这期间，习近平总书记在 2014 年 6 月对职业教育做出重要批示时指出，作为一种类型教育的职业教育应该肩负的特殊使命。在这期间，时任教育部部长的袁贵仁在 2010 年 3 月全国职业教育和成人教育工作会议上指出，职业教育既不是第二类教育，也不是第三类教育，而是一种类型教育。时任教育部副部长鲁昕在 2015 年 3 月接受人民网访谈时指出，职业教育不是教育层次，而是一个教育类型。这期间，职业教育有识之士也在励精图治、积极探索、勇于实践，其中，比较有代表性的就是姜大源在 2008 年 1 月在其《职业教育：类型与层次辨》中指出的，教育层次与教育类型不是一个概念，二者也互不相等，把教育层次中的教育类型搞清楚，将教育类型中的教育层次弄明白，对于我国职业教育的定位和发展意义重大。直到 2019 年 1 月 24 日，国务院正式印发的关于职业教育的重磅文件——《国家职业教育改革实施方案》出台，[①]职业教育类型化定位才得以明确。这充分说明职业教育已经具备了有利条件和一定基础，需要从注重数量向注重质量转变，从政府主办为主向政府统筹、社会多元办学格局转变，从参照普通教育的模式向产教融合、办学特色更加鲜明的类型教育方向转变。“职教 20 条”开篇指出，职业教育与普通教育是两种不同教育类型，具有同等重要地位。[②] 这种开门见山地表达我国确立职业教育类型化定位的鲜明立场和坚

---

① 卢德生、刘瑶：《新中国成立七十年我国职教教师教育政策变迁与展望》，载《中国职业技术教育》2019 年第 9 期，第 35—40 页。

② 姜丽杰、宁永红、巩建婷：《建国 70 年来我国职业教育课程模式的引进、改造及创新》，载《职业技术教育》2019 年第 40 期，第 6—11 页。

定态度，也是相关文件的首次，充分表明我国推进职业教育类型化的坚定决心和意志。“职教 20 条”提出的总体目标和系列举措，为职业教育类型化发展指明了方向。自此，以职业教育类型化定位为基础，在职业教育新的发展阶段，我国开始了新的谋篇布局。

《职业教育提质培优行动计划(2020—2023 年)》于 2020 年 9 月由教育部等九部门联合发布，[①]这是落实党中央国务院决策部署的重要抓手，是认真落实“职教 20 条”的重要载体，也是应对职业教育高质量发展现实挑战的重要举措。[②] 该计划指出推进提质培优的“十大重点任务”，必须“坚持职业教育与普通教育不同类型、同等重要的战略定位”的指导思想。2021 年 4 月，习近平总书记对职业教育工作做出“优化职业教育类型定位”的重要指示，[③]这充分说明我国职业教育类型化定位已经形成了普遍共识，但也在职业教育类型化发展上还存在不充分、不平衡的表现，需要进一步优化、完善和改进。《关于推动现代职业教育高质量发展的意见》于 2021 年 10 月由中办国办印发，指出，到 2025 年，要实现“职业教育类型特色更加鲜明”的发展目标，并为实现此目标提出了巩固职业教育类型定位、推动不同层次职业教育纵向贯通和促进不同类型教育横向融通三项具体措施。新《职业教育法》于 2022 年 4 月由全国人大颁布，其中第三条明确指出，职业教育是与普通教育具有同等重要地位的教育类型。[④] 其他条款的修订紧紧围绕“职业教育类型化定位”这个基本点进行统筹设计，与 1996 版《职业教育法》相比，新《职业教育法》内涵要义是紧紧围绕“定位”“多样”“融通”“放权”和“提质”这五个职业教育发展核心，推动职业教育实现由层次向类型、由单一向多元、由封闭向通达、由统一向下放、由数量向质量的五个根本转变。[⑤] 新《职业教育法》的颁布实施，不仅从法律上正式确立了职业教育类型化定位，也在我国教育体系中夯实了职业教育的地位和作用。职业教育类

① 任杰、陈道志：《数字技术助推职业教育精细化治理：内涵、机制和路径》，载《教育理论与实践》2024 年第 44 期，第 20—24 页。

② 姜丽萍：《持续发挥引擎作用　不断提升职业院校教师教学能力》，载《中国职业技术教育》2022 年第 5 期，第 9—14 页。

③ 曾天山：《克服职业教育普通化倾向势在必行》，载《教育家》2021 年第 33 期，第 1 页。

④ 谭禧锦：《职业教育产教深度融合育人的多维分析》，载《职教通讯》2023 年第 6 期，第 10—16 页。

⑤ 邢晖：《〈职业教育法〉修订的历程回顾与新法内涵基本点及其影响的分析》，载《中国职业技术教育》2022 年第 24 期，第 5—14 页。

型化定位是我国现代职业教育理论体系、制度体系和治理体系的出发点，不仅确立了我国现代职业教育体系构建的逻辑起点，也指明了我国现代职业教育改革实践的行动方向，开创了我国现代职业教育治理体系的实现路径，[①]对推动新时代职业教育高质量发展具有重大的理论和实践意义。

第二节　职业教育的功能定位研究

（一）关于教育功能的研究

改革开放给我国经济社会发展带来了生机与活力，教育的经济功能重要性日益凸显，随着我国现代化进程在现实生活中启动与发展，也伴随着主体性意识在精神生活中的兴起和价值哲学的发展，推动了教育功能的深层次探究，教育和个体发展的关系、教育和社会发展的关系成为了研究的焦点，特别是“工具功能论”与“本体功能论”之间的争辩愈发激烈。“工具功能论”是指通过培养人进而影响社会的存在和发展，强调教育的社会功能；“本体功能论”是指教育以人为出发点，考虑对个体发展的影响和作用，强调教育的育人功能。随着研究的不断深入，研究者开始对教育功能的形成、释放和阻滞进行深入的分析。张云霞（2011）认为，教育功能由个体功能和社会功能组成。教育的育人功能突出体现在促进人的社会化以及人的个性化。教育的社会功能分为政治功能、经济功能和文化功能三个方面。这种探寻教育某一方面的功能，尽管能够满足某一时期的社会政治、经济发展需要，但在理论上还没有真正厘清教育内部功能之间的关系，进而对教育作用的发挥产生了一定程度的影响。[②] 司晓宏（2009）认为，党的十七大推动了教育功能的进一步拓展，教育的民生功能越来越得到关注，教育凸显出的民生改善功能，增进了我国对教育价值观以及教育功能观的认识，“社会本位论”已经开始向“以人为本”的发展方向演进。[③] 张晓燕（2014）认为，在民生改善中，教育的基础性地位与作用不是固

① 周建松：《加快构建类型特色鲜明的现代职业教育体系思考》，载《职教论坛》2021年第37期，第158—162页。
② 张云霞：《教育功能的社会学研究》，武汉大学出版社2011年版，第64页。
③ 司晓宏：《“以人为本”教育价值观的真正确立——对党的“十七大”报告从“改善民生”角度论述教育问题的解读》，载《陕西师范大学学报（哲学社会科学版）》2009年第38期，第95—99页。

有的,教育的民生功能是在教育观引导下,教育主体对教育整体结构进行重构整合之后凸显出的新功能,在教育功能从可能转化为现实的过程中,教育功能观是关键环节。①

在教育功能失调的研究方面,国内研究者重点关注了三个主题。一是教育功能泛化。世界因教育而改变,随着教育越来越被人们重视,也出现了将教育功能泛化的现象,过分夸大教育功能,过分强调教育具有政治、经济、生产、文化和生态等功能。二是教育功能偏离。在不同的政治、经济和文化背景下,因教育功能难以契合教育实践,致使教育功能出现偏离,教育实际功能体现不充分。三是教育功能是有限度的。翟葆奎(1998)认为,教育功能的实现需要相应的特定条件,条件限制导致教育功能表现得不是很充分、很全面,教育的一部分功能因为教育环境和教育对象的影响,会通过作用的形式表现出来。②

目前,对于教育功能的分析角度广泛,内容丰富,从对教育功能主体,到教育功能的正向功能,再到教育功能负向功能等,都进行了深入细致的分析。但我们一定要清楚地认识到,教育功能无论怎么发展,都有其自身的发展特质和规律。作为培养人的活动,教育的本体功能就是体现在促进人的全面发展,以及实现人的价值。

(二)职业教育功能的研究

职业教育是教育的重要组成部分,职业教育功能与普通教育功能之间有区别、有联系,职业教育具有"职业性"和"教育性",其决定了职业教育功能区别于普通教育功能的特殊性和多样性。

职业教育的社会功能和育人功能。在育人功能方面,陈建录(2010)认为,育人功能是职业教育的直接功能,是研究其他间接功能的重要基础。③ 2016 年 1 月,我国发展研究基金会发布《中等职业教育国家资助政策落实效果评估报告》指出,中等职业教育具有拉动消费、降低失业率、解决就业结构性矛盾和促进城镇化四个方面的具体功能。郭静(2016)认为,中等职业教育比普通高中对 GDP 增长率的贡献

---

① 张晓燕:《教育的民生功能研究》,西南大学 2014 年博士学位论文,第 1 页。

② 翟葆奎:《教育基本理论之研究》,福建教育出版社 1998 年版,第 283 页。

③ 陈建录:《城乡统筹背景下职业教育功能探析》,载《当代教育科学》2010 年第 23 期,第 61—62 页。

要大,是促进我国经济快速发展重要推动力量。[①] 杨梓樱(2020)认为,我国职业教育在1985年到2017年期间对经济增长的贡献率为7.428%,占整个教育贡献率的49.3%,结果表明:职业教育与经济增长关联性强,具有较为明显的经济促进作用。[②]

职业教育升学和就业功能的争论。职业教育究竟是就业教育还是升学教育,还是就业与升学并重,一直是业内争论的焦点。潘懋元(2005)认为,职业教育要有升学功能,通过建立独立的高等职业教育体系,培养职业教育领域高级人才。[③] 胡国勇(2009)认为,我国高等教育已经进入大众化发展阶段,上海中职教育培养目标已不适应地区劳动力市场实际需求,上海应将中等职业教育定位为基础职业教育,同时兼具就业与升学功能,既能向企业一线供给合格劳动者,也能向高职院校输送优秀的毕业生。[④] 刘阳(2013)认为,就业功能是中等职业教育的主体功能,职业教育应定位于就业教育。[⑤]

职业教育具体功能的相关分析。学者通过不同角度积极探讨职业教育的多元化功能,这些功能包括育人功能、社会功能、经济功能和文化功能等。李兴洲(2004)认为,职业教育功能是职业教育活动的客观结果,一般体现在四个方面,一是职业技能培养功能,二是直接参与经济与社会活动的功能,三是完善教育结构的功能,四是促进专业技术技能传播的功能。[⑥] 2014年6月,全国政协召开"深化产教融合、校企合作,加快现代职业教育体系建设"专题协商会,俞正声指出,我国经济社会转型升级和长远竞争力提升与职业教育发展密切相关,亿万劳动者就业也是与职业教育发展紧密相连,职业教育问题不仅是教育问题,更是重大的民生问题。迟俊和刘晓倩(2016)认为,高层次技能教育要适应新经济发展需求,只有着重审视

① 郭静:《中等职业教育的发展走向——基于新中国成立以来中等职业教育发展轨迹的归因分析》,载《中国职业技术教育》2016年第34期,第135—141页。

② 杨梓樱:《我国职业教育对经济增长的贡献率分析——基于1985—2017年教育及经济数据》,载《教育学术月刊》2020年第12期,第30—39页。

③ 潘懋元:《建立高等职业教育独立体系刍议》,载《教育研究》2005年第5期,第26—29页。

④ 胡国勇:《基础职业教育:上海中等职业教育的新定位》,载《教育发展研究》2009年第29期,第25—30页。

⑤ 刘阳:《以就业为导向的中等职业教育教学质量评价体系研究》,湖南师范大学2013年硕士学位论文,第11页。

⑥ 李兴洲:《职业学校的功能探析》,载《职教论坛》2004年第16期,第13—14页。

技能型创新教育,并将其作为高职教育新时代的功能定位和价值取向,才能推动高职院校可持续发展。[①] 易海华(2005)认为,现实生活中人们对职业教育功能期望过多,以致期望值远大于现实值,实际上,实践过程中的职业教育功能只有两种形态,即期望和现实。[②]

第三节 现代职业的教育体系研究

(一)内涵及结构已达成共识

一方面,政策层面内涵明确。经济社会转型发展推动了我国现代职业教育体系的形成。随着改革开放的不断深入,我国经济社会发展逐步进入转型阶段,职业教育体系也在转型发展中得到了建立和发展。1985 年 5 月,中共中央颁布的《中共中央关于教育体制改革的决定》提出,要逐步建立起职业技术教育体系,并对其层次结构、职业教育与其他教育和经济社会发展的关系做出了相应的规定。1996 年 9 月,我国首部《职业教育法》第一次使用了"职业教育体系"的概念。2002 年 8 月,国务院颁布的《关于大力推进职业教育改革与发展的决定》首次提出了构建"现代职业教育体系"。之后,为促进现代职业教育体系的构建及发展,我国相继出台了诸多相关政策文件。2010 年 7 月颁布《国家中长期教育改革和发展规划纲要(2010—2020 年)》,2014 年 5 月颁布《关于加快发展现代职业教育的决定》,2014 年 6 月印发《现代职业教育体系建设规划(2014—2020 年)》,等等,标志着我国现代职业教育体系设计已经基本完成。[③]

另一方面,学术层面研究丰富。主要聚焦在内涵与构建意义、存在的问题分析和实现路径的探究等三个方面。第一,内涵与构建意义。从已有研究看,多数基于政策文本开展的相关分析,从现代职业教育体系内涵,到现代职业教育体系对经济

① 迟俊、刘晓倩:《创新驱动战略下我国高等职业教育的功能定位》,载《河北企业》2016 年第 3 期,第 100—101 页。
② 易海华:《职业教育期望功能现实化之探究》,载《职教论坛》2005 年第 7 期,第 56—58 页。
③ 叶安珊、左莉、李远峰:《高等教育自学考试综合改革探索》,载《中国成人教育》2015 年第 2 期,第 33—35 页。

社会发展和个人发展的促进作用，并依据《国家中长期教育改革和发展规划纲要(2010—2020年)》探讨现代职业教育体系内涵。第二，存在的问题分析。尽管我国现代职业教育体系静态结构已经确立，可是其内部衔接与外部沟通等内涵建设还需深化完善。朱新生和闫志勇(2014)认为，静态上看，我国现代职业教育体系的层次与类型结构已经确立。动态上看，我国并未完全建立现代职业教育体系，特别是在沟通各类教育、畅通衔接机制和转换不同教育等方面需要下大功夫。第三，实现路径的探究。现如今，我国现代职业教育体系的研究重点是其实践路径的研究。[①]韩宇和沈亚强(2014)认为，现阶段，现代职业教育体系的研究主要侧重在中高职有机衔接、高职教育层次完善和职普教育贯通三个方面的研究。[②]

(二) 职普沟通与中高职衔接

第一，职普沟通。我国是“双轨制”教育体制国家，“职普”分属类别，各自成体，职普沟通是我国教育改革的需要，也是构建现代职业教育体系的重要组成部分。刘茂祥(2017)认为，职普沟通是指跨越“职普”两种类型界限进行交流、协作，形成新机构，实现新功能。[③] 张桂春和卢丽华(2014)认为，职普融合是教育适应经济社会转型发展、产业结构调整的过程，也是教育目标不断丰富、教育功能不断扩展的过程。中等职业教育在现代职业教育体系中处于基础地位，其在职普沟通中应更多地表现出办学模式更加多样、教育功能更加多元，实现一体化可持续发展。[④] 第二，中高职衔接。我国职业教育经历了从发展之初的不衔接到为适应经济社会发展转型升级和产业结构调整对人才需求提升而实现衔接的过程。刘育锋(2002)认为，中高职衔接是职业教育体系内部培养目标、专业设置和教学内容等的衔接。[⑤]王洪艳(2018)认为，中高职的有机衔接的核心和落脚点是课程建设。[⑥] 余美杰(2012)认为，我国中高职衔接存在诸如专业设置不统一、课程开发不科学、衔接模

① 朱新生、闫智勇：《中等和高等职业教育有效衔接机制研究》，江苏教育出版社2014年版，第2—3页。
② 韩宇、沈亚强：《我国现代职业教育体系研究综述》，载《教育与职业》2014年第23期，第8—11页。
③ 刘茂祥：《普通高中与中职校沟通的动力机制研究》，上海师范大学2017年博士学位论文，第30—34页。
④ 张桂春、卢丽华：《职普融通的教育理念与实践：基于公民素质培养的视角》，载《教育科学》2014年第30期，第22—26页。
⑤ 刘育锋：《论我国中高职衔接的模式》，载《职业技术教育》2002年第23期，第5—7页。
⑥ 王洪艳：《我国中高职衔接研究现状综述》，载《现代教育科学》2018年第7期，第141—144页。

式不灵活和管理体制不顺畅等方面的问题，推动我国中高职衔接更好发展，需要建立中高职衔接大“立交”，以学分为核心的衔接体系，以提升职业能力为发展目标，优化中高职衔接大“环境”。[①] 职业教育功能因中高职衔接而拓展，职业教育的“升学功能”扭转了原有的就业定位与发展困境，适应了经济社会转型、产业结构调整和个人教育需求，实现了职业教育毕业生“职教高考”的升学梦，极大地丰富了职业教育功能，提升了职业教育的吸引力。

第四节 当今个体的教育需求研究

改革开放四十多年来，我国从农业社会顺利转入工业社会、信息社会（徐晔，2021），[②]从计划经济体制成功转向市场经济体制，社会转型和经济转轨同向发力、同频共振、同步协调，推动了职业教育的功能多元，现代职业教育体系的深化完善。不仅扩大了各类教育的社会需求，推动了教育的可持续发展，也促进了人们教育观念的转变。一是获得社会地位的需要。庄西真（2005）认为，社会分层的结果源于职业教育的出现和发展，而职业教育也因社会分层和流动获得发展动力。[③] 新中国成立初期，我国教育体系层次低、高等教育欠发展，中等职业教育的培养目标定位于经济社会发展的管理人才，本质上既是精英教育，也是地位教育。能够接受这种职业教育既能有干部身份，也能有较高地位。这一时期，职业教育发展较好，吸引力强，社会地位高，满足了个体的向上流动、得到较高地位的需求。但伴随改革开放的持续深入和市场经济体制与工业化的不断推进，高等教育迎来了大扩招、大发展，使得职业教育发展缓慢，一方面，职业教育因招不到成绩好的学生，导致流动功能受阻、影响力下降，另一方面，却凸显了托底功能，发挥了稳定作用。由此，职业教育失去了地位教育的光环，成为了生存教育，而普通高中也就越来越成为学生的重点选择。刘精明（2004）认为，分流教育既是国家发展的制度安排，也是这种制度

① 余美杰：《我国中等和高等职业教育衔接的历史、现状及趋势》，福建师范大学 2012 年硕士学位论文，第 28—31 页。
② 徐晔：《新形势下中等职业教育功能定位研究》，载《成人教育》2021 年第 41 期，第 59—64 页。
③ 庄西真：《社会分层和流动与职业教育发展》，载《职教通讯》2005 年第 2 期，第 10—12 页。

安排的教育选择方式。不同的教育个体,通过教育分流进入不同的教育学制轨道进行学习,不同的类型和性质的教育会与不同的职业目标、社会地位紧密联系,从而实现了社会分层。[①] 因此,本质上,教育分流机制也是国家制度框架下的社会分层机制,在不同的类型教育中学习,一般就会流向相应的社会阶层。个体选择什么类型的教育,也就决定了其今后所处的社会阶层,教育机会分配本身也体现了其所具有的社会流动功能。职业教育主要培养生产一线的技术技能人才,这些人才处于社会分层的中下层,每一个体都要理性选择所受教育,尽可能获得有利于社会地位提升的受教育机会,无论选择职业教育或普通教育,都是自己的理性选择而不是被迫之举。面对"职业教育是提升劳动力的途径还是阶级再制的工具"这样的争议,国外学者认为,以"阶级再制"批评职业教育的观点,完全没有考虑职业教育的社会分层功能,职业教育在保障就业、减少失业等方面功不可没(Arum,R,1997)。二是获取劳动收入的需要。一些学者认为,学生是通过收益分析,决定选择什么类型的教育。刘育锋(2015)认为,应根据本国的实际情况来决定中等职业教育规模,但只根据我国经济发展水平,就提出缩小中等职业教育规模的建议,具有片面性。[②] 王广慧和张世伟(2008)认为,通过流动,年轻人和受过良好教育的人能够获得相对较高的收入,农村劳动力受教育程度越高,流动倾向越大,农村劳动力收入水平与受教育程度正相关。[③] 三是心理、文化认同的需要。庄西真(2003)认为,思想支配行为,欠发达地区家庭受"重道轻艺"思想影响,不会选择职业教育,更倾向选择普通教育。在几千年的历史长河中,"学而优则仕"的儒家思想长期左右官僚制度,轻视职业教育,重视普通教育,导致职业教育危机,影响职业教育定位。[④] 王英杰(2017)认为,我国的儒家文化对个体有着深刻影响,"学而优则仕"思想鄙视职业教育,人们的教育选择也因此会受到影响。四是人的发展的需要。[⑤] 刘炜杰(2018)认

① 刘精明:《教育选择方式及其后果》,载《中国人民大学学报》2004年第1期,第64—71页。
② 刘育锋:《人均GDP与中学职普比关系的比较研究》,载《中国职业技术教育》2015年第18期,第5—13页。
③ 王广慧、张世伟:《教育对农村劳动力流动和收入的影响》,载《中国农村经济》2008年第9期,第44—51页。
④ 庄西真:《影响欠发达地区中等职业教育发展的文化分析》,载《职业技术教育》2003年第24期,第9—12页。
⑤ 段旻雯:《职业教育前景如何——几位教育专家访谈录》,载《中国教育报》2000年7月10日,第3版。

为，生产力水平的持续提升，带来了物质的极大丰富，人们的生活条件不断改善，促进人们追求个人发展，向往美好生活。[①] 在人的发展需求中，生涯发展需求体现为更好的职业教育，推动职业教育基础性功能的日益巩固。

第五节　职业教育类型化发展研究

(一) 职业教育类型化内涵特征研究

在职业教育类型化内涵研究方面，赵伟和孙英(2020)认为，“产教融合、校企合作”办学模式和“知行合一、工学结合”人才培养模式是职业教育作为类型教育的基本运行规律。[②] 余荣宝和陈新文(2021)认为，职业教育体系论和课程类型论是职业教育类型化的本质内涵，而人才标准的技能性、知识技能的融合性和双元育人的协同性是职业教育类型化的基本特征。[③] 熊丙奇(2022)认为，要以“类型教育”定位和思维发展职业教育，必须从根本上消除“层次教育”思维，推进全面的教育改革，应把构建健康教育生态作为地方政府的首要职责。[④] 吕玉曼和徐国庆(2022)认为，优化职业教育类型定位的前提是构建稳定的现代职业教育体系，核心是按照职业教育的发展规律管理职业教育，关键是推进教育平等。[⑤] 彭宇文和彭学琴(2022)认为，我国职业教育基本定位政策发展经历了模糊定位、摇摆定位和明确定位三个阶段，经济体制调整、社会观念与主体利益因素分别是我国职业教育基本定位政策演进的决定性因素和诱致性因素。[⑥] 杨涛(2022)认为，发展本科层次以上高等职业教育是优化职业教育类型地位的重要保证，理性调适高等职业院校层次提升和数量扩充是优化高等职业教育类型地位的实践保障，地方普通本科院校的学科积淀是

① 刘炜杰：《从单一走向多元：当前我国中等职业学校教育改革的方向与路径》，华东师范大学2017年博士学位论文，第124—132页。

② 赵伟、孙英：《职业教育类型论》，载《中国高教研究》2020年第11期，第98—103页。

③ 余荣宝、陈新文：《职业教育类型化的内涵与特征探析》，载《教育与职业》2021年第1期，第13—20页。

④ 熊丙奇：《职业教育改革的突破点：从“层次教育”到“类型教育”》，载《行政管理改革》2022年第8期，第23—29页。

⑤ 吕玉曼、徐国庆：《从强化到优化：职业教育类型属性确立的实践路径》，载《现代教育管理》2022年第2期，第111—118页。

⑥ 彭宇文、彭学琴：《我国职业教育基本定位政策演进研究》，载《教育科学》2022年第38期，第76—83页。

优化高等职业教育类型地位不可或缺的因素。[①] 唐智彬(2023)认为,优化职业教育类型定位的制度调适要着力转变知识观,在技术知识与思维模式的独立性中奠定职业教育类型制度的观念基础,以构建现代职业教育体系强化类型制度,并以完善的配套制度体系建设稳定类型教育的制度基础。[②]

在职业教育类型化特征研究方面,姜大源(2008)认为,就业导向对于职业教育和普通教育分别是显性和非显性的。职业教育的课程结构是动态的,遵循工作过程系统化课程的结构逻辑;普通教育的课程结构是静态的,遵循学科知识系统化课程的结构逻辑。[③] 李玉静(2019)认为,新时代,开放性与灵活性、多元化和个性化是职业教育作为类型教育的核心特征。[④] 姜大源(2019)认为,职业教育作为一种教育类型,要从传统的学校单点办学,向现代职业教育的多元办学转变。[⑤] 徐国庆(2020)认为,职业教育专业设置随产业对技术技能人才需求变化而变化,强调实践教学,以职业能力为核心。[⑥] 黄斌(2020)认为,职业教育在宏观、中观和微观都有自己的显著特征。[⑦] 壮国桢(2021)认为,全纳性的招录制度、多类型的培养目标、阶梯型的课程体系、"教练型"的师资队伍和技术传承型的校园建筑形态是我国高等职业教育类型的基本特征。[⑧] 汪治和刘红燕(2021)认为,职业教育是社会化的、跨界的、整合的和融入人的终身发展的教育。[⑨] 李新发(2022)认为,从国家资历框架看,凸显技能分级;从人才培养方案看,体现职业能力发展;从人才培养内容构架看,突

---

① 杨涛:《高质量发展背景下高等职业教育的类型与定位——以蔡元培高等学校分类思想为分析中心》,载《河南师范大学学报(哲学社会科学版)》2022年第49期,第131—136页。

② 唐智彬:《理解职业教育类型定位的三重逻辑及其制度调适路径》,载《南京师大学报(社会科学版)》2023年第1期,第28—39页。

③ 姜大源:《职业教育:类型与层次辨》,载《中国职业技术教育》2008年第1期,第1页。

④ 李玉静:《职业教育作为一种类型教育:基本特征》,载《职业技术教育》2019年第40期,第1页。

⑤ 姜大源:《跨界、整合和重构:职业教育作为类型教育的三大特征——学习〈国家职业教育改革实施方案〉的体会》,载《中国职业技术教育》2019年第7期,第9—12页。

⑥ 徐国庆:《确立职业教育的类型属性是现代职业教育体系建设的根本需要》,载《华东师范大学学报(教育科学版)》2020年第38期,第1—11页。

⑦ 黄斌:《职业教育作为类型教育的内涵、特征及其培育》,载《中国职业技术教育》2020年第1期第67—72页。

⑧ 壮国桢:《我国高等职业教育类型的历史演进与基本特征》,载《职业技术教育》2021年第42期,第6—10页。

⑨ 汪治、刘红燕:《职业教育类型的时代特性与特征探究及其启示》,载《职教论坛》2021年第37期,第26—32页。

出学用结合、以用促学;从教育教学看,注重理实结合、学用结合。[①]

(二)职业教育类型化学理基础研究

石中英(2001)认为,知识与教育之间存在内在关联,知识是教育的重要内容与载体,教育不能离开知识。[②] 徐国庆(2020)认为,一种教育要作为类型而存在,首先必须获得知识论基础,即它所要教授的知识本身是一种具有独立性的知识类型。[③] 曾丽颖和闫广芬(2021)认为,知识是教育的载体,技术知识是职业教育的载体,也是其知识论基础,更是区别于普通教育的根本特征。[④] 唐智彬(2023)认为,职业教育有独立的技术知识基础,技术知识的独特性无法被学科知识代替,也不比学科知识地位低,这是我们讨论职业教育类型属性的起点。学者们围绕职业教育的学理基础对技术知识内容特征、形成过程、来源途径和存在形态进行了深入研究。[⑤] 第一,技术知识在内容特征上体现独立性。20 世纪 90 年代,黄克孝先生将教育分为基础教育和专门教育,将专门教育分为科学教育和技术教育,进而又将其细分为四种类别,即学术性、应用性、技术性和技能性。并强调这种细分确立了职业和技术教育作为一种独立类型的教育在学制中的地位。[⑥] 斯托克斯(1999)认为,技术与科学不是线性模型,而是双轨道模型,技术知识具有独立地位。[⑦] 技术知识独立性的研究为职业教育类型化定位提供了知识论基础。职业教育在专业、课程和教学中传授独立性技术知识的过程中有别于普通教育,因此,职业教育人才培养过程的类型化是由技术知识的独立性决定的。[⑧] 第二,技术知识在形成过程中呈现复杂性。

---

① 李新发:《职业教育作为一种教育类型的典型特征辨析》,《职业技术教育》2022 年第 43 期,第 35—40 页。

② 石中英:《知识性质的转变与教育改革》,载《清华大学教育研究》2001 年第 2 期,第 29—36 页。

③ 徐国庆:《确立职业教育的类型属性是现代职业教育体系建设的根本需要》,载《华东师范大学学报(教育科学版)》2020 年第 38 期,第 1—11 页。

④ 曾丽颖、闫广芬:《数字技术下职教跨界性及其知识生产模式研究》,载《中国电化教育》2021 年第 12 期,第 72—78 页。

⑤ 唐智彬:《理解职业教育类型定位的三重逻辑及其制度调适路径》,载《南京师大学报(社会科学版)》2023 年第 1 期,第 28—39 页。

⑥ 冯小红、刘义兵:《基于教育类型的职教高考制度研究》,载《中国高教研究》2022 年第 11 期,第 103—108 页。

⑦ 斯托克斯:《基础科学与技术创新:巴斯德象限》,科学出版社 1999 年版,第 68 页。

⑧ 何杨勇:《职业教育作为类型教育的特征与超越——基于杜威普职融合的视角》,载《职教论坛》2020 年第 36 期,第 6—13 页。

一方面，学术需要掌握的技术知识自身包括陈述性和程序性两个层面，由陈述形态到程序形态转变的这一过程体现了技术知识形成过程的复杂性。另一方面，经济发展、产业升级推动了技术水平提升，促进了技术知识内容结构更为复杂，其形成过程的复杂性越来越明显。因此，我国职业教育高移，需要本科甚至研究生层次的职业教育已成共识，因此，职业教育办学形态的类型化是由技术知识的复杂性决定的。第三，技术知识在来源途径上具有多元性。技术知识来源途径的多元性体现在只有职业院校和企业才拥有技术知识，技术理论知识、技术实践知识分别由职业院校教师、企业师傅掌握和传授。职业院校教师对技术理论知识掌握更为熟悉，尽管"双师型"教师也有企业经历，也能够与生产实践紧密结合，也有一定的技术实践知识，但在技术实践知识传授上无法与企业师傅相提并论。同样，企业师傅对技术理论知识的掌握虽不如教师系统，但他们拥有的经验知识、诀窍知识，教师却无法相比。因此，产教融合、校企合作是职业教育的基本办学模式，其有突出的办学优势。职业教育管理模式的类型化是由技术知识的多元性决定的。

（三）职业教育类型化价值取向研究

平和光(2019)认为，强调职业教育是类型教育，是基于职业教育改革发展做出的正确判断，有利于深化人们对职业教育的认识，明确了办好职业教育的方向。① 黄斌(2020)认为，教育类型的科学划分、广泛认同和协调发展，体现了一个国家的成熟、进步和发展。② 张健(2020)认为，职业教育是国家战略的重要组成部分，职业教育类型化，有助于对职业教育的再认识和再认知，有助于使职业教育与经济发展联系更紧密，有助于人们进一步审思和厘清不同教育的特点和属性，有助于国家按类型教育的特点和规律办好职业教育。③ 王兴(2020)认为，职业教育类型化的基本价值取向是职业性与教育性跨界融合的特征取向，是从"技术人""职业人"向"完整人"逐次递进的人才培养目标取向。④ 李胜和张西华(2022)认为，现代职业教育体

---

① 平和光：《为何强调职业教育是类型教育》，载《职业技术教育》2019 年第 40 期，第 1 页。

② 黄斌：《职业教育作为类型教育的内涵、特征及其培育》，载《中国职业技术教育》2020 年第 1 期，第 67—72 页。

③ 张健：《类型视野下对职业教育特性与发展的再审思》，载《教育与职业》2020 年第 14 期，第 26—32 页。

④ 王兴：《职业教育类型发展：现实必然、价值取向与强化路径》，载《中国职业技术教育》2020 年第 16 期，第 43—48 页。

系高移背景下专科教育是现代职业教育体系有机组成部分，发轫于产业发展对高技术人才的根本需求，支撑了产业技术结构与职业教育层次的对应关系。[①] 孟凡华等(2022)认为，职业教育类型化定位是加快发展现代职业教育面临的时代性命题，具有十分丰富的教育改革理论和实践内涵。[②] 秦祖泽等(2023)认为，优化职业教育类型定位是缓解人才培养结构与社会需求脱节的价值诉求，亦是顺应党和国家战略布局的必然途径。[③]

① 李胜、张西华：《现代职业教育体系高移背景下专科教育定位：存续价值、逻辑依据与实践方案》，载《中国职业技术教育》2022 年第 9 期，第 38—45 页。

② 孟凡华、岳金凤、于志晶：《新〈职业教育法〉："类型教育"的作用和价值》，载《职业技术教育》2022 年第 43 期，第 25—28 页。

③ 秦祖泽、黄俊伟、吴敏等：《中国式现代化视域下优化职业教育类型定位的价值向度与推进策略》，载《职业技术教育》2023 年第 44 期，第 21—26 页。

第五章　国内外研究评述

在职业教育体系研究方面，经济发达国家的职业教育体系相对完善，职业教育实现了功能多元化、模式多样化发展，同时，职普沟通顺畅且深入。我国对现代职业教育体系的理论研究比较深入，且已达成共识，但在现代职业教育体系的制度构建、内部衔接和职普沟通等实践探索方面还很不够。目前，我国急需增强中等职业教育的基础性地位，不断强化职业专科教育的主体地位，推进职普等值，凸显职业教育多元化功能，推动现代职业教育体系日趋完善。

在教育功能研究方面，国外学者多在深度上针对教育的相关功能开展分析，特别是在社会学角度对教育的社会功能、选择功能的深入研究成果丰硕。我国学者则在各种维度对教育功能进行探索，注重在广度上分析教育功能，聚焦于个体本位论、社会本位论和结合论三种观点上。学者共同认为，教育的基本功能是育人功能，社会功能只是教育的衍生功能，但这种看法并未触及教育功能形成的合理内核，是停留在教育功能形成事实表层的一般看法。研究者总是习惯将种种社会功能做出详细罗列，但由于没有理顺各个功能之间的关系，而缺乏对教育功能的整体了解和认识，从而陷入了教育万能论的泥潭。同时，研究者对于育人功能的研究缺乏对个人发展功能的探讨，混淆并等同学校教育与教育学概念，混淆不同类型、不同层次教育功能定位，窄化教育学研究，使教育功能不完善。在职业教育功能观争论方面，直到今天，职业教育功能观的争论始终没有停止。以往职业教育功能观摇摆于社会功能观与育人功能观之间，这种功能观的争议妨碍了职业教育的发展，更需要综合分析职业教育的社会功能与育人功能。当今，职业教育的民生功能备受关注，特别是职业教育在精准扶贫、教育公平等方面的功能得到了高度重视。伴随着经济社会的快速发展和现代职业教育体系构建完善，职业教育功能内涵和外延逐步扩大,并呈现出多元化发展趋势,职业教育各种功能之间的联系也越来越紧密。

在职业教育功能研究方面,我国在职业教育功能研究方面有三个特点,一是职业教育功能研究边缘化。从已有的文献能够看出,有关教育功能的研究成果多为普通高中功能和大学功能等,有关职业教育功能的研究相对较少,也缺乏系统梳理,常常被边缘化。二是呈现出普教功能研究取向。一些学者常以普通教育功能概念推导职业教育功能概念,常以普通教育功能为起点研究职业教育功能定位,常以普通教育功能框架(个人功能、社会功能)研究职业教育功能。这种泛普教化的研究思路,针对性不强,研究的结果也不会触及职业教育的功能本质。三是缺少联系观点探究功能定位。一些学者在探究职业教育功能定位时,容易忽视联系中高职衔接和职普沟通,而秉持职普二分对立思维来研究职业教育功能定位,使得研究的结果大多趋于片面或脱离实际。而在职业教育类型化发展的研究方面,大部分学者都是基于"职教 20 条"提出的"类型教育"对职业教育类型化开展的相关研究,说明学者们对职业教育类型化的重要性高度重视,并将其作为现阶段的研究热点。但也可以看出职业教育类型化发展的研究和实践仍处于起步阶段,相关的研究成果还不是很多,在研究对象、内容和方法方面还存在诸多不足,特别是研究的系统性还有待提升。从研究对象来看,一般多为我国的职业教育,以省域职业教育为对象的研究数量较少。从研究内容看,一般多为职业教育类型化发展的内涵、作用、价值、问题和对策等,学者们虽然就职业教育类型化发展的重要性形成了共识,但我们也可以看出,我国职业教育类型化发展实践还缺少相应的理论体系指导。从研究方法看,一般多为文献研究法,个案研究法、调查研究法极少出现,并以理性思辨研究为主,实证研究极少出现。当前,职业教育类型化发展已经成为职业教育发展的必然趋势,推动职业教育类型化发展已经成为我国职业教育深层改革面临的重大课题,并成为了促进职业教育高质量发展的核心和关键,研究职业教育类型化发展既需要注重研究内容的系统性和全面性,也需要注重研究方法的多样性和综合性,能够有针对性地提出我国职业教育类型化发展对策,对于我国职业教育类型化理论体系的丰富完善、实践探索的指导推动都具有重大的现实意义。

上述情况为本研究提供了研究空间,我国职业教育类型化发展已经处在全面落实深化阶段，这不仅需要在理论层面探明职业教育功能定位，也需要在实践层面总结我国几十年的职业教育类型化实践，推动职业教育类型化又好又快地发展。本书以江苏省职业教育类型化实践为样本，系统分析多年来江苏省职业教育类型化实践所取得的成就和存在的不足，并提出江苏省职业教育类型化的实现策略，以期为我国职业教育类型化发展做出一定的贡献。

第三部分 职业教育类型化

第六章　国家政策维度：突破专科“天花板”，确立职业教育类型地位

我国职业教育类型化变革是符合我国国情的教育改革，是国家政策的导向与推动，是职业教育体系的大变革。2019年以来，职业教育不仅打破了止步于专科层次的“天花板”，而且已经开始本科层次职业教育试点。“职教20条”是这次变革的基本纲领，是引导职业教育从层次到类型蜕变的行动指南，是推动新时代职业教育高质量发展的强大动力。

第一节　以制度改革引领“职教体系”类型化

制度体系改革对于职业教育发展具有引领推动作用，是职业教育类型化改革的基础。一是提出改革任务。“职教20条”第一条“健全国家职业教育制度框架”提出了本次变革的具体任务，对职业教育管理体制、人才培养标准、培养方式和培养过程进行了全面规范。二是聚焦体系建设。强调建设职教内部体系，要求中职以提高发展水平为目标，稳定办学规模，普职比例相当，拓展办学功能，鼓励普职互通；要求高职以“双高建设”为契机，持续提升服务能力，适当扩大招生规模；要求本科以完善高层次应用型人才培养体系为根本，扩大培养规模，探索本科试点、长学制培养和硕士体系建设。同时，就县级职教中心、农村职业教育和民族地区职教工作的合理发展提出了要求。三是强化政府统筹。建设和管理职业培训机构、引导企业参与和构建职业培训体系建设是各级政府的重要任务。

第二节　以标准重构引领“质量水平”类型化

质量标准是衡量职业教育类型化的准则，是职业教育质量提升的基础。“职教20条”为此提出相关的具体要求。一是国家教育教学标准建设。为区分普通教育，要引导职业教育各要素对照国家标准开展过程建设。为此，要修订完善相关标准，包括院校设置、专业目录、校长和教师、专业与课程、实训条件和顶岗实习等。二是职教人才招考标准改革。按照“职教高考”制度要求，坚持职业教育类型化定位，变革考试内容，改革考试方式，突出技能考核，“文化＋技能”考试，“公开＋公正”录取。三是国家人才培养标准改革。职业教育类型化变革对人才培养与评价有着自身的特殊要求，通过首创“1＋X”证书制度，引领专业、课程和教学标准变革。四是国家资历框架标准建设。提出通过建设国家“学分银行”，实现职业教育学习结果的认定、积累和转换，以推进学习结果认证标准规范、完善。

第三节　以模式转型引领“人才培养”类型化

人才培养模式转型不仅是产业发展的需要，更是职业教育类型化变革的核心。推进职业教育应用性和跨界性改革，深化产教融合、校企“双元”育人，为人才培养模式转型发展指明了方向。一是学习方式变革。“职教20条”提出职业院校要通过“三教”改革和学徒制试点，实现“知行合一、工学结合”的学习方式变革。同时，对专业群、资源库和立体化教材等建设提出了明确要求。二是打造高水平基地。“职教20条”指出，在建设高水平实训基地方面，要借鉴德国等发达国家的经验，政府、行业、企业与高职院校要协同筹划、统筹安排，在基地运营上要引入市场机制，更好服务职业院校的人才培养。三是校企深度合作。在贯彻落实《关于深化产教融合的若干意见》方面，要求各级政府要对“产教融合型企业试点工作”高度重视、积极推进，校企之间要主动建构“命运共同体”。四是双师队伍建设。各地政府要高度重视人才工作，要与职业院校共同开展“双师型”队伍建设，建立分层分类培养培训机制，并对教师招聘及录用条件以及提高教师素质、创新教学团队、推动教师专业化发展等方面提出了具体要求。

第四节　以格局转变引领“组织实体”类型化

办学体制改革对职业院校发展具有决定性作用。“职教 20 条”明确提出要加快政府职能转变，由“办”职业教育向“管理”“服务”过渡，推动办学实体向类型化转变。并就“谁来办学”“谁来管理”“办成什么样”这三个基本问题进行了规划部署。一是投资主体多元化。职业教育自身要增强适应性、吸引力，政府要出台相关倾斜政策，要使得举办职业教育能够为行业、企业和第三方组织带来诸多“好处”。二是管理主体自主化。政府要给予各主体充分的办学自主权，自身也要从“办”职业教育向“管理与服务”转变。三是办学形态多样化。各地方政府在保证职业院校现有规模的基础上，全力推进多样化办学组织实体建设，以类型化为目标，使职业院校、行业组织、企业实体、培训机构和职教集团等发挥更大作用，以办学形态多样化，推动职业教育类型化发展。

第五节　以保障升级引领“发展条件”类型化

一是在技术技能人才成长制度环境建设方面，要积极探索技能等级工资制度，充分体现按劳分配、优劳优酬。二是在增加以及优化职业教育经费投入方面，既鼓励社会力量捐资助学，拓宽筹资渠道，加大投入力度，也推动中职生均经费高于普通高中，巩固高职生均水平 12 000 元的标准，同时，在奖助学金的制度完善、覆盖面扩大以及向贫困家庭学生倾斜等方面积极推进。三是在推动做优职业教育培训评价组织方面，以破“五唯”为导向，推进职业教育评价改革，以公开、问责制度为抓手，推进职业教育评价实施，以评价促进职业教育类型化变革发展。

第七章　类型学理论维度：突破原有层次化，诠释职业教育类型身份

分类，有两层含义，一是对事物归类，一是安排这些归类。职业教育类型身份就是归类和安排的结果。国家在政策层面肯定了职业教育类型身份，这是对类型学理论的实践运用，也由此开启了我国职业教育类型化变革的新篇章。

第一节　以时代"大职教观"认定职业教育类型划分标准

类型是元素构成的集合，分类标准不同，集合组成不同。类型由相关要素构成，包括实体、对象、描述、关系、特征、一致性和非一致性等七个要素。事物要独立成为类型，必然包括上述七个要素。我国职业教育已然具备了成为独立类型的条件。一是体现在职业教育体系内部，有职业教育的实体，这些实体既体现为主体和客体，也外显出职业教育的主要特征，如职业性、技术性和跨界性。二是体现在职业教育内外部关系上，这些关系按照不同的分类逻辑，具有一致性和不一致性。三是体现在职业教育的发展过程上，在这个过程中，给予其特定对象特征的陈述，其实就是对职业教育类型的描述。因此，我国职业教育能够成为一种教育类型。但一直以来，人们对"分类标准"看法不同，对职业教育类型身份也有了不同的看法，职业教育究竟是类型还是层次的争论一直存在。一般而言，"小职教观"将学校形态视为分类标准，极易对职业教育"层次化"。"大职教观"以现代职教体系为分类标准，其超越了学校形态，跳出了层次界限，实现了"类型身份"的认同。因此，"大职教观"下，"类型化"变革就是现代职教体系建设。

第二节 以自身“发展规律”决定职业教育类型参照对象

确立职业教育类型身份需要“标准判定”“参照衡量”。确立过程主要看“不同类型事物之间某一种因素的差异”。我国职业教育“类型身份”源于参照普通教育，因而，才存在持续争论。事实上，职业教育与普通教育之间绝对的边界并不存在，与岗位相关的知识和技能都是职业教育的内容，无论什么教育，只要是为职业做准备就是职业教育。“职普”间应为互补关系而非替代关系，应“相融通、互促进”，应“类型不同、地位同等”。职业教育“类型化”改革应该充分借鉴国外经验，主动探索自身发展规律，并自觉按照规律武装自己、发展自己、“类型”自己。

第三节 以固有的“应用性”确定职业教育类型差异特征

确立职业教育“类型身份”的依据是典型特征。一类事物的典型特征包含大类特征和类别特征，一直以来，有关职业教育特征与属性的争辩始终不断，至今没有公认结论。对此，我们可以从两个方面看，从职教体系看，比较公认的类型特征是“跨界性”，其跨越了学校与企业、学习与工作，是校企合作的具体反映。从职教目标看，职业教育的类型特征、本质属性是职业性和技术性。因此，在职教体系内，职业教育具有“多元”的类型特征，即跨界性、职业性和技术性。然而，职业教育类型身份不仅体现在体系内部，还应体现在不同教育类型间的参照和对比。有互斥性或两个以上的差异性表征的事物一定类型不同。职业教育与高等教育都具有“跨界性”，所有教育也都有“职业性”“技术性”，因此，“跨界性”不是差异性特征，“职业性”“技术性”也不是“职普”区别的类型特征。从类型学角度看，“职普”不同的特征就是“类型”特征。相比普通教育，“应用性”更能凸显“职普”的差异性特征，“应用性”贯穿了职业教育始终。同样，普通教育的“理论性”“学术性”是“普职”的差异性特征。由此，我们认为：“应用性”“跨界性”是职业教育的“根”。

第八章　经济发展维度：突破发展瓶颈期，推动职业教育层次提升

第一节　以高端制造业为主体的产业形态推进职业教育层次提升

国家财富有多种来源。以高端制造业为主的产业形态需要的是高层次、高水平、高质量职业教育支撑。如果一个以高端制造为支柱的产业形态的国家，没有理想的职业教育，那么，这个国家的发展将不可持续。一个国家的经济发展需要其职业教育与产业形态相匹配，职业教育必须把满足产业发展对技术技能人才的需求作为自己的出发点。以高端制造业为主体的产业形态是指国家的制造业处于引领地位，其产品具有技能高、品质高、个性化的“两高一化”特征，技能是国家财富的主要来源。

我国主动选择以高端制造业为主体的产业形态。多年来，我国始终将实现产业升级作为经济发展的基本方向，从劳动密集型产业到资源密集型产业，再到技术密集型产业，主动推进企业技术升级，持续推动制造业加速向高端迈进，促进制造业高质量发展。1989 年 3 月，《国务院关于当前产业政策要点的决定》指出，我国加工产业生产能力过大，高水平的加工能力不足，基础产业（如农业、能源、原材料和交通运输等）生产能力不足，出口产品结构层次较低，某些短线产品出口规模偏大，同国内市场供应有矛盾。进入 21 世纪，我国产业发展政策的核心是产业结构调整、目标是产业结构优化，逐步形成全面发展的产业格局，促进一、二、三产业健康协调发展。2015 年 5 月，国务院发布的《中国制造 2025》指出，建设制造强国的关键环节是结构调整。因此，要优化产业空间布局，走优质增效发展道路，打造一批具

有核心竞争力、世界领先的产业集群和企业群体。党的十九大对“加快建设先进制造业”“加快建设制造强国”也提出了明确要求。发展高端制造业，建设制造业强国，是我国经历改革开放，从劳动密集型到资源密集型产业的发展模式后，对我国今后一个时期产业发展模式的战略选择。以我国的国情，不能把数以亿计的劳动人口导向服务业，我国的高端制造业一定要为相当规模的劳动力提供丰富的就业机会。因此，我国所选择的高端制造业类似德国和日本的制造业，其定位是以先进生产线为基础、充分依赖人的技能的制造业。

产业服务导向的、高层次的职业教育是高端制造业为主产业形态存在和发展的前提和基础。一直以来，在国家的政策推动下，我国职业教育始终以服务地方经济社会发展为己任，也正是因为改革开放带来的经济快速发展对技能型人才的旺盛需求，我国今天才构建了基本完善的现代职业教育体系。但当前我国职业教育与德国和日本的职业教育还有很大差距。一是我国职业教育层次普遍还不高。长期以来，我国职业教育的最高学历层次停留在专科层面，这既有国家政策就业导向的原因，也有我国当时产业形态对本科技术技能人才需求不旺的缘故。随着全球新一轮科技与产业革命的兴起，以及我国坚定迈向制造业强国步伐的加快，发展本科层次职业教育，提高职业教育层次，已经成为我国适应产业变革的关键举措。二是企业介入职业教育的程度偏低。我国企业参与职业教育缺乏制度基础，从德国和日本的经验看，只有采取学徒制的形式，才能训练出高水平的技能，职业院校教师承担不了这样的训练任务。尽管 2014 年我国推行了现代学徒制试点项目，但由于投入的资金不足，特别是企业的参与程度不够，试点项目的推进过程异常艰难。三是课程中的工作技能训练成分少。在 20 世纪 90 年代，我国就在努力推进能力本位的课程改革，当今，能力本位课程改革已经得到全面落实和深化，但在具体的教学过程中，仍然存在理论教学比例高、工作技能训练少的现象。四是学生学习技能的积极性还不高。当今，在强有力的政策引导下，职业院校招生规模获得了“大体相当”的地位，解决了学生进入职业院校学习的问题，但由于职业教育在社会层面“认可度”不高，学生不甘心当技术工人，导致学生学习技能的积极性不高。面对我国以高端制造业为主的产业形态需求，职业教育应该积极应对，主动作为，在国家政策制度的指导下，不断修炼自己，勇于克服不足，努力向上生长。以内涵式发展，实现本科层次跃升;以推行“学徒制”,吸引企业积极融入;以校企深度合作,强化学生技能训练;以自身主动作为,赢得社会广泛认可。

第二节 以协调性市场经济运行模式推动企业深度参与职业教育

以经济社会学视角看,只有在相应的经济运行模式下,高端制造业和与其匹配的职业教育才可能产生。经济社会学家一般将经济运行模式分为两种,一种是“美英”模式(新福特主义),一种是“德日”模式(后福特主义)。新福特主义产业形态具有产业发展路线“三低化”、提高企业利润“削成本”和提高产品竞争力“标准化”等特征。与其产业形态相适应的经济运行模式提倡竞争性个人主义和发挥自由市场作用,主张提高市场自由度来提高产品的竞争力。新福特主义认为,只要政府对经济运行过程放松控制,在逐利本性的驱使下,企业很容易走“三低化”(低技能、低工资、低福利)产业发展路线。我国在改革开放后的二十年里就是这样,由于放开了市场、激活了企业,才使企业迅速发展壮大,经济迅速取得了成就,但形成的却是“三低化”的产业形态。同样,后福特主义产业形态具有产业发展路线“三高化”、经济广泛增长“质量化”和准确定位市场“弹性化”等特征,而其中技术工人在中产阶级中占较大比重是最大的特征。与这种产业模式相适应的经济运行模式主张发挥政府、雇主和工会合作的力量,劳动组织“扁平化”、企业管理“民主化”、劳资双方“信任化”。后福特主义认为,“三高化”(高技能、高工资、高福利)的产业形态形成需要具备两个条件,一是企业愿意在技术研究与改进方面长期专注。做到这一点,企业只有付出艰巨努力和长期积累,才能采取以提升产品品质促进利润提升的产业形态。二是技术工人愿意在技术钻研、技能提高方面肯下大功夫。做到这一点,企业需要将工人的技能水平与工资挂钩,提高工人的工资和福利待遇,吸收工人参与企业管理,保证工人的就业稳定性,才能激发工人主动钻研技能的热情。因此,践行后福特主义国家的经济运行模式一般都需要政府的引导、外部的逼迫以及制度的约束来推动。从这个角度理解我国不同发展阶段经济治理的复杂性,产业升级阶段一定远大于粗放发展阶段。

目前,我国经济运行模式与产业形态存在失调现象。作为新兴市场经济体,我国为了激发市场活力,经济运行模式实施的是宽松的市场模式,相关政策制度迫切需要改进完善。企业管理的重大决策由极少数高层领导决定,企业用工的自主权几乎不受外部制度制约,在工资薪酬、工作环境和晋升机会等诸多方面,企业的工人与管理层之间存在较大差距,林林总总,与以高端制造业为主的产业形态要求不符,发展受限。党的十九大报告明确指出,“不平衡、不充分”已经成为新时代我国社会的主要矛盾。局部领先、系统落后,各种产业技术之间的差距就是“不平衡”的重要表现之一。按照党的十九大确定的经济发展目标,实现产业升级必须走新型工业化道路。可喜的是,当今我国的市场主体已经为提升产品质量、实现产业升级,以及改善工人的工作环境做出了巨大努力,取得了良好成效。

可以看出,产业形态、经济运行模式和职业教育之间关系紧密,相互支撑,任何一个方面缺位,都会使整个运行体系不顺。以高端制造业为主体的产业形态需要以协调性市场经济运行模式为基础,其形成必须以高层次、高水平的职业教育为支撑;高层次、高水平职业教育的形成,需要在以高端制造业为主的产业体系基础上,通过以协调性市场经济运行模式这种制度体系,推动企业深度参与职业教育;协调性市场经济运行模式是推动以高端制造业为主体的产业形态发展的动力,是高层次、高水平职业教育形成的关键。经济发展对职业教育类型化发展具有决定性作用。

第九章　人才标准维度：突破传统人才观，平等看待技术技能人才

第一节　以政策导向性作用促进“行行出状元”深入人心

人才观是指人们对人才的基本观点和总体看法。《人才学大辞典》认为，在一定的社会历史条件下，人才是能够以其创造性劳动，对社会发展或其某一领域做出一定贡献的人。该观点强调人才在群体中的先进性和在劳动中的创造性。《辞海》认为，人才是指德才兼备或有才识学问的人。该观点强调了两个方面，一是突出品德要求，强调育才、用才；[①]二是外延宽泛，不再把人才限定在先进群体里，排除了评价人才的主观因素。至于创造性，笔者认为，当我们正视了普通劳动中的创造性时，创造性的含义也就变得宽泛了。不同历史时期，人才标准不同。新时代人才标准是围绕中华民族伟大复兴的具体实践给出的具体阐释，即以“德才兼备、以德为先”为具体标准，以践行“爱国、敬业、诚信、友善”为价值要求，坚持以理想信念为核心，抓住世界观、人生观、价值观这个总开关，并在实践创新中检验人才。作为群体的人才概念有类别性和层次性。类别性是指在社会运转中，不同类型的岗位需要不同类型的人才。学者一般认为，依据多数社会领域的物质生产过程，人才可以划分为四大类，即科学人才（或称学术人才）、工程人才、技术人才和技能人才。层次性是指人才具有多序列特征，各类人才都有自己的层次序列。“行行出状元”，既是一种先进理念，也是客观事实。新时代的“状元”就是各行各业的精英。

美国经济学家莱斯特·瑟罗认为，与自然资源和资金相比，在提高国家竞争力

① 杨金土：《人才观与职业教育》，载《职业技术教育》2008年第29期，第66—69页。

过程中,技术与人才更为重要,提高基层员工的能力是提高国家竞争力的关键,拥有技能的人才,是一个国家唯一持久的竞争优势。发达国家通过出台相关的法律法规,促进各行各业人才辈出,实现国家竞争力的不断增强。德国通过颁布《职业教育培训法》《培训岗位促进法》《职业培训条例》等法律法规保障创新"双元制",并依靠训练有素的劳动力迅速从"二战"废墟中崛起;日本通过《职业能力开发促进法》,完善职业能力评价体系,并依赖技能人才实现了国家富强;美国通过出台《技能战略:确保美国工人和行业形成具有竞争力的技能》战略规划和法案规范,保持技术工人的全球竞争力。英国颁布《技能与16岁后教育法案》,使更多的人能够适应产业发展需求,获得所需的技能,找到好工作,为技能和培训革命奠定了基础。

一直以来,我国不断建立和完善相关政策制度,把大力发展职业教育纳入国民经济和社会发展规划之中,推动了"三百六十行"人才辈出。2005年10月,国务院颁布的《国务院关于大力发展职业教育的决定》指出,提高技能人才的社会地位和经济收入,实行优秀技能人才奖励政策和激励方法。[①] 2006年6月,中办、国办印发的《关于进一步加强高技能人才工作的意见》指出,要从国家战略高度审视做好高技能人才工作的重要性,在培养、考核评价、表彰奖励、加强社会保障、加大资金投入、营造氛围等方面,切实提高技能型人才的社会地位,确立其价值。2006年7月,劳社部印发的《关于进一步加强高技能人才评价工作的通知》指出,打破各种界限,突出能力和业绩,为高技能人才成长提供更加宽松的环境。2007年3月,劳社部印发的《高技能人才培养体系建设"十一五"规划纲要》指出,要落实企业对高技能人才的培训责任,为高技能人才在企业中成长提供资金保障。2008年3月,国务院颁发的《关于高技能人才享受国务院颁发政府特殊津贴的意见》指出,要明确享受国务院颁发政府特殊津贴的高技能人才的选拔数量、条件、办法、审批,以及选拔周期、津贴标准和发放办法。2010年6月,中办、国办颁发的《国家中长期人才发展规划纲要(2010—2020年)》指出,在继续强调提高高技能人才的经济待遇和社会地位的同时,要完善高技能人才培训体系的系列途径。[②] 进入新时代,围绕中华民族伟

---

① 陈宏艳、徐国庆:《技能型人才价值认可是现代职业教育构建的逻辑起点》,载《当代职业教育》2017年第6期,第21—25页。

② 黄瀚玉、刘邵鑫、曾绍伦:《产教融合人才培养模式研究的知识图谱可视化分析》,载《教育与职业》2018年第11期,第18—25页。

大复兴的具体实践，不断健全技能型人才培养、使用、评价、激励制度，主动推进“行行出状元”深入人心。2013 年 2 月，国务院颁发的《关于深化收入分配制度改革的若干意见》指出，要进一步落实技能型人才培养经费保障，提出了系列提高技能型人才经济待遇的具体措施。2014 年 5 月，国务院颁发的《关于加快发展现代职业教育的决定》指出，要消除制度障碍和就业歧视，促进技能人才公平就业。十二届全国人大四次会议通过的《中华人民共和国国民经济和社会发展第十三个五年(2016—2020 年)规划纲要》指出，要进一步在制度上使技能型人才获得同等待遇。2018 年 9 月，人力资源和社会保障部(简称“人社部”)印发的《技能人才队伍建设工作实施方案(2018—2020 年)》指出，要聚集政策措施，全面加强技能人才培养、评价、选拔、使用、激励等工作。2021 年 1 月，人社部印发的《关于进一步加强高技能人才与专业技术人才职业发展贯通的实施意见》指出，要打通高技能人才与专业技术人才职业发展通道，加强创新型、应用型、技能型人才培养。2022 年 3 月，人社部印发的《关于健全完善新时代技能人才职业技能等级制度的意见(试行)》指出，全面推行职业技能等级认定，普遍建立新时代技能人才职业技能等级制度，推动高技能领军人才、大国工匠、能工巧匠不断涌现。2022 年 10 月，中办、国办印发的《关于加强新时代高技能人才队伍建设的意见》指出，到“十四五”时期末，高技能人才制度政策要更加健全、评价机制更加科学、激励保障更加有力，尊重技能尊重劳动的社会氛围更加浓厚。力争到 2035 年，高技能人才与基本实现社会主义现代化要求相适应。当今，职业教育已经成为类型教育，人才的独立性促进了技术技能人才成为了我国人才体系的重要组成部分，三百六十行、行行出状元，尊重技能尊重劳动的社会氛围已经形成，“相信人人有才，帮助人人成才”已经成为政府和民众的共同心声。

第二节 以自身高质量发展推动“人人皆可成才”落地落实

“职教 20 条”对于职业教育改革发展具有“风向标”意义，其首次明确提出要推进高等职业教育高质量发展。2020 年 9 月教育部等部门印发《职业教育提质培优行动计划(2020—2023年)》和2021年10月中办、国办印发《关于推动现代职业教育高质量发展的意见》,均对坚持职业教育类型定位、促进职业教育高质量发展提出了明确要求(顾准,2023)。[①] 进入新时代,以数字技术为核心的技术进步,“双循环”新发展格局和技能型社会的形成要求职业教育高质量发展。随着我国经济社会进入高质量发展阶段,我国职业教育也必然步入新的发展阶段。新时代职业教育高质量发展是指围绕中华民族伟大复兴的具体实践,新发展阶段的职业教育,在动力机制上,经济社会高质量发展和人的多样化与个性化需求成为引导和推动职业教育发展的根本动力;在发展过程上,职业教育系统为了实现更高水平的动态平衡,不断改革创新、动态调整,并呈现可持续发展样态;在发展目标上,职业教育要通过培养高端技术技能人才增强社会吸引力,实现自身的可持续发展。

“人人皆可成才、人人尽展其才”是习近平总书记的人才思想,也是对马克思主义人才观的重要发展,具有重大的理论和现实意义。人才个体具有多样性。条条大路通罗马,梦有千千万万,实现梦想的道路有千条万条。个体有差异,人人有区别,每个人的创造力相对独立,各具特点,能力的多元化、多层次特征,决定了人才的多样性。只要从实际出发,在自己选择的道路上,深耕自己,持续发力,在钟爱的岗位上展示风采,创造价值,就能够走向自己的成功。人人皆可成才,就是尊重个体独特性,展示人才多样性。人才潜能具有无限性。人类创造潜能巨大,更多潜能有待开发(龚云,2019)。[②] 只要开发个体创造潜能,就能持续服务社会发展。人的潜能发挥的过程,就是贡献社会的过程,就是人才成长的过程。人人皆可成才,就是挖掘个人潜能、释放最大潜能。人才价值具有多元性。社会要发展,人才是关键。社会发展对人才的需求是多样的、多层次的,社会分工越细,对人才门类的需求越全,不仅需要学术型和工程型人才,也需要技术型和技能型人才。人才的价值是多元的,人人皆可成才,就是立足岗位、尽职尽责,就是岗变人变、忠诚担当。

---

① 顾准:《我国技能型社会建设的现实困境与行动策略》,载《武汉职业技术学院学报》2023年第22期,第5—10页。

② 龚云:《习近平人才思想的精髓——论“人人皆可成才、人人尽展其才”思想》,载《人民论坛》2019年第3期,第35—37页。

第十章　自身发展维度：突破“谋业”功能观，促进人的自身全面发展

职业教育是国民教育体系和人力资源开发的重要组成部分。改革开放以来，我国职业教育从小到大，从弱到强，取得了举世瞩目的成就。特别是党的十八大以来，职业教育从层次到类型、从分类到协同、从借鉴到共享，立足自身建设现代职业教育体系，立足教育体系确立职业教育类型定位，立足经济社会发展提出建设技能型社会战略任务，增强了需求适应性，迈向了高质量发展，培养了数以亿计的技术技能人才。职业教育前途广阔，大有可为。教育的目的是促进教育对象的发展，让学生学到有价值的知识和技能。教育的功能包括促进个体的发展和促进社会的发展两个方面的内容。教育功能观是指人们对教育功能的认识或看法，该认识或看法会根据教育实践的发展而不同。职业教育的功能是根据个体的特点促进教育对象的生涯发展，以及根据现实发展需求促进经济社会发展，这也是职业教育存在的重要基础。职业教育上连高等教育，下接基础教育，职业教育自身发展的质量决定了能否成为我国教育的脊梁、脊柱和中坚。因此，构建稳定的现代职业教育体系，实现职业教育自身高质量发展，已经成为当前职业教育最当紧的、最打头的、最重要的事情。

第一节　政策演进：职业教育体系建设的发展历程

我国非常重视职业教育体系建设，特别是改革开放以来，通过制定政策制度推动职业教育体系建设，取得了显著的效果。政策制度的制定、执行的过程，既是推

动职业教育体系建设、强化职业教育类型定位的过程，也是促进人们思想观念转变、实现职业教育功能转化的过程。

1978 年 12 月，党的十一届三中全会后，党的工作重心转移到经济建设上来，急需高素质技术工人，急需建立职教体系。[①] 1985 年 5 月，中共中央颁布的《关于教育体制改革的决定》指出，要逐步建立一个职业技术教育体系，使其既能从初级到高级、行业配套、结构合理，又能与普通教育相互沟通。这是有史以来第一次在中央文件中提出建立“职业技术教育体系”，并将其初步轮廓勾勒了出来。从 20 世纪 90 年代开始，我国经济体制逐步转向有计划的商品经济，人们的择业夙愿和岗位的胜任要求对职业教育促进就业提出了新的时代诉求。1991 年 10 月，国务院在颁布的《关于大力发展职业技术教育的决定》中对职业教育体系的表述中新增了几个关键词，如“中国特色”“形式多样”“与其他教育相互沟通、协同发展”等，这对建设职业教育体系提出了新要求。随着 1992 年我国正式实行社会主义市场经济体制，以及 1995 年科教兴国战略的提出，推动了职业教育的快速发展，营造了提高劳动者素质的社会氛围。1996 年 5 月，八届人大十九次常务会议通过的《职业教育法》将“职业教育体系”单独列为一章(第二章)，并将职业教育体系描述为充分体现职业学校教育与职业培训并举，与其他教育相互沟通，协调发展，由此，我国职业教育体系建设有了法治保障。2001 年 12 月，我国正式加入世界贸易组织，步入了经济全球化发展快车道。2002 年 8 月，国务院发布的《关于大力推进职业教育改革与发展的决定》将职业教育体系描述为“与市场需求和劳动就业紧密结合”“结构合理、灵活开放、特色鲜明、自主发展”，要求职业教育要为经济服务，并首次提出建设“现代职业教育体系”。2004 年 4 月，教育部颁布的《关于以就业为导向深化高等职业教育改革的若干意见》指出，高等职业教育应以服务为宗旨，以就业为导向，走产学研结合的发展道路。[②] 由此，以“就业为导向”成为了职业教育的办学方向，“职业教育就是就业教育”成为共识。2005 年 10 月，国务院颁布的《关于大力发展职业教育的决定》中对职业教育体系的描述中新增了“满足人民群众终身学习需要”“校企合作、

① 匡瑛：《走出误区：深化我国现代职业教育体系建设改革的认识与行动》，载《南京师大学报(社会科学版)》2023 年第 3 期，第 28—40 页。

② 李训贵：《高校扩招以来我国高等职业教育人才培养政策分析》，载《黑龙江高教研究》2011 年第 7 期，第 102—104 页。

工学结合”“有中国特色”的要求，说明职业教育发展要与人的可持续发展相关。2010 年 5 月，国务院常务会议审议通过的《国家中长期教育改革和发展规划纲要(2010—2020 年)》指出，到 2020 年，我国将形成“适应经济发展方式转变和产业结构调整，体现终身教育理念，中等和高等职业教育协调发展”的现代职业教育体系，说明该体系与外部环境、人的可持续发展和体系内部有着密切的关系。2014 年 6 月，教育部等六部门联合发布的《现代职业教育体系建设规划(2014—2020 年)》全面、系统地表述了我国建设现代职业教育体系的总体思路和实施路径，为实现职业教育现代化、教育现代化奠定了坚实基础。2017 年 10 月，习近平总书记在十九大报告中提出“完善职业教育和培训体系”。将职业教育和培训看成一个有机体系建设，是对新时代我国职业教育工作做出的新部署。随后，2019 年 1 月国务院印发的《国家职业教育改革实施方案》、2021 年 10 月中办国办印发的《关于推动现代职业教育高质量发展的意见》和 2022 年 4 月十三届人大三十四次常务会议通过新修订的《中华人民共和国职业教育法》一脉相承地指出，我国职业教育体系要“适应经济社会发展需要”“职业学校教育和职业培训并重”“不同层次职业教育有效贯通”“职业教育与普通教育相互融通”，为完善新时代现代职业教育体系指明了方向。2022 年 12 月，中办、国办印发的《关于深化现代职业教育体系建设改革的意见》(以下简称《意见》)指出，“坚持服务学生全面发展和经济社会发展”“坚持以人为本”“让不同禀赋和需要的学生能够多次选择、多样化成才”，体现了职业教育功能定位由“谋业”转向“人本”，更加注重服务人的全面发展。职业教育是促进就业的重要途径，但绝不是单纯的就业教育。

第二节　回应需求：“以人为本”，服务人的全面发展

(一) 职业需求是推动职业教育发展的根本动力

需求是职业教育发展的动力、导向和要求。职业需求包括两个方面，一是满足经济社会发展对职业人才的需求，二是满足社会成员终身职业发展的需求。说明职业教育在促进人的发展和社会发展上同等重要、有机统一，而非相互对立。职业

需求是推动职业教育发展的根本动力。进入新时代,我国社会主要矛盾发生了根本性的变化,教育领域的“不充分、不平衡”,使办好人民满意的教育成为了当前教育的改革方向与目标。就业环境、就业要求的变化,对职业教育的发展提出了更高要求。满足学生的多元需求、兼顾社会与个体取向成为新时代职业教育发展的新方向。2022 年 12 月的《意见》重申了职业教育的功能定位,职业教育是促进就业的重要途径,但绝不是单纯的就业教育,根本是要服务人的全面发展。回应职业需求,职业教育就要强化需求导向,以人为本,服务人的全面发展。

(二) 以人为本是学生个体自我发展能力的实现

要理解以人为本,须把握三个方面。关注“人人”是以人为本的认识基点。只有关注学生、服务学生才能体现以人为本,帮助每个学生全面发展、自由发展和充分发展是职业教育的使命,职业教育能够使课程类型更加多样化,能够使更多的人找到适合自己学习和发展的空间,能够使整个教育“面向人人、服务人人”。关注人的生存和发展是以人为本的价值基础。生存权和发展权是最基本的人权,国内外经验表明,职业教育是保障人的生存和发展的必要条件,是消除贫困、促进就业的重要途径。关注人的心灵净化和觉醒是以人为本的核心目标。教育的宗旨是促进人的心灵觉醒,使人具有自尊、自信、自立、自强和自觉融入社会的意识。一方面,大量事实证明,职业教育已经把相当一部分基础教育阶段“学业失败”的青少年导向了“学业成功”,找回了自尊和自信。另一方面,具体实践表明,基于职业场景和工作实践的全面素质教育有着非常理想的效果。

(三) 人的全面发展是素质、能力和个性的全面发展

人的全面发展则体现在三个方面,一是人的需要的全面发展。人的需要是人的自身的规定,是人的全部活动的内在动因,具有多样性、多层次性和选择性。人的需要的全面发展是人的全面发展的基础。二是人的素质和能力的全面发展。人的素质包括身体素质和精神素质,具体包括身体素质、心理素质、思想道德素质和科学文化素质四个方面。人的能力是一个复杂系统,是多种因素的有机结合。具体包括体力、脑力和综合能力,综合能力是基于体力和脑力的应对具体事务的能

力。人的素质和能力的全面发展是人的全面发展的主体。三是人的个性的全面发展。美国著名心理学家阿尔波特(G.W.Allport)认为,个性是决定人的独特的行为和思想的个人内部的身心系统的行动组织。人作为有机体,在获取生存所需营养的基础上,在掌握适应社会、独立生活技能的过程中,逐渐形成了自己的个性,并发展成为人格鲜明的个体。人的个性不同,思想与行径也就不同,在适应着外部世界的同时,也在改造着这个世界、发展着自己。人的个性的全面发展是人自身发展的要求和条件,是社会发展的基础和目标。人的个性的全面发展是人的全面发展的追求。

(四)职业教育本质功能是以人为本、促进人的全面发展

在社会大系统中,职业教育与政治、经济、文化等其他社会子系统相互依存、相互促进、相互制约。政治、经济和文化是人类社会发展到一定阶段的产物,是为了服务人的自身更好发展,因此,人的需要决定了政治、经济和文化,也决定了包括职业教育在内的教育,一切发展(包括政治的、经济的、文化的和社会的发展)都是为了满足人的更好发展而进行的发展,即"以人为本",人的发展是所有发展的本质、目的和标志,职业教育的本质功能就是以人为本,促进人的全面发展。建立职业教育体系,能够增加学生的就业、升学机会,为学生的全面发展提供可能。习得职业知识与技能,能够提高社会劳动生产率,为学生的全面发展创造条件。深化产教融合校企合作,能够推动学生高质量升学、就业,为学生全面发展铺平道路。推动职业教育体系改革,能够服务学生终身化学习需求,为学生的全面发展奠定基础。

第三节 苦练内功:做实做好现代职业教育体系"新基建"

"新基建"是新型基础设施建设的简称。首次提出"新基建"的是2018年12月中央经济工作会议,会议指出新型基础设施建设要以人工智能、物联网和工业互联网等为主要内容,会议强调要加快5G商用步伐建设。自此以后,"新基建"相继在国家相关会议、文件和报道中频繁出现。"新基建"是一个逐渐拓展和丰富的概念。现代职业教育体系建设的"新基建"与传统的职业教育体系基本建设相对应,是现

代职业教育体系建设的重要组成部分，这个“新基建”不是新的基建，而是具有质的规定性，体现在现代职业教育体系建设过程中应用的是更加先进的技术，数字化是这个“新基建”的核心要素。在建设教育强国中，职业教育上连高等教育，下接基础教育，是我国教育的“脊梁、脊柱、中坚”，当前，职业教育必须苦练内功，做实做好现代职业教育体系建设“新基建”，实现自身的高质量发展。

（一）以专业链深度对接产业链，打造职教“金专”

专业是职业院校人才培养的基本单元，具有联系地方政府和职业院校、沟通学生与教师、回应行业企业需求等多项功能。办职业院校其实就是办专业，专业办的质量高低不仅体现了专业人才对地方经济社会发展的支撑力，也体现了职业院校的社会影响力和学生的就业力，职业院校教育教学改革改到要处是专业。因此，职业教育要苦练内功，专业链深度对接产业链，在守正创新中建设现代职业教育体系，以数字化为核心要素，推动传统专业转型升级，新设专业适应新技术、新产业、新业态、新模式，努力将职业院校的专业打造成新时代的职教“金专”。

1. 产业链对于专业链构建的价值性

在对专业链的价值定位上，以需求为导向，彰显“适应性”。职业院校专业建设要紧贴产业未来发展方向，为产业转型升级、技术创新与引领和高质量发展服务，增强职业教育对产业变革的适应性。在对专业链的贯通衔接上，以层次为主线，强调“衔接性”。职业院校专业建设要突出类型特色、全面深化改革、优化结构布局，[①]依据技术技能人才成长规律，明确“中、高、本”不同层次专业定位。在对专业链的实施标准上，以技术为引领，突出“数字化”。人工智能、5G+、量子科技的发展，为产业的技术革新和职业院校专业发展带来新的机遇和挑战。职业院校要以技术为引领，顺应数字化发展趋势，设置面向数字化、网络化、智能化融合发展的专业，培养“数字”技术技能人才，助力国家经济社会高质量发展，服务“数字中国”国家战略。

2. 把握专业链对接产业链的着眼点

要增强“两链对接”的匹配性。当前，职业院校专业建设与人才培养仍然存

① 邱福明：《装备制造大类职业教育专业链对接产业链的价值性、着眼点和着力点》，载《教育与职业》2022年第1期，第96—100页。

在结构性矛盾。一方面,表现在整体规模下降、培养能力不足,另一方面,表现在就业层次低、结构不合理。分析原因,不仅有职业院校专业设置没有与经济社会发展同频共振,也有一些职业院校职教规律把握不够,办学理念亟待更新,人才培养系统性不强。要提升“两链对接”的适切性。技术革新和自主创新是产业高质量发展的支撑力量。当前,因科学技术和经济发展,我国企业的生产方式、社会职业与岗位均发生了深刻变化。产业数字化与数字产业化协同发展,新职业、新岗位不断涌现,为新专业的设置和“老”专业的转型升级带来了无限生机。职业院校应更好地发挥作用,努力提升“两链对接”的适切性。要注重“两链对接”的超前性。国家“十四五”规划纲要指出,要加快关键核心技术创新应用,增强要素保障能力,培育壮大产业发展新动能。职业院校要紧扣前沿科技应用,围绕基础性、先导性的战略性新兴产业,有针对性地设置新的专业,更加注重“两链对接”的超前性。

3. 找准专业链对接产业链的着力点

对接区域产业链,谋划专业结构布局。在结构上统筹兼顾。职业院校要统筹地方产业布局,兼顾传统产业、支柱产业和新兴产业,心中装着服务地方“专业—产业”对接表。在层次上系统布局。职业院校要通过构建一体化衔接的专业体系,系统谋划、统筹推进中职、职业专科和职业本科有机衔接。融入新培养标准,培养技术技能人才。《职业教育专业目录(2021年)》就是职业教育新的人才培养标准和教学标准,职业院校要推动二级学院融入“新标准”、挖掘新内涵、推动新教学,培养更多地方经济社会发展需要的高素质技术技能人才。瞄准新技术方向,引领技术转化应用。职业院校要依托区域创新平台,组建“行业领军+学校骨干+企业中坚”创新团队,一方面,负责关键技术转化与应用的突破,重点解决中小微企业的发展瓶颈问题,另一方面,承担技术领域内课程模块的开放与实施,针对不同专业开发不同的课程内容模块。引入新治理模式,保障“两链对接”见效。一方面,在专业群的建设上要创新产教融合治理模式,构建联动机制、优化协同组织、搭建实践载体,保障“两链对接”走深走实。另一方面,在专业群的管理上要采用集成化的管理框架,把职业院校视为一个整体,采用集成管理模式,有助于激活专业群内部治理,促进“两链对接”。

（二）以产教共同体构建为抓手建造职教“金课”

命运共同体是习近平总书记提出的重要战略理念，是最高形态的共同体，其包含平等互信、合作共赢、包容互鉴等战略思想。2019 年 1 月，国务院发布的《国家职业教育改革实施方案》指出，厚植企业承担职业教育责任的社会环境，推动职业院校和行业企业形成命运共同体。① 产教融合命运共同体是校企合作、工学结合的升华，是职业教育产教融合在更高层次、更大范围上的整合和贯通，是教育与产业的战略性联盟。② 构建产教融合共同体基础点在产教资源共建共享，突破口在加强多方深度融合，着力点在参与教育教学各环节，落脚点在培养技术技能人才，行业企业全面参与职业院校教育教学各个环节。课程是人才培养的核心要素，职业院校教育教学改革改到深处是课程。产教融合共同体能够推动建造“高起点、高标准、高水平、高质量、高精度”的“5H”标准职教“金课”。

1. 高起点开展教学数字化顶层设计

建造新时代职教“金课”，是职业教育一流核心课程建设的重要内容，高起点开展教学数字化顶层设计至关重要。在数字经济背景下，职业院校要坚持“产教互促”，践行“五个对接”，锚定“产业数字化”，紧跟“数字产业化”，以师生数字化应用为动力，围绕教师高效教、学生深度学、课程线上考、质量客观评，强化提升产业数字引领能力、产教数字化融合能力和学校数字化保障能力，主动对接国家职业教育智慧教育平台，将新方法、新技术、新工艺、新标准融入教学，提升职业院校培养产业所需人才的关键能力，夯实数字化教学“金课”建造与保障。与此同时，也要对“金课”进行 3～5 年的规划，确保“金课”建设能够一张蓝图绘到底。

2. 高标准优化课程智能化教学环境

网络保障是前提。数字化教学对网络带宽、网络速度、网络时延均有较高要求，建设“超高速率、超大连接、超低时延”的 5G 网络才能保障精准化管理、个性化教学、沉浸式学习有序开展以及智慧课堂、智能车间的正常运行。环境建设是基础。数字化教育使学习没有边界，营造人人可学、时时可学、处处可学的学习环境，

---

① 詹华山：《新时期职业教育产教融合共同体的构建》，载《教育与职业》2020 年第 5 期，第 5—12 页。

② 湛年远、谭永平、刘燕：《欠发达地区高职产教融合共同体构建的意蕴、困境与对策》，载《中国职业技术教育》2023 年第 28 期，第 42—47 页。

才能实现数字化教学的智能性、开放性和人本性。评价考核是动力。通过建立产教融合机制，促进产教资源共建共享，校企融为一体，合力培养人才。对企业师傅与学校教师进行评价考核，要以激发其工作积极性、主动性和创造性为目的，在职称晋升、岗位绩效和评优评先中予以体现；管理制度是保障。数字化时代，职业院校的教学管理制度要与时俱进。学生在校际教学协作、社会优质课程和校企资源共享方面所获成绩，要结合 1 + X 证书制度要求，通过学分制学籍管理和选课学分认定等及时给予转换认定。

3. 高水平建设结构化教学创新团队

围绕课程共建共享，组建结构化校企教学创新团队。按照模块化教学要求，通过建立教学机制，集体规划、分工负责、协作建课和集中备课，促进教学团队建设。①按照课程数字化建设整体要求，通过对教学资源、教学设计和教学实施等进行数字化建设，整体提升校企团队数字化建设能力。对接国家教学能力大赛标准，将课程思政的相关元素融入专业教育全过程，通过小组讨论、集体备课和示范观摩，促进团队成员教学能力整体提升。

4. 高质量开发课程数字化教学资源

职业院校开发高质量课程数字化教学资源既要主动适应当今数字技术发展的新趋势、新变革，朝着智能化、智慧化方向转变，也要围绕“能学、辅教、促改”功能，重构校企教学资源共建共享体系。既要强化校企共同推进课程体系改革，创新教学方式，重塑教与学过程，也要建设“魔方”式、颗粒化、可重组优质数字化课程资源，实现向智慧化教学服务转变。既要探索新机制，激发新动能，实现资源库建设可持续发展，也要注重实际，踏踏实实，一步一个脚印，面向社会，服务师生。不仅要全方位梳理现有在线课程资源，对接国家职业教育智慧教育平台，完善在线课程分层分类机制，也要重视教学资源的精细化管理，推动教学资源的数字化转型，充分发挥课程资源在人才培养中的作用。

5. 高精度开展教学质量诊断与监控

确保“金课”落地落实，任课教师要有“大数据”思维。通过平台数据，任课教师

---

① 朱善元、胡新岗、朱明苑：《高职数字化教学“金课”的内涵特征、价值意蕴及建设路径》，载《教育与职业》2023 年第 4 期，第 89—94 页。

要对学生学习进度、学习时长、作业质量和阶段成绩等详细解读、重点分析，对共性问题和个性问题有针对性地帮助学生改进。教学单位要能“同步式”跟进。专业带头人、课程负责人等要能及时了解课程运行，随堂推门听课、查看后台数据，倾听学生呼声，掌握教学实情，跟进教学进程。管理部门要敢“全方位”监管。教务、质控等部门要适应数字化新形势，转变管理服务方式，在改革原有方式的基础上，利用数字技术，全方位、多维度、深层次做好教学管理服务工作。

（三）以创新校企合作有效模式锻造职教“金师”

百年大计，教育为本；教育大计，教师为本。师者，传道授业解惑也！“传道”即为言传身教，“授业”即为传授知识技能，“解惑”即为学生解决困惑。老师，不只是教书匠，更要教授学生为人处世的道理和主动学习的可贵品质。新时代的职业教育是面向人人的教育，职业院校教师是专业、课程、实践基地和教材的建设者、运用者、研究者和推动者，是人才培养过程中最具影响力的因素，可以说，教师队伍什么样，职业院校的人才培养水平就会是什么样，教师的整体素质关系着职业院校的办学能力和水平，也决定着职业教育的高质量发展。在人才培养的基本要素中，师资是人才培养的决定力量，必须优先建好教师队伍，以创新校企合作有效模式锻造职教“金师”。当今，信息技术加速迭代，亟需职业院校教师强化数字化思维，提升数字化能力，提高课堂教学效果，培养高素质技术技能人才。

在本书写作之时，查阅知网，关于介绍职业教育“金师”的研究文章只有 2 篇，对其内涵的解读还处于自我理解、自我认识阶段。一般认为，“金师”是对从事教育工作，处于一流教师位置教师的一种指称，譬如好老师、优秀教师和卓越教师等。吴岩(2022)认为，“金师”就是能够坚持知行合一，做到经师与人师相统一，并掌握“道术”“学术”“技术”“艺术”和“仁术”等的教师。① 郭萌和王怡(2023)认为，可以在静态和动态两个层面理解“金师”，静态上，“金师”是以往优秀教师、骨干教师和专家型教师等的概括和升华；动态上，“金师”是教师自身一种积极进取、追求卓越的状态。②

① 吴岩：《锻造中国“金师”》，载《中国高等教育》2022 年第 24 期，第 13—18 页。

② 郭萌、王怡：《应用型高校创新创业教育“金师”胜任力构成要素分析》，载《创新与创业教育》2023 年第 14 期，第 45—51 页。

职教“金师”是指在时代使命、职业特征、学习能力和自身特质等方面体现出“三表率一典范”特征的职业院校教师，即是坚持“为党育人、为国育才”的表率，是学生为学、为事、为人的表率，是学习新知识、新技术、新理论的表率，是新时代职业院校“双师型”教师的典范。新时代锻造职教“金师”，不仅需要教师自身要内练基本功，政府、行业企业和学生也要建立支持体系。

一方面，以学习赋能，促进教师职业素质提升。职业院校“金师”培养应在教师的思想政治素质、教书育人能力、自主学习能力和实践教学能力四个方面强化认识，修炼“内功”。思想政治素质是指通过个人修为而形成的比较稳定的心理特征、思想观念、道德品质和政治修养的总和，并以其自身的思想认识、工作态度、职业行为等表现出来。[①] 职业院校教师自身行为发展与事业成功离不开良好的政治素质和鲜明的思想素质的强有力支撑，新时代，职业院校教师要始终坚守为党育人、为国育才初心使命，努力涵养师德师风、践行立德树人，大力弘扬科学家精神和奉献精神，牢固树立集体观念，切实提高创新意识、教书育人能力。教书育人能力是一个政治性教育命题。“教书”是知识性学习的过程，“育人”则是“教书”的感性化和性格化的过程。“教育性教学”理论认为，“教书”与“育人”是一个整体，是同一矛盾的两个方面，二者互为基础，互相促进，相互制约，教学的定义即为教育。职业院校教师要热爱职教事业，乐教适教；要深化产教融合、校企合作，夯实教学基本功，尤其是教学科研能力、管理能力、实践能力和发展能力；要坚定理想信念与职教情怀，培养新时代高素质技术技能人才。自主学习能力是自主学习与学习能力的结合，是自主学习的别称，自主学习是自主学习能力具体化的行为，自主学习能力则是自主学习的结果。自主学习能力受心理、认知能力、生活环境、学习环境和活动能力等因素影响，网络时代，自制力和信息能力是自主学习能力的重要组成部分。职业院校教师要树立“终身学习”的理念自主学习，紧跟时代步伐、技术发展和产业升级，及时提高自身知识水平和专业技能，不断适应新时代的发展要求。实践教学能力是指职业院校教师在产教融合校企合作的促进下，为达成实践教学目标，基于自身的实践能力，培养学生的实践操作技能的能力。实践教学能力是职业院校教师

---

① 靳国庆、李人杰、王凯：《新时代高校教师思想政治素质考核评价指标体系的构建》，载《中国高等教育》2019年第17期，第16—18页。

实践能力和教学能力的有机统一,其基础是教师的实践能力,载体是教师的教学能力,目标是学生的能力提升,[①]既是保障职业院校人才培养质量的重要条件,也是职业教育内涵发展的必然要求。

另一方面,多方协同发力,构建“金师”培养支持体系。职业院校方面,制定新政策,创设新机制,凝聚新资源,搭建新平台。以校级“金师”遴选引领教师进步,以“金师”工作室为载体促进教师发展,以“选苗、搭台、引路”促进青年教师成长,以深化产教融合、校企合作拓展引才渠道、扩充双师规模、健全评价机制、完善“双培”体系,以评选教学奖、教师奖树立标杆,以办好教师教学创新大赛搭建舞台,以推进教师教学评价改革指引方向,以揭榜挂帅解决学校、企业重大实际问题,激发教师创新潜能,以完善绩效考核体系激发教师内驱动力。政府部门方面,推动政策落实,推动教师能力更新。切实保证职业院校教师定期到企业实践锻炼,并真正实现常态化、规范化、长效化。整合校企资源,实现培训资源共享。推动职业院校与行业企业密切合作,充分发挥各自优势,共建共享“双师型”教师培养培训基地,并深化该基地与国家级职教师资培养培训基地密切合作,共同开发培养培训方案,共同评估培养培训质量。探索资格准入,确保双师素质加强。积极探索职业教育教师资格标准和专业技术职务评聘办法,推动修订教师资格条例,争取把“具有企业实践经验”作为职业院校教师资格准入的必要条件。行业企业方面,发挥自身优势,树立主动意识,突出主动作为,落实企业主体责任。联合高职院校、科研院所和相关中小企业等技术创新力量,是现有创新协同模式的发展,是新发展格局下实现自主创新的组织模式。[②] 企业牵头创新团队以产业重大科技问题为导向,紧密结合需求侧与供给侧,深度耦合创新链和产业链,并推动各创新主体形成协同效应。科技自立自强战略下,企业牵头创新团队是实现突破关键核心技术、锚定前沿引领技术的重要载体,对于强化企业自主创新、破解“卡脖子”问题具有重要作用。职业院校要主动加入企业牵头的创新团队,积极发挥自身优势,为科技自立自强做出应有贡献。

---

① 黄宏伟:《高职院校专业教师实践教学能力培养的问题与对策》,载《教育与职业》2010 年第 14 期,第 51—52 页。

② 操友根、任声策、杜梅:《我国企业牵头创新团队合作:总体特征、网络演化及其启示——基于国家科技进步奖项目的分析》,载《科学学与科学技术管理》2023 年第 44 期,第 118—139 页。

（四）以校企共建职教实践场所铸造职教“金地”

生产性实训基地是指职业院校通过引企入校或进驻企业方式，按照企业生产模式对实训基地进行布局规划、设备引进和管理运行，是既具备生产功能，也具备实践教学功能的场所。[①] 学生在基地内感受到的是真实的生产环境、生产任务和管理与评价，为实现“在生产中育人，在育人中生产”，增强学生的实际操作技能和职业素养，培养高素质技术技能人才提供了保障。校企共建生产性实训基地具有多种明显特征，在规划建设上，建设主体多元化，筹资方式多样化；在实践内容上，生产实训的真实性、先进性和共享性；在管理运行上，管理模式企业化，运行机制市场化和实训教学情境化；在价值功能上，基地功能多样化和社会服务效益性。2017 年 12 月，国务院办公厅印发的《关于深化产教融合的若干意见》指出，鼓励以引企驻校、引校进企、校企一体等方式吸引优势企业与学校共建共享生产性实训基地。[②] 职业院校引入社会资源，通过校企共建生产性实训基地，将企业的生产过程作为实训教学过程，将企业的生产任务作为实训教学项目，将企业的生产工艺作为实训教学标准，实现“在生产中育人，在育人中生产”的目的。实践证明，校企合作共建的生产性实训基地是学生职业素养、职业技能、实践综合能力以及创新与创造能力的重要载体，是职业院校实践教学落地落实的关键所在。在生产性实训基地的建设中，既要统筹兼顾，考虑学校和企业各自的目标和利益。又要突出重点，学校和企业的利益共同点是人才，学校培养人才，企业需要人才，人才培养是学校的主责主业，也是企业的社会责任。

在校内生产性实训基地建设中，一方面，要立足双赢明确建设目标。基地的建设目标具有双重性，职业院校的目标是人才培养，行业企业的目标是利润最大。因此，基地建设要注重“职业人”全过程培养，在实训教学项目的设计与选择时，要更侧重其典型性、递进性和综合性；同时，保障在基地实现“在生产中育人，在育人中生产”的前提下，实现产品生产在市场具有竞争力，以保障企业获取利润最大化。在规划设计上，基地建设要增强适应性，适应地方经济产业结构的调整、变化和发

---

① 陈清：《职业教育校企共建共享型校内生产性实训基地建设研究》，载《中国职业技术教育》2017 年第 23 期，第 88—91 页。

② 陈玉峰、池卫东、何林元：《共建共享型生产性实训基地建设的探索与实践》，载《中国职业技术教育》2018 年第 20 期，第 12—16 页。

展，增强技术技能人才培养适应地方发展需要。基地建设要以地方支柱产业为依托，充分体现社会需求，促进地方经济和职业院校专业发展。同时，要与职业技能鉴定相结合，并将现代化管理手段和技术融于其中，成为展现专业优势和企业文化的窗口。另一方面，要发挥各自优势共建共管。发挥校企各自优势，合力共建实训基地。地方政府要通过经济的、政策的、法律的手段，在职业院校和行业企业这两个独立的子系统之间起到指导、协调和监督作用，有效促进校企合力共建校内生产性实训基地。作为建设主体，在院校方面，提供场地并按照企业标准进行场地“硬装修”，提供日常办公设备和多媒体教学辅助设备。在企业方面，提供生产性设施设备、维修诊断设备与耗材和技术培训课程，并确保设施设备及技术与市场同步。体现双赢功能价值，校企合力共同管理。建立教学管理与生产管理协调机制。要建立组织机构、明确职责权益、实施目标管理，健全运行制度，协调机制是教学实训与生产服务“双线”并行通畅的保障。建立质量监控与绩效考核协同机制。既要建立对实训指导教师（企业员工和院校教师）进行管理与考核，也要对学生的实训质量进行评价与考核；既要建立由学生与家长、用人单位、行业专家组成的评价系统，也要建立激励机制与退出机制，协同机制是实训质量与生产绩效“双轨”同心同向的体现。建立财务管理与利益分配均衡机制。不仅要制订生产性实训经费管理办法，也要明晰职业院校与企业的利益分配关系，还要建立设备设施的运行、维护与管理制度。均衡机制是财务管理与利益分配“双赢”利益调节的杠杆。

（五）以行业企业有效参与共同开发职教“金教材”

教材是为了实现一定的教学目标，依据课程计划、课程标准和学生接受能力编写的教学用书。[①] 教材不仅是体现国家意志、传播核心价值观、传承中华优秀传统文化的载体，也具有鲜明的政治导向和意识形态属性，不仅是办好人民满意教育的重要依托，也是为党育人、为国育才，推动教育教学改革、保证人才培养方向和质量的关键。“金教材”是教材具有较高的质量、较好的口碑和较大的社会影响的一种指称，譬如精品教材、优秀教材和一流教材等，是职业院校师生公认的好教材。金

---

① 赵蒙成：《职业教育高质量教材的内涵与开发路径》，载《河北师范大学学报（教育科学版）》2022 年第 24 期，第 83—90 页。

教材的评价标准是德(道德,包括职业道德)、智(知识)、技(技术技能)三个维度内容的一体化,一体化程度越高,教材的含"金"量就越高。

在金教材开发中,德、智、技一体化具体体现在三个方面。其一,德、智、技三方面内容完整齐备、缺一不可。专业课教材既要包含专业知识和专业技能,还要包括道德教育及职业道德教育的内容。通识课教材不能远离工作世界,其教材内容不仅只包含文化道德修养和职业道德教育内容,也要包括专业知识和专业技能。同时,在开发教材过程中,还应关注学生的学习体验,考虑学生的认知规律和技能习得心理规律。其二,德、智、技三方面内容有机融合,精准适配。在德与智、技的融合方面,普适性德育内容尽管重要,但职业教育中,职业道德教育与专业知识和技术技能的融合更直接、更自然。在智与技的融合方面,由于市场对人才技能的刚性需求,高新技术能够很快成为教材内容,但相应的知识更新却异常缓慢,这需要重点关注。德、智、技三方面内容只有达到实质上的、科学的融合,才能符合金教材的标准。其三,德、智、技相融合的形式是显性、隐性相结合。智与技的融合形式是显性的,而德(除了单独设置的思政课等课程外)与智、技的融合则是隐性的,即职业道德教育的内容是隐藏在知识和技能之中的,也就是根据知识或技能内容内在的逻辑要求,确定教材中恰切的德育内容,并在知识和技能内容中"润物细无声"地将其融入。开发职业教育金教材,除了对德、智、技各方面诸多内容精准把握外,还需要把握好以下四个方面。

第一,增强教材育人导向。2016 年 12 月,习近平在全国高校思想政治工作会议上指出,要用好课堂教学主渠道,使各类课程与思想政治理论课同向同行,形成协同效应。2020 年 5 月教育部印发的《高等学校课程思政建设指导纲要》对课程思政提出了明确要求,做出了具体部署。[①] 2021 年 8 月,为深入贯彻习近平总书记关于教材建设的重要论述,全面落实教材建设国家事权,教育部研究制定了系列重大主题进课程教材指南和指导纲要。增强育人导向和育人功能,已经成为职业院校教材建设的根本要求。课程思政的关键在于"融",院校和企业是教材开发的主体,应坚持理论性与实践性相结合,将专业的基本原理变成鲜活道理,用鲜活道理诠释

① 陈磊、张兴海:《新时代高职院校"课程思政"建设的逻辑进路》,载《广西社会科学》2021 年第 2 期,第 180—183 页。

专业的基本原理。应将知识讲解与思政教育相融合，在知识讲授、能力培养和素质养成方面融入爱国主义、社会主义核心价值观、优秀传统文化和工匠精神，促进学生学思结合、知行合一，成为新时代高质量发展的重要力量。

第二，组建双元开发团队。恰切的开发主体是形成职教金教材的基础。为了促进完备的德、智、技内容一体化，完善教材内容结构，开发职教金教材，组建校企双元教材开发团队至关重要。开发团队由院校的专业课教师、德育课教师、文化通识课教师和相关管理人员以及企业岗位专家（企业专家型员工）和人力资源经理组成，在院校课程专家（教材主编）的组织下，团队目标明确，相互平等，深度合作，成员间既要相互交流、互学互鉴，也要合力为教材开发择己所长、献计献策。在“德”的内容开发方面，就是按照《高等学校课程思政建设指导纲要》的要求，围绕提高人才培养能力这个核心，坚定学生理想信念、为党育人、为国育才这个根本，体现党和国家意志，全面贯彻党的教育方针，落实立德树人根本任务，全面推进课程思政建设。在“智”“技”的内容开发方面，职业教育的技术知识，需要企业岗位专家（企业专家型员工）和院校课程专家（教材主编）发挥各自优势，联手协作，在共同分析相应职业领域任务结构的基础上，再分析每一任务环节所需要的知识才能得到。技术知识分为程序性任务知识和非程序性任务知识。程序性任务知识是“如何做”的知识，即技术实践知识。非程序性任务知识是指创造性相对较强的知识，既包含科学理论知识，也包含技术实践知识。技术实践知识采用程序性任务知识开发路径获取，技术理论知识则需要通过系统的科学研究才能得到。

第三，整合必要内容要素。教材结构和内容体现“必需、够用”。职业教育的教学要以应用为目的，以必需、够用为度，以讲清概念、强化应用为教学重点。在日常教学中，遵循学生的认知规律、围绕院校的培养目标，对教学内容进行必要整合。在教材开发中，理论知识要做“减法”，实践技能要做“加法”，“减”是为了“加”，而“加”是为了更好地彰显特色。教材观念和形式体现“学生中心”。新时代，职业教育课程改革对教材内容选择和组织调整提出的更高要求，就要实现从“教材”到“学材”的思维转向。这就意味着职业教育教师要摒弃知识中心主义倾向，不仅要吃透知识，更要读懂学生，通过对教材的组织编排、内容选择和知识呈现进行合理转化，更好地发挥教材的教化功能。教材形态和方向体现“互联网＋”。互联网技术和教育技术的迅猛发展，推动了职业教育教材开发和使用向“新形态一体化”教材转型。“新形态”意味着教材建设具有“体系新”“内容新”“载体新”和“模式新”特质。“一体化”体现出教材建设与课程开发一体化、教材内容与数字资源一体化、教学过程与学习过程一体化。

第四，实现“岗课赛证”融通。2021 年 4 月，全国职业教育大会首次提出，深化“三教”改革，推动“岗课赛证”综合育人，提升教育质量。[①] 同年 10 月，国务院办公厅印发的《关于推动现代职业教育高质量发展的意见》指出，要进一步完善“岗课赛证”综合育人机制，强化教材建设国家事权。同年 12 月，教育部办公厅印发的《“十四五”职业教育规划教材建设实施方案》指出，加快建设新形态教材，开展“岗课赛证”融通教材建设。“岗课赛证”融通是特色鲜明的人才培养模式，构建了“四位一体”的育人体系。其中“岗”是方向，“课”是基础，“赛”是示范，“证”是检验。“岗课赛证”融通强调的是这四要素的有机衔接、有效融合及有序推进，是职业院校提高人才培养质量的内在要求，是推进职业院校教材改革的重要抓手。[②] 四要素中，课程是其他三要素的关键，是“岗课赛证”融通的抓手。而教材是课程的载体，因而，“岗课赛证”融通对职业教育教材开发意义重大。“岗课赛证”融通的职业教育教材充分融合了岗位标准、课程教学、技能大赛和职业资格最新成果，极大地增强了教材的针对性、适应性、发展性，同时，教材形式的新颖多样、内容的丰富多彩以及互动功能强、更新速度快等特征，对于推动职业院校人才培养方案的一体化发展、满足学生的个性化学习需求以及培养高素质技术技能人才具有重大的现实意义。

在开发原则上，一是要坚持教学优先原则。课程、教师与教材具有天然的内在联系，教师是课程实施的主导，是教材开发的主体，教材服务于教师的课程实施，因此，“岗课赛证”融通的教材开发应首先遵循“教学逻辑”，即教学优先原则。课程实施是职业教育教师的一种“课程习得”，教师正是在其职业发展的状态、过程及结果中“习得”了教学优先并将其转换为课程行动逻辑时，教材开发的“教学逻辑”就产生了，“教学优先”是职业教育教材开发的根源。二是要坚持职业行动能力导向原

① 袁平凡：《我国技能型社会构建的文化逻辑》，载《职业技术教育》2022 年第 43 期，第 13—19 页。
② 刘晓杰、邵雯：《基于“岗课赛证”融通的职业教育新形态教材评价指标体系构建》，载《职业技术教育》2023 年第 44 期，第 75—79 页。

则。关键能力是指跨专业、多功能和不受限的能力以及终身学习的能力。职业行动能力是指从业必备的本领，是个体在工作、社会和独处中科学的思维以及对社会、个人负责任行事的热情和能力。职业行动能力包括专业能力、社会能力和个性能力，其核心是关键能力。人们经常提到的方法能力、沟通能力和学习能力等，则包含在上述三种能力之中。在教材开发过程中，开发团队要围绕提高学生专业能力、社会能力和个人能力，以关键能力为核心，以岗位技能要求、技能大赛为要点，以资格证书标准为导向开发教材内容[①]。三是要坚持形态适应性原则。“形态”意为事物的形式与状态，“新形态”是相对于已有的形态而言的。新形态教材主要有活页式教材和工作手册式教材等。教材的形态不同，其自身的特点也各不相同。在教材开发过程中，职业教育新形态教材要适应新形势新技术新需求，要适应教学内容的呈现形式，要适应教学应用便利和教学效果改进，要适应创新、协调、绿色、开放、共享的新发展理念。

在开发路径上，以深化理论研究推动新形态教材适应性把握。“岗课赛证”融通新形态教材开发的核心体现了系统协同思想。系统是组合的整体，协同是整体的一致。“岗课赛证”融通以共同的育人逻辑，将岗、课、赛、证紧密连接，促进学生全面发展。深化其理论研究与实践探索，准确把握其科学要义，系统建设教材体系。要建立贯通中、高、本的新形态教材系统，要理顺继承与发展的关系，要把好新形态教材建设的形式；以育人方式改革助推教材建设核心要素把握。完善岗课赛证综合育人机制，按照实际需要开发课程体系，更新教学标准，将新技术、新工艺、新规范纳入教学内容，融入培养方案，是中办、国办《关于推动现代职业教育高质量发展的意见》的重要要求。以“岗课赛证”融通开展综合育人方式改革，体现在新形态教材开发中，就需要把握好三个核心要素：第一，对照职业技能等级标准，分析岗位职业要求，提高学生适应能力；第二，对照证书标准，分析技能要求和专业知识，提升学生就业本领；第三，对照赛事项目，分析赛项内容与技能要求，培养学生综合技能。以明确开发主体确保新形态教材的质量把握。全面落实《关于推动现代职业教育高质量发展的意见》和《职业院校教材管理办法》关于教材管理的具体要求，

① 窦芳：《“岗课赛证”融通的职业教育新形态教材开发逻辑与路径》，载《中国职业技术教育》2022 年第 26 期，第 65—71 页。

通过组建两级开发团队，共同把握新形态教材的开发质量。国家省级团队由教育主管部门、职业院校、出版社和教材开发专家组成，职责是确立规范标准，开发新形态国家级、省级规划教材；职业院校团队由专业带头人、课程负责人、高职称教师和企业专家组成，职责是在国家及各级教材委员会指导和监管下，顺应区域产业发展趋势，发挥校企优势，整合校企资源，合作开发新形态教材，并不断提升其适应性。

综上所述，自从 2019 年 1 月国务院印发的《国家职业教育改革实施方案》明确提出“职业教育与普通教育是两种不同教育类型，具有同等重要地位”以来，引起人们对“职业教育类型化”的深入探讨，职业院校也开始有针对性地进行了“职业教育类型化实践”。尽管改革开放后，个别学者对“职业教育类型化”问题进行过相关的讨论，少数院校也进行过相应的探索与实践，但影响不大，成果不显。对“职业教育类型化”的众多研究和探索 2019 年以来井喷式爆发，影响广泛，成果丰硕。本书从国家政策、类型学理论、经济发展、人才标准和自身发展等五个维度上阐述“职业教育类型化”既是对业界现有研究与实践的学习借鉴，也是以一个全新的视角认识和理解“职业教育类型化”，以期望为大家理解“职业教育类型化”提供多元化思路。

第四部分 我国职业教育类型化变革的政策理想

第十一章　职业教育类型化的学理基础

自国务院颁布《国家职业教育改革实施方案》到2022年4月十三届全国人大常委会通过《职业教育法》修订以来，我国职业教育的类型定位在政策和法律上得到了确立，说明我国职业教育不是补充性教育，而是具有独特功能、可供学习者选择的一种教育。要使这一理解产生更为深刻而现实的政策意义，必须要在实践中确立，要让职业教育各个层面的实践主体理解深刻。当前，对于探究我国职业教育类型化的学理基础，技术知识只是众多视角之一，职业教育类型化的阶段不同，对技术知识的学理支撑要求也会不同。本书将对职业教育技术知识论学理基础来做具体分析。

第一节　技术的含义

技术伴随着人类而产生，技术的历史比科学更悠久。古希腊哲学家亚里士多德是最早对技术进行理解的，并认为技术是制作的智慧。

（一）技术的广义理解

技术是手段、方法和技能的总和，是服务社会的手段。法国技术哲学家雅克·埃吕尔(Jacques Ellul)认为，技术是通过理性得到的方法总和。德国哲学家弗里德里希·威廉·尼采(Friedrich Wilhelm Nietzsche)认为，技术是以生存为动力，实现无法满足的权力意志的手段。[①] 日本哲学家三木清(Miki Kiyoshi)认为，技术是对

① 席丽莎：《现代艺术与设计关系研究》，天津大学2008年硕士学位论文，第17页。

客观事物的认识，又是人类主观目的的体现，技术是人类行为的形式。由此可见，一切有效的“行为形式”都是技术，技术分为生产技术、社会技术和人类技术。因此，人类有效的活动方法、行为形式就是技术的逻辑，人们所运用的一切“术”，都为技术。

（二）技术的狭义理解

技术的狭义理解是指在人和自然关系的范围内对技术进行定义。由于狭义理解中存在出发点和要素不同，技术的定义就体现了四种情况。

1. 技术是人的一种能力

“技术”一词源于希腊语“techne”，意为经过熟练而获得的经验、技能和技艺。现代条件下，尽管产生技术的知识基础、技术的应用范围和功能都已发生了巨大变化，技术形态也都不可同日而语，但持该观点的人仍然认为，技术是源于实践的能力，体力劳动者和脑力劳动者都能拥有这种能力，且这种能力延伸趋势在日益增强。同时，这种能力已经变成了人们改造自然的主体——人的自身的一部分，成为了人类用以改变环境的各种不同技能的整体，也成为了生产现场中经过特定训练的人所具备的特定能力。该观点复归了“技术”一词的原意，却也丰富了“技术”的内容。

2. 技术是一种知识和学问

美国经济学家赫伯特·西蒙（H. A. Simon）认为，技术是实现人类目标的知识。加拿大技术哲学家邦格（Mario Bunge）认为，技术是受科学方法制约的知识总和。《辞海》中的“技术”是指技术是人类积累的全部知识与经验。世界知识产权组织认为，技术是制造一种产品的系统知识。该观点指出了技术是行动的知识，具有自己独立的知识体系。

3. 技术是物质手段的体系（手段的总和）

美国发明家 V. K.兹沃雷金（V. K. Zworykin）认为，技术是社会生产的劳动手段的总和。日本技术论开创者相川春喜认为，技术是社会劳动手段的体系。该“体系”表明这种劳动手段不是简单罗列，而是体现了其相应的社会关系，并在相应系统中秩序分明。该劳动手段一般指生产资料，也是物质手段。该观点相对侧重的是生产劳动中的技术。

4. 技术是知识、能力、手段的总和

该观点认为,上述三种观点都是从某一侧面定义技术,都没有概括技术的全部,主张一种综合性的观点,即人们做什么以及如何做的知识、能力、手段的总和。18世纪,法国百科全书派的德尼·狄德罗(Denis Diderot)就秉持这种观点,其观点至今仍被很多人采用。狄德罗认为,技术是某一目的共同协作组成的各种工具和规则体系,其有四个构成要素:第一,目的性。凡技术都是服从于某一目的而存在的。第二,规则性。技术的主要表现就是规则和技能。第三,工具性。技术的实现离不开设备和条件。第四,体系性。完整的技术和科学一样也是成套的知识系统。英国技术史家查尔斯·辛格(Charles Singer)认为,技术是人类的技能、本领、手段和知识的总和。该观点内容涉及面广、综合性强,是一种对技术进行全面理解的观点,该观点也会随着技术发展得到丰富和充实。

第二节　技术知识与科学知识的关系

知识是哲学的研究对象,认识论传统中的知识有分析知识和综合知识(或经验知识)。一直以来,技术始终没有在西方认识论传统中留下印记,柏拉图、休谟、洛克、康德和维特根斯坦等先哲们,以及20世纪初"证伪主义"的波普都没有对技术进行过探讨。直到"二战"后,技术逐步成为了社会的基础,当今,技术更是渗透到了社会的每一个角落。与自然科学一样,技术也是人类的知识,并具有独立的知识体系和独特特征。自然科学的目的是"反映客观世界",技术知识的目的是"创造客观世界"。

"观察"与"行动"是人类的两大传统,通过"观察"形成了科学,通过"行动"形成了技术。哲学家将"观察传统"积存的精神财富统称为"知识",却忽略了"行动传统"积存的精神财富。事实上,与"观察传统"的发展一样,"行动传统"的发展也是人类理性与实践相结合的结果,技术构成的知识是人们对如何行动的认识。技术是一种有效的行动方法,是人类本身为生存而寻求有效性的方法,技术知识是关于人们如何行动的知识；科学是人对世界进行观察以获得“符合”世界的真命题，是探索自然界以寻求真的自然规律，科学知识是关于世界是什么的知识。技术知识与科学知识既有相同点，也有不同点。

技术知识与科学知识的相同点体现在四个方面。一是理性化的特征。理性化是指注重实验与理论相结合。技术与科学都是人类理性的典范。二是主体间可检测。主体间可检测是指任何人在同样条件下都能够观察到新定律所揭示的现象。技术是有效的行动方法，任何人只要使用特定的工具、材料，按照特定的程序，就能达到某个技术目的。科学在于揭示真命题，在相同条件下，任何人都能够观察到定律所揭示的现象。三是进化发展特征。技术与科学都是一步步发展的。改变世界的方法是在不断积累的基础上逐步进行的，而人的理性是有界的，认识世界也需要不断探索。四是理论形态特征。技术虽以工具、机器的形态呈现，但这是“固化”了的技术理论，是技术知识的结果。技术理论与科学知识同样可以传授，技术知识一般是在职业教育和工科专业课中讲授，科学知识则在普通教育的教科书中得以传授。

技术知识与科学知识的不同点体现在三个方面。第一，呈现形式不同。技术知识的展现形式是规则。即“若 A 则 B”。如“若你用高温煅烧石灰石，则你会得到生石灰”“若你在水里用电极充电，则你会得到氢气和氧气”。邦格认为，规则就是为达到既定目标的说明。规则是用来规范人们行动的，技术规则是人类理性实践后的归纳说明，是人们技术行动的指南；而科学知识的展现形式是命题。如“水在100℃沸腾”“地球围绕太阳转”。第二，判断标准不同。技术知识的展现形式是规则，技术规则由人们发明创造，其判断标准为“有效性”，保证这种“有效性”的是自然的力量。例如，“若人们将水冷却到0℃，则水将结冰”，这是有效的技术规则。而“如果人们拜天求雨，那么天就会下雨”则是无效的技术规则；而科学知识的展现形式是命题，则其判断标准为“真”与“假”。例如，“对顶角相等”是真命题，而“太阳围绕地球转”则为假命题。第三，自身特征不同。技术知识是“行动的”，或者说是“规范的”，发明家告诉人们“使用 A 方法，就有 B 结果”，其话语特征为“行动语言”；科学知识是“描述的”，科学家告诉人们“世界是什么”，其话语特征为“观察语言”。

作为类型不同的知识，技术知识与科学知识虽然具有不同特点、分属不同传统，既有相同点，也有不同点。但作为知识，它们也有着内在的必然联系，即科学知识可以转化为技术知识。科学实现了从“纯观察”到“行动中观察”的转变。“纯观察”阶段是寻找大自然的规律,探究大社会的奥秘,这种寻找、探究是被动的。今天的“行动中观察”,揭示的问题是“在一定条件下事物如何”,因此,今天的科学可以理解为是技术引导下的科学:在一定条件下研究相关事物的各种运动规律,就是为了探索行动的技术规则,从而为某个技术目的建立一条因果链。美国哲学家赫伯特·马尔库塞(Herbert Marcuse)在其《单向度的人》一书中指出,科学本质上是技术的,并对这个结论进行了相应的论述。因此,虽然科学知识是“描述性的”,技术知识是“行动性的”(规范的),但因为科学的本质又是技术的,因此,科学知识能够转变为技术知识。

第三节　现代技术的知识本质

与以经验知识为基础的传统技术相比,现代技术是以现代科学知识为基础的技术,且具有以下两个特征:一是技术形态的科学化。一方面,现代技术的知识基础是现代科学。现代技术除了依赖技能、技术准则和描述性定律指导外,更依赖源于现代科学的技术规律和技术理论指导。另一方面,现代科学与现代技术之间互相渗透、补充和同化。科学是技术的先导,现代科学是现代技术发展的前提,制约着技术发展的内容和方向。同时,现代技术的发展也为现代科学提出了研究课题,提供了硬件基础,科学发展依赖技术进步。二是技术活动社会化。技术具有目的性,但必须受到各种社会条件的制约,因此,技术也具有社会属性。现代技术活动具有高度组织化、协作化和体制化特征,其中的科学家和工程师有严谨的分工与协作,是组织化、体制化的社会活动。

任何技术都包含知识要素,且呈现经验形态和理论形态。现代技术知识是通过技术发明实践活动创造出来的,而当今的技术发明活动已经独立于生产领域,成为了实现人类的某种目的、导向实践的认知活动。现代技术具有知识化、理论化特征,因此,现代技术可以知识的形式传递并继承。现代技术的知识本质有三种表现:第一,现代技术都是以科学知识为根据。现代技术产生和发展具有自身的内在机制,即不仅要提出技术的经验法则的科学依据,也要把这些科学原理转化为有效的技术规律和技术理论。在基础科学发展的自然规律指导下,技术科学经过实践探索,得到了相应的技术理论和技术规律,并相应地创造出全新的技术实体。现代技术的理论基础就是现代科学体系。第二,现代技术形态均有技术理论支撑。技术原理的突破是技术变革的基础,无论现代技术的何种形态,只有其凝结了相应的技术原理,才能成为技术系统的有机组成部分。第三,现代技术实施实现知识应用价值。知识的本质是求真,知识在技术中的渗透与传递是求用,这不仅赋予了知识更多价值,也因现代技术的知识本质赋予了知识更多内涵。①

第四节　技术知识的特性

(一) 知识体系的综合性与具体性

技术知识是物质存在的客体和手段,遵循普遍的自然规律,具有自然物属性,因此,技术知识包含了自然科学知识。同时,技术知识也包含了关于人的物质需要的知识。由此可见,技术知识综合了自然科学知识和人的物质需要的知识(一般为社会技术原则),其中,自然科学知识是技术知识形成的前提和基础,这也印证了人类之所以能够统治整个自然界,就是因为能够认识和正确运用自然规律。自然科学知识使技术知识遵循自然规律,实现为人造物。社会需要使技术知识所实现的人造物具有人的需要的功能。由此可见,技术知识实现了自然科学与社会科学、自然规律与人的需要有机统一。技术知识的目的是使改造的客体成为具体的"人为物",因此,技术知识具有具体的性质。马克思指出,具体之所以具体,因为它是许多规定的综合,因而是多样性的统一。技术知识的具体性特征是其对不同的自然科学知识的综合体现。

(二) 知识系统的明言性与难言性

明言知识是可编码化知识,以文字、数字和符号表达,②如自然原理和科学知

① 贺凯:《科学知识、技术知识与工程知识的比较研究》,西安建筑科技大学2007年硕士论文,第34—35页。
② 李悦:《从〈天工开物〉试探中国古代技术知识》,西安建筑科技大学2016年硕士论文,第30页。

识。难言知识是不便规范化、编码化的知识,该知识专有性强,一般由概念、形象、信念和知觉等构成,如体验性知识、经验性知识。英国哲学家迈克尔·波兰尼认为,我们所知道的要比我们能说出的要多,难言知识是个人的、由情景限定的、很难正式表达。难言知识一般通过师傅带徒弟的方式进行传授,通过观察和模仿师傅的一招一式、一板一眼,徒弟学会了“做”的技巧,其中甚至包括师傅说不十分清楚的知识。技术知识的本性导致其无法像科学知识那样构建普遍知识体系。技术知识一般分为技术理论原理、技术规范、技术项目的工作原理、技术方案、工艺流程、操作规则和诀窍与技能七个层次。这些层次从上到下,技术知识的明言性不断减弱,难言性不断增强。[①]

(三) 知识的目的有效性与可靠性

一方面,技术知识具有目的有效性。邦格认为,科学规律的目的是判断真假,技术规则的目的是评价是否有效,也就是在实际应用中,评价技术知识是否实现了预期的有效性目标。技术知识是创造客观世界的,其有效性体现在将技术知识成功用于实际生产和服务。只有技术知识的有效性得到了保证,[②]才能有效地服务人们的生产生活。反之,就是无效的,这样的知识也不能称之为技术知识。

另一方面,与科学知识相比,技术知识可靠性更强。科学知识是反映客观世界的,始终处于发展过程中,具有较强的动态性,而技术知识是创造客观世界的,实践是其产生的根本来源,制造技术设备和技术工具离不开实践,发挥技术功能更离不开实践检验。有正确的理论指导,有稳定的实践支持,技术知识的可靠性在服务生产生活中得到了直接体现。相比科学知识,技术知识更可靠。

(四) 知识应用的程序性与规则性

技术知识是通过对自然物质客体的认识,借助于物质手段,改造自然物质客体,使之成为人们需要的“物质形式”的知识。[③] 技术知识是源于实践并用于实践的

---

① 邓波、贺凯:《试论科学知识、技术知识与工程知识》,载《自然辩证法研究》2007 年第 10 期,第 41—46 页。
② 张思琪、匡瑛:《从技术知识论看职业教育的类型属性》,载《教育与职业》2023 年第 12 期,第 21—26 页。
③ 周春彦:《关于科学技术化的“化”的哲学思考》,载《自然辩证法研究》2001 年第 3 期,第 27—29 页。

特定的知识、技能和经验，一般表现为“应用什么”“如何应用”，是技术工作和职业发展的基础，具有程序性和规则性。程序性是指一系列的活动或过程都要遵循规定的途径。而规则性则是一系列要求按一定程序采取一系列行动以达到既定目标的说明。[①] 以从业者的角度看，技术知识是在特定的生产过程中，技能从业人员依据相应标准、具体规则和工作程序完成工作任务。技术知识的程序性与规则性至关重要，它不仅能够让技能从业人员知道“怎么干”的方法和“干什么”的流程，并规范快捷地完成既定任务，也能够使技能从业人员工作有标准、安全有保障。因此，技术知识的程序性和规则性确保了人们“有章法”地改造客观世界。

（五）知识评价的正确性与可行性

自然科学的目的在于解释现有事物，一般是回答“是什么”“是怎样”的问题。自然科学的本质特征是对客观事物及其规律的反映。技术知识是如何行动的知识，目的在于改造现有事物。对技术知识的正确性评价，就是对技术知识能否指导实践活动并满足人们的需求的评价。实践活动是客观事物的尺度，人的需求是人的内在尺度，实现这两个尺度的统一，必须要遵循自然规律，才能正确指导实践活动。必须符合逻辑规则，才能实现对自然科学知识和关于人的需要的知识的创造性综合。必须具备确定功能，才能满足人的某种需要。技术知识的可行性问题与正确性问题既有联系，也有区别，联系在于二者都是技术知识及其所实现的产品对人的需要的满足。区别在于，正确性问题研究的是满足的“条件”，可行性问题研究的是满足的“程度”。不同的技术知识对于人的满足程度是不同的，技术知识应用一般会有正、负两个方面的作用，应用的效果是以具体的条件为转移的。技术知识的可行性评价也是多方面的，同一应用，从不同角度出发，就会有不同的评价标准。技术知识的可行性评价一般通过确定具体的评价标准、分析和评估与技术方案实施有关的各种条件、评估技术方案实施后的效果、选出最佳方案四个步骤实施。这种评价不仅在应用前进行，在应用后也还有进行，甚至要多次评价。

---

① 潘天群：《技术知识论》，载《科学技术与辩证法》1999 年第 6 期，第 32—36 页。

（六）知识创新的组合性与跨界性

人类的所有技术组成了技术的集合，这个集合的进化是个自我创造的过程。新元素（新技术）的构成来自于那些已经存在的元素，而这些新元素又能为进一步的建构提供建构模块。也就是说，新技术是从已有技术中被创造出来的。[①] 技术能够像生命体一样地进化，组合是新技术的潜在来源。美国技术社会学家威廉·奥格本（William F. Ogburn）认为，可用于辅助发明的东西越多，发明的数量就越大，这种增长与“复利曲线”相似。假设一个技术集只包括技术 A、B、C、D 及 E 五个元素，在给定的新组合中，每种技术 A、B、C、D、E 可能出现或不出现，就会有 2^5（等于 32）种可能，减去仅有一个技术出席的情况，即仅有 A 或 B 或 C 或 D 或 E 出席（这些不是组合），以及 0 个技术的情况，即没有建构模块呈现。我们现在用 32 减去原初的 5 种情况，再减去 0 技术的情况，余下 26 种可能性。一般而言，对于 N 种可能的基本元素，我们会得到 $2^N - N - 1$ 种可能的技术。美国历史学家莱顿（E. T. Layton）在其《作为知识的技术》书中指出“技术就是知识”。在一定意义上，新技术的产生就是技术知识的创新。技术知识的创新是为了解决更为复杂的技术问题，这就涉及了不同领域，即跨领域的知识应用。技术知识具有独立性、实践性和有效性，是技术系统化的理论形态，能够实现不受时间和空间限制的跨领域使用。

① 赵阵：《过程论视域下的军事技术变革研究》，载《自然辩证法研究》2017 年第 4 期，第 113—117 页。

第十二章　基于技术知识的职业教育类型特征

技术知识是“行动的知识”，职业教育培养的是技术技能人才，技术技能人才的使命就是用学习到的行动的知识改造客观世界。技术知识具有自己独立的知识体系，是职业教育成为类型教育的学理基础。

第一节　技术知识决定了职业教育培养过程“跨界协同”

技术知识指导人们改造客观世界。技术知识的形成同行业产业密切相关，其应用与具体工作紧密相连。所以，技术知识的问题导向性突出，侧重于解决现实性问题。由于现实工作情况复杂，生产过程中出现的情境也复杂多变，相应的技术知识也会迭代创新，展现出组合性和跨界性，只有多主体、多维度、多领域共同发力，才能了解不同领域的运行机制，组合不同方面的知识，寻找解决问题的办法。个体要掌握技术、拥有技术知识，只能通过实践才能实现。这是因为只有在具体的实践中，技术的功能才能获得真正价值，而个体也只有通过实践才能认识、理解、掌握技术，从而获得技术知识。技术知识的难言性表明，只有在实践中持续训练、反复揣摩、日积月累，才能达到熟练程度。因此，职业教育人才培养过程只有校企“跨界协同”，才能有力有序、有效高效。职业教育的技术技能人才培养目标是由技术知识产出的现实性决定的，在培养过程中，围绕产业转型、企业需求，聚焦就业“硬能力”培养，实现高质量就业与职业发展。技术知识的有效性也决定了技术技能人才评价标准的独特性，在评价标准上，职业院校注重提升学生的实际操作能力、解决问题的能力以及创新能力，企业则注重评价学生技能与操作的熟练掌握程度。在课程开发方面，职业教育强调技术知识的核心地位，课程内容要与工作情境和工作任务紧密相连，并依托企业资源营造工作情境。在师资配备方面，不仅要发挥职业院校教师在技术理论知识方面的优势，将技术理论知识系统、全面、准确地传授给学生，也要施展企业师傅在技术实践知识方面的特长，将经验知识、诀窍知识等演示给学生看，让学生模仿、习练，提升学生解决工作中难题、难关的能力。在教学实施方面，职业院校教师在教学中要采用理实一体的教学策略，有目的地将技术理论知识与技术实践知识有机统一，使职业教育培养的技术技能人才具有完整的技术知识体系。

第二节　技术知识决定了职业教育办学形态“贯通高移”

当职业教育从局部化发展阶段进入到体系化发展阶段后，职业教育对类型属性的要求水平更高，范围更大，技术知识形成过程的复杂性成为了这个阶段的学理支撑，也体现在了学生从学习陈述形态技术知识到习练程序性形态技术知识的跃升过程，只有职业教育办学形态“贯通高移”，才能促进学生对“技术”“技能”的统筹掌握。进入 21 世纪以来，我国全力推进旨在加强科技创新、发展新兴产业、优化传统产业、推进企业转型升级的产业转型升级战略，企业技术水平提升迅猛，成效显著，技术知识内容结构、形成过程愈发复杂。在当今智能时代，随着企业转型升级的加快，大多数的岗位对人才的技术技能要求越来越高，不说短期的职业培训不能满足，就是单一学制层次的职业教育也无法满足。为适应区域产业发展要求，全国各地普遍推行了从职业教育低层次到高层次“贯通”的办学形态，如中高“贯通”、中本“贯通”、高本“贯通”、五年“一贯制”等新型办学形态，有的地区甚至“高移”到了本科和专业硕士层次。相关研究表明，技术知识形成的复杂性会随着智能技术的应用而提高。技术知识形成过程的复杂性体现在“技术知识广度拓宽”“技术知识深度延伸”“经验知识含量提高”这三个维度上。

第三节 技术知识决定了职业教育管理模式“多元协同”

技术知识一般分布在职业院校和企业两大部门。职业院校的教育环境有利于传授技术理论知识，职业院校教师更熟悉技术理论知识，虽然职业院校的“双师型”教师“能文能武”，所教授的技术理论知识与工作实际贴合得也比较紧密，但也与企业师傅无法相比。企业师傅拥有的技术理论知识虽然不系统，但却积累了大量经验知识和诀窍知识。技术实践知识一般以人为载体浸透在相应的工作环境中，并以学徒制形式传授。目前，虽然大多职业院校已经开发了基于工作过程导向和能力本位的课程体系，但也无法取代企业师傅在课程建设和教学实践中的作用。技术知识的来源途径不同，因而不仅决定了校企合作、产教融合是职业教育发展的必由之路，也决定了职业教育管理模式一定是“多元协同”。

只有走校企合作道路，才能培养技术技能人才。校企合作有制度和市场两种模式。德国、瑞士等国家的双元制就是建立在法律基础上，校企各自的责任义务由法律明确规定。制度模式校企合作的根本源于德国等国家实行的是协调性市场经济模式，国家与行业能够深度干预企业的教育行为。我国与绝大部分国家一样，实行的是充分市场经济模式，政府与行业不能介入企业的经营与管理，更不能干预企业的教育行为。与普通教育的管理内容不同，市场模式校企合作的教育行为非常复杂，需要独立设计这一教育管理系统，实现“多元主体的协同治理”。我国通过建立部际（教育部与人社部）协调机制，协同推行学历证书与职业资格证书（技能等级证书）并行制度，共同推动学校本位与工作本位的技术知识学习。通过建立多部门协同机制，协同构建国家资历框架，共同推动实现技术知识与学术知识学习结果的等量互换。通过建立职业教育工作部际联席会议制度，统筹协调工作，解决重大问题、听取意见建议、部署重大事项。[①] 当前，我国已经将职业教育作为一种教育类型进行“多元协同”管理。

① 马树超、郭文富：《坚持学历教育与职业培训并举推动新时代职业教育改革》，载《中国职业技术教育》2019年第7期，第13—18页。

第十三章　我国职业教育类型化变革政策理想

区分类型是不同教育赖以生存的基础。我国职业教育类型化变革是现代职业教育体系的大变革，同时也是国家政策理想在这次系统变革中的落地落实。2019年1月，国务院颁布的《国家职业教育改革实施方案》是新时代我国职业教育改革的基本纲领，该文件不仅将职业教育的“类型身份”从国家政策上予以明确，也以“管好两端、规范中间、书证融通、办学多元”的为总体原则，对职业教育类型化变革的“未来蓝图”“施工路线”作了详细的规划部署。

第一节　以制度体系改革为引领，推动现代职业教育体系类型化变革

（一）坚持中职的基础性地位

从产业发展需求看，“机器换人”后会有31%的岗位需要中职学生；从人才培养规律看，技术知识的独立性和技能型人才特征都要求中职办学定位由经济功能转向教育功能；从社会发展需求看，学历需求整体高移，学生就业与升学需求矛盾突出。中职的基础性转向既是智能时代职业教育功能转变的必然选择，也是我国现代职业教育体系建立的内在要求。为此，要坚持高中阶段职普人数比例大体相当，为高等职业教育输送优质的技术技能人才。要保证中职生升学通道畅通无阻，为中职生提供了更多升学机会。要积极开展中职学校的课程改革，增加基础理论、基础技能的教学环节，注重培养学生的思维能力和问题解决能力。

（二）提升职业专科教育质量

职业专科教育具有高等性和职业性双重属性。20 世纪 90 年代，随着高校扩招，我国职业专科教育发展迅猛，高职（高专）院校从 2000 年的 442 所发展到 2019 年的 1 423 所，占高等学校总数（2 956 所）的 48%，改变了职业教育和高等教育的发展格局。具备了相当规模后，高职内涵建设持续展开，内涵建设的重点是推动高职课程结构的转变。持续多年的课程改革，取得了显著成效。基于职业教育类型化的内涵建设应在深化课程改革的基础上求突破，重点做好应用研究和教学研究工作。研究是高等教育区别于初、中等教育的重要标志，职业专科教育是高等教育的重要组成部分，提高研究能力是高等教育的内在要求，研究的内容与普通高等教育不同，应与行业企业紧密合作，以应用研究为主，开发技术知识。

（三）稳步发展职业本科教育

职业本科教育是比职业专科教育更高层次的职业教育，与职业专科教育一样，职业本科教育具有“职业性”“高等性”双重属性。由于职业教育的人才培养是基于职业逻辑，所以，在人才培养过程中，尤其要强调工作实践所需要的职业能力的训练，坚持“社会性”“职业性”“实践性”不动摇，避免发生“学术漂移”。在人才培养定位上，职业本科要比职业专科在办学层次上高出一个层次，培养的专业性人才不仅要能综合运用理论知识和技能解决复杂的生产技术问题，还应具有相应的创新能力。职业专科教育与职业本科教育“同宗同源”，都属于职业教育，在办学理念、办学定位、办学特色及发展战略上都具有共通性，因此，高层次职业教育应在比自身低一个层次的职业院校中选拔更为优质的办学主体，使其升格并委以重任。

第二节　以国家标准构建为基础，推动职业教育办学规范类型化变革

（一）构建新时代国家标准体系

职业教育国家标准体系是按照一定原则，将职业教育相关标准进行有机组合，

形成彼此协调、联动共生的有机整体。[①] 没有标准就没有质量，新时代国家标准体系建设，对于职业教育增强适应性、提高支撑力和提升吸引力以不断适应产业转型和提高人才培养质量需要具有重要意义。职业教育国家标准体系建设水平是职业教育内涵发展的根本保证。[②] 依据职业教育人才培养规律和内在逻辑，职业教育国家标准体系具体包括育人、考核、保障和用人 4 个环节标准，办学、教学、毕业、技能、经费、补助和职业 7 个支撑类型标准，以及学校设置、师资队伍、教学教材、信息化、安全设施、专业教学、课程、顶岗实习、产教融合、实训条件、毕业、技能、经费、补助和国家职业 15 个具体标准。[③] 当今，我国已建设了 2 个专业目录(中职、高职)、230 个中职专业标准、410 个高职专业标准和 70 个顶岗实习标准，下一步将按照“职教 20 条”的总体要求，在完善职业教育标准体系方面再发力、再提升、再突破。

（二）协同推进“1＋X”证书制度

“1 + X”证书制度是指职业院校教育的普遍性与行业企业不同要求的特殊性的有效对接，是对职业院校学习成效的评价与检验。“1”是学历证书，“X”是若干职业技能等级证书，[④]“1 + X”证书制度是坚持职业教育类型定位的重要举措，是提高职业教育人才培养质量的现实需要，是深化产教融合、校企合作的重要途径。

“1 + X”证书制度是相生相长的标准体系，应系统谋划、统筹推进。要建立“1 + X”证书制度试点实施体系。目前，全国职业院校设置有近千个专业、近 10 万个专业点，这些职业院校办学能力不同、专业点整体实力不同，是制约“1 + X”证书制度试点的现实问题，建立国家、地方和学校三级试点实施体系，选择创新意识较强、办学能力突出、师资力量雄厚的职业院校承接试点任务至关重要。要厘清毕业证书与职业技能证书关系。“1”与“X”的关系就是学历证书与职业技能等级证书的关

① 杨公安、米靖、周俊利：《新时代职业教育国家标准体系建构的背景及路径》，载《中国职业技术教育》2020 年第 25 期，第 36—41 页。

② 张文龙：《试论中职学校落实国家专业教学标准的逻辑与策略——从研发、实施和应用三个层次的视角》，载《教育科学论坛》2019 年第 3 期，第 25—32 页。

③ 朱贞子：《1 + X 证书制度试点改革研究——基于河南省 6 所高职院校的调查》，河南大学 2021 年硕士学位论文，第 63 页。

④ 刘雅婷、樊灵燕、袁金辉：《基于 1 + X 证书制度的课证融通路径研究——以环境设计专业为例》，载《职业教育》2023 年第 22 期，第 54—56 页。

系，这个关系就是基础与拓展关系。“1”具有基础性、主体性和全面性，具有促进学生全面发展的作用；“X”具有针对性、引导性和先进性，具有促进学生职业素养提升的作用。“1 + X”是个整体，不可分割。要提升教师践行“1 + X”证书制度能力。实施“1 + X”证书制度，职业院校是主体，一线教师是主力。无论“1”的素养，还是“X”的能力，职业院校教师都应该“拿得起，放得下”，全面提升教师的专业化水平，着力增强职业职场意识、解决实际问题能力与应用研发能力。要建立以学分累积为特征的“学分银行”。“学分银行”是以需求为导向的学分与学制形态。要分解专业知识与技能组建学分累积结构，开设技能等级证书学分课程，重组课程学分、学制学分，假期开展相应的技能培训。要发挥培训评价组织的牵头协调作用。要发挥培训评价组织的公信力、组织力和号召力，牵头成立业内认可的合作共同体，健全运行机制，整合各方资源，研制通用标准，解决职业院校师资、课程和设备等关键问题。

（三）推动职业培训高质量发展

职业培训是指提高相关人员的职业素养和职业能力的教育和训练活动。职业培训是形成技能体系的重要保障，是培育经济发展新动能、推进产业转型发展的客观要求，是解决结构性就业矛盾、促进技能人才供需平衡的有效支撑，是提升劳动者职业技能素质、实现共同富裕的基本途径。推动职业培训高质量发展，就要建立国家终身职业培训体系。建设终身职业培训体系不仅可以满足经济社会发展对高素质劳动者的要求，也顺应了职业培训发展规律，满足了人们对多样化非学历教育培训的需求。

建设终身职业培训体系，政策供给是前提，经费投入是保证，师资建设是关键。要加强紧缺领域技术技能人才培训。要以服务国家战略为培训方向，立足紧缺领域，服务重点人群，提供优质资源。要围绕先进制造业、现代农业、现代服务业和战略性新兴产业等领域需求，对技术技能人才开展职业培训，以政策为导向，引导职业院校、行业企业深度参与职业培训。要加大职业培训经费投入力度，因为充足的经费是培训体系建设发展的保障。终身职业培训体系建设关系到高素质劳动者的培养培训和人才资源的有效供给，政府是投入的主体，应完善经费投入机制，加大财政支持力度，全面落实《国务院关于加快发展现代职业教育的决定》中关于职业培训各类资金拨付到位、统筹到位、使用到位的具体要求。要持续提升教师职业培训能力。一方面，要建立培训教师人才库。师资水平决定培训效果。主管部门可按照职业培训标准，根据职业分类、技能标准和教学需要，将符合要求的教师从各级各类学校选聘出来，建立培训教师人才库，确保职业培训质量。另一方面，要加强职业院校“双师”队伍建设。要深化校企合作，引导学校教师到企业“拜师”跟岗，聘请企业能工巧匠来校“登台”授课，不断提升技术实践能力。要畅通技术技能人才发展通道。不仅要增强“学技能”吸引力，也要为技术技能人才提供“往上走”机会。要使职业资格与专业技术资格人才享有同等待遇，关键技能带头人待遇和地位更高，营造良好的“学技能”同样有发展前景的社会氛围。要搭建技术技能人才学习交流平台，让“技能高考”“技能研考”成为技术技能人才公平发展的通道。

（四）建立国家资历框架制度

国家资历框架是指一个国家针对能力水平等级和类别制定的制度体系，该体系是旨在保证国家劳动力和人才合理分层，人力资源有效配置、合理开发和有序流动的基本制度体系。[①] 建立国家资历框架制度，就是对国家范围内存在的不同层次和不同类型的“资历”进行整理、分类、规范和认可，并就不同“资历”之间的转换标准和规范体系进行系统开发。建立国家资历框架制度，是我国教育价值观的具体化体现，教育行为的标准化展现，以及立体化终身教育系统构建的时代化呈现。

建立国家资历框架制度，就是要整理和编制一个包含各种学历、学位、文凭、资格证书，通用的、规范的、严谨的资历系统。首先，要确立教育行为的测量标准。以知识、技能、能力三个维度确立统一的资历系统测量标准，知识、技能和能力的衡量可以是行为履历考察，可以是书面考试，也可以是现场操作考核。知识、技能和能力的证明可以是成绩，可以是成果，也可以是声望。其次，要确立教育行为单元的逻辑依据。若按照教育整体划分，资历可划分成三个层级，即初等教育、中等教育和高等教育；若按照实际需要划分，资历可划分成三种类型，即普通教育、职业教育和闲暇教育；若按照教育形态划分，资历可划分成三种形态，即线上教育、线下教育

① 王洪才、汤建：《国家资历框架建设：内涵·目的·要点》，载《华中师范大学学报(人文社会科学版)》2019年第58期，第170—177页。

和混合教育。最后，要确立教育行为时效标准。普通教育侧重培养学生的学习能力，学习能力具有长效性，因此，普通教育文凭的时效为终身有效；职业教育侧重培养学生的技术技能，而技术技能的更新周期短，因此，职业教育证书的时效为十年有效；各类职业培训侧重培养学习者适应市场的能力，而市场具有多变性，因此，各类职业资格证书的时效一般会更短。

第三节　以育人机制优化为核心，推动职业教育人才培养类型化变革

（一）坚持知行合一、工学结合，深入推进现代学徒制

“知行合一”是一种教学思想。职业院校不仅要注重技术理论知识，强调“知”，更要注重技术实践知识，强调“行”。只有做到“知行合一”，才能培养技术技能人才。同时，“知行合一”也是一种文化精神、一种方法途径、一种探索成果，因此，“知行合一”是人才培养模式的核心理念。“工学结合”是一种较好的人才培养模式，其目标是提高学生的职业素养，其核心是学生在学习课堂知识的同时参加实际工作，学生既能学到课外知识，得到职业训练，也可取得工作经历，有利于今后发展。坚持知行合一、工学结合，就是落实校企“双元育人”。

现代学徒制是新型师徒学习方式与学校职业教育相结合的人才培养模式，是一种基于现代职业教育的技术技能人才培养制度，[①]是校企“双元育人”的更好体现。深入推进现代学徒制需要相应的支撑条件。国家标准与认证体系是基础。专业教学标准以及相应的对学徒培养结果的认证体系能够考核学徒培养质量，激发师傅和学徒参加学徒制的积极性。完善的企业师傅制度是保障。职业院校的教师和企业师傅是现代学徒制的两个实施主体，就像国家对教师有着严格的管理制度一样，要建立企业师傅管理制度，建立稳定的师傅队伍。畅通的学徒升学路径是支撑，升学是学生实现更好发展的重要途径。畅通学徒升学路径，就要针

① 蒋慧杰、杨中保、王元鹙、董崇君：《成果导向型工程造价人才培养研究——基于现代学徒制》，载《深圳职业技术学院学报》2019 年第 18 期，第 50—57 页。

对现代学徒制的特点进行制度设计。一方面,要大幅度提升实际能力的考试内容,主要进行实践考核。另一方面,专门设立学徒高层次学历,让学徒拥有畅通的升学路径。

(二)坚持产教融合、校企合作,构建校企命运共同体

产教融合是指职业院校与行业企业相互配合的一种经济教育活动方式。职业院校与行业企业依托各自优势,围绕服务经济社会发展,立足合约、谋求共赢,以协同育人为核心,深化校企合作,实现各自要素的优化组合和高度融合。校企合作是指职业院校与企业以发展为共同愿望,在互信合约的基础上,利用各自优势,通过人才、技术和效益,以共同培养高素质技术技能人才为主要目标的办学形式。坚持产教融合、校企合作,就是学校和企业发挥各自优势,实现合作共赢、共同发展。校企命运共同体是指学校和企业以建立新型校企合作关系为目标,以合作共赢、共生发展为核心,融合利益、情感、文化和责任于一体的交互性共同体。校企命运共同体具有共生性、互补性、包容性和开放性特征。

一是强化互利共赢,构筑发展共识。利益诉求是校企合作的核心基础,互惠共赢是校企合作的共同目标。校企双方要树立"义利统一"的观念,学校要尊重企业利益,既要支持企业在合作中获利,又要促进企业履行应有的社会责任。二是注重对话协商,构建共生机制。平等自愿是校企合作的基本原则,共生机制是校企命运共同体建设的基本保障。宏观上成立校企合作联席会,政府统筹协调;中观上成立产业职教集团,建立对话机制;微观上建立校企合作发展理事会,校企对话协商。三是坚持求同存异,共建合作文化。院校文化与企业文化是现代社会中社会分工持续深化的结果和体现。在校企合作的办学实践中,两种文化之间的一致性和差异性体现出"冲突""互补""渗透"与"融合"四种关系。"冲突"是指两种文化互相不理解乃至敌视指责;"互补"是指两种文化在服务经济社会、培养技术技能人才上存在功能互补性;"渗透"是指两种文化都自觉努力兼顾对方的合理要求;"融合"是指两种文化的"觉醒"推动更高发展水平的、深层次的校企合作。因此,校企命运共同体应坚持求同存异,共建合作文化。四是突出责任担当,明确责任主体。强化约束力,完善合作法律体系。企业承担社会责任有主动,也有被动,要强化

对企业承担社会责任的约束力，必须要构建企业社会责任标准体系，明确教育责任、明晰评价标准；明确权责利，组建合作的理事会。要明确各方权责，建立股份合作载体，稳固关系、经营共管、利益共联；实施学徒制，推动校企双元育人。将生产经营与人才培养有机融合，让车间成为课堂、生产成为实训、师傅成为老师；增强发展力，强化校企互融共生。职业院校要想企业之所想，主动提供服务支持。通过建立企业发展研究中心，破解企业热点难题。通过量身定制培训课程，促进企业人力资源更好发展。

（三）坚持协同筹划、开放共享，打造高水平实训基地

实训基地是指在职业教育人才培养中配合理论教学而设置的实践教学，以及促进学生掌握相应的职业技能的一系列要素的统一体。"职教 20 条"指出职业教育要建设高水平实训基地，并就此提出了明确的建设要求。高水平实训基地具有如下特征：在共建共享上，要多主体投入、要多样化使用；在产教融合上，坚持重点突出、展现辐射引领；在经验借鉴上，立足本土化实践，创新运营模式；在人才培养上，职能证书与人力资源提升并存。建设高水平实训基地，有助于培养高素质劳动者和技术技能人才，有助于拓展培训能力、提高使用效率，有助于吸收社会资源，增强产教融合的紧密程度。

打造区域内高水平实训基地，要做好高水平设计、高水平建设和高水平管理工作。第一，政府统筹、多元主体，高水平设计。按照"职教 20 条"指出的"三个转变"要求，建设高水平实训基地，政府要发挥统筹协调作用，促进职业院校和行业企业等多元主体共同参与，基地建设遵循高起点谋划布局、高水平规划设计、高标准服务地方的总要求，基地规模要适度，设备的专业性、先进性、实用性和经济性要兼顾，使得建成运行的实训基地面向社会、适应产业、相对独立、管理规范。第二，集聚资源，分工合作，高水平建设。高水平实训基地建设，要集聚多元主体的优势资源并依此吸入外部的必需资源，要在多元主体之间构建分工、沟通机制。[①] 聚焦产教融合实训基地建设，以政府投入、企业参与和吸引社会资本等手段，广泛集聚社

① 贾文胜：《关于建设高水平实训基地的思考》，载《中国职业技术教育》2019 年第 7 期，第 103—107 页。

会资源，实施多元主体投入。同时，建立多元主体之间的分工机制和沟通机制，政府统筹协调，行业企业、职业院校、培训机构深度参与、共同建设。第三，资源共享、绩效评价，高水平管理。以服务地方经济社会发展、服务产业转型升级为使命，推进办学模式和人才培养模式改革，实施全方位科学管理。以绩效管理为主线，系统构建项目实施、资金使用和效益目标的绩效评价体系，提高运营资金的使用效益，推进人才培养模式和基地办学模式改革；以发挥资源最大效益，促进实训基地更好更快发展，全面实现资源共享。以知识和技术共享理论为指导，以多元主体需求为导向，发挥各自优势、优化总体分工、提供专业服务，在形成稳定互惠机制的基础上，促进多元主体的紧密联结。

（四）坚持政策倾斜，多措并举，打造双师型教师队伍

"双师型"教师不仅取得了教师资格证书，拥有讲师及以上教师职称，能够开展理论教学活动，还取得了相应的职业资格证书，拥有中级及以上技术职称，能够开展实践教学活动。因此，"双师型"教师对专业理论知识和教育教学理论基本掌握，技术应用和实践操作能力较强，并能够将理论与实践有机融合。"双师型"教师队伍是职业院校高质量发展的主要力量，是培养高素质技术技能人才的根本保证，也是职业院校核心竞争力的重要体现。"双师型"教师队伍建设是职业教育发展的政策要求，是经济社会转型升级的迫切需要，是职业院校人才培养的重要保证。产教融合、校企合作是"双师型"教师队伍建设的必由之路。

1. 拓展引进渠道，改善双师队伍结构

"职教 20 条"指出，职业院校相关专业教师应在具有高职以上学历、具有 3 年企业经历的人员中招聘，[①]不再招聘应届毕业生。鼓励引导办学质量较高的工科学校举办职业技术师范教育等。因此，除技术师范毕业生外，招聘的职业院校新教师必须具有企业工作经历和专业实践能力，同时，也应本着"不求所有，但求所用"原则，柔性引进企业优秀技术骨干，实现校企共享人才资源、人才的跨体制流动、协同合作共同育人的目标。

① 刘惠芹、王金凤：《高职德技并修工学结合育人激励机制研究》，载《辽宁高职学报》2019 年第 21 期，第 18—22 页。

2. 深化校企合作，打造混编双师团队

“职教 20 条”指出，职业院校要建立兼职教师聘任办法，让职业院校教师和企业工程技术人员、高技能人才双向流动。打造混编双师团队，一方面，能提升专任教师双师素质，与企业技术骨干同层次对话；另一方面，能优化双师团队结构，推动专兼职教师互补互促。深化产教融合、校企合作，多角度建立协同机制，让教师走出去、将师傅请进来，打造高水平混编双师团队。以对接机制提升校企合作集合度，职业院校对接产业需求，明确教师团队的产业导向，提高人才培养目标的产业适应度。行业企业对接人才需求，提高创新发展的实力底气，实现企业的转型升级。以共谋机制提升校企协作紧密度，校企通过文化共谋，推动建设团队的制度文化和精神文化，[①]以深度交流促进“难言知识”的共同探讨。校企通过人才共谋，优化产教融合团队结构，实现校企的可持续发展。校企通过利益共谋，破解人才培养与产业需求脱节的难题，实现校企利益共建共享。以共生机制提升团队成员满意度，通过再造管理流程，推动教学组织建立共同体。通过扁平化管理，提升教学团队成员创新效率。通过创新评价方式，促进校企建立互评互认考核机制，推动产生更多创新成果和培养更多高素质技术技能人才。以联动机制提升教学管理流畅度，搭建校企联动一体化教学平台，推动校企教学团队协同配合。以构建产教一体教学生态，促进职业院校教师与联动企业教师共通共融，高质量地服务于企业转型升级。

3. 完善培训体系，提升双师队伍素质

培训体系是指为了实现一定培训目标，对培训要素进行有计划、有系统地合理安排而形成的有机整体。产业转型升级的阶段不同，培训体系的培训目标就会不同。完善“双师型”教师培训体系是提升双师队伍素质的重要途径。而深化产教融合、校企合作是促进培训体系不断完善的重要保证。“职教 20 条”指出，职业院校教师每年至少在企业或实训基地实训 1 个月，并实行全员 5 年一个周期的轮训制度。与此相对应的“双师型”教师培养培训基地就需要持续不断地完善，以适应职业院校双师队伍素质提高和产业转型发展的需要。加强培训资源建设。开发与产业发展同步的资源。对接“中国制造 2025”等国家战略，对接地方传统优势产业、优

① 李维春、易小军、王敏：《产教融合背景下校企混编教学团队建设研究——基于 35 位教学团队成员的深度访谈》，载《中国职业技术教育》2019 年第 29 期，第 78—82 页。

势特色产业、新兴支柱产业，将新工艺、新技术、新材料、新设备等融入培训资源的新开发，使培训的内容时刻与产业发展“同频共振”。整合社会各级各类培训资源。整合政府、行业企业、职业院校等各类培训资源，系统梳理培训资源的针对性、有效性，打造专业培训模块、定制个性培训方案、打造特色培训品牌，为适应个性化、多样化培训创造条件。加强培训方式改革。加强教师培训与信息技术的融合，以适应“互联网＋”时代教师培训的需求。要树立互联网思维，改革培训方式，采取脱产与在职、线上与线下、参加培训与实践反思相结合的多种培训形式，把企业的真实工作场景与职业院校优质课堂通过互联网技术引入培训环节，并实现培训教师对学员的远程指导，满足教师培训的个性化和多样化需求。同时，通过完善终身学习支持服务体系，促进职业院校教师自主学习。加强培训监控考核。教师的培训效果，包括专业态度、技能改善和教学成效等，是衡量培训质量的重要指标。要以教师工作实践为导向，完善制度体系和多元合作机制。要建立发展性评价考核体系，注重师德提升，体现培训实绩。要建立专家视导制度，定期检查项目实施情况。要加强培训项目过程管理，完善考核跟踪服务体系。要强化监控评价结果运用，强化培训整改，提升培训质量。

4. 健全激励评价，激发双师队伍活力

没有标准就没有质量。双师队伍评价体系就是衡量双师团队建设的“质量标准”，该评价不仅能够引导团队成员专业发展，也能够促进团队提高合作的主动性、协同性，推动双师团队可持续发展。在具体评价上，双师团队是按照专业群组建的，评价双师团队，除了考虑人才培养重心外，还要考虑其服务产业或企业群的贡献度、参与度和影响力等。同时，还应围绕团队的规划与目标，以产教融合、校企合作的深化程度为评价方向，在双元育人、合作研发、社会服务等方面的工作落实情况和成果形成等方面设定评价指标。每项评价指标不仅要考察工作负责人的业绩，也要考察工作参与人的贡献。在评价运用上，在双师团队和个人评价的基础上，职称评审注重学术性与实践性统一，理论研究与专业实践并重；岗位聘任注重企业挂职锻炼和技术服务，以及取得的相应成效；绩效分配注重向“双师型”教师倾斜、向双师团队侧重。同时，也要对双师团队中的兼职教师进行具体评价与相应激励。

第四节　以多元主体办学为指向，推进职业教育组织实体类型化变革

职业教育组织实体类型化是职业教育类型化的具体表现，影响职业教育组织实体的决定性因素是办学体制，[①]因而，要推动职业教育多元主体办学体制改革。“职教 20 条”指出，要建设多元办学格局，要推动新时代职业教育办学“由政府举办为主向政府统筹管理、社会多元办学的格局转变”。这不仅是对我国职业教育办学主体多元化给予肯定，也是职业教育组织实体类型化变革的根本需要。建设多元办学格局，就要增强职业教育适应性，就要深化产教融合、校企合作，就要推动企业和社会力量举办高质量职业教育。

（一）做大企业举办高质量职业教育

企业举办职业教育是指企业直接投资和管理职业院校，企业既是投资方，也是管理方。这对于职业教育特色发展、质量提升和吸引力的增强具有重要作用。[②]“职教 20 条”指出，要发挥企业重要办学主体作用，鼓励有条件的企业特别是大企业举办高质量职业教育。我国职业教育在经历了计划经济时期（1949—1991 年）的“企业化”办学、市场经济时期（1992—2009 年）的“去企业化”办学和如今（2010 年至今）的“再企业化”办学的变迁，每一次变迁都与当时的经济社会变革息息相关，并体现了鲜明的时代特征。实践经验表明，企业举办或参与举办职业教育是职业教育的基本规律之一，也是世界各国职业教育办学的经验所在。做大企业举办高质量职业教育，有利于提高众多企业参与职业教育办学程度，更好完善多元化办学

① 李鹏、石伟平：《中国职业教育类型化改革的政策理想与行动路径——〈国家职业教育改革实施方案〉的内容分析与实施展望》，载《高校教育管理》2020 年第 14 期，第 106—114 页。

② 王志远、祁占勇：《“去企业化”与“再企业化”的博弈：企业举办职业教育政策的历史透视及其反思》，载《职教论坛》2020 年第 6 期，第 14—23 页。

体制，推动职业教育办学主体多元化和办学类型多样化发展。①

进入新时代，我国“再企业化”职业教育办学并不是原有“企业化”办学的简单回归，而是新时代、新阶段、新模式的“校企一体化”，是为做大企业举办高质量职业教育吹响了号角，这不仅需要激发企业内生动力，发挥办学主体作用，更需要政府不断完善政策法规，为激发企业发挥主体作用，举办职业教育提供支持保证。要建立地方职业教育法规体系。以《职业教育法》为依据，建立地方职业教育法规体系，以此实现由地方政府统筹管理向地方依法统筹管理转变，为行业头部企业和国有大型企业举办职业教育、建设职教集团提供相应的法律保障。要健全购买企办学校服务机制。② 要建立政府购买企业举办职业院校的服务机制，地方政府要根据职业院校的学生人数、办学质量和企业认可度等社会评价因素制定购买服务政策，并按照办学规模、服务贡献等给职业院校划拨专项资金，以此对企业举办职业教育给予支持。要加大培训补贴政策支持力度。政府要加大对企业员工培训的支持，培训补贴政策支持力度要加大，培训补贴经费使用条件就要放宽，企业可根据自身培训需要，在培训内容、培训方式和培训时限等方面有针对性地制定方案、开展培训。要规划技术技能人才发展通道。以技术技能人才薪酬制度改革为导向，薪酬所得要与其职业技能资格证书挂钩，以此为企业技术技能人才创造发展条件、建立发展通道。

（二）做实社会力量兴办职业教育培训

1997 年 7 月，国务院发布的《社会力量办学条例》指出，社会力量包括企业事业组织、社会团体及其他社会组织和公民个人。因此，社会力量是行业、企业、基金会和自然人的统称，社会力量不包括政府机构。“职教 20 条”指出，支持和规范社会力量兴办职业教育培训。将“社会力量依法面向社会举办职业教育与培训事业，或参与职业院校的人才培养”做对了、做好了，因此，也就做实了。做实社会力量兴办职业教育培训，有助于满足多样化的职业教育需求，建设多元办学格局；有助于增

① 高鸿、赵昕：《加强职业教育领导与管理全力推动中国特色职业教育改革与发展》，载《中国职业技术教育》2019 年第 28 期，第 5—10 页。

② 张祺午：《企业举办高质量职业教育的困与破》，载《职业技术教育》2020 年第 41 期，第 1 页。

进人才供给与需求的有效匹配，适应产业变革；有助于高效统筹办学资源，深化产教融合、校企合作。做实社会力量兴办职业教育培训，必须在政策制度改革上下功夫。

1. 以混合所有制改革支持和规范社会力量办学

混合所有制职业院校是指职业院校办学主体中至少有“公”和“非公”两个主体，且这些办学主体对职业院校资产拥有相应的所有权。混合所有制职业院校具有三个特征，即治理方式现代化、运行机制市场化和产权结构多元化。股份制是混合所有制的主要实现形式。推动职业院校进行混合所有制改革，有助于职业教育增强办学活力、提高人力资本投入和增强适应性，①是实现职业教育体制机制创新、多元办学格局建设和高质量发展的有效途径。

以混合所有制改革支持和规范社会力量办学，需要从法律、政策和管理各层面给予支持和规范。首先，法律上有法可依。以认可混合所有制办学属性为目标，适时借鉴《中外合作办学条例》，出台《混合所有制办学条例》，使我国形成公办、混合所有制和民办“三元结构”并行格局。法律是“静态”的结果，办学是“动态”的过程，混合所有制要在法律上有法可依，就应处理好这对“动”“静”关系。一方面，混合所有制办学实践要有足够的经验积累，另一方面，在得到国家部委的充分重视、出台专门规定的基础上，才能够到法律生成阶段。因此，应将混合所有制试点在全国广泛推广，通过区域不同、背景不同、诉求不同的混合所有制办学试点，开拓新思路，探索新方法，积累新经验，再通过不同的地方政府出台指导性、规范性意见，为完善法律体系提供更多的现实依据。其次，政策上倾斜到位。国家已在“职教 20 条”中明确提出“鼓励发展股份制、混合所有制等职业院校和各类职业培训机构”的目标要求，②但还需要“金融 + 财政 + 土地 + 信用”等政策供给与有效监督。地方政府可根据“职教 20 条”和《民办教育促进法实施条例》等制定地方职业院校混合所有制办学暂行规定。在财政上，省、市两级财政要对新建混合所有制职业院校的建设和过渡期运营进行补贴，该补贴享受公办学生拨款标准；在税收上，在享受社会力量

① 郭素森、丁竹青、侯国强、郝连涛、王红红：《职业院校混合所有制办学改革实践的现状、关键问题及推进策略研究》，载《中国职业技术教育》2021 年第 34 期，第 5—13 页。

② 李增军、李建广、张露颖：《高职院校混合所有制办学探析》，载《教育与职业》2021 年第 24 期，第 34—38 页。

办学税收优惠政策的基础上，制定混合所有制办学的税收支持政策；在金融上，引导和支持金融机构创新服务模式，并在用于职业教育的产业扶持资金中切出一定比例，专项用于支持混合所有制职业院校办学；在土地上，混合所有制职业院校的用地政策可比照公办院校给予支持，对符合划拨用地目录的，可直接划拨供地，同时，鼓励混合所有制参与企业通过租赁、出让方式取得办学用地。在办学上，为增强混合所有制职业院校内生动力，要给予院校更大自主权。最后，在管理上，混合所有制职业院校要深化管理体制改革，既要发挥自身优势，也要借鉴公办院校做法，大胆创新管理体制和模式。院校层面应实行党委领导下的董事会(理事会)管理模式，混合所有制二级学院的领导可由其公办院校领导兼任，并进入董事会(理事会)。在混合所有制学校担任领导职务的公办院校管理人员，同样依照党管干部原则，明确级别、人岗相适、注重实绩。混合所有制职业院校的董事会(理事会)、校务会和监事会相互独立、相互支撑，产权界定应规范，操作程序应公开，收费管理机制应公布，收益分配方式应公告。为促进混合所有制职业院校投入多元化，保证各方资产保值增值，允许国有控股的混合所有制院校适当盈利。

2. 以市场准入负面清单制度规范民办职业教育

“职教 20 条”指出，要建立公开透明规范的民办职业教育准入、审批制度，探索民办职业教育负面清单制度，建立健全退出机制。我国从 2015 年 12 月开始进行“市场准入负面清单制度”试点，从 2018 年起，正式实行全国统一的市场准入负面清单制度。市场准入负面清单制度是指国务院以清单方式明确列出在中华人民共和国境内禁止和限制投资经营的行业、领域、业务等，各级政府依法采取相应管理措施的一系列制度安排。在民办职业教育领域实施市场准入负面清单制度，必须进行职业教育市场化改革。目前，尽管我国职业教育市场化程度不高，且处于市场化初期阶段，但我国规范和促进民办职业教育发展步伐坚定、始终如一。以市场准入负面清单制度规范民办职业教育，有助于规范我国民办职业教育办学行为，推进我国职业教育市场化进程，促进民办职业教育高质量发展。

在民办职业教育领域实施市场准入负面清单制度，就是要建立公平、开放、透明的市场规则。实行统一的市场准入制度，在制定负面清单基础上，建立健全退出机制。为高质量的民办职业院校进入职业教育市场增加职业教育的多样性和竞争，让更多的学生受益，应建立规范的民办职业教育市场准入负面清单制度。要完善职业教育领域公平竞争机制。国家的相关政策制度要推动职业教育成为开放式的系统，要以公平的准入标准和条件制定为引导，鼓励多种形式的民办职业院校进入职业教育领域，以公平竞争机制，保证不同的民办职业院校享受同等政策和公平规则；要鼓励职业教育领域良性合理竞争。政府通过对民办职业院校的学生资助政策干预，优化民办职业院校资源配置，给予学生更多对民办职业院校的选择权。为激发民办职业院校办学活力，要引入市场竞争、融入风险监管，确保民办职业院校的教学与服务质量。要推进职业教育治理体系的法治化。发挥民办职业教育各类办学主体合力，健全职业教育法治体系，研究制定民办职业院校市场准入、注册、退出和学生权益保护等专门法规，建立健全促进职业教育治理现代化的法律制度体系。

（三）做优职业教育培训评价组织

"职教 20 条"指出，要做优职业教育培训评价组织（以下简称培训评价组织），助力职业院校和应用型本科高校依据国家有关法规和职业标准、教学标准完成职业技能培训、考核、评价和证书发放。培训评价组织是指具有独立法人资质的企业等主体，经公开招募、择优遴选等程序，负责职业技能等级证书及标准开发建设，实施职业技能水平考核评价、颁证等相关工作，并对证书质量、声誉负总责的社会化评价组织。[①] 因此，培训评价组织在职业教育人才培养和评价中具特殊的重要地位。

做优培训评价组织，有助于学校职业教育与职业培训有机结合，促进职业教育整体办学质量提高，推动社会力量参与职业教育治理体系和治理能力现代化建设。做优培训评价组织，要着重把握好对培训评价组织的遴选和管理。在遴选方面，不仅要考察培训评价组织已有的工作基础，也要考察培训评价组织的履责能力。组织良好的工作基础是完成培训评价的重要前提。组织应具有良好的资质、健全的制度、一定的规模和资金实力，申报的证书有自主知识产权且获行业龙头企业认

① 孙翠香：《"苏格兰学分与资格框架"的质量保障机制研究》，载《河北师范大学学报（教育科学版）》2021 年第 23 期，第 105—113 页。

可,与证书配套的培训资源内容先进、操作性强,拥有专业的管理与培训团队且经验丰富,在业内有较强的技术优势和影响力,等等。在管理方面,要着力构建立体监管体系,不仅要发挥主管部门、行业组织和科研院所的作用,也要发挥学校、教师、学生、家长及社会各方的影响力。培训评价组织要接受学校师生的行为监督,保证培训评价组织"照章办事"。培训评价组织要接受行业组织和科研院所的监测评估,保证培训评价组织工作"货真价实"。培训评价组织要接受主管部门的监督和处理,通过定期抽查评价,结果公布、处理公开直至结束,保证培训评价组织工作有序开展。

第五节　以制度机制完善为保障,推动职业教育类型化发展条件变革

职业教育类型化发展需要条件变革,而制度机制是实现该条件变革的根本保障。"职教 20 条"指出,要完善技术技能人才保障政策,要加强职业教育办学质量督导评价,要做好改革组织实施工作。以制度机制完善为保障,就一定能够推动职业教育变革的顺利进行。特别是如何保证让技术技能人才"香"起来、富起来,让职业教育拥有自豪感、发展可持续,让职业教育改革顺、发展快,是职业教育类型化发展条件变革的重要体现。

(一) 推动技术技能人才地位提高

技术技能人才是支撑经济社会发展的根基。当前,让技术技能人才有认可度(富起来),让职业教育有地位感,已经成为国家推动职业教育类型化发展的总体导向。"职教 20 条"指出,要提高技术技能人才待遇水平,鼓励企业职务职级晋升和工资分配向高技能人才倾斜,积极推动职业院校毕业生与普通高校毕业生享受同等待遇。实现这一目标,不仅需要清理调整技术技能人才歧视政策,建立职教自身高考制度,更需要整体提升技术技能人才的工作待遇。

要清理调整歧视政策,形成良好的发展环境。各地要按照"职教 20 条"的要

求，对在就业、落户、机关事业单位招聘、职级晋升和职称评审等方面对职业院校毕业生和技术技能人才的歧视政策进行清理调整，使其与普通教育毕业生享受同等地位。要大力弘扬工匠精神，破除职业教育"低人一等"的观念。要发挥市场机制，让具备工匠精神的技术技能人才获得肯定和奖赏，营造人人皆可成才、尊重技术技能人才的良好社会氛围。建立职教高考制度，提高职教自身品质。职教高考制度是具有类型教育特点的一项职业教育基本制度。"职教 20 条"指出，要建立"职教高考"制度，完善"文化素质＋职业技能"的考试招生办法，并提出开展本科层次职业教育试点要求。要围绕建设我国现代职教体系和打造类型教育总目标，突出类型性、包容性、开放性、适应性、自主性和标准化"五性一化"特点，建设中国特色的职教高考制度。同时，要制定重大赛事获奖选手免试入学政策，在高端技术技能人才培养上探索长学制。深化分配制度改革，提高人才工资待遇。要按照"职教 20 条"要求引导用人单位落实高技能人才比照相应层级专业技术人员享受同等待遇，并在工资分配机制上，侧重对能力素质、岗位价值和业绩贡献进行考量，在工资结构中，设置体现技术技能价值的工资单元和技能津贴。同时，在国有企业探索关键技术技能岗位持股制度、高技能领军人才项目工资制等分配形式。

（二）健全职业教育经费投入机制

职业教育经费投入机制是能够影响职业教育的发展和效益的直接因素。"职教 20 条"指出，要健全经费投入机制，经费投入机制是指组织（机构）中资金的分配和使用方式。经费投入机制与组织（机构）的战略目标、资金预算、资源分配和管理体系密切相关。经费投入机制包括资金来源、申请程序预算编制、项目评估和监督监控等流程，其目标是经费等有效利用和效益最大化。目前，我国职业教育经费投入来源包括各级政府财政投入、家庭投入和社会投入等，其中各级政府的财政投入占比重较大。[①] 完善的经费投入机制是职业教育发展与改革的基本保障。健全职业教育经费投入机制，一方面，要加大公共财政投入，另一方面，要鼓励社会捐资兴办。

① 王奇：《我国高等职业教育经费投入机制研究》，载《重庆交通大学学报（社会科学版）》2015 年第 15 期，第 112—114 页。

在加大公共财政投入方面，要建立财政投入制度。各级政府要建立教育财政投入制度，该制度要与办学规模、培养标准和办学质量相适应，新增经费支出倾斜职业教育。要完善生均拨款制度。要制定并落实职业院校生均经费标准，各地中职学校生均财政拨款水平要高于普通高中，高职院校生均财政拨款水平要在12 000元基础上逐步提高。要实施好“项目制”投入。要严格落实中央与地方分担职业教育经费投入模式——“分项目、按比例”，分项目是指中央政府通过“项目专项资金”方式实现对职业教育的经费投入。实施好“项目制”投入，要突出改革导向，支持校企合作，注重向中西部、贫困地区和少数民族地区倾斜。同时，也需要扩容项目制的经费使用空间，提高项目制的资源配置效益，完善项目制的验收考评标准。要扩大助学金覆盖面。要根据国家财力增长，动态调整补助标准。要优化兜底保障机制，落实家庭经济困难学生倾斜政策。要健全职业教育奖学金制度，鼓励品学兼优学生全面发展。

在鼓励社会捐资兴办方面，要制定税收优惠政策。通过教育附加费返还、免征民办院校企业所得税、校办产业税收优惠等，促进职业院校与行业企业、社会团体合作交流，吸引资金。要加大校企合作力度。通过创新现代学徒制、工学结合、订单培养，吸引企业合作办学。要支持民办职业教育。通过比照公办学校生均拨款标准，对非营利性民办职业学校给予适当补助，逐步放开民办收费，从严规范收费行为，吸引社会资金投入民办职业教育。

（三）完善职教部际联席会议制度

一直以来，多头管理弊端严重制约了我国职业教育的发展，业务指导与管理分属教育部、人社部等部门，增加了职业教育统筹发展难度。[①] 2002年8月，国务院颁布的《关于大力推进职业教育改革与发展的决定》指出，要建立职业教育工作部际联席会议制度，研究解决职业教育工作中的重大问题。2004年6月，由教育部等七部门组成的职业教育工作部际联席会议制度正式建立。2005年10月，国务院颁布的《关于大力发展职业教育的决定》指出，在县级以上地方政府也要建立职业教育

① 孟凡华：《职业教育工作部际联席会议制度：发挥统筹合力》，载《职业技术教育》2018年第39期，第1页。

工作部门联席会议制度。按照国家要求，各地的职业教育工作部门联席会议制度相继建立，加强了对职业教育的统筹和领导，为我国构建现代职业教育体系、实现可持续、高质量发展提供了制度保证。

进入新时代，我国社会主要矛盾反映在职业教育领域，是人民群众和经济社会对优质、多层、多样职业教育的需要与职业教育发展不强、不优、不活之间的矛盾。解决这一矛盾，必须要完善职教部际联席会议制度。完善后具体体现在：在顶层设计上，召集人升级为国务院副总理，层级更高、统筹力和领导力更强；在部门数量上，由七部门增加到九部门，统筹范围更广，工作合力更强；在职能发挥上，关注重大问题更多，政策法规支持更全，特别是为职业教育改革创新、推动落实《职业教育法》提供了重要的制度保障。

第五部分　发达国家职业教育类型化发展

第十四章　美国职业教育类型化发展

第一节　美国职业教育制度的发展演变

一、重视发展高等职业教育阶段(1776—1917 年)

美国独立前的职业教育主要受英国影响。独立后,农业和商业教育开始发展。1822 年创建“纽约机械和科学讲习所”,1824 年成立“伦斯勒理工学院”,1852 年成立“美国农业学会”,为美国工农业快速发展培养了大量的工程技术人才。1862 年,美国联邦政府颁布了《莫雷尔法案》,该法案将自由教育与职业教育结合起来,使得职业教育在大学立稳脚跟。这既是美国职业教育制度确立的起点,也是美国改革高等教育最重要的教育行动。自 1865 年《莫雷尔法案》全面实施以来,各州农业和机械技术教育学院得到了联邦政府的大力支持,不仅扩大了学院的课程开设范围,也为学院扩大校址购买公用土地提供了部分资金。1890 年,《莫雷尔法案》经补充修订,进一步增强了对高等职业教育的主导作用,迅速增加了赠地学院数量,有效促进了土地赠予运动,积极推动了美国实用科学研究。1887 年颁布《哈奇法案》,支持与赠地学院相关的事项。1890 年颁布《第二莫雷尔法案》,确保拨款使用公开透明。1912 年颁布《佩奇法案》,旨在普通中学之外独立成立职业学校。在公立学校之外单独成立职业学校也引发了大范围争论,最为典型的是查尔斯・普洛瑟与约翰・杜威之间的争论。1914 年颁布《史密斯—利弗法案》,旨在促进农业和家政知识的应用。这一时期,美国已经成为世界上最先进的工业强国,美国职业教育着重培养专业技术人才和科学技术人才,在服务美国工业强国地位的同时,也奠定了在高等教育中的地位。

二、重视发展中等职业教育阶段(1917—1963 年)

这一时期,实用主义占据重要地位。实用主义的代表人物杜威认为,要使学校生活充满活力,只有职业教育通过利用工业元素对古典主义的读书学校进行改革,使职业教育成为学校教育的重要组成部分,而这个过程是经济和科学发展直接推动的。杜威的观点对这一时期美国的中等职业教育产生了深刻影响。由此,中等教育改造委员会于 1913 年成立。1917 年颁布《史密斯—休斯法案》,对美国职业教育的实施提出了具体要求。如教师薪金、相关重点学科专业教师的培养和财政投入等,中等教育单轨制的综合中学也由此确立并延续至今。该法案的核心体现了普通教育与职业教育的融合,也标志着美国职业教育制度的真正确立。1920 年颁布《史密斯—费斯法案》,旨在通过职业教育帮助"一战"伤残复转士兵融入国家经济建设,资助期限历时 4 年。1934 年颁布《乔治—埃利泽法》,旨在重点资助农、工、商和家政教育四个领域。1936 年颁布《乔治—迪恩法》,旨在对市场销售、职业信息工作和职业指导工作新增拨款,规定在 1935—1938 年间每年为职业教育拨款 1 420 万美元。"二战"后的 1940 年 6 月颁布《国防训练法》,旨在为战争输送各类技术工人,以及强化学生学科基础知识,1959—1962 年共资助学生贷款 29 500 万美元。这一时期,职业教育机构数量也在迅速扩大,实力也在快速增强。美国的职业教育制度发挥了重要作用,既对经济停滞和人员失业起到了抑制作用,也保障了美国当时的战争经济对紧缺人才的紧急需求。

三、重视弱势群体平等教育阶段(1963—1984 年)

20 世纪后半期,美国教育更多关注教育公平。职业教育顾问委员会于 1961 年成立,《地区开发法》《人力开发训练法》的颁布紧随其后。1963 年颁布《职业教育法》,该法案规定所有人都享受平等的教育和培训机会,国会授权向各州拨款 6 000 万美元用于推进职业教育发展,并实现逐年增加,同时,在项目开展、弱势群体同享教育权利等方面提供相应比例的配套资金,这些资金只要联邦职业教育管理机构同意,各州可以就拨款的用途、类别和数量进行变更,联邦政府拨款支持"适销对路"的培训项目和新型行业职业教育。此外,要求各州要建立相应的管理机构。由此,美国职业教育制度建设进入新阶段。1965 年 4 月颁布《初中等教育法》,该法也为贫困与低天赋学生接受平等教育提供了法律依据。同年,还颁布了《高等教育法》,目的是为传统黑人学院的发展提供法律支持。1968 年颁布《职业教育修正案》,首次提出“生涯教育”理念。1973 年颁布《综合雇佣和训练法案》,1977 年颁布《青年就业和示范工程法案》,目的是保障弱势群体的平等权利。1974 年颁布《教育修正案》,1977 年颁布《生涯教育激励法》,目的是对职业教育的生涯教育给予足够重视。1976 年颁布《职业教育修正案》,旨在进一步关注弱势群体和新的资助方向,以及职业教育投入与收益的效率。这一阶段,通过一系列的法律法规的颁布实施,扩大了教育范围,增加了财政拨款,便利了资金使用,同时,密切了职业教育、经济和科技的关系,推动了职普教育相互融通,也更加明确了职业教育的目的就是使无业者有业,有业者乐业。

四、重视质量与效率协调发展阶段(1984—2000 年)

20 世纪 80 年代,美国经济虽然相对疲软,但知识成为最重要的生产要素等知识经济特征日益突出,反思 20 世纪 60 年代过于追求平等而造成的平庸化现象,政府的“新联邦主义”充分体现了新公共管理思想,也对职业教育法案的调整产生了深刻影响。1984 年美国政府颁布《帕金斯职业教育法》,旨在以高质量的职业教育培养更多的国家需要的劳动力,一方面,扩大了弱势群体的范围,将在非传统职业内就业的人群、单亲父母或者家庭主妇、英语水平受限者、劳教机构人员等均纳入弱势群体的范围;另一方面,满足市场需求,将新技术尽快应用到生产实践中。同时,进一步明确了联邦和各州的责权利。1990 年,美国政府颁布《帕金斯职业与应用技术教育法》,旨在通过促进公民学术和职业技能发展,推动职业教育层次与质量和美国经济国际竞争力的逐步提升。1994 年,美国政府颁布《从学校到工作机会法案》(简称 STW),旨在把在校学习与基于工作学习紧密联系起来,强调校企合作在职业教育中的重要作用。[1] 1998 年,美国政府颁布《帕金斯职业技术教育法》,第一次以法案的形式确定“职业技术教育”概念,确定中等教育与中等后教育的联系,也更加突出了地方和州的主体地位。这一时期,美国职业教育制度在推动职业教育层次和质量提升的同时,逐步强化了职普融合、校企融合,以全方位推行愈加弹

① 周倩、刘莹、郭连锋、吴春苗、刘俊仁:《比较职业发展教育》,郑州大学出版社 2020 年版,第 32—33 页。

性的管理机制、资金灵活使用方式和职业教育评估方式，推动了美国职业教育质量与效益协调发展。

五、兼顾公平与效率的“人本”取向阶段（2001 年至今）

进入 21 世纪，美国政府更加关注“公平与效率”的兼顾，“以人为本”理念越来越在职业教育制度制订中体现。2001 年，STW 到期失效，随后，美国政府启动了“从学校到生涯”（简称 STC）政策，旨在对 STW 的承接与延续，但它更强调职业教育的终身性、动态性和全面性。2001 年美国政府颁布《不让一个孩子掉队法案》，旨在保障学生职业生涯发展，向其提供生涯教育。2006 年美国政府颁布《帕金斯生涯与技术教育法案》，确定“生涯技术教育”概念，强调职业教育是一个课程系列，学习者可获得工商业界认可的证书、资格或学士学位。2009 年美国政府颁布《美国振兴与再投资法》，旨在确立教育优先发展地位，为教育提供高额资助，向失业工人提供高质量职业培训。同年 7 月，提出“社区学院新政计划”，通过巨额资助，推动社区学院更好发展。同时，出台“美国毕业生计划”，旨在大力推动社区学院发展，实现美国 2020 年再次成为世界上大学毕业生占比最高的国家。2012 年美国政府通过《投资美国未来：生涯和技术教育改革蓝图》，旨在强调对接、合作、问责、创新四大核心原则，推动职业教育高质量发展。2015 年美国政府颁布《美国学院承诺法》，旨在提高社区学院的入学率和毕业率，有条件免除参加社区学院学习的学生学费。2018 年美国政府颁布《加强 21 世纪的职业与技术教育法》，旨在赋予各州自行确立职业教育项目目标的权力，并将绩效考核期限由六年改为四年。这一阶段，美国政府职业教育制度的价值取向不断优化，最终实现了个体化目标与社会性目标的统一，实现了从关注职业教育的工具性到关注职业教育的本体价值的转变，“以人为本”成为了美国职业教育制度制订新的价值取向。

第二节　美国现代职业教育体系的特点

一、融入全民教育和终身教育思想

面向服务对象，美国职业教育体系不仅倡导职业教育全民化，也愈加重视个体的生涯发展。在发展过程方面,美国职业教育体系扩展到全体民众。《莫雷尔法案》推动了平民子弟接受高等职业教育,《史密斯—休斯法案》实现了职业教育的全覆盖,《退伍军人就业法》促进了职业教育服务退役军人,《帕金斯法案》推动了职业教育服务全体民众。《帕金斯职业教育法》保障了全体民众的职业教育权利。《为明日工作之工人而准备报告》营造了“人人”可以接受职业教育的氛围。2015 年,《美国学院承诺法》以免除学费推动社区学院的入学率和毕业率提高。这一系列务实举措,推动了美国全民职业教育的深入发展,促进了全民化的发展水平。由此,从服务特定群体扩展到服务全体民众,成为了美国职业教育体系演进的一个脉络。在发展方向上,美国职业教育体系从培养技术人才转变到人的发展。与其他国家一样,美国职业教育体系初建阶段的任务也是为紧缺岗位培养技术人才。《史密斯—休斯法案》推动了职业教育服务人的终身发展。由此,“服务人的个体发展、服务公民终身发展”成为美国职业教育的核心理念。1998 年,美国正式确立生涯与技术教育。由此可见,美国职业教育体系演进的又一脉络,是从满足岗位需求转变为服务个体生涯发展。美国职业教育的全民化和终身化的发展路向,既促进了美国社会职业教育质量与公平的相对平衡,也反映了当今现代职业教育体系发展的重要趋势。

二、强化职业教育立法的质量意识

美国政府高度重视职业教育发展,在职业教育体系的不同发展阶段,美国政府都能根据相应阶段的社会经济发展实际,出台相应的职业教育法案,有针对性地促进职业教育体系发展。一是立法的严谨性。美国职业教育的政策法规的出台都有着充分的调研和论证。1961 年的《地区开发法》和《人力开发训练法》颁布之前,肯尼迪总统进行了大量的调查和评估,在充分听取各方意见建议的基础上,组织“专班”进行有针对性的高质量修改,不断提升立法质量效能,最终通过了这两个法案。二是立法的超前性。“二战”结束前就颁布实施了《退伍军人权利法案》,该立法具有较强的“超前性”。三是立法的连续性。美国的许多职业教育立法,都体现出先后法案的“有效衔接”。四是立法的创新性。《莫雷尔法案》在欧洲大学模式的基础上,开创了赠地学院,推动了高等职业教育的发展。五是立法的公平性。《帕金斯法案》为特殊群体、弱势群体接受职业教育提供了法律保障,体现了立法的公平性。

三、美国采用诱致性制度变迁方式

教育制度的结构性变迁是现代教育滥觞的直接动力。美国政府通过采用诱致性制度变迁方式,并以"自下而上"力量推动职业教育法案实施。《莫雷尔法案》是美国政府首次采用诱致性制度变迁模式并以此推动实施的第一法案。该法案以向各州赠地为"诱导",引导各州接受土地捐赠,按照要求做事。由此,该法案的颁布促进了"诱致性制度变迁方式"的诞生。通过"诱致性制度变迁方式",美国政府实现了职业教育目的,也赋予了各州职业教育的发展权,极大促进了美国职业教育的发展。此外,联邦政府给各州的职业教育拨款也具有"诱导性"作用,各州也积极主动地为这种"诱导性基金"配套相应比例的资金,充足的职业教育经费推动了美国职业教育稳步发展。

四、促进职业教育与产业协同发展

赠地学院、初级学院和社区学院代表了美国职业教育不同的发展阶段,也是美国高等职业教育的主体。职业教育发展的根本动力是经济社会发展对职业教育人才培养的迫切需求。美国经济的快速发展,推动了产业结构的变化,也使高等职业教育的社会功能发生改变。在赠地学院阶段,工业、农业领域高级人才是经济社会发展急需的,而赠地学院培养的工农业技术人才很好地满足了这个阶段的经济社会发展需求。从农业国向工业国过渡的过程中,赠地学院发挥了关键作用。在初级学院时期,从 19 世纪末到 20 世纪 50 年代,美国正处于工业上升的经济发展阶段,重化工业和装备工业占据主导地位,服务经济快速发展,而初级学院培养的适应工业发展的技术人才满足了产业发展的需要。这一时期,初级学院承担了转学和教育分流的社会功能。在社区学院时期,美国职业教育主要以社区服务为中心,培养产业发展需要的技术人才。20 世纪 50 年代到 70 年代,高科技产业推动美国经济进入快速发展阶段,社区学院培养了社会发展需要的大批工业技术人才和工商业准专业人才。20 世纪 70 年代到 90 年代,信息化提高了企业的生产效率,也促进了就业结构的变化,社区学院也由此培养了大批服务业领域的高技能人才。直到20世纪90年代以来,美国进入了服务业经济时代。当今,社区学院更加注重服务社区成员,更加注重成人回归教育,更加注重老年人和新移民的扫盲教育、补习补课和英语教育等。

五、保障退役军人"二次专业化"发展

为促进退役军人"二次专业化"发展,美国政府颁布了《退伍军人就业法》,鼓励退役军人接受高等职业教育,成为社会需要的技术人才,促进他们的职业生涯更具有发展潜力。根据各个国家的兵役法,大多数军人都要经历两次专业化过程,一次是社会人成为军人,一次是军人转变为社会人。安置退役军人是社会稳定的需要,也需要军人进行自我二次专业化。美国通过鼓励退役军人接受高等职业教育,实现了由军人向"社会人"的转变,其中,《退伍军人就业法》《朝鲜战争军人权利法案》和《越南战争军人权利法案》的职业教育资助政策发挥了巨大作用。通过接受高等职业教育,美国退役军人能够成功地回归社会,成为经济社会发展需要的专门人才,成为真正的社会人。此后,退役军人职业教育资助制度也经历了多次变迁,为美国的军事人力资源社会化发挥了重要作用。

第三节 美国职业教育的质量保障体系

一、职业教育质量观的构建

质量观,是人们对质量的本质认识和总体反映。职业教育质量观也就是人们对职业教育的基本看法。职业教育质量观的构建是职业教育质量保障体系的重要一环。2006年颁布《帕金斯生涯与技术教育法案》,将职业教育变更为"生涯与技术教育"本身就追求高质量。"生涯与技术教育"重视学术教育与技术教育的统一,能够更好实现人的全面发展。

(一)制定职业教育技术技能核心标准

培养什么样的人才是职业教育质量观的核心问题。美国生涯与技术教育培养

的人才具有学术技能、技术技能和就业技能三方面的核心技能，其中，学术和技术技能能够助力学生工作，而这种适应企业发展需要的能力，对于学生的工作和发展作用巨大。2012 年 6 月，美国政府发布《共同生涯与技术核心标准》，对生涯准备实践、16 个职业群与 79 个对应路径的知识与技能做出了明确要求。这是美国第一部职业教育共同基准。技术技能核心标准是职业教育质量的基础和保障。

（二）构建学分互认与衔接的培养体系

美国职业教育是一个终身教育系统，学分互认与衔接体系支持学生和成年人“升学”“就业”。在生涯与技术教育系统内部，通过贯穿中等教育和中等后教育的课程和能力序列学习，学生能够得到多个中等后教育文凭，并有机会得到更高级学分。同样，在系统外部，美国政府努力提升核心标准的认可程度，以确保学生所获学分被市场认可，同时，也为职业资格认定提供依据。

（三）形成以伙伴关系为纽带组织生态

美国职业教育积极构建多方利益相关者的“伙伴关系”，以合作机制的不断完善，促进教育、企业、社区、劳工、经济发展机构、学生和家长以及项目代表等各主体参与人才培养全过程，推动职业教育人才培养质量的提高。“伙伴关系”是一种合作关系，一般由合作伙伴和角色、责任的确定，合法性与检验等方面组成，并通过投入、过程和服务开展合作。投入方面，各主体根据需要设计项目，提供课程和设备，聘任师资。过程方面，按照岗位需求开发课程，依据产业标准设计项目，按照教学和科研要求，为教师提供生涯发展机会。通过实施创新项目，推动学生学术力、领导力和就业力的提升。服务方面，教师的角色是教育教学的组织者、指导者和合作者，能够为学生授业解惑，助力成长。雇主是劳动关系的协调者、使用者和维护者，对学习经历的开发、促进和评估具有积极作用。

（四）建立职业教育评估和问责体系

美国通过构建职业教育人才培养过程“数据系统”，实现对其质量、效益的评估和问责。目的是通过检验学生的所学、所知和所能，为行业认证做准备，为知识与能力认证提供证明。“数据系统”的数据来自职业教育机构和劳工部门,其中,综合数据面向整体,非综合数据面向亚群体。这些数据不仅要报给政府部门,也要使学生和家长知晓。这种公开、透明的方式,使职业教育的“投资回报”“社会影响”得到全面反映。以这种方式进行评估和问责,不仅实现了对教师教学和学校管理水平的评估,也实现了对学生技术技能和就业能力的综合评估。

二、职业教育质量保障法规

职业教育法律体系是指按照一定的原则和效力由涉及职业教育的法律法规组成的整体法律体系,该体系结构严谨、门类齐全、层次明晰、体例协调、职责分明,横向上分为成文法和非成文法,纵向上分为联邦、州、学区等不同层级的法律法规。具体与职业教育相关的法律有五种:一是联邦宪法。联邦宪法授权各州分别建立自己的教育系统,并通过财政拨款和税收政策等对各州职业教育进行引导和调控。二是州宪法。各州都制定了与教育有关的法律,各州教育法收录在各州的《学校法典》中,有的州设置了州教育委员会。三是机构法规。国会制定法规,为了控制各州教育,美国政府控制下拨给各州经费。四是部门规章。各级教育部门制定规范性文件,促进法律法规落实。五是判例法。判例法由法院产生,用以维护师生的宪法权利。

(一)与学校教师相关的法律法规

教师资格认证、聘任、工资及教师培训与教育等内容在大部分的法律文件中都有规定。在资格认证方面,教师质量是教育教学质量的根本保证,完善的教师资格认证制度是教师质量的重要保证。1987 年 5 月,美国成立了全美教师资格审定委员会,推行全国统一的教师认证制度。在工资收入方面,工资水平既彰显教师的社会地位,也体现教师岗位的社会吸引力。一直以来,单一教师工资体制始终是美国教师的主体工资体制,随着社会结构的改变,美国也推动了教师绩效工资改革。在教师聘任方面,应聘者经提交申请、参加考核、选拔推荐后,由学区教育委员会聘任。教师一旦聘任,就不能随意解聘,除非该教师触犯了本州教师相应的解聘条款。在教育培训方面,教师教育培训是提高教师质量的必然途径。早在 1917 年颁布的《史密斯—休斯法案》中规定，联邦政府和州政府的职业教育委员会要为职业教育的教师提供培训。该法案保证了职业教育教师享有培训的权利。1958 年的《国防教育法》、1965 年的《中小学教育法》和 1992 年的《高等教育法》修正案，都对教师的教育问题提出了严格要求。

（二）与职校教育相关的法律法规

美国职业学校教育始于 19 世纪后。根据《史密斯—休斯法案》，美国中学有综合中学和职业中学，综合中学一直是美国中等职业教育的主要形式。美国高等职业教育的发展始于南北战争之后。1862 年颁布的《莫雷尔法案》提出，要以参、众两院议员人数为国有土地分配依据。1865 年，《莫雷尔法案》全面实施，为推动职业教育发展，开启了拨款资助方式。之后颁布的相关法律法规，都是以拨款资助方式推动职业教育发展的。

（三）与职教投入相关的法律法规

1862 年的《莫雷尔法案》，旨在建立起对职业教育的拨款资助制度。1917 年的《史密斯—休斯法案》，首次设立财政拨款资助制度，支持中等职业教育。此后，1940 年的《国防训练法》、1958 年的《国防教育法》、1968 年的《职业教育修正案》、1991 年的《帕金斯职业和应用技术教育法案》、2006 年的《伯金斯职业与技术教育法案》等相关法律法规都在不同程度上对职业教育的拨款资助提出具体要求。美国不仅在职业教育投入方面不断加大力度，在资金监管、项目落实方面也在不断强化，推动了职业教育的发展。

（四）与职教就业相关的法律法规

1994 年的《美国联邦教育部战略发展规划》提出，学校要重视就业工作，要为学生的生涯发展创造条件，各州要建立全面的监管体系，保障就业工作。同年的《从学校到工作机会法案》也指出，要千方百计让学生顺利过渡到“工作世界”，鼓励学校教授学生工作技能，规定企业提供合作学习课程，提供实习岗位给高中学生等，只有加强校企合作，才能促进就业与学校教育的有效沟通，培养满足岗位需要的技术技能人才。

（五）与校企合作相关的法律法规

1937 年美国颁布的《国家学徒训练法》指出，为建立学徒训练制度，要加强州政府与劳资双方的密切合作。1963 年美国颁布的《职业教育法》指出，要开展工读课程，鼓励大学生除了校园学习，也要前往社会兼职，实现“工学”轮换。1976 年美国颁布的《高等教育法》指出，要设立校企合作教育基金，推动学校与企业紧密合作。1982 年美国颁布的《职业培训协作法》指出，职业训练计划由州和地方政府共同制定，职业训练课程由政府和企业共同实施。1983 年美国颁布的《就业培训法》，旨在通过政府和企业合作，政府协调指导，提供财政支持，企业负责具体实施，为低收入人员、无业人员、就业困难青年和失业工人提供职业培训。因此，在职业教育法规下，美国企业主动作为，在提供生产岗位、制订培训计划、选派带教师傅等方面发挥了重要作用。

（六）与职教对象相关的法律法规

一直以来，美国政府致力于扩大职业教育对象，促进职业教育的全民化发展。1890 年美国国会颁布的《第二莫雷尔法案》，旨在支持招收黑人学生的赠地学院，且拒绝援助存在种族和肤色歧视的学校。1944 年美国颁布的《退伍士兵权利法案》，旨在为退伍士兵提供 4 年的免费教育或技术训练机会。1958 年美国颁布的《国防教育法》，为了加强国防建设，旨在为不胜任工作的居民提供职业技术训练课程。1963 年美国颁布的《职业教育法》指出，职业技术训练不仅要面向在校学生，也要面向参加工作的人员。1984 年美国颁布的《伯金斯职业应用技术教育法》，旨在增强职业教育的平等性，推动职业教育面向特殊人群。1990 年美国颁布的《卡尔—伯金斯法案》，首次提出要让所有人接受职业教育。因此，扩大职业教育受益面，既是职业教育大众化、人人化的实现过程，也是职业教育生源多样化的具体体现。

（七）与资格制度相关的法律法规

职业资格证书制度是指按照国家制定的技能标准或资格条件，经权威机构评价和鉴定,为合格者颁发相关证书的制度。该制度是一种特殊形式的国家考试制度,也是劳动就业制度的重要组成部分。1990 年美国国会通过的新《职业教育法》,对职业资格制度提出了更高要求。1993 年美国国会通过的《2000 年目标：美国教育法》,提出通过建立国家技能标准委员会,推动职业资格制度规范化、标准化、精细化管理,一旦出现各类质量事故,专业工程师协会负责调查核实,并提出保留、吊销或终止职业资格的建议。

(八) 与职教监督相关的法律法规

美国职业教育监督主要体现在两个方面,一个是教育利益集团通过参与监督法规的制订和执行来监督,一个是法院通过对职业教育行政管理部门的工作监督来实现。1917 年美国国会通过的《史密斯—休斯法案》指出,美国各州的拨款要按照法律法规的规定进行使用,否则,停止拨款并追查原因。此外,美国政府也通过相关的顾问委员会,对各州法律法规的支持情况进行监督检查,使职业教育法律法规得到了有效推行。

三、职业教育质量保障体系

美国职业教育质量保障体系健全、完善,其主要特征是分层管理的质量问责制。宏观上,联邦政府进行顶层设计、统筹规划,中观上,州政府对标国家标准、强化监督保障,微观上,地方学校执行政策到位,落实具体要求。因此,美国职业教育质量保障体系具有从宏观到中观再到微观的分层管理的主要特征。一是国家宏观层面,2006 年的《帕金斯生涯与技术教育法案》规范了职业教育质量要求,细化了中等教育和中等后教育的质量指标,建立了全国统一的质量标准。此外,国家技能标准委员会也制订了行业标准,强化了资格鉴定,加强了证书监管。国家职业教育评估机构、职业技术和成人教育办公室也都各自履行职责,做好质量保障。二是各州中观层面,“权力下放”是美国职业教育外部治理的重要特征,美国政府赋予各州职业教育管理的充分自主权。从职业教育经费来源占比看,州政府、地方政府和学生学费为最大比例投入,分别为 42%、23%、20%,联邦政府和企业投入最少,均为 6%。从职业教育经费使用看,只要联邦职业教育管理机构同意,各州可以就拨款的用途、类别和数量进行变更。此外，联邦政府也对各州在职业教育质量保障方面提出相应的具体要求。三是学校微观层面，学校是将政府政策制度转化为学校实践并落地落实的主要执行者，综合中学和社区学院分别提供中等和中等后职业教育，各类学校管理层统筹学校的管理运行，教师负责学生的学习和监督，社区学院的专业指导委员会连接学院和企业，担负重要职责，负责专业论证及设置、课程设计与开发，邀请行业代表加入社区学院董事会，共商学院大事，共谋学院发展。

第四节 美国社区学院

一、社区学院发展历程

（一）萌芽时期（1901—1920 年）

美国在经历了 1861—1865 年的南北战争后，政治稳定，各州励志图强，社会重建加快。这一时期，美国经济快速发展，尤其是铁路网建设，促进了制造业的扩张和商业的发展。为满足大众需求，州政府和地方政府尝试建立公办初级学院。设立初级学院的目的是让更多的学生接受高等教育，缓解四年制大学的入学压力。初级学院的课程设置多为基础性课程，以职业教育课程为补充，并不设置职业证书课程，主要是与大学三、四年级的课程衔接。同时，这一时期美国没有统一的教育行政归口，初级学院仅作为各州的一种新尝试，具有自发性。随着初级学院社会影响力的不断提升，全美初级学院协会于 1920 年正式成立。初级学院协会对内研究问题，对外集体发声，由此，推动了美国初级学院发展进入新阶段。

（二）初步发展时期（1921—1944 年）

1929 年，经济危机对美国政治、经济、社会产生重大影响，1933 年，新上任的罗斯福总统的"整顿金融业，振兴农业，投资工业"新政成效显著，在将大量资金投入到基础设施建设和公共服务设施建设后，工作机会迅速增加，社会元气得到恢复。1939 年，"二战"爆发，美国政治倾向也因日本偷袭珍珠港而发生改变，美国政府迅速向日本宣战。这一时期，初级学院的数量快速增加，初级学院的功能得到拓展，并由此形成了“初级学院运动”，该运动促使人们更加了解初级学院。

（三）快速发展时期（1945—1983 年）

“二战”结束后，美国高等教育总统委员会成立，主要职责是推动高等教育的改革发展向总统提出政策建议。该委员会经过大量的调研和论证，于 1947 年出版了《为了美国民主的高等教育》报告，提出应建立以“社区学院”为名称的成百上千所两年制大学。美国于 1958 年颁布《国防教育法案》，对高科技项目进行资助，对教育进行投资支持。“民权运动”使非洲裔及其他有色人种的权利得到更多保障，“女权运动”大幅改变了美国女性的社会地位。20 世纪 70 年代末到 80 年代初，美国政府意识到如果本国劳动力具有竞争力，那么，他们生产的产品在世界市场就有优势。由此，美国社区学院得到了迅速发展。一方面，社区学院数量急剧增加。在 1955—1965 年 10 年间，美国每周都有新的社区学院诞生。另一方面，社区学院的服务范围不断扩大。主要体现在增强了社区学院的学生类别，不仅增加了退伍军人，也增加了有色人种和女性学员。同时，社区学院课程设置也向社区需求和经济发展需要倾斜。

（四）调整和完善时期（1984—2008 年）

这一时期，美国颁布了很多与职业教育相关的法律，对社区学院的发展产生了深远影响。从《帕金斯职业教育法案》到《从学校到工作机会法案》，从《帕金斯职业与应用技术教育修订法案》到《帕金斯生涯与技术教育提升法案》，都在推动职业教育发展中发挥了重要作用，其目的是提升美国经济的国际竞争力。此外，“9・11”事件、互联网和新职业主义都对美国职业教育产生了不同程度的影响。这一阶段，美国重视学生从学校到工作的过渡，社区学院服务面逐步扩大，学生人数大幅增长。产学合作持续增强，社区学院与产业界联手共进，产业界需要高质量的劳动力以提高自身的竞争优势，社区学院需要培养学生服务经济社会能力以促进学生就业。社区学院培养学生所需的教育资源很多来自产业界，产业界所需的劳动力大多来自社区学院。同时，社区学院积极推进网络教学，教学方式发生了深刻变化。

（五）快速发展时期（2009 年至今）

2009 年，奥巴马宣誓就任美国第 44 任总统。作为平民总统，奥巴马重视教育，希望社区学院为美国经济社会发展培养更多的高素质劳动力。2010 年，美国的第一次社区学院峰会对社区学院的发展做出了规划，确立了目标，提出了任务。2008 年的金融危机，暴露了美国制造业空心化问题，奥巴马政府为重振美国制造业推出了一系列举措，先后发布了重振美国制造业框架、先进制造业伙伴计划、先进制造业国家战略计划和制造业创新中心网络发展规划等，为增强美国经济实力，提高国际竞争力做出了巨大努力。同时，随着第四次工业革命的到来，进一步促进了经济与教育的紧密合作。美国社区学院协会在促进社区学院发展方面发挥了重要作用，取得了显著成效。这期间，社区学院为提高办学效益和办学质量，积极推动工作驱动的教育培训，千方百计推出减免学费项目，为提高学生学业完成率、培养更多适应美国经济社会发展的技术技能人才做出了不懈努力。

二、社区学院发展影响因素

（一）解决重大需求促使政府介入

1. 民众对自身教育的需求

政府介入社区学院的重要动因是民众的教育需求。建立社区学院一般要通过立法手段来推动，一方面，政府立法能够保证社区学院拥有政府的稳定投资、充足的设施设备和优良的师资队伍，促进社区学院满足民众的教育培训需求，实现可持续发展。另一方面，政府筹措资金、集中投入，建立了一大批公立社区学院，大大增强了社区学院的整体实力。此外，社区学院通过提供质优价廉的培训服务，更好地体现了社区学院的“地方性”。

2. 国家竞争力提升的需求

20 世纪 70 年代，美国干预社区学院的根本原因是为了提升国家竞争力。政府干预社区学院就是要通过社区学院的人才培养整体提高国家劳动力素质，推动美国产品在国际市场竞争力的提升。1984 年美国颁布的《帕金斯职业教育法案》，主要目的就是为了促进国家竞争力的整体提升，通过增添新动力、拓展新空间、塑造新优势，推动美国职业教育高质量发展，实现美国经济好、人力优、国防强的目标。

该法案后经多次修订，为社区学院体系的发展提供了更多的资源。

3. 终身教育体系建立的需求

完善终身教育体系是政府的重要职责，为促进教育公平，推动国民教育水平的整体提升，政府推动社区学院成为终身教育体系的重要组成部分具有重要意义。美国高等教育体系发达，但对社会开放程度不够，而社区学院的低入学门槛、低学习费用和多样化的教育培训选择满足了大众化教育需求，具备为民众提供终身教育的条件，政府通过对社区学院加大投入和功能引导，能够很好地解决民众的终身教育问题。从办学投入看，政府是社区学院的投入主体，占经费投入的“大头”，政府的投入决定了社区学院的发展。美国很多州政府投入大量的公共资金，支持社区学院以民众教育需求为中心更新知识和技能。从自身功能看，社区学院已经成为终身教育的最重要的平台。社区学院不仅可以提供副学士学位教育、证书教育和教育教学培训，还举办部分专业的学位教育，以满足社区相关人员的需要。同时，一些社区学院也能提供准高中课程，还有一些社区学院提供语言培训课程和社区娱乐课程。到社区学院学习不是为了学分、为了考试，而是为满足自身的学习需要、兴趣爱好。因此，政府介入社区学院，就是为了促进社区学院更好地服务人们的学习需要。

（二）彼此相互补充需要四年制大学介入

1. 四年制大学的生源基地

辍学的高中生，以及没有考取大学的高中毕业生步入社会后，往往会因某种缘故萌生再上大学的愿望。但他们的知识水平达不到四年制大学的录取要求，只有补课再提高，才能如心所愿，社区学院能够满足他们的这一要求。在社区学院，这些学生在学习相关课程、打好学习基础、增强学习能力的基础上，通过转学的方式进入心仪的四年制大学，去追求自己的学士学位梦想。在美国的四年制大学中，有相当一部分学生来自社区学院，社区学院是四年制大学的生源基地。

2. 衔接高中和四年制大学

与基础教育体系无缝衔接相比，高中和四年制大学之间的衔接路径就非常少，相比之下，这条路也非常难走，很多高中毕业生因没有好成绩，错失接受大学教育的机会。社区学院历经百年发展，上接四年制大学，下接高中教育，为完善美国教育体系起到了不可或缺的作用。社区学院的转学类、应用类副学士学位为高中学生或具有相当于高中知识基础的学生构建了通向学士学位教育的通道，在高中教育与四年制大学之间架起了桥梁。同时，社区学院能提供补偿性课程，即便是高中辍学的学生、当兵退伍的军人，通过社区学院的补偿性学习，可获得高中文凭等值证书和追求副学士学位的机会以及接受四年制大学学士学位教育的可能。

3. 四年制大学影响转学课程设置

社区学院的学生要顺利转学进入四年制大学，必须学习四年制大学规定的相关课程，因此，四年制大学深刻影响着社区学院的课程设置，甚至具有一定的决定权。在课程设置上，不同的四年制大学之间存在着差别，为更好地促进学生转学到不同大学，社区学院要尽量争取四年制大学在课程设置上的支持，特别是在教育行政部门或相应的协会协同下，社区学院和四年制大学就学分课程、学分数量等细节方面达成协议。通过这些制度化设计，推动社区学院学生转学有章可循。尽管如此，社区学院也必须尊重四年制大学的办学自主权，按照大学间的不同要求设置不同的课程，学生转学也必须根据四年制大学对转学提出的相关课程学习要求，完成相应的课程学习，取得相应的学分，并参加相应的入学考试。

（三）校企双方联动需要行业企业介入

1. 产业变化影响人才培养规格

“二战”后，美国通过马歇尔计划，进一步巩固了其在西方阵营的领导地位。美国产品畅销资本主义世界，用人需求持续上升。社区学院培养的毕业生几乎都成了企业的“香饽饽”，“低技能、高工资”的现象屡见不鲜。但随着国际市场竞争的不断加剧，中国、德国和日本产品竞争力的不断提升，美国产业结构发生了重大变化，美国产品受挫致使企业对社区学院培养的人才培养的规格也发生重大变化，致使社区学院以就业为导向的课程也必须根据产业界所需的知识和技能要求进行新的调整。社区学院要紧扣新的工作岗位要求开发课程，以培养产业界所需规格的人才，这就使得社区学院与产业界联系更加紧密。

2. 人才培养离不开产业界参与

培养产业界所需规格的人才，实现校企双方联动，行业企业介入社区学院的人才培养意义重大。第一，产教界参与能够提供适合的师资。没有相应的师资，就很难培养出所需规格的人才。社区学院很少有与产业界水平相当的师资，只有校企双方联动，产业界才能派出相应的师资，才能培养出产业界所需规格的人才。第二，产业界参与能够提供合适的设备。社区学院拥有的设备都是些专业的基础性设备，利用这些设备，只能对学生完成一些基础技能的培养，要培养学生的专业核心能力，必须拥有专业的核心设备，只有产业界的深度参与，学生才能够在专业的核心设备上操作、演练，提高自身的专业核心技能。第三，产业界参与能够降低必要的成本。办学成本较高的专业基本都是紧贴产业发展、密切结合生产的专业，这些专业只有强化校企合作，在产业界的大力支持下，增强企业师傅指导，贴补原材料和不合格产品造成损失的费用，才能降低社区学院的人才培养成本，培养产业界所需规格的人才。

3. 与产业界已结成命运共同体

社区学院系统与产业界只有结成命运共同体，才能培养出产业界需要的技术技能人才，才能完成双方的高质量发展。社区学院培养人才只有遵循产业界的标准，才能培养符合产业界需要的人才。同样，要使社区学院培养的人才符合产业界的需要，产业界自身必须参与社区学院的人才培养全过程，社区学院培养的人才终归要就业。社区学院要以产业界的用人需求为参照标准向学生传授知识和技能。政府对社区学院校企合作项目的资助，都有明确的具体要求，即以岗位需要培养人才、以工作需要驱动教育培训，培养紧贴产业界需要、具有一定能力、胜任相应工作的人才。社区学院的人才培养与产业界的用人需求密切相关，社区学院只有培养了产业界需要的合格人才，就业“出口畅”，才能保证其招生“进口旺”，实现可持续发展。同样，产业界只有得到了社区学院培养的合格的人才，才能创造更多的社会价值，实现自身的高质量发展。社区学院人才培养须有产业界参与。在培养人才过程中，社区学院一般受制于资金、场地、设备和师资等因素，而与产业界合作，争取其参与支持，才能解决这一问题。然而，激烈的市场竞争，使产业界急需人才以赢得市场的竞争优势。产业界只有深入社区学院的人才培养全过程，才能高效、精准地获得所需要的人才，拓展自己的发展空间，成为行业的领跑者。社区学院人才培养的作用不可或缺。尽管在人才培养上，产业界的作用重要,但并不意味着产业界可以脱离社区学院单独培养人才。事实上,社区学院与产业界的合作,只是人才培养上的优势互补。社区学院在教师资源、课程资源和设备资源等方面更具有优势,同时,社区学院的教育培训可兼顾各方需求,满足各方需要。因此,社区学院与产业界只有深度合作,才能取长补短,实现双方的长久发展。

(四)服务人的发展需要自身变革发展

1. 满足个人教育以及培训需求

“二战”后,美国民众的教育需求和政府急需提升劳动力水平的愿望相互激荡,促进了社区学院的大发展。社区学院之所以能够大量存在,并成为高等教育系统的重要组成部分,主要是因为四年制大学无法满足美国广大民众的个人教育需求,而这一需求社区学院却能够满足。随着社会的进步发展,人们的受教育需求日益增长,社区学院的高中后教育,能够提供四年制大学一、二年级课程水平的教育,满足没能进入四年制大学学生的补习需要。社区学院的发展过程就是不断满足广大民众教育培训需求的过程,今天的社区学院既是人们接受高等教育的地方,也是人们接受终身教育的地方。既有副学士学位和证书类课程,也有高中水平课程和各类培训课程,如健身类、娱乐类和兴趣爱好类课程等,只要民众有教育培训需求,社区学院都会努力满足。

2. 多元需求促使社区学院变革

人们在社区学院的教育需求随着社会的发展而不断变化。内容上从能学到副学士学位或证书课程到获得个性化的教育培训需求,时间跨度上由一次学习终身无忧到终身学习满足个人学习需求,空间上由面对面课堂授课到线上线下混合式立体授课。社区学院也会根据民众的需求变化做出相应的变革。教育培训内容从早期的单纯转学教育发展到如今的拥有转学教育、职业教育、补偿教育和社区培训等多重功能,只要人们有需求,社区学院就会根据需求开发相应的课程,满足人们的需要。教育方式提供从实体教室的面对面教学发展为今天的实体教室与工作现场同为教学主要场所、线上线下互动并存的局面。人的需求变化和社区学院所做出的相应变革,是社会发展进步的具体体现。

3. 立足个人发展开展课程设计

社区学院以服务个人发展为己任，因此在课程设计上，既立足服务个人的眼前发展，又着眼满足个人的长远发展。社区学院所设课程，即副学士学位课程和证书课程一般都由两部分课程组成，一是普通教育课程，一是专业教育课程。普通教育课程能够使学生走得更远，专业教育课程能够让学生走得更踏实。学习转学类副学士学位课程的目的是升入四年制大学，就要强化转学类副学士学位课程中的专业教育课程与四年制大学的学位课程的衔接，课程衔接得越紧密，对于今后获得四年制大学的学位就越容易。学习应用类副学士学位课程的目的是就业，就要强化应用类副学士学位课程中的专业教育课程的职业针对性，越贴近职业领域需要，就业就会越顺利、越成功。证书类课程对知识和技能要求更具体，更贴近工作岗位实际。社区学院的其他教育培训课程的设计，如“双学分”课程、语言类课程和与计算机和互联网相关的课程，也是既立足学生的眼前目标，又着眼学生长远目标。社区学院就像进入一座大超市，各类教育培训项目“琳琅满目”，学生可以在社区学院“挑选”到自己需要的培训项目。服务个人的当前目标和未来发展目标，是美国社区学院永恒的主题。

三、社区学院办学特点

（一）教育培训重要枢纽

社区学院是获得学士学位的“中转站”。在美国，学生攻读学士学位有两条路，一是直接考取，达到毕业要求，获得学士学位；一是“曲线”攻读，经社区学院两年学习以取得副学士学位，后转学到四年制大学攻读学士学位。尽管“曲线”攻读过程“麻烦”，但具有足够的吸引力。不仅有低学费带给普通家庭的低成本，而且有低入学条件助力学生实现大学梦。社区学院一般都与本州的四年制大学签署转学协议，建立转学对接关系。这些协议中，有的表现为“一对一”，有的表现为“多对多”。有些社区学院不仅与本州的四年制大学建立转学关系，也与外州的四年制大学建立了转学关系，这不仅拓展了学生的升学渠道，也扩大了社区学院的社会影响力。通过这种转学机制，社区学院的学生可以转学到不同地区、不同类型的四年制大学攻读学士学位。社区学院是学生实现自己大学梦的中转站。

社区学院是职业教育的主阵地。从层次视角看,美国职业教育分为中等职业教育和高等职业教育,中等职业教育一般在综合高中,高等职业教育一般在社区学院。美国社区学院不仅能向学生提供包括应用类副学士学位课程和证书课程,也能向社会提供其他职业类培训课程。此外,在学徒制培训等各类典型的职业教育和培训项目中,社区学院也积极参与。如社区学院为美国的军事人力资源社会化发挥了重要作用。美国是世界军事强国,拥有庞大的现役军人和退役军人群体,尽管现役军人在服役期间也能接受多种教育培训,享受较好待遇,但军人退役后往往并不能适应工作岗位的需要。美国高度重视退役军人社会化工作,社区学院提供的学历教育和职业培训,能够让退役军人适应社会、回归社会,并在社会中挥更大作用。因此,社区学院是美国职业教育的主体。

社区学院是补偿性教育的重要平台。美国社区学院分布广泛、贴近社区、独具优势,更容易为社区提供补偿性教育和相关培训。与副学士学位教育和证书教育相比,补偿性教育的服务对象都有过工作经历,如在职人员、失业人员和职业变换人员等。社区学院具有非常灵活的教学管理方式,可以满足不同科目、不同时段、不同方式的学习需要,只要这些社会人员想学习,社区学院都能够为他们提供再教育、再培训直至终身学习的机会。此外,社区学院也能够为没有得到高中文凭的求学者提供有针对性的教育与培训。如高中文凭课程、成人认证课程等。对不具备入学条件的副学士学位的求学者,可以先提供基础课程,如英语、数学、社会科学等,当基础课程学习结束、取得学分并满足入学条件后,再学习副学士学位相关专业课程。

(二) 优先服务所在社区

社区学院在本地区布局广泛。以服务社区为根本宗旨,以人口覆盖率和区域覆盖率为原则,服务社区居民、服务区域发展是美国各州社区学院总体规划布局的根本出发点。如佛罗里达州在系统布局社区学院过程中,以距离居民社区不超过30公里和覆盖全州95%以上人口为原则,使得该州的社区学院布局合理、系统完善,这样做不仅利民便民,而且也提高了社区学院的办学效益。因此,美国社区学院的设立,是以充分考虑服务社区居民、满足社区居民需要为前提,特别是随着社会的发展，在社区居民的个性化教育培训需要日益增长的背景下，社区学院以其自身的独特优势，能够适应社会发展，满足社区居民的终身学习的需要。

教培服务覆盖面广。初级学院阶段的社区学院数量较少，一般设立在高中，因此，高中生是初级学院阶段社区学院的服务对象。广泛设立社区学院是在 20 世纪六七十年代，满足社区需求是社区学院的创立的根本。因此，社区学院始终把立足“小社区”、服务“大民生”作为自己的立校之本。社区学院理事会成员都是关心社区、了解社区、有着较高社会威望的人士，正因如此，他们的决策不仅影响了社区学院的发展方向，也为社区居民的终身教育创造了条件。社区学院服务的群体既有在校的高中生及其毕业生，也有在岗的在职人员和退役军人，还有不在岗的失业人员和待业人员等。社区学院提供的服务包括副学士学位职业教育、证书职业教育和一般职业教育培训等，这些教育不仅连接着中学与大学、求职者与用人单位，更连接着每一个社区求学者的现在与未来。

（三）课程具有较大弹性

学科性和职业性兼具。帮助学生转学和到劳动力市场就业是社区学院最主要的两大功能，这两大功能体现了社区学院课程分别具有学科性和职业性的特点。转学课程的目的是对接四年制大学的学士学位课程，因此，这类课程的学科性非常强。职业教育类课程设计的初衷应是对接职业和职业群，体现课程的就业功能，但社区学院的职业类课程“对接职业”并不充分，呈现出同时具有学科性和职业性特点，在一定程度上，这种课程结构与“在职业教育过程中重视学术性教育”的新职业主义理念相吻合。职业性的基础是学科性，学科性的发展是职业性，职业性与学科性对立统一。此外，美国社区学院定期升级课程内容已经成为常态，随着技术的进步和社会的发展，职业岗位对知识和技能的要求也在不断改变，职业类课程只有适时更新课程内容，增加市场需要的知识和技能，才能适应变化、“永葆青春”。学科知识也需要适应社会需求，学科性课程内容也需要进行不断调整与整合。社区学院课程兼具学科性和职业性，充分体现了社区学院帮助学生转学和促进学生就业的功能。

融合性与发展性并举。该融合性是课程的融合，是按照高中、社区学院和四年制大学这样的逻辑关系实现的课程融合。一方面,体现在为高中生定制课程上。为减轻高中生的学习开销,方便来社区学院学习,社区学院专门为高中学生定制了培训课程。经所在社区的高中和社区学院协商,有些社区学院可专门为本社区的高中生定制提供高中水平的课程,由于社区学院和社区高中共同认可这些课程,学生一旦选学了其中相应的课程,社区学院和社区高中双双认可所获学分。与此同时,这些“定制课程”又是副学士学位或证书课程的一部分,学生一旦学习了这些课程,可以缩短其社区学院的学习时间。因此,这样的课程具有较强的融合性。另一方面,体现在为高中后学生定制课程上。这些“定制课程”就是社区学院转学类副学士学位课程,相当于四年制大学一、二年级的课程,当这些课程融合进了四年制大学的课程当中,四年制大学三、四年级的课程才适合转学学生学习。此外,这种“融合性”一般仅限于在本州范围内。该发展性是个人的发展,是学生通过学习社区学院课程实现的个人发展。随着经济发展和社会进步,人们的个性化需求逐渐增强,社区学院这个“大超市”有很多普通教育课程,能够为学生提供个性化的课程需求。学生通过学习基础性课程,为学生后续学习专业课程打下了坚实的基础。同时,社区学院的职业类课程也十分丰富,职业类课程表现为应用类副学士学位课程、证书课程和短期培训课程等,设置职业类课程是为了学生学习职业知识、培养职业技能,对于促进个人职业发展会起到重要作用。在社区学院的所有课程中,转学分课程具有特殊性,兼具融合性和发展性,学分又被四年制大学和其他社区学院共同认可,这对于学生个人发展和职业发展意义重大。因此,社区学院课程具有融合性与发展性并举的特点,对于促进学生的个人发展和职业发展起到了重要作用。

(四)重视转学与产学合作

高度重视转学教育。从建立之初的初级学院,到现在功能众多的社区学院,转学功能始终都是社区学院的主要功能。一些州通过规定转学教育的课程和学分,不仅对社区学院原有的课程设置产生了影响,也对转学教育强化课程基础、加强课程建设起到了重要作用。转学教育质量高低始终是考量社区学院办学水平的重要依据。经过社区学院学习后,学生能否成功转入四年制大学,不仅关系到学生的个人成长和发展,也关系到社区学院的社会影响力和认同度。为了提高转学成功率,社区学院主动作为、扎实推进，不仅深化内涵、强化内功，也主动出击、寻求合作，广泛联系本州和其他州的四年制大学，全力为学生转学成功创造条件。

高度重视产学合作。社区学院合作教育能够有效培养人才已成社会共识。在人才培养过程中，从人才培养规格，到如何培养人才，再到人才培养的“质量”反馈等，社区学院都希望雇主和其他社会组织全程参与，这不仅是对雇主负责，能够雇佣到“更好用”的人才，而且也能展现其他社会组织的社会担当。社区学院立足社区，服务社区，与社区内的产业界有着天然联系，其合作教育也因此占据了“天时”“地利”“人和”的优势。社区学院有着诸多对外合作渠道和形式，既有与企业共同开展学徒制的合作，也有校企共同开发课程的合作，还有聘请企业人员担任兼职教师的合作，这样做，不仅整合了越来越多的教育培训资源，也使社区学院的人才培养更符合企业的用人需求。美国的学徒制基础深厚，政府相应的管理机构健全，尽管有的机构名称不同，但它们的职能都很明确。

（五）拥有专兼职教师队伍

专职教师是社区学院的“稳定器”。社区学院并不严格按照课程类型配备教师，而是根据课程需要灵活配备。转学类和职业教育类课程都是社区学院的必修课程，一般由社区学院的专职教师承担这些核心教学任务，社区学院的相应考核也很全面。学校雇佣专职教师一般比较谨慎，有的社区学院会将优秀的兼职教师雇佣为专职教师，但聘用专职教师都要经过学校审查通过才能录用。专职教师是社区学院的宝贵资源，他们认同社区学院，工作认真负责，熟悉学生情况，能够做好社区学院部署的教育教学工作。同时，还会参与社区学院的相关管理工作。因此，社区学院的教师队伍中，专职教师是主体，是社区学院的“稳定器”。

兼职教师是社区学院的“平衡器”。社区学院的兼职教师人人“身怀绝技”，个个都是企业的技术骨干，他们对行业的新观念和新思路有较深的理解，对行业的新技术和新工艺有着较好的把握，能够胜任社区学院的专业教学工作。他们担任社区学院兼职教师，能够将企业的前沿知识和技术传授给学生，不仅有利于为行业企业培养有“真本事”的技术技能人才，也有利于激发社区学院专职教师苦练内功、提升素质、远离“躺平”。同时，兼职教师对企业的人才需求也最了解，担任兼职教师能够更精准地培养学生的职业知识和技能。同时,企业也鼓励相关的专业技术人员到社区学院担任兼职教师,参与课程开发,开展课程教学,推动校企深层次合作。因此,社区学院聘请企业专业技术人员担任兼职教师,不仅激发了师资队伍的活力,也使社区学院职业教育由于新技术、新工艺的注入,实现教育教学内容的动态平衡。

流动制度是社区学院师资建设的"活力剂"。美国文化重视"自由",人们不愿意一生只从事一种职业,也不愿意一生只待在一个地方,很多人有尝试新工作的愿望,去更多的地方生活。社会劳动力的大量流动,使得社区学院的教师队伍更有活力。有很多在社区学院工作一段时间的兼职教师,因为热爱教师工作,会通过合理渠道"流动"进入社区学院担任专职教师。当然,社区学院的专职教师也会因为自己的热爱转做其他工作。"流动制度"已经成为了社区学院师资建设的"活力剂"。受主客观因素的影响,社会劳动力包括社区学院教师会大量流动。通过教师流动,社区学院会优胜劣汰、优化队伍、提高绩效。教师流动可能会影响某些课程的教学,出现一时的工作被动,但总的来看,会激发教师队伍的整体活力,增强教师的职业危机感和责任感,进而促进教育教学质量的提升和人才培养质量的提高。

第十五章　德国职业教育类型化发展

第一节　德国职业教育制度的发展

一、职业教育早期发展阶段(中世纪—1870 年)

德国职业教育历史悠久,最早的职业教育形式是家庭式学徒制,孩子在家里由父辈“手把手”传授学习各种技能。德国行会历史悠久,兴办教育起于中世纪末期,对师傅的从业资格和学徒的受训年龄、知识水平和学徒费用等提出了相关要求。该教育方式一直延续到 19 世纪初叶。随着西方工商业发展对德国的广泛影响,行会学徒制逐渐衰败,实科学校、地方工业学校和补习学校等学校职业教育开始建立。19 世纪初,德国手工业的快速发展,对实科学校需求逐渐增强,为推动实科学校共同发展,1832 年,政府颁布《实科学校毕业考试章程》,1859 年又公布了《实科学校课程编制》。1874 年德国巴登—符腾堡州颁布并实施法令,强制性地对补习学校的基本经费、必修科目和教学方法提出了明确要求。这一阶段,以学徒制为主导,稳定的职业教育制度尚未形成。随着学校职业教育的建立,为“双元制”职业教育产生和发展奠定了基础。

二、双元制职业教育建立阶段(1870—1990 年)

1871 年,德意志帝国成立。随即,政府颁布《工商业管理法》,对所有商户必须加入工商业协会或手工业协会提出严格要求,并享有相应的权利与义务。1897 年颁布的第一部《手工业保护法》对手工业行业协会的发展和从业人员的从业行为提出了规范要求。1919 年颁布的《学徒培养规则》对学徒制培养进行了严格规范,强调带徒弟的师傅应以工厂师傅为主。1937 年颁布的《职业学校和专科学校法定的统一名称》规范了学校名称。1938年颁布的《帝国义务教育法》规定职业教育为义务教育。1948年颁布的《对历史和现今的职业培训和职业学校教育的鉴定》确立了“双元制”职业教育形式。1960年颁布的《青年劳动保护法》对青年人接受职业学校教育的义务进行了保护,并提出青年在校期间的学徒费用由企业承担。1965年颁布的《手工业条例》强调了对师傅和学徒的考核考试要求,该条例在颁布后的几十年里进行了多次修订。1969年颁布的《联邦职业教育法》首次将初始职业教育、职业继续教育和职业改行培训统称为职业教育,同时,还明确了职业教育实施中企业、个人和国家的责权利。由此,该法确立了“双元制”职业教育的地位。1972年颁布的《企业基本法》明确了职业教育中企业的权利和义务。1976年修订的《青少年劳动保护法》为青少年接受职业教育与职业培训以及接受更好教育等基本权利提供了选择机会。1981年颁布的《职业教育促进法》对各级政府、各个企业和社会团体在职业教育中的管理权限和任务做出了进一步明确。这一阶段,德国职业教育发展稳健,特色鲜明,双元制职业教育正式确立,职业教育基本法也已诞生,职业教育促进了“二战”后德国经济的快速崛起。

三、职业教育均衡发展阶段(1990年至今)

1990年,统一后的德国尤其注重职业教育的均衡发展。鉴于东西部经济存在着巨大差距,德国政府以经济协调发展为目标,通过政策推动促进经济整体快速发展。在政策方面,1994年,政府为促进职业教育发展,提高职教地位,推动普职融通,发展继续教育和加强国际合作。1996年德国联邦政府、新联邦州和柏林之间达成了的《东部学徒岗位行动计划1996》,旨在缩小东、西部差距,为德国东部地区的双元制学徒提供职业培训机会,提高技术技能水平和生产能力。1999年联邦政府颁布的《青年应急计划》于2003年正式实施,旨在保护青年的切身利益,为其提供就业岗位。新世纪的德国政府将职业教育发展放到了更加突出的位置。2001年德国联邦教育及研究部发布的《2001年职业教育报告》指出,新世纪政府将致力于建立高质量职业教育体系,推动职业教育体系体制灵活且相互协调,具有面向未来,体现专业化、个性化、机会均等等特征。2002年的“21世纪全球化社会的职业教育”会议指出,对于办好“双元制”职业教育,德国政府满怀信心,并对企业和学生都提出了明确的要求。2004年的《德国职业培训与技能型人才资源开发协定》,规定政府和企业共同承担职业教育与培训。2006年政府通过的《就业起步支持计划》，旨在对缺乏培训经验或培训数量较大的企业进行专项资助；在立法方面，2004年联邦颁布的《联邦职业教育保障法》，对企业提出培训要求，保障职业教育的有效实施。2005年联邦颁布的新《职业教育法》指出，职业准备教育、职业教育、职业进修教育和职业改行教育是职业教育的具体形式，都要顺应市场需求，深化改革创新，强化校企合作，发挥企业作用。2020年联邦颁布的新《职业教育法》，旨在促进职业教育与高等教育的融合，使受教育者得到岗位晋升、拥有国际化的发展机会和获得高层次的能力。这一时期，德国以推进职业教育均衡化发展为指向，坚持"双元制"特色发展，突出企业的地位与作用，推动实现职业教育现代化。

第二节 德国职业教育体系的优势

一、以法律法规为主导的保障体系

完善的职业教育法律法规体系是德国职业教育高质量可持续发展的根本保障。德国一直以来高度重视职业教育的立法工作，并通过立法推动职业教育更好发展。德国为联邦制国家，在立法上，联邦政府和州政府这两级政府都分别拥有独立的立法权，德国《基本法》明确界定了联邦政府和州政府的职权范围，德国各州拥有独立的"文化主权"，依据《州学校法》，各州教育主管部门负责管理职业学校"内部教育"事务，依据《联邦职业教育法》或《手工业条例》，联邦教育主管部门负责管理职业学校"外部教育"事务。根据各专业的《职业教育条例》，各"教育职业"（德国的"教育职业"是指具体的"工作岗位"或"职业"）实施教学活动。而"教育企业"（有资格开展职业教育与培训的企业）开展教育活动必须按照相应的"职业教育条例"。"职业教育条例"包括国家认可的教育职业名称、学制、职业教育内容的最低要求、职业实践教育框架计划和考试要求等。20世纪50年代以来，与职业教育有关的法律法规相继颁布实施。包括《手工业条例》《联邦职业教育法》《联邦劳动促进法》《企业宪法》《联邦青年劳动保护法》《联邦职业教育促进法》《联邦职业教育保障法》，以及《联邦职业教育法》（2005年修订）、《联邦职业教育法》（2020年修订）等，每一个法律法规的出台都有其立法背景、立法主旨和立法影响。完善的职业教育法律体系逐步形成，为德国培养经济社会发展需求的技术技能人才提供了有力保障。下面，以 1969 年德国颁布的《联邦职业教育法》为例，分析其立法背景、立法主旨和立法影响。

（一）立法背景

一是职业教育传统需要继承。“二战”末期德国法西斯投降，战败后的德国被分为西德和东德两部分。德国青年愿意接受职业教育由来已久，西德民众强烈反对美英法试图将双轨制改变成综合制的做法。一方面，“战后”的德国学术性资源有限，不可能让所有孩子接受学术性教育；另一方面，德国经济的快速复苏形势对熟练技术工人有着旺盛需求，需要通过职业教育进行培养。因此，德国通过推行新的政策促进职业教育的快速发展。这不仅传承了德国职业教育的传统，也为社会经济发展培养了熟练的技术工人。二是职业教育条件急需改善。“二战”后的德国经济社会困难重重，教育更是举步维艰，急需职业教育和培训带来立竿见影的成效。因此，德国的学生和家长更看好职业教育。但职业教育在设备、师资和校舍等诸多方面存在的问题，使得正常的教育教学受到很大影响。三是青年就业压力需要缓解。“二战”后，德国社会缺衣少穿、食物匮乏、断壁残垣，人们为了生存而到处奔波。在待业人员中，有一半以上因得不到相应的职业培训而找不到工作。有的即便参加了培训，也找不到自己喜欢的工作，解决生存问题才是燃眉之急。工作岗位的严重短缺，使得年轻人的就业压力有增无减。虽然政府和行业组织在解决青年人就业和人们生活问题方面出台了一系列相关政策措施，但依然没有明显成效。究其原因，就是地方政府没有足够重视职业教育，没有下大力气支持职业教育。

（二）立法主旨

1969 年颁布的《联邦职业教育法》旨在保障受教育者合法权益，保障现行职业教育制度的基本结构，规定“职业训练采取双重或完全就业形式”。第一，校企双元提供教育培训。《联邦职业教育法》明确了职业教育实施中企业、个人和国家的责权利，由此确立了“双元制”的法律地位。“双元制”是企业的主要教育模式，是理论与实践相结合的职业教育制度。“双元制”下，学生“双场所”学习，在企业这个主要场所接受岗位培训,在学校场所学习基础理论。1969年的《联邦职业教育法》规定了"双元制"教育模式拥有双重教育场所,企业负责培训活动,学校负责理论传授。企业是主要的学习场所。这个主要学校场所还可以是不以盈利为目的的社会机构或公益性质的社会组织。通过法律把校企双元纳入职业教育范畴,校企双元提供教育培训,是将"双元制"职业教育模式提升到德国国家教育制度层面,具有重大意义。第二,资质管理确保教育效果。《联邦职业教育法》规定职业教育包括职业培训、职业进修和职业改行培训。职业培训旨在传授专门技术、必备的技能与知识和必要的职业经验。职业进修教育旨在使受教育者为跟上技术发展,得到工作岗位晋升,通过职业教育增加职业知识和职业技能。职业改行教育旨在通过职业教育拥有从事另外一种职业的能力。同时规定,只有企业和学校,才能兴办职业教育,但必须严格遵守国家培训条例,在国家监督管理之下开展职业培训。这既是对企业培训合法地位的认可,也是对职业培训管理的规范化要求。第三,培训合同规范培训过程。为切实保障受教育者的合法权益,《联邦职业教育法》对职业培训合同做出了特别规定。要求培训企业依据培训条例,按照规定时间,完成培训计划,实现培训目标。培训过程中,培训企业需要为受教育者全程提供所需物品,需要在精神上不断鼓励受教育者坚持学习,需要按计划开展学习检测、成绩单保管,需要关注受教育者全面而个性化发展。同时,还要求培训企业向受教育者支付六个月的津贴,且津贴的支付不因受教育者身体突发疾病而受影响。第四,保障受教育者双重发展。《联邦职业教育法》对培训阶段和培训内容做出了明确规定。职业教育培训时长不得超过三年也不可短于两年,每个阶段都有结束考试评定,考核合格后方可进修下一个阶段的培训。职业教育共分为四个培训阶段,每一阶段的学习内容不尽相同。第一阶段学习专业基础知识,第二阶段学习普通专业知识和技能,第三阶段学习职业知识、特殊专业知识、专业知识和技能,第四阶段主要学习特殊专业知识、专业知识和技能。此外,还学习德语和社会知识,从而实现了受教育者的知识与技能的双重发展。

(三)立法影响

1969年颁布的《联邦职业教育法》,结束了旧的不合理体制,保障了受教育者的合法权益，对德国职业教育发展起到了重要的推动作用。第一，职业教育规模持续扩大。自《联邦职业教育法》颁布实施，职业教育得到了社会广泛关注，社会地位显著提高，职业教育规模持续扩大。据统计，1960 年，德国有 1636 所职业专科学校，12.57 万名在校生。1969 年，有 16.39 万名在校生。1970 年该法颁布一年后，职业专科学校在校生激增至 18.7 万人。1983 年，各类职业学校数量更是达到了 3 200 所，在校生数量更是达到了空前的 260 万人。职业学校在校生人数的持续增加，既是职业教育大众化属性的具体反映，也是普通民众共同认可的真实写照。职业教育规模的扩大，培养了大量的技能型人才，为企业发展增添了动力，为社会发展注入了活力，为经济发展提供了保障。第二，受教育者待遇不断提高。经过《联邦职业教育法》认可的“双元制”，不仅传承了先前“学徒”模式的精要，也汲取了当代职业教育的思想，受教育者的待遇也发生了很大变化。受教育者因拥有安定、轻松的学习环境而能够安心学习，因签署职业教育合同而成为企业的“学徒”、学校的“学生”，因法规对培训企业的强制约束而得到生活补助和社会保险。第三，受教育者就业得到保障。“双元制”更多的是为有就业需求的求职者提供就业培训。通过“双元制”就业培训，求职者能学到一门手艺，得到一个工作。“双元制”教育不仅强调基本岗位技能的培训，也会依据职业能力的一般培训规则培养多种职业能力。“双元制”教育模式为德国的就业稳定做出了巨大贡献。第四，受教育者获得全面发展。“企业元”培训中体现“做什么?”“怎么做?”，“学校元”学习体现“为什么?”“是什么?”，充分彰显了“双元制”的理论与实践结合的核心特征，对于促进受教育者提高实践能力、推动心智发展均能起到重要作用。受教育者每周两天在学校学习，其余时间到企业进行技能训练，在职业技能训练中促进心智开发，在普通知识学习中促进人的发展。这种理论与技能的“双重训练”，既促进了受教育者理论与实践的发展，也使受教育者更为适应社会需要。因此，德国职业教育制度在促进受教育者全面发展方面能够起到重要推动作用。

二、以德国企业为主体的职业教育

（一）企业在“双元制”教育中的地位

2020 年新版《联邦职业教育法》重申企业是“双元制”的主体，应发挥主导作用。

同时，对企业和职业学校的关系以及各自的权利和义务做出了进一步明确。企业不仅需要主导职业教育、统筹教育培训和支配主要时间，而且也需要提供完善的教学场所、系统的设施设备和全程的培训保障。此外，《联邦职业教育法》还强调，企业是“双元制”职业教育的“法人”，所有培训人员必须与企业签订《职业培训合同》，未满 18 岁的培训者，由其监护人或代理人签署。该合同对任何一方违约做了责任认定，对职业培训产生的任何纠纷均可通过法律途径解决。该合同须在行业协会备案，接受指导监督。

（二）企业参与职业教育的主要原因

企业参与职业教育的主要原因包括两个方面：一方面，是历史与社会文化的原因。深厚的实用主义是德国的文化传统的重要组成部分。德国手工业中的学徒制起源于 13 至 14 世纪，一般以家庭式学徒制为主。中世纪末期，德国行会开始兴办学徒教育。19 世纪初，建立了学校职业教育。进入 20 世纪，教育部门通过教学计划，统筹学校教学与企业训练，促进了企业深度参与职业教育，职业教育也因此成为了德国竞争力之源。一直以来，德国企业高度重视人才的作用，愿意投入和参与职业教育。民众也愿意接受职业教育，希望成为高技能人才。因此，职业教育得到了德国社会的广泛认同。另一方面，是企业自身的原因。在争取培训补贴方面，参与“双元制”教育的培训企业和跨企业培训中心一般都能获得政府的培训补助。如果培训内容又与经济社会发展需求相契合，还能获得全额补助和税收优惠；在人力资源建设方面，企业尽管承担了职业教育的大部分培训经费，以及培训者的生活津贴和社会保险，但培训者在培训期间以“准员工”的身份参与了企业的日常工作，为企业做出了一定贡献，可视为对企业投入的回报。经过三年左右的培训教育，培训者对企业有了“感情”，认同了企业文化，成为了企业的后备力量，这不仅加强了企业的人才储备，壮大了企业的整体实力，也提高了企业的竞争力和知名度。同时，这样的企业也得到了社会和主管部门的肯定。

（三）企业参与职业教育的保障制度

多年来，德国为了支持鼓励企业参与职业教育，不断建立和完善相关的法律法规，取得了显著成效。1969 年的《联邦职业教育法》首次将初始职业教育、职业继续教育和职业改行培训统称为职业教育，同时，还明确了职业教育实施中企业、个人和国家的责权利。由此，该法确立了“双元制”地位。1981 年德国的《职业教育促进法》对各级政府、各个企业和社会团体在职业教育中的管理权限和任务做出了进一步明确。2005 年德国修订的《联邦职业教育法》强调，要发挥企业主导作用，推动校企交流合作，推动职教改革创新，以适应社会经济的新发展、新需求。2020 年德国再次修订了《职业教育法》，旨在促进职业教育与高等教育的融合，使受教育者得到岗位晋升、拥有国际化的发展机会和获得高层次的能力。此外，《手工业条例》《企业基本法》等众多法律法规都对企业参与职业教育提出明确要求。

（四）企业参与职业教育的主要形式

1. 设备与经费投入。在德国，大中型制造业和服务业企业都有自己的培训中心，企业需要购置培训设备，支付培训费用，支付培训者生活补贴和社会保险，以保证企业培训的正常运转。小微企业则联合组建跨企业培训中心，合作培养符合企业发展需要的后备力量。跨企业培训中心等运行费用、培训教师工作津贴需要合作企业共同承担，在行业内，企业共同出资成立行业培训基金，自行管理，统筹分配，集中使用。

2. 开展实践性教学。在培训计划制订上，企业依法制订培训计划，包括时间分配、培训内容和场所安排，两年至三年半的“双元制”职业教育，在企业进行实践性教育和培训的时间要占 60%～70%。为使培训过程更好地体现企业生产特色，企业会依据自身的行业属性、岗位要求，优化培训计划，改进课程内容。在教学过程中，培训教师会依据培训内容，挑选培训场所，营造培训氛围，增进身心健康。在培训教师配备上，企业培训中心都配备有来自企业的优秀培训教师，这些培训教师有专职的，也有兼职的。企业根据《培训教师资格条例》的要求，挑选素质高、技能强、具有资质的人担任企业的培训教师。同时，为不断提高培训教师的能力和水平，企业也会定期提供深造机会。

3. 阶段性考核评价。培训者必须参加培训结束考试。德国职业教育的考试制度十分严格，整个考试分为两部分，即期中考试和结业考试，每次考试都是统一组织、统一要求、统一时间，工商业行会或手工业行会组织负责考试组织，考试委员会按照《联邦职业教育法》规定标准组织中期考试内容，根据企业实际，确定结业考试内容。培训教师代表和职业学校教师代表负责考试监考，监考实行交叉式监考方式，即本企业培训教师不能监督本企业的考试，只能监督其他企业的考试。

4. 校企科研合作。校企科研合作，开发新产品，改进新工艺，解决新问题，不仅符合企业和学校的发展需求，也会增强企业的科研力量，提升学校服务社会的能力。企业参与“双元制”职业教育，不仅有权决定与企业培训有关的重大事项，也愿意参与职业学校课程大纲的开发制订，还能够参与制订、起草职业教育政策法规等。

三、以行业协会为支撑的管理机构

（一）行业协会的管理职能

1. 参与管理和决策。德国职业教育实行三级管理体制，联邦、州和地区分工负责。联邦一级由联邦教育研究部和各专业部负责立法与协同，州一级由各州文教部长联席会议负责教育协调，地区一级由行业协会负责自我管理。政府部门负责职业教育的宏观管理，《联邦职业教育法》赋予行业协会管理职能，负责职业教育的全过程监督管理，其内设的职业教育委员会负责管理具体事务。

2. 参与职业资格认证。职业教育资格制度包括资格审定和质量监督。《联邦职业教育法》规定，参加职业教育的企业，须具备企业主本人素质较高、企业培训物质条件较好这两个基本条件，并被行业协会认定为“培训企业”。当企业向行业协会提出职业培训资格申请，行业协会就会到现场核查企业是否具备“两个基本条件”，对于核查合格的企业，颁发“培训准许通知”，并在后期定期回访跟踪。职业资格考试包括中期考试和结业考试，是检验职业教育成果的法定推进，该考试由行业协会主持，由考试委员会负责。

3. 参与职业培训管理。在培训合同审查上，行业协会有权向合同内容标称的相关方了解情况，核实问题；在培训时间确定上，“双元制”培训时间一般为二年到三年半，行业协会有权根据实际情况决定培训时间。如针对文理中学毕业生、学习优异者、因病中止学业或考试不及格的学生，培训时间可缩短或延长。在阶段考试组织方面，行业协会的考试委员会负责学徒中期考试和结业考试工作。考试过程包括公布规则、审批资格、组织阅卷和颁发证书。结业考试是获得考试证书、培训合格证书和职业学校毕业证书的“三证合一”考试，德国坚持“教考分离”制度，对于确保学生的培养质量具有重大意义。在双方矛盾仲裁上，行业协会负责仲裁合同签约双方的问题分歧。如若仲裁不成功，或者不服从仲裁结果，则争议双方可到劳动法庭申请判决。在培训监督保障上，行业协会组建了一支素质高、能力强的培训顾问队伍，培训顾问一般被派驻到企业，现场核查培训场所和人员资格，协调企业和学校在教学上的矛盾，确保企业培训合法化、规范化，确保校企合作协调发展。

4. 参与职教师资管理。职业教育教师管理分为职业学校教师管理和企业实训教师管理。《联邦职业教育法》授权行业协会对实训教师实施管理。职业教育兼职教师一般来自企业，少部分来自大学。兼职教师专业知识扎实、实践经验丰富，还能把行业企业的新工艺、新技术和新方法带进课堂，促进学生学以致用。兼职教师实行“双身份”管理，对于来自企业的兼职教师，既要服从原培训教师身份的行业协会管理，也要服从兼职教师的职业学校管理；对于来自大学的兼职教师，既要服从本职所在大学的管理，也要服从兼职所在的职业学校管理。

5. 获取职业教育经费。作为“双元制”企业培训的主管部门，行业协会一般不需要政府专门资助。行业协会业务范围广、覆盖面大，获取职业教育经费渠道较为宽广。行业协会的培训顾问的聘请、跨企业培训中心的建立、行业项目的设立等，政府都会给予补贴，行业协会主导的职业培训考试的验收、定期或不定期的职业教育活动等都可以有偿收费，只是这些收费标准比较低。同时，行业协会的会员会费也会用于自身的服务性活动。法律授予行业协会公法法人地位，政府也会通过补贴来支持行业协会履行职责。行业协会取得的所有费用都是“取之于民、用之于民”，经费收支公开透明、定期审计，以求实现资金的高效利用。

（二）行业协会的管理特点

1. 依法参与管理。法律赋予了行业协会相应的责任和义务。一是行业协会是职业培训主管部门。《联邦职业教育法》规定了行业协会在职业培训中的主管地位，承担法律和政府委托的职业教育工作。二是行业协会具有公法法人的地位。

行业协会被法律赋予公法法人地位，主要承担政府委托任务，具有间接行政管理特征，接受政府合法性的监督，行政法院负责解决其工作中的法律纠纷。三是行业协会有参与国家立法的权利。联邦议事规程规定，各行业协会有关成员可以按照顾问、专家或专业委员会成员身份参加联邦一级部门的工作，政府各部门在制订法律法规过程中也会邀请行业协会成员参加。

2. 维护企业利益。德国行业协会源于企业，服务于企业。作为行业的自治组织，帮助会员企业获取更大利益，维护本行业企业自身利益是行业协会的根本宗旨。行业协会以会员企业需求为导向，规划职业培训，更新培训内容，创新培训方法，在推动跨企业培训中心高效率运转的基础上，全面提升会员企业劳动力技能。行业协会具有典型的区域性特征，加入协会也具有强制性，辖区内的企业有义务加入区域内的行业协会，企业个体会员与行业协会之间是公共关系，不是适用于私法的会员关系，不能因特殊利益退出协会，因此，行业协会的存在和发展并不依赖于辖区内的企业，这一点对于更好地维护企业整体利益，保证在政府委托的任务上行使行政职权至关重要。

3. 质量权威保障。行业协会的职责主要是服务政府和维护企业。作为企业代表，行业协会组织的培训、主导的考试和颁发的证书社会认可度高。为确保培训质量，跨企业培训中心聘请会员企业中的优秀技术员、工程师担任培训教师。由行业协会组织中期考试和结业考试，这种标准统一、要求统一、组织统一的全国统一考试，避免了诸多弊端，其权威性与客观公正性赢得了社会的一致好评，保证了不同企业的培训质量。

总之，在“双元制”职业教育的管理过程中，政府发挥了宏观调控作用，行业协会授权参与职业教育，发挥了主导作用，行业协会的公正、客观、规范的管理作风，推动了职业教育的产教深度融合，促进了职业教育高质量发展。

第三节　德国职业教育的“职业科学”

一、职业科学的内涵演变过程

德国最初将职业科学理解为职业工作体系中的“职业知识”。随着职业教育的发展，“职业科学”成为职业教育专业和职业教育教师的“职业性专业”的知识基础。1998年，劳耐尔认为，“职业技术科学”是“职业科学”的子集。随着人们理解的不断深入，对“职业科学”的理解，已从职业工作体系扩展到整个教育体系，“职业科学”成为涵盖职业研究、职业教育研究和职业教育学的联结科学、综合科学或元科学。“职业科学”从最初专注于职业领域内的职业知识，到覆盖职业领域和职业教育领域的职业知识、职业教学知识，再到成为职业教育学的综合知识体系，内涵发展一再跨越。

二、职业工作的科学基础讨论

（一）学术职业的科学基础优势

一般而言，社会各种职业都建立在一定的科学或职业科学的工作基础之上。在科学发展过程中，经济与社会领域中所有职业的科学基础都出现了变化，职业越依赖科学、越依赖科学的内容与方法，就越来越持续性增长。学术职业对科学深度依赖，其一定是建立在某些学术内容和科学基础上的职业，因此，学术职业需要相应的科学指导。如工程师这个职业以工程科学为基础，“工程科学”一般也被理解为工程师的“职业科学”。因此，某种“职业科学”与学术职业的工作和教育教学存在着对应关系。

（二）非学术职业的科学基础探寻

非学术性职业一般被描述为非科学性的或简单的实践性职业，非学术职业的“职业科学”还未获得普遍认同。探寻非学术职业的科学基础问题，源于1980年以来德国的职业教育教师教育、职业教育和职业工作中出现了质量问题，主要原因是职业教育教师教育的“专业科学”只提供了相应的“工程科学”，很难保证职业教育教师的培养质量。1990年以后，职业教育教师培养教育的“专业科学”确定了新的“职业技术学”，即，尽可能独立的“职业科学”。对此，不来梅大学、汉堡工业大学和德累斯顿工业大学等在教师教育中进行了实践尝试。职业群体以“职业技术类”为主，探究职业技术类职业中的工作与教育的发展，并逐步发展成为“职业技术学”，确定其科学性和相应的课程，为“职业科学”更好地发展提供了启示。

三、课程方案的科学基础分析

（一）以专业科学导向教学计划的目标与内容不匹配

20 世纪七八十年代，以传统的专业科学为主要内容的框架教学计划在职业学校被广泛应用。因为当时的教学计划开发人员和职业学校教师大都经历了类似的大学学习，他们只是做到了“所学即所用”，尽管在一段时间的教学计划实施中没有出现明显问题，但在对 1987 年的教学计划实施结果进行评价，即在诊断与评价课程及课堂环节时发现了“目标与内容不匹配”的问题。1987 年版教学计划比照 1972 年版教学计划，1987 年版教学计划除了设立了新目标、加入了新技术、对课程“学习领域”重新命名外，教学计划没有实质性的改变，课程也几乎没有更新。因此，要提升职业技术人才的培养质量，必须改革框架教学计划。

（二）以学习领域为核心的工作导向的框架教学计划

为解决 1987 年版教学计划存在的问题，提出新的“工作导向”的课程设计思路，以此强化课程与职业工作的相关性，就要把旧的“学习领域”替换成新的“任务导向和工作导向的学习领域”，以新的学习领域课程实现 1987 年版教学计划新的培养目标。为此，德国围绕与工作、社会和主体相关的技术设计职业教育课程，通过建立与工作和学习相关的“工作对象、工作条件和工作要求”三维结构模型，解决了职业工作导向的课程内容与结构问题，实现了对原有框架教学计划的改造，建立了新框架教学计划。

四、职业教育的学科基础探索

（一）以职业资格研究方法为方法性工具

目前，德国的“职业科学”研究持续深入，并呈现两种趋势，第一，“职业科学”成为一门超级科学或元科学，成为职业研究与职业教育研究的科学基础；第二，“职业科学”成为职业工作的基础。职业科学作为职业资格或职业能力的知识体系，目前还没有被完全发掘。职业科学既指向客观知识，也指向主观知识，特别是关于经验知识或实证知识的理论基础。职业资格研究具有特定的研究方法和分析模型，该研究方法以发掘职业技术工作的内在能力要求为目标，通过工作任务、工作过程、职业资格或能力分析，就能获得职业科学建立的基本路径，因此，职业科学立足于职业资格分析的结果之上。

（二）以职业性专业科学知识为知识基础

虽然新框架教学计划的开发已经突破了传统专业科学系统化的模式，以工作为导向和以行动为导向的课程与教学也取得了较好的效果，但如何进一步开发在此导向之下的课程，需要建立职业学校层面的课程开发逻辑。如今，课程设计的根据和重心已不再仅仅是原有的专业科学理论，工作导向的学习领域课程开发已经取得显著成效。在学习领域中，突出职业工作的职业科学与专业科学内容作为职业相关课程的学科基础，是职业学校学习领域课程开发的出发点。而该“学科基础”的完善和发展，以及来自各方面支持的获得，也必然要求上级部门通过做出专业内容规定，促进职业教育教师教育发展，发展职业科学。

总体而言，德国对“职业科学”的探索虽然取得了诸多成果，但其未来发展仍然面临巨大的挑战，例如，需要正视学术力量弱化、学科力量不足以及如何将职业科学与研究作为专业内容的课程基础。

第十六章　英国职业教育类型化发展

第一节　职业教育制度的发展演变

一、惠及贫苦人群职业教育制度与学徒制契约化阶段（中世纪—1853年）

“子承父业、师徒传承”式学徒制一直是远古时代以及学校职业教育产生之前知识与技能传授的主要形式。学徒训练制度化是中世纪技术人才培养的主渠道，契约文本、法律效力和法令规约是这一时期学徒训练制度化的重要特征。这一时期的学徒制处于行会监督之下，并逐渐实现了正规化、合法化发展，成为了人们最青睐的具有公共性质的社会化制度。随着英国资本主义萌芽，行会与行会学徒制也随之瓦解。1562年，英国政府颁布《工匠、徒弟法》规定了学徒制的学徒年限、人数、资格和雇佣权利等，首次实现了对学徒制的国家干预。1601年，英国颁布的《济贫法》准评父母将孩子送人收为徒弟。在《济贫法》的推动下，穷困儿童的权益得到了保障，济贫性质的职业学校也先后诞生了。这一阶段，在《工匠、徒弟法》《济贫法》等法律的规范管理下，学徒制获得了快速发展，这不仅促进了劳动者素质的提高，为英国工业革命提供了人才储备，也为英国职业教育制度发展奠定了基础。

二、以促进技术发展为目标的职业教育制度发展阶段（1853—1904年）

英国成为头号世界强国后认识到，要保持自身的工业优势，必须要重视职业教育,因此,英国政府出台了一系列政策措施,推动职业教育更好地发展。1833 年英国颁布的《工厂法》允许在工厂设立半工半读的工厂学校,工厂主在每名童工的周薪中截留 1 便士作为薪酬支付给教师。1853 年,英国成立科学和工艺署,专门负责中等教育和技术教育。1868 年,英国成立议会科学教育特别委员会,对工业发展与技术教育关系、师资队伍和课程建设提出新建议。1889 年,英国颁布《技术教育法》,规定将职业教育纳入学制,成立技术教育委员会,资助职业教育等。19 世纪后半叶,由于英国频繁颁布职业教育相关的法律法规,一批多学科技术学院相继成立,大批技术人才步入社会,促进了英国经济社会发展,职业教育获得空前的发展。

三、以促进初等职教为目标的职业教育制度发展阶段(1904—1944 年)

1904 年,英国颁布《中等学校条例》,规定由国家教育委员会资助技术课程,由此开了国家直接资助职业教育的先河。1913 年英国颁布的《技术学校条例》,提出了技术学校的办学规范。在该条例的推动下,技术学校规范化办学,提升了职业教育的人才培养质量。职业学校毕业生的就业状况明显好于文法中学毕业生,推动了初等职业教育的大发展。1921 年英国开发技术人员资格证书和统一的认证标准,参加考试合格人员获得国家证书或国家文凭,该认证制度解决了在此之前“证出多门、互不关联”的问题。1924 年的《哈多报告》提出更为强调中学阶段的职业教育的“两分法”。1938 年的《斯宾斯报告》再次强调重视中等学校的职业教育。

四、侧重职教与就业和培训的职业教育制度发展阶段(1944 年至今)

1944 年英国政府颁布了《巴特勒教育法》。该法提出设立全国性的教育领导机构——教育部,并将普通教育体系划分成三个连续的阶段,同时规定中等学校一律免费就学。1945 年,英国将技术中学和现代中学这两类具有职业教育职能的学校并入新的中等教育管理体制,自此,中等职业教育步入了正轨,实现了快速发展。《巴特勒教育法》确立了职业教育在英国的法律地位,深刻影响了英国教育的发展进程。1964 年,英国政府颁布《产业训练法》,规定企业承担的培训费用由政府酌情补助,成立产业训练委员会。1973 年,政府颁布《就业与训练法》,旨在将劳工部对各行业培训管理权限划归就业部。1986 年,英国政府发布《教育与培训并重》白皮书,确立政府统管职业教育体制。同年 10 月,英国国家职业资格委员会成立。根据《1988 年教育改革法》,英国各地纷纷成立城市技术学院和城市工艺学院,培养了大量的应用型科学技术人才。1990 年,英国政府发布《16—19 岁核心技能》报告,对青少年的核心技能提出了明确要求。1991 年,英国政府发布《21 世纪的教育和训练》白皮书,规定在国家资格框架内各类证书相互融通。1992 年,英国试行普通国家职业资格制度。1993 年,英国政府宣布实施现代学徒制计划。2000 年,政府颁布《学习和技能法》,建立学习和技能委员会,规划资助青少年的教育和培训。2009 年,政府颁布《学徒制、技能、儿童和学习法案》,确立学徒制法律地位。2016 年,政府颁布《企业法》,补贴参与学徒制的企业补贴。这一时期,英国政府在职业训练、就业、职业资格证书等各方面先后出台了一系列政策法规,推动了企业深度参与职业教育和产业训练的发展,加强了校企合作,提高了青少年核心技能,促进了职业教育的更好发展。

第二节　现代职业教育体系的特点

一、体现平等的新职业主义教育体系

(一) 新职业主义的产生背景

新职业主义最早产生于英国,20 世纪 70 年代后在西方盛极一时。[①] 在经济上,尽管促进新职业主义产生的因素较多,但重点因素体现在三个方面。一是英国经济发展的需要。英国经济从 19 世纪末开始落后于德、法等国,进入 20 世纪 70 年代,因石油危机引发的欧洲经济危机更使英国经济萎靡不振。受当时的新增长理论影响,英国开始对教育尤其是职业教育和培训进行全面深刻的反思,希望通过职

① 瞿海魂、柳靖:《规律与镜鉴:发达国家职业教育问题史》,北京大学出版社 2019 年版,第 198—206 页。

业教育改革扭转经济颓废之势，这也促进了新职业主义的产生。二是工作结构重构的需要。随着工业化水平的提高，英国从业人员的工作性质和结构也随之发生改变。一方面，高技能水平工作增加，非熟练、半熟练工作减少。新技术革命促使产品技术含量与日俱增，工作岗位要求也是水涨船高。同时，经济全球化背景下，发达国家把产品初加工转移到发展中国家，国内生产岗位的技能要求提高。另一方面，部分时间的临时工作增加，全时制固定工作减少。三是职业变更加快的需要。科技发展日新月异，职业变更紧紧跟随，很少人一辈子只从事一种职业，终身学习已经渐渐成为人们的生活方式，以往的职业教育已经不适应社会发展和人的需要。

在教育上，尽管很多方面对新职业主义的产生都会有影响，但来自以下三个方面的影响更需反思。第一，教育是提高经济竞争力的关键。“二战”后，英国对职业教育的经济功能的认识越来越深刻，职业教育既是一种过程，也是一种功能，培养经济社会发展需要的人才。英国政府和企业主普遍认为，只要重视教育，促进教育的改革发展，教育就一定有回报，就一定能促进经济社会发展。由此，新职业主义的产生便有了实践的基础。第二，现有职教体系需要新思想改变。尽管英国是工业革命的发源地，但作为世界工业强国，英国的职业教育的起步和发展却与其工业地位不匹配。自文艺复兴以来，英国建立了比较完善的学术教育体系，通过教授古典和宗教课程，培养了不工作的绅士，所以学术教育脱离了现实的生活。尽管英国的有识之士积极呼吁发展职业教育，但却无法撼动享有尊崇地位的纯粹教育的根基，20 世纪 70 年代前，职业教育一直作为末流教育，处于教育系统金字塔的最底层。虽然《1944 年教育法》颁布实施，但职业教育的地位仍然没有改变，现有的职业教育反而走向了学术教育的对立面。由于培训的内容和目标狭隘，职业教育培养的人才难以适应英国经济社会发展需求。英国急需重构适应现代社会的职业教育体系，这为新职业主义产生创造了条件。第三，双轨教育体制需要新思维完善。尽管英国职业教育不完善，但其双轨教育体制加剧了社会分层，也使学术教育与职业教育之间存在的矛盾不可克服，两者都难以满足经济社会发展对教育的要求。在政治上，教育民主化要求更为紧迫。尽管西方拥有几百年的民主思想传播史，但英国迟至 20 世纪 70 年代社会分层依然严重，向往社会平等、追求良好教育已经成为英国民众的共同愿望。他们认为，只有教育机会平等，才能实现社会平等。只有拥有良好的教育，才能改变劳动者的社会地位。因此，需要一种新思想，引导英国建立普职一体化的教育体系。

（二）新职业主义的主要目标

新职业主义有着多重目标，但都主要围绕如何建立教育与职业生活之间的内在联系，将适龄青少年的职业要求与其所接受的教育和培训统一起来，构建一个全新的职业教育体系，具体体现在三个方面。一是将职业教育纳入主流教育。要坚持实用主义，发展职业教育，将学生当前的教育与未来的职业生活紧密结合起来，并强化教育的相关性和实用性。工作社会是个体发展和社会发展的基础，必须高度重视教育的职业维度，必须把职业教育纳入主流教育，增强职业教育的社会吸引力。二是融合职业教育与普通教育。要建立普通教育与职业教育一体化教育体系，职业教育要普通化，普通教育要职业化，使学术教育满足职业生活的需要，职业教育与职业生活紧密联系。三是构建全新的职业教育体系。现代生产更多的是体现知识含量的“人性”生产，对从业人员的技能要求，既是量的增加，更是质的提升。因此，新职业主义的目标之一就是要构建一个能够培养高素质技术技能的、富有弹性的、拥有合作精神的现代工人的全新的职业教育体系。

（三）新职业主义的主要策略

1. 提出核心技能理论。新职业主义所指的核心技能是介于原理知识和操作技能、应用技术之间的一种能力，尤为注重“人际关系技能”。高技术时代，职业提高了认知要求，完成工作任务更多依赖理念、认知和原理，机器操作更多需要系统思维。此外，市场化社会变化加快，专业技术迭代提速等。要适应这些变化，雇主和员工更多需要弹性思维、社会适应性和首创精神。所有这些，都是核心技能理论深刻思考的结果。

2. 增强普通教育职业性。新职业主义认为，要尽快加强 14 岁以上青少年的职业教育与培训，强化学科学习与职业定向学习相结合，只有通过义务阶段和义务阶段后的教育，为学生们打下深厚的、高质量的素质基础，才能让学生们适应新的工作环境对人员素质的要求。

3. 加强与企业界的合作。在英国，学校与企业之间建立了新型的伙伴关系，通过校企合作开展职业教育与培训。校企合作形式一般包括列席双方相关会议、课堂内容融入职业知识、学生定期到企业参观、教师定期到企业挂职锻炼等。尽管如此，最理想的职业教育与职业世界合作是体现在"工作经验课程"上，自 20 世纪 70 年代以来，通过"工作经验课程"获得的技能、知识和态度越来越得到来自教育系统的认可。

二、双元培养的现代学徒制教育体系

（一）现代学徒制的组织形式创新

从 20 世纪 60 年代到 21 世纪初，英国通过教学组织形式创新，对现代学徒制进行改革，重点集中在三个方面。

1. 实施主体与内容创新。"二战"后，英国现代学徒制的基本组织形式是促进产业培训与学校教育有机结合，实现职业教育校企双主体的分工合作。学徒在学校学习基础理论，培训关键技能，在企业训练岗位技能，经第三方考核认证，获得相应证书。现代学徒制是企业引入现代学校职业教育，培养关键技能以突出"教育性"；政府支持主导，融入国家职业框架以突出"公共性"；第三方考核认证，保证培训质量以突出"客观性"。

2. 管理与评价方式创新。无论学徒的学习年限是一年、三年还是四年，现代学徒制都对不同年限不同阶段的学习内容提出考核要求。如一年期学徒制分三个阶段，第一阶段（1 个月）告知权利、义务，第二阶段（4 个月）学习数学和英语并要求考试通过，第三阶段（7 个月）训练工作能力，具体包括学习行业学徒标准，再由雇主和培训机构共同确定专业理论知识、岗位实践技能的学习内容。一年学习期结束，由第三方机构组织认证考核，合格者获得相应的资格证书。为确保学习质量，培训机构为每名学徒配备一名"评估者"，负责该学徒学习过程中联系企业雇主、安排学习任务、学习效果评价、现场或非现场考核等具体事务。同时，雇主也会为每一名学徒配备一名"企业导师"，负责学徒在岗期间的学习管理，如日常工作安排、指导等。

3. 学徒招收与选派创新。现代学徒具有双重身份，既是"准员工"，又是"在校生"。英国现代学徒制在学徒招收方式上进行了改革调整，并呈现两种招收方式，一种是由企业招收学徒，再由企业将学徒送到培训机构接受教育；一种是由培训机构招收学徒，再选送往相应的企业接受学徒训练。英国的职业教育培训机构有继续教育学院、私营培训公司和慈善组织，它们与众多企业建立了良好的合作关系。政府对学徒生的资助与学徒培训合格率挂钩，为了保证培训合格率，培训机构通过对学徒申请者面试数学和英语能力来决定是否录用，企业通过对申请者面试和 6 周试用来决定是否招为学徒。该新形式具有工作岗位 + 现代学校的“双场所”、准员工 + 在校生的“双身份”、评估者 + 企业导师的“双导师”等特征，不仅密切了校企联系，也保证了培养质量。

（二）现代学徒制的制度体系建设

“二战”后，为实现“建设世界一流学徒制，建立世界一流技能”的目标，英国在教育制度创新上对现代学徒制进行了重大改革。主要体现在以下三个方面。

1. 建立“并肩而立”的现代学徒制体系

1993 年，“现代学徒制项目”上升为英国国家重大决策，“振兴职业教育与职教体系的国家行动计划”提出推进现代学徒制“体系化发展”的改革目标。1994—2004 年期间，着重体系化培养中级技能人才，但由于证书级别低、教育层次低，使得学徒制的吸引力十分有限。2005 年，政府与空中客车公司合作共同培养行业高水平学徒。2010 年，推进高等学徒生项目制度化。2013 年英国政府修订《英格兰学徒制教育标准化管理实施细则》，至此，英国现代学徒制体系正式确立。依据英国国家教育体系教育层次等级序列，四级学徒制对应一年大学教育、五级学徒制对应两年大学教育、六级学徒制对应三年大学教育、七级学徒制对应一年硕士教育，现代学徒制体系与高等教育体系的“并肩而立”，体现了“等值而不同类”的思想，提高了现代学徒制的影响力。2015 年 12 月英国政府商业、创新和技能部发布的《英国学徒制：2020 发展愿景》中提出，到 2020 年，英国学徒数量将达到 300 万人。现代学徒制已经成为广大英国青年的理想选择。

2. 建立雇主主导的职业教育培养制度

吸引行业企业参与现代学徒制，满足行业企业需求是前提基础。为此，推动由“政府主导”向“企业主导”转变成为现代学徒制改革的关键。英国在推动企业主导的职业教育培训模式重构方面主要采取了三个方面的措施。一是对学徒制进行重新定义。英国政府2013年发布的《英国学徒制的未来：执行计划》指出，学徒制是对“新手”的培训，根据工作或岗位的需要持续强化技能培训，且培训时长不少于12个月。同时，对学徒生的数学和英语提出了相应要求。下一步将学业完成等级制（优秀、良好和通过）引入现代学徒制。二是开发企业主导培训标准。自1993年现代学徒制实施以来，企业的需求在培训内容中没有得到有效反映。2013年之后，英国建立的以企业为主导的《学徒制标准开发制度》规定：开发团队不少于10家企业，培训学徒规模50人以下的企业不少于2家，开发的新标准不能与此前的标准重复，且要求参与企业有应用开发的标准的培训学徒计划。在新标准开发过程中，注重市场对“新兴”“急需”岗位人才培训标准的开发，政府通过设立资格要求，明确参与开发标准的企业资格和“责权利”。三是改革学徒制的资助方式。由于现代学徒制项目已经成为国家战略，英国政府会给每一个培训项目培训资助。培训机构在原有资助方式中处于中心地位，企业的补助需要通过培训机构申报后再将资助补贴转拨给企业，培训机构容易从自身利益出发，而挤占企业的应得利益。自2014—2015学年开始，新资助方式以企业为中心，政府以企业的2倍付出确定资助等级，提供核心资助。同时，政府还分别为50人以下并成功完成学徒培训的企业、招收16至18岁学徒的企业进行奖励性资助。

为了激励企业参与现代学徒制项目，英国2017年开始向企业征收学徒税。学徒税不仅用于公立机构，也用于私立机构。征收标准为0.5%并明确了起征条件，同时，还将是否缴纳学徒税和参与政府重大招标项目结合起来，缴税者有资格，不缴者没资格。由此，极大激发了企业参与现代学徒制培训的热情，企业招收学徒越多，税收的回报也就越大。

3. 以国家意志保障现代学徒制的发展

英国学徒制复兴始于“二战”后，受益于政府立法即国家意志的约束。2008年前，不同法规中的条款是现代学徒制改革与发展的主要遵循，如1988年的《就业法》规范了企业责任，1992年的《工会和劳动关系（统一）法》保障了学徒利益，1992年的《继续教育和高等教育法》规定了学校的权利和义务，等等。与此同时，很多方面由于缺乏相关的法律保障，也出现了诸多问题，如由于缺乏统一框架，培训的期限、内容和标准均由企业自行决定，导致了行业和地区的巨大差异，也使现代学徒制失去了“公共性”。此外，学徒利益得不到充分保障，企业和学徒参与的积极性也不高。利益相关方反应不一，学徒制改革步伐缓慢。为此，英国加快了立法脚步，2005 年发布的《现代学徒制蓝皮书》，完成了学习框架的统一。2008 年、2009 年英国政府分别颁布《现代学徒制条例草案》《学徒制、技能、儿童与学习法案》，确立了现代学徒制的法律地位，明确了学徒和企业的资格、身份、权利和义务，规定了学徒制标准、框架、协议以及颁证机构的认可等。至此，企业和学徒双方权益、学徒培训质量以及现代学徒制改革都有了法律保障。

（三）现代学徒制的主要特点分析

1. 建立在“准市场”机制上。职业教育的“自愿自助”传统，政府的“自由放任主义”原则，形成了英国职业教育的“市场模式”。虽然市场“符合”公众利益，但“不等于”公众利益。为此，在推动现代学徒制发展过程中，政府改变了角色、变换了选择，即政府不仅要宏观调控，也要直接参与市场供需双方的活动。一是政府与企业联合制定学徒制标准。政府参与标准制定的目的，是避免企业过多地考虑自己而置学徒个人和经济社会长远发展于不顾。因此，标准开发既要保证企业利益的职业资格要求，也要保证社会与个人的发展的技术理论与关键技术的发展要求。二是政府要成为学徒制的重要出资方。学徒在企业中的培训费用、学徒脱产培训费用都是由政府支付的，学徒的工资虽然由企业支付，但学徒的生产劳动会抵消这一支出。因此，在现代学徒制中，政府购买了企业和培训机构的服务。三是重视培训机构在市场的重要作用。一方面，现代学徒制由培训机构和企业共同承担，企业无法独立承担所有培训。另一方面，企业的培训经费必须经由培训机构申请后转拨。因此，在一定意义上说，英国现代学徒制市场由培训机构“控制”着。

2. 企业占据了主导地位。政府、雇主、培训机构和学习者是“准市场”机制现代学徒制的主要参与方，其中，企业是需求方，占据主导地位，这充分体现了职业教育需求向“需求引导”转变的政府意图，具体表现在三个方面。第一，企业对学徒制决策起重要作用。在现代学徒制的管理机构和重要组织中，无论是学习与技能委员会、行业技能委员会还是行业技能开发署的成员中，企业代表均占有相当比例，因此，肯定了企业在现代学徒制中的重要地位。第二,企业是制定学徒制框架的核心。制订学徒制框架,首先由企业代表牵头开发国家职业标准,再依据该标准开发国家职业资格要求,然后再按要求匹配相应的理论知识和关键技能。由此看出,在学徒制框架的制订过程中,企业发挥了核心作用。第三,企业主导培训内容和培训方式。在确保学徒能够考取资格证书的前提下,企业对于培训内容和培训方式都可以根据企业自身实际灵活安排。尽管如此,也不能轻视企业可能降低培训质量的可能性。

3. 学徒制体系呈阶梯化。学徒制体系呈阶梯化意为学徒制体系是由低级到高级构成的分层体系。目前,在学徒制体系内,实行国家职业资格证书(National Vocational Qualification, NVQ)制度,共分五个等级,五个等级之间相互贯通;在学徒制体系外,五个等级中的最高等级,即高等学徒制与高等教育相连通。现代学徒制的这种制度设计有三个方面的作用,一是满足不同层次培训需要。企业岗位的人才需求并非同一层次,针对企业不同层次的技术技能人才需求,通过现代学徒制培训都可以得到满足。如 NVQ2 级、NVQ3 级属于中级水平技能人员,NVQ4 级属于高水平技术人员,还有 NVQ5 则属于专业性极高的技术人员等,但无论学徒制等级是高还是低,其培养方式基本类似,只是培训时长和培训内容有所不同。二是体系内外构建了“直通车”。通过学徒制体系内外贯通连接,实现低级学徒制向高级学徒制跃升,以及由高级学徒制成功升入普通高等教育的案例屡见不鲜,这种阶梯化的制度设计不仅拓展了学徒发展的路径,也弥补了学徒个体生涯发展的更高需求。三是改变人们原有刻板印象。在人们原有观念中,学员只要走进了学徒制项目,就终身成了“蓝领”,处于社会低级阶层。现在的现代学徒制项目有更高级的培养目标,为社会地位较高的职业培养高级人才,如培养高级会计、信息技术培训师和软件开发师等,并且,还有进入高等学校参加更高层次学习深造的机会,这些足以改变人们的传统观念。

4. 培训与考评基于能力。能力在现代学徒制中居于中心地位、贯穿培训始终,培训与考评是现代学徒制框架中最为重要的两个环节。第一,强调职业能力标准。英国现代学徒制框架包括能力本位、知识本位和关键技能三大要素,其中,能力本位居于核心地位。国家职业资格是能力本位的具体体现,知识本位和关键技能围绕能力本位构建自己的内容,学徒制体系的实质也是能力体系。第二,培训过程不加规范。现代学徒制对培训结果即学员是否能够取得规定的证书做出了严格规定,但没有对培训过程中的教学内容、进度、方式以及教师资质等要素做具体规定,这就使得企业在培训过程中体现了过多的灵活性。但灵活性具有"双面性",正面性的一面是企业的培训过程可以自由把控,负面性的一面就可能产生"灵活性"的培训质量,致使一些学徒考核通不过。因此,企业在培训过程中对灵活性把握一定要有度。第三,考评认证能力本位。目前,英国现代学徒制的考评的主要方式是注重工作场所的能力比拼,考证过程就是学生参加每一个培训项目过程性考核的累积过程,这既是对学生的考核,也是对培训机构能力的考核。

5. 体现终身学习的理念。英国现代学徒制是建设终身学习社会的重要组成部分,入门不受年龄限制,培训可以按需而学,认证能够累积"先前",具体体现在三个方面。一是培训对象不限于青年。英国现代学徒制不受年龄限制,只要想学,都可参加;只要参加,都会有所获。学徒制体系的阶梯化设计,不同的等级安排,总有一个"等级"适合参加者。现代学徒制也更像是成年人的继续教育。二是学徒培训应用模块策略。学徒框架要求学徒获得多个认证。技多不压身,证多走遍天下,学徒根据实际,可以分别在多家企业、多家培训机构开展学习、培训和认证,以确保认证互不相同,彼此独立。三是培训认证遵循 APL 原则。APL 是指对先前学习的认可(Accreditation of Prior Learning, APL),APL 原则被广泛运用于现代学徒制,学徒之前所有相关的学习经验、工作经历都可以被认可,都能够作为资格认定的重要依据,从而点燃学习者的学习激情,激发学习者的学习热情,也为建立终身学习社会奠定了良好的制度环境。

三、通用、统一的职业资格证书体系

(一)职业资格证书制度的管理体系

1. 国家职业资格证书制度。这是一种遵循能力本位、注重个人工作的具体表现,是保证证书高质量管理的一种职业资格证书制度,具体有三方面的内容,即职业等级标准、全新考评方式和质量控制体系。自 2011 年全面启动资格与学分框架以来,国家职业资格证书制度(NVQs)运行更加平稳通畅,得到很好的发展和延续。

2. 组织管理主体以及职能。英国职业资格证书制度采取竞争性分权管理方式，该方式与经济和生产实际需求相结合，与劳动力市场变化相适应，其质量管理保证稳健优质。其包括七个管理主体：教育与技能部负责政策与立法，资格与考试管理办公室负责评价与认证，教育督导机构负责督查与评估，培训与企业委员会负责推行与实施，产业指导机构参与标准制定，证书颁发机构负责颁发证书，考评鉴定中心负责资格考评。

3. 资格证书制度管理体系

英国国家资格证书制度管理体系如图 1 所示。

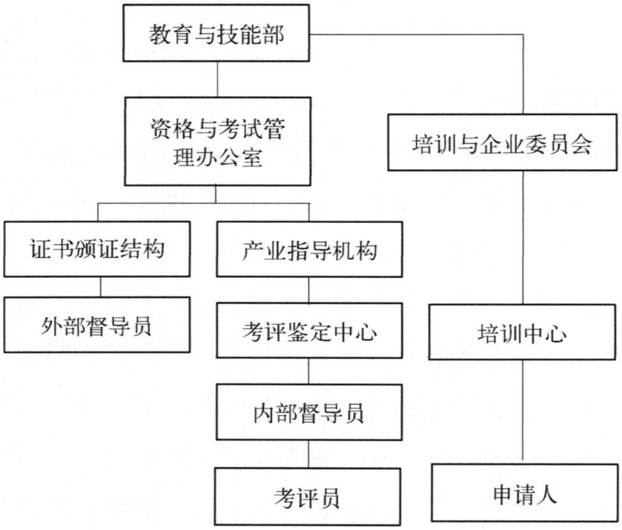

图 1　英国国家资格证书制度管理体系

其中，申请人是寻求能力证明的个人。考评人员由考评中心任命，收集证据的个人，与申请人保持直接联系。内部督导员由考评中心任命，保证考评中心考核评估的一致性与质量。外部督导员由颁证机构任命，监督认证中心已批准发放的国家职业资格的考评和内部质量保证。

（二）职业资格证书制度的基本结构

1. 国家职业资格的标准等级体系

英国国家职业资格标准根据职业功能分析法制定，每个标准对应不同目标，但共用一个“模版”。“模版”包括以下八个要素。

第一,名称。所有职业资格标准的“名称”必须经资格与考试管理办公室批准方可使用,同时,该“名称”须准确表达相应的能力范围,以及在证书制度框架或资格与学分框架中的位置。

第二,等级。英国职业资格标准分为五个等级。一级标准是常规的、可预测的工作能力,二级标准是复杂的、非常规的工作能力,三级标准是复杂多变的、非常规的工作能力,四级标准是复杂的、技术性或专业性的工作能力,五级标准是从事高级职业的能力。

第三,单元。能单独考核并授予证书的职业功能模块,由能力要素和相应的操作规范与适用说明组成。

第四,要素。是指个人在工作中能做什么。

第五,操作规范。是指操作规程和行为要求。

第六,适应范围。是适用标准的条件、环境和状况要求。

第七,知识要求。是指必备知识。

第八,证据要求。是指工作经历或相关成果证明。

2. 国家职业资格的考核评估体系

英国国家职业资格证书的考评体系摒弃了传统考试制度,转向对标行业职业技术标准,致力于考核培训者在实际工作中的真实有效表现。考评中心按照具体操作流程组织考试,资格和考试管理办公室、证书颁证机构和内外部督考员负责监督审核整个考试过程。英国职业资格证书考核评估流程有五个环节。

第一,制订考评计划。考评计划由考评人员和被评估者共同制定,包括能力要素和操作标准。考评计划有两个层次,即总体考评计划和单元考评计划。总体考评计划是为了确定总体目标,包括申请者所有学习课程的评价方式、学习期限、单元目标、学习沟通和分歧解决。单元考评计划是对每一个能力单元制定的评估计划,包括操作任务、标准与时间等。考评计划包括的能力要素和操作标准为相应机构制定设立,是资格考评鉴定的关键。确定能力要素和操作标准有三项基本要求。一是相关说明要清晰完整。通过阅读相关说明,任何被评估者对能力要求和操作标准都能理解和把握。二是相关解释要详尽适度。相关解释不能过度过细,要考虑到能力的延展性。三是能力要素有通用格式。能力要素和操作标准必须符合国家的相关规范。

第二,确定评估方法。职业资格证书的评估方法一般有三种。一是观察法。考评人员通过对被评估者定期访谈或持续观察,以及由被评估者提供个人陈述或他人证词等完成观察记录后,并向内外部督考员提交报告。该方法适用情况宽泛,最为普遍有效。二是作品评价法。是指考评人员通过对作品实物、信函和报告等观察和阅读,评价申请者知识技能及其熟练程度的评价方法。三是提问法。提问法是评价人员通过单选题、多选题、简答题、案例和项目分析等了解被评估者是否具备必要的知识和能力水平。该方法不仅可以检验被评估者行为背后的知识和能力,还可以了解其行为的动因和对环境变化所做出的反应。提问法分为口头与书面两种形式,一般用于能力本位的考评中。

第三,收集判断证据。英国国家职业资格考评体系就是一个"检验"证据的过程,收集和判断证据是费时费力的环节,证据的质量决定考评的最终结果。一方面,收集证据。考评人员收集证据可以是本人单独收集,也可以是本人和现场主管一起收集。按照客体不同,证据收集则分为工作证据、辅助证据和过往证据。工作证据是在评价过程中收集的评价材料,是最为重要的证据;辅助证据是被评估者是否能够按照要求完成特定项目,是否具有技能转换能力的证据材料,一般通过提问、考试等途径获得;过往证据形态多样,如研发的产品、制成品、文献报告、教育和培训成绩证明等。英国国家职业资格的等级越高,需要收集的证据材料就越多。另一方面,判断证据。判断证据,给出结论,既是对考评人员专业水准的检验,也是对证书质量进行控制的关键。判断证据的过程是考评人员将申请者提供的所有证据与类型、等级的考评标准一一对照,给出考评结论。一般的证据判断有以下六个标准:中肯性、有效性、真实性、及时性、充分性和变化性。

第四,记录考评结果。为能够按照国家职业资格标准做出客观判断,考评人员必须认真细致查阅每个能力单元的证据材料,系统地留下有说服力的考评记录。包括方法和日期、在场人员、评价结论和评价证据。在考评过程中,考评人员必须能够客观、谨慎、严格地把握国家职业资格标准,独立、公正地给出考评结论。

第五,提供反馈信息。即考评人员将考评结果以及今后的努力方向告知被评估者的过程。考评结果与提供证据正相关,且考评结果是与被评估者沟通、交换意见后的结论。

3. 国家职业资格的质量保障体系

质量保障主要有四个方面。一是组织保障。在国家职业资格委员会领导下,以《证书机构共同协议》和《国家资格证书规则和指导》提出的各项要求为工作准则,坚持标准,明确责任,组建队伍,严格考评,从政府对各相关机构工作的严格、规范认定,到各环节具体工作人员的严格、规范考评,都体现出可靠的组织保障。二是实施保障。坚持"三权分立"思想,发挥"三大部门"作用。培训、考试和督导既是职业资格框架的三大核心环节,也是相互独立、相互制约的三个独立"主体","督导"是质量保障的重要环节,要充分发挥"4 + 26"个大小部门的作用,特别是要建立一支能力强、作风正的考评人员和内外部督考员队伍,坚持标准,明确责任,做好职业资格的质量保障工作。三是人员保障。英国政府通过建立两支(考评和监督)队伍做好考评和监督工作。其中,考评人员为熟悉相应领域职业资格的主要人员,负责考评申请人的职业资格,其由职业资格考评中心培训和聘任。内部督考员负责检查考评人员的评估结果,其由职业资格考评中心培训与聘任。外部督考员负责对考评中心资格确认,监督考评中心的工作质量,其由颁证机构培训与聘任。四是经费保障。经费保障是质量控制的关键,政府财政支持和社会多元化资助是职业资格制度质量的可靠保证。用于国家职业资格制度的经费,一方面是政府拨款,并通过拨款资助就业人员和失业人员的培训,支付职业资格制度各环节的运行费用等,保障职业资格制度的质量;另一方面是企业投入,一般职业资格鉴定费用大部分由企业承担,用于支付学徒的生活费和社会保险等。此外,行业协会、产业指导机构和个人也会资助职业教育和培训。

(三)职业资格证书制度的主要特点

1. 坚持强调政府合理干预的依法治教。一直以来,英国的法治传统深刻影响着教育领域。政府合理干预教育市场的前提是英国完善的教育法律保障。政府对职业教育的干预经历了自由市场状态的不干预、金融危机后的过度干预、市场运作稳定化的合理干预的三个发展阶段,如今,英国稳步推进职业资格证书制度发展,人们可以根据自身的教育与培训倾向进行多样化选择,并且由市场机制促进其质量提高,相关的法律法规能够给予职业资格证书制度有效支撑。

2. 强调注重联系市场需求的企业合作。在资格市场供需视角上,学习者是劳动力市场供给方,通过学习获得技能并进入劳动力市场。企业是劳动力市场需求方,按照行业和自身的发展需求,参与标准制订、对照标准培训,保证了劳动力的企业要求。企业参与职业资格证书制度,使得职业资格证书制度始终能够按照市场需求制定职业标准、设立培训项目,始终能够使职业教育与资格考评适应产业发展需求、劳动力市场的变迁和就业方式的变化,因此,自 1986 年以来,企业主导的 150 个行业的数千个标准得到了社会的广泛认可,职业资格制度的发展和进步,离不开与企业的紧密合作。

3. 注重改革传统考评方式的能力培养。"能力"贯穿着英国职业资格制度始终。从课程单元的内容设置到职业资格的评估方式,从衡量学习者是否具有相应的职业能力到用能力标准来评定其职业资格,从职业课程目标的能力术语表达到课程内容的能力单元和能力要素,无一不在强调学生的实际职业能力培养。英国国家职业资格证书认证考试是一种全新的考评方式。考评方式为工作现场考核,考评内容为实际工作胜任能力考评,考评依据为学习者与学习、培训相关的所有证据。相对于"一张试卷定终身"的传统方式,国家职业资格证书的考评过程更为注重对以能力为主线的各类"成果"评价,能力培养是职业资格制度的核心要求。

4. 强化视证书质量为生命的监督管理。职业资格证书发展至今,又如此受到社会的广泛认可,归根到底是职业资格证书拥有很高的"含金量",更离不开政府"视证书质量为生命"的监督管理。从设置管理机构到开发资格标准,从开展学徒培训到监督管理考评,每一个部门都能认真履行职责,每一个标准都看企业需要,每一个企业都规范开展培训,每一次考评都认真、严格、公正,使职业资格证书制度目标得到有效落实。此外,为确保证书质量,英国职业资格颁证机构实行三年一认证制度,由资格与考试办公室对其实施资格认证情况进行评估,并重新对颁证机构进行资格确认。职业资格认证考评和监督人员,如考评人员、内外部监督人员都必须持证上岗。职业资格认证,实行的是教考分离,这种第三方认证方式,有助于更好地形成监督制约机制和质量监督体系。而对被评估者进行资格评估时,可把其以往的学习和工作经历作为证据进行提交。整个职业资格鉴定过程的每一个具体细节都有章可循,并处于严格、规范的质量监督之下。

5. 推进证书功能不断扩展的普职融通。在英国政府的重视推动下,职业资格证书制度在实现内部“充分衔接、梯度发展”的基础上,在外部也建立了“等值交换、职普互通”的制度体系。职业资格证书具有多方面的“含金量”,既是从业者的职业能力证明,也是学习者的学习能力凭证。既是失业者再就业的“敲门砖”,也是求学者向上深造的“铺路石”。进入学徒制领域,不再是终身停留蓝领阶层,也能够实现社会高层次的“多彩人生”。如今,英国的“职普”教育已经实现了深度融合,职业资格证书制度也已经实现了功能拓展,企业与市场始终是资格制度的“左膀右臂”,以人为本与终身教育更是资格制度功能拓展的本质追求。

6. 拥有制衡博弈各方利益的“公民社会”。“公民社会”介于“公权”与“私权”之间,它既能避免“零和”的掣肘,也不失为有益的制衡,是制衡各方博弈关系的优化机构。任何相关制度的实施,政府、企业,还是同业公会、行业协会等都要各司其职,不能大包大揽。多年来,英国建立了相对完善的“公民社会”,各类民间组织、社会组织与社会团体十分活跃。就职业资格证书制度而言,其博弈规则由国家立法按需设立,政府部门依法推行,企业与市场紧密结合,共同参与,体现了主体的活跃度;行业与监管公正评价,依法保障,彰显了制度的公信力。博弈各方体会到:只有让出权力,才能拥有权利;只有做出妥协,才能赢得利益。同样,“资格制度”也意识到:只有融入“公民社会”,才能赢得民众奔赴。无论是政府还是“社会力量”,任何力图“包打天下”,想集所有角色于一身的企图,都是徒劳的。

第六部分　职业教育类型化的江苏探索

第十七章　构建省域现代职业教育体系

第一节　江苏现代职业教育体系构建的基本历程

（一）建立与发展阶段（1999—2005 年）

1999 年 8 月，江苏省第九届人大常委会第十一次会议通过的《江苏省实施〈中华人民共和国职业教育法〉办法》指出，职业教育应当适应本省经济发展和社会进步的需要，要建立、完善与其他类型的教育相互沟通、协调发展的职业教育体系和制度，由此开启江苏现代职业教育体系建设新征程。2002 年 9 月，江苏省人民政府印发的《关于加快推进职业教育改革与发展的意见》提出，要逐步建立起适应社会主义市场经济体制，符合终身学习的时代要求，与市场需求、劳动就业紧密结合，结构合理、灵活开放、特色鲜明、自主发展的现代职业教育体系，并将大力发展中等职业教育、积极发展高等职业教育、广泛开展各级各类职业培训作为 2002 年至 2005 年江苏职业教育改革与发展的目标任务。同时，就这三个方面的目标任务具体量化、细化、具体化成重点工作目标，使职业教育的发展看得见、可衡量。

（二）完善与创新阶段（2006—2009 年）

2006 年 2 月，江苏省人民政府发布《关于大力发展职业教育的决定》。该决定中三个目标任务的首个目标就是构建现代职业教育体系，即“建立和完善适应社会主义市场经济体制，满足人民群众终身学习需要，与市场需求和劳动就业紧密结合，校企合作、工学结合，结构合理、形式多样，灵活开放、自主发展的现代职业教育体系”。并提出要通过基础能力建设，办学体制改革，行业企业办职教，深化教学改革和加大职业教育投入等多种举措，推动江苏现代职业教育体系进一步完善和发展。实践证明，通过强化政策引领、全面深化改革、推动重点工作，构建了支持职业教育全面创新的体制机制，推动了江苏现代职业教育体系完善和发展，提升了职业教育基础能力和社会服务能力，释放了职业教育的澎湃动能和发展红利。

（三）深化与优化阶段（2010 年至今）

2010 年 8 月，中共江苏省委、江苏省人民政府印发《江苏省中长期教育改革和发展规划纲要（2010—2020 年）》。该纲要紧紧围绕《国家中长期教育改革和发展规划纲要（2010—2020 年）》，提出江苏现代职业教育体系要充分体现“江苏特色”，即要在充分结合江苏经济社会发展“两个率先”的基础，适应经济发展方式转变和产业结构调整要求、体系终身教育理念、中高职教育协调发展。同时，要在“苏南现代化建设示范区”“苏南教育现代化建设示范区”“江苏省职业教育创新发展实验区”和“江苏省职业教育教学质量提升行动计划”的实践探索引领下，创新发展江苏职业教育，落实江苏现代职业教育体系的各项任务要求，通过设立创新发展试验区、深化教育教学改革、加强优质资源建设、深化与产业融合、促进职普融通和推进职业教育终身化等，建设和完善江苏现代职业教育体系，推动职业教育又好又快地发展。

2014 年 10 月，江苏省推进教育现代化暨建设现代职业教育体系会议指出，要加快推进现代职业教育体系建设，各级政府要切实履行职责，贯彻好监测评估和督导检查制度，保护好教师的积极性和创造性，发挥好示范区和实验区的引领带动作用。会后，江苏印发《关于加快推进现代职业教育体系建设的实施意见》，指出要统筹发展中职、高职、应用本科、专业学位研究生教育，以及继续教育和培训等多层次、各类型职业教育，到 2020 年，建成适应社会需求、产教深度融合、体现终身教育理念、职普相互沟通，各层次职业教育紧密衔接的现代职业教育体系。

2018 年 7 月，中共江苏省委、江苏省人民政府印发和实施的《江苏省关于深化教育体制机制改革的实施意见》指出，要深化职业教育体制机制改革，理顺职业教育管理体制，进一步明确教育部门、人社部门职责，完善现代职业教育体系。2021 年 12 月，江苏印发《江苏省“十四五”教育发展规划的通知》指出，要提升职业技术教育适应性，强化职业教育类型特色，加快构建“纵向贯通、横向融通”的现代职业教育体系。2022年1月，江苏省委、省政府印发的《关于推动现代职业教育高质量发展的实施意见》提出，要"切实增强职业教育适应性，加快构建具有江苏特色的现代职业教育体系，办好人民满意的职业教育"的总体要求。2022年7月，江苏省教育厅出台的《江苏省"十四五"职业教育发展规划》指出，要增强职业教育适应性，突出类型教育定位，加快构建纵向贯通、横向融通的现代职业教育体系，打造全国现代职业教育体系高质量发展样板。

当前，江苏已全面进入高质量发展新阶段，江苏职业教育也已经进入推进职业教育现代化的新阶段，这也对职教体系建设、校企双元育人、办学特色凝聚、职教内涵提升等提出了更高要求。江苏正举全省之力，以实现职业教育现代化为总体目标，以务实的态度和改革创新的精神，深化产教融合校企合作，推动职业教育内涵式发展，奋力推进江苏现代职业教育体系高质量发展，为实现江苏教育现代化谱写职业教育新篇章。

第二节 江苏现代职业教育体系构建的基本现实

(一) 江苏经济社会发展现实

江苏省区位条件优越，自然环境秀美，交通网络发达，物产资源丰富，人文底蕴深厚，经济全国领先，社会和谐安定，综合实力雄厚，事业健康有序。据《江苏省政府2024年政府工作报告》和《2024年江苏省国民经济和社会发展统计公报》，2023年江苏省地区生产总值12.82万亿元，居全国各省份第二，全年三次产业结构比例为4∶44.4∶51.6；人均地区生产总值150 487元，居全国各省份第三。地区生产总值超万亿元的有苏州、南京、无锡、南通和常州5座城市，数量居全国各省份第一。全省13个设区市全部入选国家先进制造业百强市。科技型中小企业、专精特新"小巨人"企业数量居全国各省份第一。万人发明专利拥有量达62.2件，连续8年保持全国各省份第一。① 城乡居民人均可支配收入分别达6.32万元和3.05万元。

① 许昆林：《政府工作报告——2024年1月23日在江苏省第十四届人民代表大会第二次会议上》，载《江苏省人民政府公报》2024年第3期，第5—23页。

普通高等学校本专科在校生229.9万人。可以看出，江苏拥有产业基础坚实、科教资源丰富、营商环境优良、市场规模巨大等诸多优势，经济社会发展成绩斐然。当前，江苏正面临着国家战略、新科技革命、新发展格局带来的重大机遇，努力在高质量发展上"走在前、做示范"，不断谱写"强富美高"新江苏的职业教育新篇章。

（二）江苏职业教育发展现实

江苏职业教育基础扎实，发展迅速，成效显著。职业教育办学水平高、质量优，且办学规模占高等教育的半壁江山，江苏已成为职业教育强省。当前，江苏统筹推进职业教育现代化建设，为经济社会发展输送了大量高素质技术技能人才。

一是现代职教体系不断优化。江苏在国家"双高计划"中，入选总数、学校和专业群数量均居全国第一，即有20所高职院校入选国家"双高计划"，其中，高水平学校7所，高水平专业群建设学校13所。南京工业职业技术大学成为全国首家公办职业教育本科学校。系统构建"职教高考"制度，形成了"对口单招"、五年制高职和现代职教体系贯通培养三条主渠道，70%以上的中职学生自主选择就读高职，近20%高职学生通过专转本等渠道升入本科就读。

二是人才培养质量稳步提升。率先建立中职学业水平考试制度，有29个专业类进行"文化基础知识+专业综合理论+专业基本技能"统一考试。13个团队被教育部认定为国家级职业教育教师教学创新团队，总数位居全国各省份第一。全国职业院校技能大赛实现"十一连冠"、教学大赛获得"九连冠"。在2018年国家级教学成果奖评选中，江苏获奖总数和一等奖数均为全国各省份第一。[①] 入选国家"十三五"规划教材占全国规划教材总数的13.5%。

三是改革创新步伐持续加大。2019年3月，江苏颁布全国首部校企合作地方性法规《江苏省职业教育校企合作促进条例》，该条例的颁布，对于推进江苏经济高质量发展、促进就业保障民生具有重要意义。2020年9月，教育部、江苏省召开部省共建启动大会，整体推进苏锡常都市圈职业教育改革创新，打造高质量发展样板。[②] 由此，江苏再次扮演"改革风向标"角色，承担起立足区域资源禀赋、顺应职教改革潮流、

① 葛道凯：《建设现代化教育强省办好人民满意的教育》，载《江苏教育报》2019年5月17日，第1版。
② 王琼、董康：《蹚出新路再领跑》，载《江苏教育报》2021年2月3日，第1版。

服务构建新发展格局的重要使命。2021 年 7 月,常州市获批国家首批产教融合试点城市。此外,江苏入选全国示范性职教集团培育单位数量也位居全国各省份第一。

四是服务发展能力显著增强。江苏牵头制定了长三角生态绿色一体化发展示范区“职业教育一体化平台”建设方案,构建吴江市、上海青浦区和浙江嘉善县职业教育一体化发展协调机制,推动了职业教育跨省域合作发展。服务中西部地区脱贫攻坚,是协作规模最大的省份。为“走出去”企业提供服务,在 16 个国家设立办学点 43 个,输出教学标准 247 个。江苏自 1999 年开始现代职业教育体系建设,经历了建立阶段、完善阶段和深化阶段后,现已步入“特色阶段”,标志着江苏职教体系建设进入历史新阶段。

第三节 江苏现代职业教育体系构建的基本内涵

(一) 现代职业教育体系

“体系”是一个相对独立的整体系统,任何系统都是结构与功能的统一,职业教育体系有其自身的结构和功能。现代职业教育体系突出结构多样性与功能现代性的统一。功能的现代性是职业教育体系现代性的本质追求,[①]结构多样性则是职业教育体系现代性的现实基础。现代职业教育体系功能的价值取向,不仅能够为社会提供高质量的人力资源,促进人的全面发展,还能够服务人们的终身学习,推进学习型社会、学习型大国建设。现代职业教育体系,内部层次分明完整、衔接自然通畅;外部与经济体系联系、与普教体系衔接。因此,现代职业教育体系就是适应发展需求、产教深度融合、体系终身学习、职普相互沟通、内部层次衔接、具有“应用”属性及类型特征鲜明的现代职业教育体系。

(二) 江苏现代职业教育体系构建的基本内涵

江苏在 1998 年已基本完成了由温饱到小康的历史性转变,进入全面建设宽裕

① 关晶:《现代职业教育体系的“现代性”辨析》,载《中国高教研究》2014 年第 11 期,第 25—28 页。

型小康社会的新阶段。1999 年开始，现代职业教育体系经历了建立、完善和深化三个阶段，取得了显著的建设成就。

1. 以完善制度建设推动江苏现代职业教育学制体系创新

党的十四大、十五大以来，江苏大力发展社会主义市场经济，推动了开放型经济发展，经济的快速发展对人才有了旺盛需求。由于各类人才培养之间衔接不顺、转换不畅，出现了人才培养结构与社会需求脱节的现象。为解决这一问题，江苏从改革职业教育学制入手，积极探索由“h”型向“H”型的转变路径，建立职业教育新的学制体系，即中职教育、职业专科教育、应用本科教育学制体系。2012 年，江苏紧紧抓住国家职业教育体制改革契机，在完善“对口单招”“中职注册”和规范“五年制高职”的基础上，通过联合招生、分段培养、接续专业和连续学制，培养高素质技术技能人才，集中开展现代职业教育体系贯通培养试点工作。①

多年来，江苏不断探索内部衔接与外部沟通新模式，目前已经相对成熟的现代职业体系项目类型包括“3 + 3”项目、“3 + 4”项目、“3 + 2”项目、“4 + 0”项目和“5 + 2”项目，它们分别为中高职分段培养、中本分段培养、高本分段培养、高本联合培养和五年制高职与本科分段培养。② 贯通培养试点构建的中职、职业专科和职业(应用)本科的学制框架基本覆盖了每个阶段、每种形式的职业教育，并且随着时间的推移，试点规模持续扩大，模式相对稳定。截至 2022 年 9 月，贯通培养项目累积近 5 000 个，通过贯通培养升入本专科学校就读的学生超过 15 万人。

2. 从关键环节把握推动江苏技能人才系统培养体系构建

江苏遵循职业教育规律和人才成长规律，③准确定位各个阶段的培养目标，通过把握院校资质、课程衔接和转段升学三个关键环节，确保贯通培养试点工作质量。

第一，院校资质。江苏省教育厅对参加贯通培养试点的中职学校的学校资质、专业标准和学生成绩提出了明确要求。在学校资质上，中职学校只有成为省级高水平示范校，才能参加“3 + 3”分段培养的试点项目。中职学校只有成为国家级改

---

① 沈健：《深化教育教学改革　成就出彩人生——谱写江苏职业教育新华章》，载《中国职业技术教育》2015 年第 16 期，第 5—12 页。

② 徐国庆：《从分等到分类：职业教育改革发展之路》，华东师范大学出版社 2018 年版，第 117—118 页。

③ 沈健：《树立正确人才观加快建设江苏现代职业教育体系》，载《中国职业技术教育》2014 年第 28 期，第 53—57 页。

革示范校或省级领航校，才能参加“3＋4”分段培养的试点项目。在专业标准上，只有契合地方经济、与骨干、主导和新兴产业对接的专业，并且这些专业还必须是省高水平示范专业、省品牌特色专业，才能成为试点专业。在学生成绩上，凡中考成绩达到省四星级普通高中的录取分数线的学生，才能进入“3＋4”“5＋2”分段培养试点项目。凡中考成绩达到省三星级普通高中的录取分数线的学生，才能进入“3＋3”分段培养试点项目。参与贯通培养试点的高校数量、层次不断提升，省内一批高水平大学也都参与了贯通培养试点项目。

第二，课程衔接。江苏对“沟通培养”试点项目衔接课程体系建设进行了专门的研究部署，提出“任务导向、对接产业、统筹规划”的总要求，“前段”注重培养基础知识、基础能力和学习能力，要求取得“中级”职业资格证书；“后段”衔接注重“职业性”“实践性”，要求取得“高级（准技师）”职业资格证书。江苏所有试点项目衔接课程体系全部建立。

第三，转段升学。江苏省教育厅专门制定了贯通培养试点项目考核工作意见。“3＋3”和“3＋4”项目，省中等职业学校学生学业水平考试公共基础知识、专业综合理论、专业基本技能（已衔接专业类仅指 A 场）成绩全部合格作为学生转段考核合格的必要条件。“3＋4”项目的转段学生须参加省中职职教高考公共基础知识考试，“3＋2”“5＋2”分段培养转段升学统一纳入“专转本”范畴。在江苏省教育厅的管理监督下，整个转段考试充分落实高职院校办学自主权，由试点项目学校自主开展。

3. 以强化综合素质培养推动江苏人才培养质量体系完善

一是坚持立德树人的根本任务。2012 年 12 月，江苏省教育厅印发《江苏省中等职业学校德育工作督导评价标准（试行）》对职业学校的德育工作做出了具体要求，并将此项工作纳入年度督导检查。同时，省教育厅积极开展德育骨干教师、班主任、团支书和心理健康教育等专项培训，深化德育课堂教学改革，开展公民道德教育，表彰德育特色学校，组织师生技能大赛，促进学生全面发展。

二是凸显技能人才培养特色。江苏始终注重职业教育特色发展，在结合市场需求、强化实践教学、推进产教融合、突出人才培养特色等方面做了大量卓有成效的工作。突出技术技能地位。坚持把技术技能作为教学、考核的核心内容，并将职业道德、公民道德内容融入培养过程。通过教学研究基地建设，指导职业院校加强实践教学，突出技能培养。通过建立技能大赛制度，引入行业企业最新要求，创新职业院校实践教学。突出培养模式创新。产教深度融合，校企密切合作，组建专业建设指导委员会，为企业开展“订单式”人才培养，积极推行“引企入校、企业办校”校企深度合作模式，积极推动校企人员双向交流、互派互聘，鼓励职业院校教师到企业挂职锻炼、进修深造。突出校企联通联动。推动校企资源共享，协作培养技能人才，组建职业教育集团，实现校企合作共赢。

三是强化学生综合素质培养。一直以来，江苏职业教育始终致力于促进学生全面发展，在强化教育教学改革、创新人才培养模式、提高学生综合素质方面做出了不懈努力。特别是针对中职教育“2 + 1”培养模式存在的诸多问题，江苏率先推行了中职“2.5 + 0.5”和五年制高职“4.5 + 0.5”的学制改革，“校内”强化文化基础和实训教学，“校外”密切联系企业，优化顶岗实习。同时，将人才培养方案的“理实比”调整为 4∶6。在此基础上，对中职和五年制高职人才培养方案进行了全面系统修订，对中职教育学业水平测试制度进行了探索。

第四节 江苏现代职业教育体系构建的基本逻辑

江苏要建立什么样的现代职业教育体系？江苏关于现代职业教育体系建设政策做出了明确回答。2014 年 10 月，江苏省教育厅印发的《关于加快推进现代职业教育体系建设的实施意见》，描绘了江苏 2020 年建成的现代职业教育体系的“美好蓝图”，即适应发展需求、产教深度融合、职普相互沟通、体现终身教育理念、中高本硕博紧密衔接。回顾江苏现代职业教育体系建设辉煌成就，全面系统分析江苏建构现代职业教育体系目标及推进体系建设的实践，认为需求导向的江苏现代职业教育体系建构在认识和行动逻辑上主要体现在两个方面。

（一）适应人的全面发展需求是体系构建的人本逻辑

1. 人的全面发展内涵

党的二十大报告指出，社会主义现代化的根本要求是物质富足、精神富有，中国式现代化是要促进“物的全面丰富和人的全面发展”。[①] 中国式现代化是社会主义现代化在我国当代的最新发展,新发展阶段推动共同富裕与促进人的全面发展高度统一,中国共产党始终将促进人的全面发展作为根本价值理念,[②]实现“两个一百年”目标是人的全面发展的重大实质性进展。现代化的根本和关键是人的现代化,社会主义现代化的根本是推动人的全面发展。现代职业教育体系是职业教育现代化的重要组成部分,而职业教育现代化是教育现代化的重要组成部分,教育现代化又是中国式现代化的重要组成部分,因此,现代职业教育体系建设的根本在于推动人的全面发展。在一定意义上,追求卓越超越自我是人的本性。人是最宝贵的资源,人的发展就是人的诸种潜在能力的开发、发挥和展开,是社会经济发展的核心。人的全面发展是人的本质力量的全面发展和充分发挥。人的全面发展不仅是人的需要的全面发展,还是人的素质与能力和个性的全面发展。促进人的全面发展就要更加重视人的创新创造能力提升,就要遵循生产方式发展规律。

2. 促进人的全面发展是职教的本质功能

在社会大系统中,职业教育既要受到政治、经济和文化等系统的制约,也会反作用于这些系统,表现出政治的功能、经济的功能和文化的功能等。人的需要决定了经济、政治和文化,也决定了包括职业教育在内的教育等。职业教育在促进人的全面发展中发挥了自身独特的作用。

一是职业教育提供发展可能。职业教育是社会发展的产物,职业教育的发展,不仅完善了教育体系,还增加了学生的就业机会,更好地成为服务经济社会发展需要的技术技能人才,为实现人的全面发展提供了可能。

二是职业教育创造发展条件。职业教育与普通教育类型不同、地位相同。与普通教育相比,职业教育更加具有技术技能性和面向实践性的特征。通过职业教育,受教育者习得了知识与技能,促进了生产活动,产生增值效应,不仅提高了劳动生产率,还创造了更多的物质财富,为人的全面发展创造了条件。

三是职业教育促进学生发展。实践导向课程模式是职业教育为擅长形象思维

① 马金龙、肖梦悦:《中国式现代化的内涵及其当代价值》,载《宁夏师范学院学报》2023 年第 2 期,第 5—10 页。

② 尹庆双、肖磊、杨锦英:《人的全面发展:时代特质、内涵延展与理论意义》,载《政治经济学评论》2023 年第 6 期,第 102—126 页。

的学生提供的机会与舞台,能够更好地促进这些学生的全面发展。

四是职业教育与生产相结合。职业教育传授技术知识、强化技能训练,就是为了学生发展智力、增强体质和形成综合职业能力。职业教育可以认为是教育与生产的交叉系统,教育与生产的紧密结合,不仅是“过程”的相互促进,更是“内容”的互相渗透,是促进人的全面发展的根本途径。

五是职业教育就是终身教育。面对现代社会频繁的职业变迁,只有接受再教育,掌握新本领,才能立足新岗位,适应新形势。如此不断地再学习、再适应、再立足,在自身能力得到提升的同时,促进了人的全面发展。

3. 江苏坚持人的全面发展,构建现代职教体系

满足人的职业教育需求,实现人的全面发展,是江苏现代职业教育体系构建的“初心”,也就是说,江苏将教育作为人权来建构,作为充分参与社会政治、经济和文化的基础机制,促进人的更好发展,符合江苏现代职业教育体系构建的人本逻辑。根据学生的知识与能力、兴趣与爱好的不同,江苏在构建现代职业教育体系的过程中充分考虑了学生需要的适应性,尽力为每一位学生提供合适的教育内容和教育层次。尽管如此,随着江苏省实施和完善放开初中后招生市场,对口单独招生和中职后注册进入高职院校等相关政策,进入职业院校的通道畅通且宽阔,在人们对职业教育的一般需求得到了充分满足的基础上,对接受更高层次的职业教育需求显得更为强烈。人们需要更高层次的职业教育,实现自我更好发展成了江苏构建现代职业教育体系的现实目标。为此,江苏努力建立健全多形式衔接、多层次贯通、多通道成长的现代职业教育体系,让学生多次数选择、个性化成长。深化教育教学改革,打造一批核心课程、优质教材、教师团队、实践项目,推动人工智能应用于教学和实践,扩大优质资源共享,在服务全民终身学习和技能型社会建设等方面持续发力、纵深推进,推动江苏现代职业教育体系成为全国样板。

(二) 适应经济社会发展需求是体系构建的目标逻辑

为体现职业教育的经济和社会功能,江苏将适应经济社会发展需求作为构建现代职业教育体系的重要目标。多年来,江苏省的国内生产总值(GDP)始终居于全国各省份的第二位,经济发展水平、产业结构、技术水平均处于领跑者行列,产业

基础的高级化和产业链的现代化，也就有了高技能、高层次、高教育的人才需求。

1. 经济社会发展需要技术技能人才支撑

当前，我国经济社会发展已经进入高质量发展阶段。改革开放以来，我国创造了连续三十多年经济高速增长的奇迹，一举改变了我国经济社会面貌，不仅为全面建成小康社会奠定了物质财富的基础，也极大地提升了我国在国际舞台上的地位，这一切离不开党和国家对各级各类人才的高度重视，技术技能人才地位得到了空前的提升，立志成为“大国工匠”的孩子越来越多。技术技能人才是指为了实现职场工作目标，通过运用一定的技术技能完成相应的劳动任务的人才。这类人才以技术技能见长，对相应职业的技术组成、基本原理非常熟悉，对这些技术的设计、维护与管理等技能非常熟练，并能灵活运用这些技术解决工作中的具体问题，其既是技能人才，也是技术人才。当今，技术技能人才广泛覆盖于经济社会各领域、各行业，尽管其所从事工作的技术含量可能会有不同，技能的复杂程度也许存在差异，但拥有一定的技术基础和操作技能是这类人才的根本。高素质技术技能人才是指技术技能人才具有较强的整体能力和较好的综合素养，体现的是内涵与外延的融合、层次与质量的统一，具有职业意识的高站位、专业能力的高品质、职业劳动的高质量和生涯发展的高水平等基本特征。① 高素质技术技能人才能够在当代新技术变革、现代职业教育体系建设、经济社会高质量发展和中国式现代化建设中发挥更大的作用。

2. 体系构建培养高素质的技术技能人才

保证企业需求的“高素质”。紧密结合区域经济社会发展需求，既面向企业操作一线，更面向企业技术一线和管理一线。规格上，既重视实践技能培养，更偏重掌握科学方法，培养学生具有通过现场实验，优化流程、改进技术与工艺，以及开展一定程度的技术研发的能力。按照现代职业教育体系的系统培养要求，不仅对技术技能人才培养定位保持相对的延续性，还注重培养学生具有解决企业一线技术、工艺问题能力，以及解决现场实际问题的应用研究能力。注重人才培养的“全过程”。招考环节侧重以职业能力为导向，在招生专业对接方面，注重职业能力的接续性。在转段选拔考核方面，优化“文化素质＋职业技能”的转段升学人才选拔方

① 王志、赵倩：《预判与应对：大数据视域下本科职业教育人才培养的风险及规避》，载《机械职业教育》2023年第6期，第44—47页。

式。培养环节注重以提高应用能力为中心，构建个性化培养方式，根据生源特点和现有基础，构建有效衔接的课内课外融合培养体系。评价环节坚持以社会需求为导向，人才培养的最终归宿是社会需求。高素质技术技能人才培养要以区域经济社会发展为依据，以胜任一线岗位需求为目标，建立学习成果评价标准和用人成效反馈机制。突出培养系统的"跨层级"。课程体系上一体化设计，构建职业能力层次递进的协同课程体系。师资建设上合作促进，各层级教师与企业能工巧匠互任互聘、项目合作、相互促进。教学资源上共建共享，不同层级院校资源和企业资源互惠共用、共享共生。管理机制上打破壁垒，各层级管理部门多方联动、协同会商，强化组织管理与沟通机制创新。能力衔接上，以"1 + X"证书为导向，推进各层级校企合作，深化跨层级证书联动。

3. 江苏体系构建适应经济社会发展需求

作为全国第二经济大省的"苏大强"，江苏装备制造业尤为亮眼，新能源相关产业"领航"，民营工业企业支撑有力，推动了产业与行业发展对职业教育的层次需求越来越高、规模需求越来越大。除先进的制造业与技术创新，突出的产业优势与政策支持外，江苏的常住人口在逐年增加，科技投入和产出逐年领先，中等职业教育和专科层次高等职业教育的规模多年来一直位居全国首位，这些都表明，对职业教育本科及以上层次的需求已经为江苏构建现代职业教育体系提出了更高要求。

适应经济社会发展，实现人的全面发展是构建江苏现代职业教育体系的基本逻辑，江苏只有把推动职业教育高质量发展摆在更加突出的位置，优化职业教育定位，增强职业教育适应性，才能打造现代职业教育体系样板，为江苏推进中国式现代化走在前列做示范、谱写"强富美高"新江苏现代化建设新篇章提供强有力的技术技能人才支撑。

第五节　江苏现代职业教育体系构建的基本理念

（一）现代职业教育体系构建的基本理念

"理念"在希腊语中意为"图画"和"模型"，现代一般理解为"思想"和"观念"。

柏拉图认为,“理念”是事物的原形,是永恒不变的真实存在。黑格尔认为,理念是概念与客观性的绝对统一。在现实应用中,理念是指人的某种立场、观点和追求。理念与价值属于两个不同范畴,但理念比价值更抽象,价值比理念更具体。理念是价值的上位概念,价值是理念下的表现形式。战略目标是现代职业教育体系构建的核心要素,现代职业教育体系构建就是要坚持人本与市场结合、传统与创新合璧、本土与国际接轨、阶段与终身一体以及现代与持续并重等理念。

(二)江苏现代职业教育体系构建的基本理念

1. 坚持人民至上

人民至上是指在历史唯物主义观的指导下,以人民标准衡量中国共产党在人民地位、权利和利益上的最高价值追求。人民至上论是以习近平总书记为主要代表的中国共产党人践行人民至上执政理念的理论结晶,[①]它强化了马克思主义政党理论指导实践的重要功效,丰富了马克思主义政党理论宝库。坚持人民至上,就是坚持以人民为中心的发展思想。

江苏现代职业教育体系始终坚持以人民为中心的发展思想,聚焦以人为本,保民生、促就业,彰显职业教育平民性和公平性,将现代职业教育服务面向扩展到所有需求者,包括学龄青少年、退役军人、在职与下岗职工、农民工和残疾人等。围绕江苏学生成长成才和家长所期所盼,以江苏推进产业基础高级化、产业链现代化对技术技能人才的需求为导向,按照职业教育发展规律培养高素质技术技能人才,一切为了学生,为了一切学生,为那些擅长形象思维的学生的发展提供更宽广的发展平台,真正让每一个接受职业教育的孩子切身感受到“前途广阔,大有可为”。

2. 坚持创新发展

“创新”具有更新、创造新东西和改变三层含义。创新是一种过程,也是一种结果,其本质是一种人类的创造性实践行为。创新发展,既是人类发展实现改变和超越的理论创造,也是创新理论服务于人类发展的实践应用。“创新驱动发展战略”“新发展理念”推动了我国坚持走中国特色自主创新道路。江苏从 2014 年提出“两

① 林意章:《习近平人民至上论研究》,广西师范大学 2022 年博士学位论文,第 11—12 页。

个率先”，到2020年提出“争当表率”“争做示范”“走在前列”，再到当今提出“在推进中国式现代化中走在前、做示范”，大力推进工业化、信息化、城镇化、市场化和国际化“五化”进程，逐步实现创新驱动发展，为江苏现代职业教育体系创新发展提供了更多机会，也提出了更高要求。

江苏着力建设既具区域特色，又具自主创新能力的现代职业教育体系。通过职业教育“数字化”“集团化”“终身化”，以时代性引领打造江苏现代职业教育体系特色，通过推动示范性优质职业学校、“双高”高职院校发展，以高质量引领推动江苏现代职教体系创新建设。通过“横向融通、纵向贯通”的人才培养，以立交桥搭建推动江苏现代职业教育体系培养多样化人才。在深化现代职业教育体系上，更加注重市域产教联合体和行业产教融合共同体建设，更加注重产教融合校企合作和内涵建设，更加注重职业院校教育教学改革和国际化发展，服务人的全面发展和经济社会高质量发展。

3. 坚持职教富民

共同富裕是人民的所思所想、所期所盼，是中国共产党人的初心使命与不懈追求。共同富裕是社会主义的本质要求，是全体人民物质生活和精神生活双富裕，是分阶段促进的共同富裕。在“共同富裕”系统中，经济共同富裕是基础，缩小收入差距是方向。职业教育是推动产业转型升级、经济结构调整和促进乡村振兴的重要力量，也是实现共同富裕的现实路径。“发展”是共同富裕的根本举措，“教育”是共同富裕的核心要义。“共同富裕”系统中有两个关键因素，一个是“富裕”，反映了人民大众对物质与精神的高要求；一个是“共同”，凸显了社会对公平正义分配的高要求。“共同富裕”则体现了社会主义的本质要求，解决好发展的“不平衡、不充分”问题，满足好人民的“美好”需要，推动好人的“全面”发展。职业教育与共同富裕两个系统关系密切，一方面，职业教育通过提供人才支持、技术支撑和文化引导，“支撑—推动”共同富裕。另一方面，作为国家战略，共同富裕通过投入资金、创造条件和价值引领，“牵引—重塑”职业教育。

一直以来，江苏在构建现代职业教育体系过程中始终坚持职教富民理念，一方面，将“两个率先”的贯彻与“富民强省”战略、职业教育与“富民惠民”紧密结合，让职业教育在“两个率先”“富民强省”战略和“富民惠民”中发挥更大作用。另一方面，大力弘扬江苏精神，让“加快发展，富民优先”“创新、创业、创优”既深入人心，又落在实处，让接受职业教育者不仅学到了一技之长，富了口袋，还实现了观念转变，富了脑袋。使职业教育不仅成为推动经济社会发展的重要手段，还成为受教育者增收致富的“敲门砖”。通过坚持职教富民，不仅增强了职业教育自身吸引力和人们主动接受职业教育的内驱力，还实现了江苏职业教育与富民惠民的良性互动。当今，江苏建立的现代职业教育体系在中国式现代化的“共同富裕”中发挥着越来越重要的作用。

4. 坚持终身教育

终身教育是指脱离正规教育后人们所接受的各种各样的教育。一般来看，终身教育具有在时间上的终身连续性和在空间上的社会总体性的综合统一特征，表现在纵向上贯穿人的各个发展阶段，横向上渗透到社会生活的各个方面。在终身教育理念下构建现代职业教育体系，主要基于以下三个方面的动因：

一是破解职业教育的终结特质。职业教育原有体系内部进入专科层次就“到顶了”，更高层次的升学通道是封闭的，个人的发展受到了严重制约。将职业教育纳入终身教育体系中，构建终身性的现代职业教育体系，才能实现人们的终身学习，才能破解职业教育的终结特质。

二是满足人的全面发展的需求。满足人的全面发展是终身教育理念下构建现代职业教育体系的关键。新型工业化对每一个社会个体及其职业都提出了更高要求，而接受终身教育是工作好、生活好的前提。构建现代职业教育体系就是要为想学习的人提供“时时能学、处处可学”的机会，并可实现在教育的类型和层次之间灵活转换。

三是适应经济社会发展的需求。现代职业教育活动涉及两个及两个以上学习地点，其教育行为是在教育系统内部与外部结构相互耦合连接下才能实施，现代职业教育是一种跨界教育，也是一种实践教育。因此，现代职业教育必须服务经济社会发展和人的全面发展。构建现代职业教育体系的目的之一是增强职业教育适应性，在终身教育下，构建现代职业教育体系必须从职业教育自身发展实际出发，与区域经济社会发展和产业结构实际相结合。

作为全国经济发达省份，江苏在构建现代职业教育体系过程中，充分考虑职业教育自身的发展实际，从产业需求出发，实现现代职业教育体系建设与产业发展保持高度一致。针对区域经济发展水平对职业教育人才需求层次较高的实际，充分发挥中职学校、高职院校和应用型本科院校理念先进以及教学条件、教师水平较高的优势，通过架构中职高职分段培养、中职本科分段培养、高职本科分段(合作)培养等多元化、多层次的互通互融的职业教育立交桥，实现了人才培养和成长渠道的畅通。同时，还为产业转型发展对新技术新技能的要求，对在岗的不同年龄段的员工提供终身教育与培训的服务。

5. 坚持对外开放

职业教育国际化是面向世界、博采众长，将自身的理念、国际化活动和对外合作的内容融入职业院校的教育教学、科学研究和社会服务的趋势和过程。我国职业教育对外开放是职业教育发展规律的内在要求，是职业教育发展的重大历史机遇和自身国际化发展的根本要求。在对外开放过程中，我国职业教育在价值取向上坚持教育目的教育性与社会性的融合、学科发展理论性与体系性的衔接、办学模式开放性与封闭性的统一和人才培养专业性与职业性的统一；在发展目标上，推动职业教育的教育功能、办学主体、发展结构和人才培养的全方位转型。职业教育对外开放，不仅有助于培养具有国际视野的高素质技术技能人才，提升我国职业教育国际话语权和影响力，推进我国职业教育高质量发展，还有助于服务我国产业结构转型升级，建设制造强国，实现中国式现代化。

长期以来，江苏职业教育始终立足自身优势，坚定推进对外开放，注重职业教育国际化发展，持续优化省域现代职业教育体系。一方面，秉持开放心态，瞄准国际一流水准。江苏职业教育坚持“走出去、引进来”，实施“郑和计划”，建设一批境外办学平台，构建学校、企业、社会组织等多元主体协同举办和经营的管理运行模式，重点服务共建“一带一路”的境外产业园区和“走出去”企业，培养熟悉中国技术、产品、标准和品牌的本土化技术技能人才，服务江苏产品走向国际市场。锚定国际一流标准，推动专业建设、课程建设和技能培养，主动融入世界、对话各国、提升水平。另一方面，加强国际合作，提高对外开放水平。多年来，江苏通过政策推动，支持职业院校师生赴境外研修、学习，鼓励职业院校接受境外留学生、交换生，与共建“一带一路”国家的职业院校开展教育合作，与培训机构开展业务交流，引进

“国际认证”、输出“教学标准”。因此，在构建现代职业教育体系过程中，江苏不仅借鉴了国外的先进经验，国外也留下了江苏的闪光印记。

(三)江苏现代职业教育体系构建的思路框架

江苏始终坚定不移地把发展职业教育作为经济社会发展的重要基础和教育工作的战略重点，围绕建设现代职业教育体系，以立德树人为根本，以提高质量为核心，以实现人的全面发展为目标，以“对接需求、有机衔接、多元立交”为总体方向，以“江苏特点、中国特色、世界水平”为建设要求，坚持改革创新、特色发展，坚持产教融合、校企合作，坚持对外开放、合作共赢，努力培养高素质技术技能人才并促进全体劳动者可持续发展。

1. 推进职业教育与普通教育协调发展

“协调发展”重在“配合得当、和谐一致”。“配合得当”体现了在教育体系中职业教育与普通教育保持动态平衡的关系；“和谐一致”则体现了为实现我国经济社会高质量发展，将职业教育与普通教育联系起来。“协调发展”具有一致的目的、平衡的关系、独特的功能、灵活的实施四个方面的含义。一致的目的是指职业教育与普通教育共同服务国家战略；平衡的关系是指职业教育与普通教育处于平等位置，在资源和规模上比例适当；独特的功能是指职业教育在培养目标、规格和模式上与普通教育有所不同、须协调（金星霖 等，2022）；[①]灵活的实施是指根据国家不同阶段的实际需求，统筹布局职业教育和普通教育。因而，只有在这四个方面共同发力，才能实现职业教育与普通教育协调发展。

江苏坚决落实国家关于职业教育发展的战略定位，全局谋划、主动适应，积极推动职业教育与普通教育协调发展。

第一，服务定位，适应发展。一方面，在政策上推动职业教育与普通教育服务国际国内发展形势。在国际层面，引进国外先进理念，推动科学理论知识与技术能力相互融合。推动江苏模式“走出去”，实施“郑和计划”，服务共建“一带一路”的境外产业园区和“走出去”企业。在国内层面，推动职业教育与普通教育培养国家（江

① 金星霖，石伟平：《论职业教育与普通教育协调发展》，载《现代教育管理》2022 年第 8 期，第 102—110 页。

苏)需要的高素质人才。另一方面,在办学上促进职业教育与普通教育落实立德树人根本任务。在思想政治上,两类院校都把思想政治教育放在重要位置,通过课程融入,内化为学生素质。在课程建设上,职业院校专业课程对接职业标准,促进学生岗位适应能力提升。普通教育则注重应用性,促进学生提高素养、服务实践。在评价标准上,深化评价改革,职业院校强调品德、素质和职业技能的融合,普通院校则着重培养学生综合素质。

第二,平衡实力,融合互通。在职普关系方面,江苏尤为关注二者的平衡性和互通性。在平衡性方面,江苏不仅确保职普平等发展,还确保职业教育持续高质量发展。在办学资源方面,江苏给予职业院校更多支持;在院校治理方面,统筹管理、分级负责、多元共治;在生源质量方面,保证职普学生人数大体相当。在互通性方面,江苏建立了双向融通机制,在义务教育阶段,开设了职业启蒙课程;在高中阶段,设置了职普融通课程;在高等教育阶段,推进"本科"教育,完善职教高考。

第三,突出特色,引导观念。在保持职普各自独特功能方面,江苏着重在办学特色和社会期望方面对二者进行改造。办学特色方面是指教育在办学过程中的独特价值与功能。在职业教育办学特色打造方面,全面深化职业教育产教融合、校企合作,促进"五个对接",推动培养模式创新。推进"双高双优"建设,培养高素质技术技能人才。创新教学评价体系,推动职业教育学历证书与职业资格证书制度的接轨;在普通教育办学特色打造方面,强调学校育人实践的综合性和全面性,将教学重心转移到促进学生的全面发展上来。社会期望方面是指学生与家长对教育的希望。江苏通过推进技能型社会建设,引导民众对职业教育与普通教育产生合理期望,以促进职业教育与普通教育协调发展。通过每年的劳模表彰、职教活动周、大国工匠评选和职业院校技能大赛的系列宣传报道,深刻影响了社会大众对职业教育的看法。通过技术技能融入整个教育体系,能够帮助特殊教育的残疾学生获得一技之长,促进普通教育学生重新认识职业教育,社会大众能够获得优质培训。提高技术技能人才的待遇和地位,使得技术技能人才过上有尊严、更体面的生活。

第四,一核多元,因地制宜。在实践中,江苏通过构建"一核多元"教育治理体系,以及"因地制宜"促进教育区域化发展,合理布局职业教育与普通教育。在"一核多元"教育治理体系中,各级党委和政府这个"一核"是核心及保障,在职业教育与普通教育布局中起到布局、支持和督导作用。而各类院校、地方社会力量、企业等“多元”尤其在职业教育办学中起到重要作用，在职业教育与普通教育布局中具有支撑作用；在“因地制宜”促进教育区域化发展方面，针对苏南、苏中、苏北存在的现实差距，江苏根据“1 + 3”重点功能区产业发展定位对教育进行统筹规划，分层分类、协同联动、资源共享，同时，发挥职业教育“育人周期短、效果见效快”的优势，助力苏北地区在乡村振兴、共同富裕中彰显职业教育价值。发挥普通教育“育人周期长、综合素质高”的优势，推动教育公平，提高人口素质，促进个人发展，努力推进江苏教育区域化协同发展。

2. 建立“中高本研”教育贯通培养体系

“中高本研”教育贯通培养体系是指“中高本研”衔接一体化教育模式，这是职业教育的一种新型的教育模式，它包括职业教育内部要素和外在手段的“双衔接”。内部要素包括学校学制、培养目标、专业设置和课程内容等，外部手段包括政策法规、招考方案和承办机构等。通过内外“双衔接”，实现“中高本研”一体化培养高素质技术技能人才。“中高本研”教育贯通培养的逻辑起点是“同源”，贯通依据是“终身教育”，最终目的是“形成完备的现代职业教育体系”。“同源”是指中、高、本、研同属同一类型的职业教育子系统，但它们的教育“阶段”“层次”不同、课程“深度”“广度”不同，正因如此，才能实现一体化衔接、贯通化培养。“终身教育”是学习者一生接受教育的总和，其理念是让教育贯穿学习者的一生。通过终身教育的“连接”作用，实现学习者的可持续发展。“中高本研”衔接，体现了终身教育理念，具有整体性、层次性、目的性、稳定性和开放性的特征。建立“中高本研”教育贯通培养体系，不仅有助于增强职业教育的特色性与吸引力，建立完善的现代职业教育体系，还有助于促进经济社会的发展。

江苏职业教育贯通培养实践从 2012 年开始试点。2012 年 2 月江苏省制订出台了《2012 年江苏省现代职业教育体系建设试点工作实施方案》。该方案提出中高职3 + 3(或 3 + 2)“分段”、中本 3 + 4“分段”、高本 3 + 2(或 5 + 2)“分段”、高本“联合”和双专科“联合”等 5 类试点项目，直到现在，江苏始终保持中高职 3 + 2“分段”、中本3 + 4“分段”、高本 3 + 2(或 5 + 2)“分段”和高本 4 + 0“联合”4 类试点项目，仅仅取消了双专科“联合”项目，说明 2012 年开展试点时，江苏的“功课”做得还是比较好的。目前，现代职业教育体系项目试点已经进入了常态化、制度化管理阶段，通过严格招生录取工作、落实项目学校双方职责、规范项目学生转段升学工作，推动项目实施主体“三自主”（合作学校自主选择、衔接专业自主确定、课程衔接自主实施），实现江苏现代职业教育项目试点工作稳步运行。如今，每年进入本科学校继续深造学习的中高职毕业生占当年毕业生总数的 30%，进入职业专科学校（高职院校）继续深造学习的中职毕业生占当年毕业生总数的 50%。

3. 建立职业教育与行业、产业、企业融合体系

建立职业教育与行业、产业、企业融合体系就是实现职业教育产教深度融合。职业教育产教融合是指由职业教育系统、科研系统、产业系统以及其他社会系统融合而成的融合生态系统。该系统的设计逻辑是融合生态系统将原来不同系统的异质性要素（知识、技术、资本和管理等）有机结合，生成新功能、实现新衔接。主要目标是培养人才、振兴产业和创新发展。同时，职业教育产教融合具有三个特性：第一，融合上的层次性。操作层面（教学与工作）体现为工学结合，执行层面（学校与企业）体现为校企合作，决策层面（国家与区域）体现为产教融合。第二，认识上的相对性。融合系统中的不同主体会形成有益于自身价值诉求的工具价值属性的表达。第三，发展上的阶段性。产教融合在不同的发展阶段具有不同的内涵表达。

多年来，江苏坚持对接现代产业体系，持续深化产教融合。一是优化院校布局，推进“三链”融合。职业院校与产业基地之间的物理距离一直是产教融合的“距离”，江苏在职业院校规划布局之时就明确提出：要将职业院校建在高新园区、建在工业新区、建在工业园区，参与产业基地建设、主动融入科技创新，推进教育链、产业链、人才链“三链”融合。二是优化专业结构，实现“三性”调整。以江苏重点产业为导向，优化职业院校专业布局，通过建立适应产业发展的专业动态调整机制，允许职业院校自主设置和调整专业，实现职业院校专业的预见性、前瞻性、针对性“三性”调整。经测算，目前江苏第一产业、第二产业、第三产业在国内生产总值中的比重与江苏职业院校农科、工科、现代服务类专业的分布比例基本一致。三是优化培养过程，增进“三相”联系。人才培养过程优化是提升产业适应性的主要路径。江苏为强化职教与行业联结，首批成立了 11 个职业教育行业指导委员会，积极推进专业设置与产业升级、培养目标与行业标准、教学过程与企业需求“相衔接”。以职

业教育技术知识开发紧跟产业技术发展，推动职业教育人才培养与产业需求“相适应”。扩大现代学徒制试点范围，校企共同招生，双师资、双地点共同培养，实现校企一体化育人、双向化互动“相统一”。

4. 建立职业教育促进终身教育发展的服务体系

终身教育是指人在一生中所受教育的总和，表现为在时间上贯穿人的一生、在空间上跨越不同场所、在目的上注重人的全面发展。职业教育与终身教育分别存在于实际行动和制度理念层面，职业教育不仅给人们传授知识技能，还培养人们的职业道德，提高人的职业素养。而终身教育则给人们提供公平学习机会，建立终身学习体系。职业教育是终身教育的主体，体现终身教育的内涵，贯穿于终身教育之中。职业教育能够促进终身教育的发展。

一直以来，江苏职业教育坚持面向人人、面向社会，通过建立职业教育和培训制度，夯实现代职业教育体系，服务终身教育体系构建，满足社会民众，特别是因各种原因没有升学的初高中毕业生、复员转业军人和下岗失业人员等群体的职业教育和培训需要。同时，通过整合各方资源持续推进继续教育规范、有序、高质量发展。支持职业院校大力开发继续教育资源，推动继续教育课程互选、资源共享、学分互认，主动服务街道、社区和居委会，提供智能手机使用、防诈骗知识解读、垃圾分类知识讲解、数字化阅读学习等志愿服务。主动面向行业企业，与企业一道开展技术创新、产品开发、流程改造，根据企业需求，定制各种专项培训、开展订单式人才培养。主动提供成人高等教育服务，为社会提供函授、业余、脱产和网络等多种形式的学历继续教育。同时，以社区教育为基础，学校教育和公共场馆积极开放，社会培训蓬勃发展，行业企业等用人单位普遍开展在职教育培训，全社会广泛参与多元化终身学习，支持服务体系正逐步形成。

第六节　江苏现代职业教育体系构建的基本路径

（一）扩大职业教育的规模和覆盖面

教育需求是指对教育支付能力的需求，包括教育个人需求和教育社会需求。

教育个人需求是指个人为了职业发展的需要而产生对教育支付能力的需要。教育社会需求是指国家经济社会发展对人才的要求而产生的对教育支付能力的需要。教育个人需求是教育社会需求的基础，只有满足了教育个人需求，才能更好地满足教育社会需求。职业教育的规模和覆盖面受政治、经济、科技文化、人口总量、办学条件等诸多方面因素影响，但起决定性作用的还是经济因素。

江苏处于我国东部沿海发达地区，经济基础好，转型发展快，产业结构优，创新能力强，一直以来，江苏职业教育发展实力和规模始终处于全国前列。因此，江苏经济社会发展及其协调发展、职业教育协调发展和加快推进城镇化进程等各方面都对职业教育产生了需求。面对庞大的职业教育需求，江苏强化宏观调控，调整高中阶段教育招生结构，保持中等职业教育与普通高中教育的比例大体相当，同时，江苏在社区教育、农村职业教育和构建全民终身学习体系等方面强化投入、加大支持，在初高中毕业生、退役军人和失业与返乡农民职业培训方面政策倾斜、专项扶持，在职业学校毕业生直接升学、在职人员继续学习和退伍军人免试入学等方面统筹兼顾、创造条件，着力扩大职业教育的规模和覆盖面，服务江苏经济社会发展。[①]

（二）促进职业教育的均衡公平发展

教育均衡发展是指优质教育资源均衡配置、入学就学机会均等、个性潜能得到最大促进。教育公平是指教育机会、过程和质量公平。职业教育均衡公平发展既要注重优质职业教育资源均衡配置，也要确保学生职业教育机会，通过学习促进学生职业素质高、技术技能强，成为推动经济社会发展、促进社会公平的有生力量。多年来，江苏在促进职业教育均衡公平发展方面统筹兼顾、精准发力，努力追求“公平而有质量”的职业教育，取得了显著成效。

第一，发挥政府的推动作用。政府非常重视职业教育均衡公平发展，认真履行自身职责，作为经济强省，江苏每年都能将职教经费足额拨付到位，并确保正常使用。同时，江苏根据发展实际，通过出台相应的法律法规，推动职业教育资源整合、共享，特别是健全学生资助体系，确保家庭困难的学生学费应免尽免，确保符合政

① 崔景贵、尹伟：《江苏现代职业教育体系构建的历程、路径与策略》，载《中国职业技术教育》2015 年第 6 期，第 21—27 页。

策的学生得到资助,实现职业教育均衡配置和教育公平。第二,建立资源倾斜机制。江苏尤为重视职业教育整体的协调发展。针对苏中苏北、农村地区等职业教育发展实际,以“订政策、聚资源、补短板、促发展”的总体思路,通过政策倾斜、特事特办,对口支援、资源共享,领导轮岗、教师互派,推动欠发达地区转变职教思想,加强内涵建设,提升管理水平,增强服务能力,实现江苏职教整体协调发展。第三,有效利用信息化手段。信息化手段作为促进职业教育均衡公平发展的新动力,能够有效促进职业教育资源共享和质量优化,不仅能够实现对江苏省内相对欠发达地区从粗放帮助走向精准帮扶,还能够实现对江苏所有地区从重视标准化供给到追求多样化优质供给。江苏强化政府投入推动,引入社会资本和市场机制,有效利用社会资源和市场要素,实现了全省所有职业院校均已建成“智慧校园”。

(三)提升职业教育的开放合作水平

江苏以系统论为依据推动职业教育开放合作。系统是一个以边界隔离外界的有机整体,也是更大系统的一部分。系统有开放系统和封闭系统两类,开放系统中的系统要素可与外部环境交换信息。封闭系统则与外部环境彻底隔离,不与外部环境发生相互作用。江苏职业教育始终以开放系统的姿态面对社会。一方面,主动与外界互动交流。多年来,江苏持续推进职业教育内涵式发展,职业院校主动作为、主动出击,积极与地方政府、行业企业共同开展产学研合作,通过基地建设,深化与行业企业的互动交流,加强了“双师型”队伍建设,提升了人才培养质量,促进了产业的转型升级,实现了校企的互利共赢。另一方面,积极与外界共建共享。江苏高度重视终身学习体系建设,积极拓宽终身学习通道,通过学分互认、学分转换、学分替代等,推动职业院校、普通高校和成人高校的互联互通,通过共建社会教育资源,实现了社会资源的共享共用,不仅推动了校际的交流协作,还服务了终身学习体系建设。同时,也积极推动江苏职业院校的国际合作交流,推动职业院校课程建设与国际通用职业资格证书对接。

(四)加强职业院校的优质资源建设

职业教育资源是指各职业院校中以教学为目的的各种物质要素的总称,包括物力、财力和人力等。在职业院校的优质资源建设中，江苏着重在职业教育财政投入、师资建设和信息化水平提高等方面持续加大建设力度。第一，加大投入力度。职业教育经费投入力度对职业教育发展程度有着重要的影响。多年来，江苏持续加大职业教育投入力度，财政投入逐年增长，每年的投入增长高于江苏 GDP 增长，同时，确保生均预算内职业教育经费排名始终保持在全国各省份前 3 位，充足的财力保障，促进了江苏特色现代职业教育体系建设。第二，强化师资建设。教师是职业教育的第一资源与核心要素。用心、用情、用力打造“双师型”教师队伍，有助于建设现代职业教育体系和提高技术技能人才培养质量。长期以来，江苏始终把加强职业教育教师队伍建设作为“立教之本、兴教之源”的基础性工程来抓，通过师德师风建设、“双师型”队伍建设，落实立德树人的根本任务。据统计，江苏职业院校中，85%以上的教师为“双师型”教师。85%以上的教师具有研究生学历，拥有全国10%以上的领军人才。职业教育师资水平的不断提升，推动了江苏职业教育的高质量发展。第三，提高信息化水平。多年来，江苏在高度重视职业教育信息化建设基础工作的基础上，在职业教育课程教学资源库、信息服务平台、信息化多元开发机制、区域资源信息中心和资源开发基地建设等方面政策导向、重点投入，取得了显著成绩，推动了江苏职业教育信息化建设，提高了信息化水平。

（五）加强区域职教布局与结构调整

职业教育布局是指职业院校在一定区域内不同坐落区域、不同体质属性、不同行业背景等的分布和职业教育专业取向与分布情况。职业教育结构由体制、形态、专业、内容和布局结构构成。其中，专业、布局和形态结构对职业教育的影响最有效、最直接，[①]职业教育结构组成是多元的、复杂的、动态的综合体，在一定程度上，对职业教育的性质、功能和效益具有决定作用。

多年来，江苏始终重视职业教育发展，鉴于苏南、苏北经济发展不平衡的现实，按照江苏现代职业教育体系建设的总体要求，对全省职业教育布局与结构调整做出长远规划，一方面，在促进“横向融通、纵向贯通”上精准发力。要求省辖市高职

---

① 张萌、张光跃：《论政府在职业教育结构调整中的职能》，载《中国职业技术教育》2013 年第 27 期，第 45—48 页。

院校开设数量一般不少于 3 所，中等职业学校办学规模一般不少于 3 000 人，且班级规模一般不多于 35 人。另一方面，在促进"多样化办学"上鼓励引导。为做大做强职业院校，促进职业教育高质量发展，江苏积极鼓励引导地方政府推行股份制办学，依托行业企业组建职教集团，吸引民间资金，盘活教育资源，完善学校制度，促进产教融合。同时，积极推动职业教育治理体系和治理能力现代化，推动政校分开、管办分离，建立现代学校制度。落实职业院校办学自主权，激发学校办学活力，推动学校依法治校、依法治学，自主管理、民主管理，民主决策、民主监督，以适应经济社会发展方式转变和多样化人才培养的需要。

（六）增强职业教育的社会服务能力

职业教育的双重属性决定了职业教育既要服务于个体发展，也要服务于社会稳定繁荣。一方面，职业教育具有教育属性。教育的根本属性，就是立足服务个体的全面可持续发展，实现人的价值。另一方面，职业教育又具有其自身的特殊性。职业教育与普通教育类型不同，职业教育是以传授技术技能、培养千百万产业大军为主要目标的教育，这一特殊性决定其与产业密切对接，具有服务国家战略发展以及社会和谐稳定的功能。社会服务能力建设是职业教育高质量发展的重要方面，不仅是职业教育服务经济社会发展的责任，还是职业教育自身发展的需要。

一直以来，江苏在构建现代职业教育体系中，注重增强职业教育的社会服务能力。一方面，明确办学定位，重塑服务社会发展理念。江苏在职业教育方面始终强化社会服务意识，不断更新社会服务价值理念。确立职业性在自身属性中的核心地位，突出人才培养的职业定向特征，坚持立德树人，服务社会发展。职业教育只有树立创新意识、强化内涵建设、增强服务能力，才能增强自身影响力，体现自身价值。另一方面，深化校企合作，推动社会服务能力建设。在人才培养能力建设上，顺应产业发展要求，及时进行专业调整，持续深化校企合作，努力促进专业结构、人才结构和产业结构的动态衔接。在技术创新能力建设上，以产学研用项目合作、共建共享优质资源，推动应用技术研发、技术成果转化，实现互利共赢、协同发展；在社会培训能力建设上，锚定区域产业发展，对接企业转型需求，以定制化项目服务区域发展，以提供定向化服务推动企业技术创新。通过增强服务社会能力，不断提升职业院校的社会影响。

第七节　江苏现代职业教育体系构建的基本策略

（一）确立现代职业教育体系构建目标

围绕建设“强富美高”新江苏宏伟蓝图、“在推进中国式现代化中走在前、做示范”重大要求，为建立江苏地方特色的现代职业教育体系，江苏省先后出台了《关于加快推进现代职业教育体系建设的实施意见》《关于加快推进职业教育现代化的若干意见》《关于推动现代职业教育高质量发展的实施意见》《关于深化现代职业教育体系建设改革的实施意见》等一系列文件，进一步明确了构建江苏现代职业教育体系的基本目标。

一是服务经济社会发展。围绕江苏“1+3”功能区、苏锡常都市圈等重点区域，对接“1650”现代产业体系建设，完善职业教育专业动态调整机制，促进专业布局与当地产业结构紧密对接，培养地方、行业急需的技术技能人才，增强职业教育对经济社会发展的人才支撑。推动职业学校和产业链企业开展协同创新，在产业重点领域破解技术改造、工艺改进、产品升级等难题，促进中小企业技术创新、产品升级，增强职业教育对经济社会发展的智力贡献。

二是推进产教深度融合。建立产教融合基本制度。推动颁布实施《江苏省职业教育校企合作促进条例》《关于深化产教融合的实施意见》，推动行业指导，主要领域成立行业教学指导委员会，建立一批示范性职教集团。建设产教融合试点城市、试点行业。推进校企深度合作、协同育人。支持企业全过程参与人才培养，推进“三级”现代学徒制试点，研制推广学徒制工作规范和教学标准。鼓励建设企业分校、引企入校。健全校企合作激励机制。评选表彰“产教融合型企业”，建立学生实习工作考核与补助制度。

三是体现终身教育理念。长期以来，江苏始终坚持以人为本，服务人的终身学习与发展，全方位构建“人人皆学、处处能学、时时可学”的终身学习体系，既满足了人的各个阶段的学习需要，也整合了人的不同发展阶段所经历的各类教育（正规教育与非正规教育，以及学校教育、家庭教育和社会教育）。同时，推行全日制职业教育与非全日制职业教育并重，学历职业教育与职业培训并举。

四是实现职普相互沟通。江苏一直致力于促进中职、职业专科、职业本科（应用本科）和专业学位研究生教育的紧密衔接。上述陆续出台的文件均对职普“横向融通”提出了明确要求，中职与普高达到相应标准后，允许“相互转学、学分互认”，鼓励职业院校与本科高校合作培养高层次技术技能人才，由此建立学生多样化选择、多路径成长“立交桥”。

五是服务人的全面发展。教育的任何社会经济功能都是通过促进人的发展来实现的，服务人的全面发展是新时代职业教育的新作为。通过职业教育，可以促进教育与生产劳动和社会实践相结合，有利于学生的综合素质培养，适应经济社会的发展需要，成为具有创新精神和实践能力的人才。深化职业教育教学改革，打造一批核心课程、优质教材、教师团队和实践项目，推动人工智能应用于教学和实践，扩大优质资源共享，服务全民终身学习和技能型社会建设，服务人的全面发展。

（二）确立现代职业教育体系运行机制

现代职业教育体系运行机制是指影响现代职业教育体系的诸要素相互联系和相互作用的过程与方式。经过多年的实践探索，江苏构建了现代职业教育体系运行机制，为推动实现“体系”的建设目标提供了机制保障。

一是政府推动。政府推动现代职业教育体系建设就是通过建立相关政策制度，通过支持、参与政策制度的体制机制构建活动来调动职业教育主体的积极性和主动性，维护运行环境有条不紊，政府推动是江苏现代职业教育体系稳步建立和良性运行的关键。通过对现代职业教育体系的规划统筹、资源统筹和政策统筹，凸显了政府的推动作用，推动了江苏现代职业教育体系的全面建设。

二是社会参与。社会参与是指社会各方主动承担社会责任，积极参与职业教育。为突出现代职业教育体系的开放性、适应性和服务性，江苏《关于加快推进职业教育现代化的若干意见》指出，“建立规模以上企业把开展职业教育情况纳入企业履行社会责任报告制度”“鼓励行业企业、社会力量捐资出资举办职业教育和培训”“营造全社会关心重视职业教育的氛围”，促进了职业教育与社会的良性互动。

三是试点探索。试点是政策试点的简称，是我国特有的一种政策测试与创新机制，通常，选作特定的实验单位，是对特定政策的实施反复实验并持续互动的过程。江苏通过颁布《现代职业教育体系建设试点工作实施方案》，就职业教育管理体制、师资建设和校企合作等方面的改革，鼓励有条件的省辖市县、职业院校先行先试，在探索新机制、新模式和新路径中率先突破、积累经验。

四是科研引领。多年来，江苏在构建现代职业教育体系过程中，十分重视教科研的引领和指导作用。通过依托江苏"三基地一中心"（省高校哲社基地、省职教基地、省决策咨询基地、省职教科研中心），完善组织体系，增强科研力量，紧扣质量主题，推动内涵发展，打造思想高地，服务行政决策和创新教研方式，提高工作效能，通过科研引领，推进了职业教育理论研究，促进了江苏现代职教体系可持续发展。

（三）适应江苏经济社会发展的新要求

当今，江苏紧紧围绕在推进中国式现代化中"走在前、做示范"的要求，把推动职业教育高质量发展放到更加重要的地位，坚持服务国家战略需求和江苏经济社会发展，深化现代职业教育体系建设改革，加快构建产教城互动发展新格局，提升职业教育对经济社会发展的适应性和贡献度，努力打造现代职业教育体系样板。

第一，以职业教育布局优化调整提升贡献度。优化职业教育布局调整是指优化职业教育资源配置，调整职业教育布局结构和专业结构。职业教育贡献度是指职业教育服务经济社会发展的能力水平和程度。为更好地推进现代职业教育体系建设，推动江苏职业教育规模化、集约化、优质化发展，江苏统筹规划省辖市的职业教育发展，形成同地方产业结构相匹配的现代职业教育结构和区域布局。江苏省在加快骨干示范性职业院校建设的同时，推出了《中等职业教育专业结构与产业结构吻合情况预警报告》，引导省内各地各校根据地方经济发展需求和产业升级状况，进一步调整专业设置、增设紧缺专业、优化专业结构（尹伟民，2013），[①]出台了《中等职业学校专业设置管理实施办法（试行）》《五年制高等职业教育专业设置办法（试行）》，推动专业规范化建设，提高专业服务经济社会发展能力。

---

① 尹伟民：《江苏现代职业教育体系建设的实践与探索》，载《中国职业技术教育》2013 年第 36 期，第 5—9 页。

第二,以推进职业教育集约发展增强适应性。职业教育适应性是指职业教育与经济、社会、人的发展的适度融合,其表现形式为工学结合、校企合作、产教融合和适应性等人才培养模式。为适应江苏外向型经济发展和长三角致力打造世界级先进制造业集群对高素质技术技能人才的需要,江苏职业教育主动对接企业集群和产业集聚发展需求,创新校企合作模式,办校进厂、引企入校;探索集约式办学的实践形式,推进了职业教育的集约式办学,满足了企业、产业的发展需求,增强了职业教育的适应性。

第三,以提高职业教育办学水平推动国际化。办学水平是指学校在设置、维持、使用和管理等方面达到的教育教学任务的胜任程度,它反映了学校教育质量的高低。职业教育国际化是指跨越国界的职业教育的交流与合作。一直以来,江苏积极鼓励职业院校对外交流与合作,通过多种形式,积极与国外相关职业院校互动协作。江苏各级政府成立工作领导小组,建立资源共享机制,为职业教育对外开放提供保障,随着对外开放的不断深入,开放共享的力度也在不断拓宽。此外,江苏积极推进“人才强校战略”,促进了职业院校的队伍建设。“十一五”以来,江苏很多高职院校都在各自五年规划中提出“百名博士引进计划”。同时,一批批骨干教师和优秀院(校)长,通过国际化平台的培养培训,拓宽了国际视野,提高了能力水平。通过接收留学生、交换生和聘请外籍教师授课任教,推动了课程的国际化认证,促进了职业教育的国际化发展。

(四)增强现代职业教育体系育人功能

一是以基础能力建设推动优质资源扩容。教育资源是人力资源和物力资源、财力资源的总和,职业教育优质资源是职业院校高质量发展的重要支撑。江苏把建设高水平职业院校建设作为强化基础能力建设的重要抓手,依托各级各类技能型紧缺人才培养培训基地建设,共同推动职业院校办学质量的整体提升。同时,通过对高职院校人才培养工作水平评估和中等职业学校星级评估,严把职业院校的办学条件,对不具备办学条件的职业院校,依法取消其学历教育招生资格。信息化建设是职业教育基础建设的重要组成部分,江苏职业教育持续推进应用信息化手段提高教学质量,信息化校园、智慧校园建设稳步推进,促进了“三教”改革,实现了数字化教学资源建设的共建共享。职业院校根据自身需求,全力打造个性化的信息化,提高了职业教育整体信息化水平。职业教育的基础能力建设,为打造优质教育资源奠定了坚实基础。

二是以素质教育创新推动人才质量提高。多年来,江苏始终坚持立德树人、德育为先,不断加强和改进职业院校的素质教育,先后制定了一系列文件规范素质教育工作要求,推动职业院校把素质教育作为学校建设发展的长远战略任务。职业院校积极创新素质教育工作的方式方法,加强对学生道德素质的培养。同时,将素质和技能融合渗透贯穿落实于人才培养的全过程,积极开展专业品牌特色建设,紧紧围绕促进学生技术技能提高开展教学与实践。通过制定和优化职业教育专业大类教学指导方案,推动职业教育与产业的对接。在教育教学模式改革中,始终坚持"做中学、做中教"原则,以项目教学、场景教学培养学生职业素质,以技术知识开发推动职业院校教材建设,以"素质提升计划"推动"双师"队伍建设,努力形成素质教育创新合力,推动职业院校人才培养质量稳步提高。

三是以评价体系构建推动职业能力提升。江苏始终将学生能力强、素质好、能够适应经济社会发展需要作为办学质量的根本标准。通过实施高职院校人才培养工作水平评估和中等职业学校星级评估制度,引导鼓励职业院校的主体和办学主体参与教学质量评价。通过技能大赛和学业水平测试制度,推动产教深度融合,提高职业能力。通过职业院校教学和就业状态数据统计与公告制度,推动形成社会"多元化"教学质量评价体系,促进职业教育能力提升,实现内涵式发展。

(五)推进江苏现代职教体系协调发展

江苏在构建省域现代职业教育体系中,尤其重视处理好职业教育与普通教育、中职教育与高职教育以及农村职教与社区教育之间的关系,以此推动江苏现代职业教育体系特色发展。

一是坚持职业教育与普通教育并重。多年来,江苏始终把职业教育作为战略重点,统筹规划发展职业教育与普通教育,每年保持中等职业教育招生规模与普通高中大体相当,并逐年扩大高等职业教育的招生规模。同时,通过中职与普高课程互选、学分互认、学籍互转,扎实推动了职普教育的互融互通。

二是推进中高等职业教育协调发展。中高等职业教育协调发展是适应国家加快转变经济发展方式和改善民生的迫切要求，是奠定建设现代职业教育体系的基础。江苏通过科学定位、对接产业、内涵建设，优化层次结构，强化办学特色，提升办学水平。通过明晰人才培养目标、推进评价模式改革、促进校企深度合作，系统培养高素质技能型人才。通过加大投入力度、重视分类指导、推进普职渗透，营造中等职业教育和高等职业教育协调发展的政策环境。

三是发展农村职业教育和社区教育。农村职业教育是现代职业教育体系的重要组成部分，职业教育服务社区教育发展是社会发展和自身发展的需要。长期以来，江苏着力推进农村职业教育和社区教育发展。在推动农村职业教育发展方面，优化人才培养机制。实施本土人才培育工程，在高水平高职院校设立培训基地，鼓励职业农民接受农业职业教育。强化乡土人才技能培养，定期举办传统技艺技能大赛。高水平建设高职院校。目前，江苏有 3 所涉农的高等职业院校进入了国家“双高计划”建设单位，涉农高职院校建设水平与成果在全国保持领先。加强涉农类专业群的建设。江苏职业教育主动服务“三农”建设，全省有 12 个涉农专业群被评为省高水平专业群，这些专业群主动适应新型农业的转型升级需求，服务社会主义新农村建设。在推动社区教育方面，江苏积极推进职业教育服务学习型社区建设。共建成 55 个省级社区教育示范区、1 053 个标准化社区教育中心和 62 个教育服务“三农”高水平基地，社区教育网络基本实现全覆盖。职业院校与社区教育机构结合本地实际开发了一大批本土化特色课程和教材，形成了一大批终身学习品牌项目。

第十八章　促进产教融合持续深入发展

第一节　江苏职业教育产教融合的基本历程

职业教育类型化的本质特征是产教融合，促进产教融合持续深入发展，是优化职业教育类型定位的根本保证。改革开放以来，在国家政策的大力推动下，江苏工业化进程不断加快，职业教育产教融合伴随着工业化进程总体经历了四个发展阶段。

（一）伴随乡镇企业兴起的探索起步阶段（1978—1991年）

这一时期，国家实行了一系列重大改革，推动经济快速发展。农村改革方面，实行家庭联产承包责任制，激发了农村经济的活力。城市经济体制改革方面，放宽对个体经济和私营经济的限制，推动了城市经济的多元化发展。对外开放方面，设立经济特区，吸引外资，引进国外先进技术和管理经验。随着国家改革开放的不断深入，江苏开始实施一系列经济体制改革和对外开放政策，通过制度创新推动农村家庭联产承包责任制、乡镇企业快速发展、外资引进和对外开放，特别是江苏乡镇企业异军突起，成为推动本省工业化的重要力量。这一时期，江苏利用其地理优势和政策环境，大力发展以轻工业为主的乡镇企业。随着轻重工业比例逐渐协调，高新技术产业开始起步，推动了工业发展量的扩张，呈现出外延式发展特征，形成了独特的“苏南模式”。

改革开放初期，国家高度重视职业教育的发展，出台了一系列政策和制度，以促进工学结合、产学结合、校企合作和产学研结合。1979年2月，国家劳动总局颁发《技工学校工作条例(试行)》,要求学校教学要理论联系实际。1985 年 5 月,中共中央颁发《关于教育体制改革的决定》,强调中等职业技术教育要与经济和社会发展的需要密切结合起来。[①] 1991 年 10 月,国务院颁发《关于大力发展职业技术教育的决定》,明确提出了产教结合的要求。国家通过出台这些政策制度,推动职业教育积极探索产教融合发展。

这一时期,我国仍处于计划经济体制阶段,职业教育主要由行业直接开办的中等专业学校和地方政府开办的职业高级中学负责。这些学校与指定的企业进行紧密合作,企业为学校提供专业教师、生产教学设备和办学经费。与全国其他地区一样,江苏职业教育校企合作主要依靠政府行政部门的计划指令,缺乏以利益为纽带的合作有效机制,合作基础相当脆弱,产教融合处于初步探索阶段。

(二)伴随外向型经济发展的平稳发展阶段(1992—2000 年)

国家制定并实施国民经济和社会发展十年规划。在深化改革方面,继续推进经济体制改革,特别是国有企业改革,包括实行股份制改革、建立现代企业制度等。在扩大对外开放方面,设立更多的经济特区和开放城市,吸引外资,推动外贸发展。在这一阶段,江苏开始积极吸引外资,发展出口导向型经济。通过建立经济技术开发区、高新技术产业开发区等,吸引了大量外资企业,推动了生产方式的转变和企业的集聚式发展,也促进了工业化和城市化的快速发展。该阶段,江苏工业化呈现出内涵式发展态势。

随着对外开放的不断深入,国家通过政策推动职业教育发展的力度也在不断加大。1993 年 2 月,中共中央、国务院颁发的《中国教育改革和发展纲要》指出,要提倡联合办学,职业学校要走产教结合的路子。1995 年 10 月,原国家教育委员会颁发的《关于推动职业大学改革与建设的几点意见》指出,职业大学要加强与产业部门的联合。[②] 1996 年 5 月,全国人大常委会通过的《中华人民共和国职业教育法》指出,职业教育应当实行产教结合,服务本地区经济建设。国家通过出台相关政策

① 祁占勇、王羽菲:《改革开放 40 年来我国职业教育产教融合政策的变迁与展望》,载《中国高教研究》2018 年第 5 期,第 40—45 页。

② 黄浩怡:《产教融合在广州市中职学校人才培养模式中的应用研究》,广东技术师范大学 2019 年硕士学位论文,第 29 页。

法规，推动职业教育产教融合平稳发展。

随着计划经济向市场经济体制转轨，职业学校和企业作为独立主体参与经济社会活动，在市场机制下初步建立了合作关系。1999 年 8 月，江苏印发《江苏省实施〈中华人民共和国职业教育法〉办法》，江苏职业教育进入依法发展的轨道。2000 年，江苏省教育厅印发《江苏省职业学校试行学分制的原则意见》，旨在推动职业教育的教学改革，通过实施学分制，增加教育的灵活性和适应性，以更好地满足工学结合和产学研结合的需求。江苏职业学校与企业的合作主要以服务贸易的市场交换形式进行，具有随机性、短期性。校企合作尽管稳步发展，但还缺乏合作的长效机制。

（三）伴随产业结构调整与升级的全面深入阶段（2001—2010 年）

我国的“十五”规划（2001—2005 年）提出，以信息化带动工业化，以工业化促进信息化的战略。加入世界贸易组织（WTO），标志着我国经济全面融入全球经济体系。“十一五”规划（2006—2010 年）提出，以转变经济增长方式，优化产业结构，提高自主创新能力。[①] 随着全球化和知识经济的到来，江苏开始着力于产业结构的调整和升级，发展先进制造业和现代服务业，推动经济由量的扩张向质的提升转变。这个阶段，江苏大力发展高新技术产业、信息技术产业和先进制造业，推动产业结构向高端化、智能化、绿色化方向发展。同时，加强与国际先进技术的合作与交流，提高自主创新能力。

进入 21 世纪，随着我国加入 WTO，国家通过出台相关政策推动职业教育的发展，以更好地适应经济增长方式改变、产业结构优化调整、自主创新能力的不断提升的需求。2002 年 8 月，国务院颁发的《关于大力推进职业教育改革与发展的决定》指出，要充分依靠企业举办职业教育。[②] 2004 年 4 月，教育部颁发的《关于以就业为导向深化高等职业教育改革的若干意见》指出，要探索产学研结合发展新路。2005 年 10 月，国务院颁发的《关于大力发展职业教育的决定》指出，要大力推行工学结合、校企合作的培养模式。2009 年 2 月，教育部颁发的《关于加快推进职业教

① 冀晓宁：《环境规制、技术创新与工业结构高度化关系研究》，辽宁大学 2019 年硕士学位论文，第 12 页。

② 杨洁：《基于校企合作的中职课程建设研究》，山西大学 2017 年硕士学位论文，第 48 页。

育集团化办学的若干意见》指出，要巩固和深化工学结合、校企合作、顶岗实习的人才培养模式。2010 年 5 月，国务院颁发的《国家中长期教育改革和发展规划纲要(2010—2020 年)》指出，职业教育要实行工学结合、校企合作、顶岗实习的人才培养模式。[①] 国家通过出台相关政策制度，推进了职业教育产教融合全面走向深入。

随着市场经济体制不断完善，江苏生产力布局和链接得到重新组合。同时，江苏认真贯彻落实国家关于职业教育的方针政策，积极推动企业在优化自身发展环境的同时，将学校作为本企业人力资源的开发基地，融入生产体系的组成部分，纳入企业发展战略规划。积极组建职教集团，努力探索职业教育产学研发展新路。大力推行工学结合、校企合作培养模式，积极开展半工半读制度试点，江苏职业教育校企合作已基本规范有序，产学研结合协作机制基本建立，校企合作趋于稳定，江苏产教融合全面深入发展局面已经形成。

（四）伴随新型工业化与高质量发展的整体提升阶段(2011 年至今)

“十二五”规划(2011—2015 年)提出，实施创新驱动发展战略，推动经济结构调整和产业升级。“十三五”规划纲要强调了创新、协调、绿色、开放、共享的新发展理念。在新型工业化进程中，中国政府通过发布《中国制造 2025》，积极推动国际合作、参与全球治理、“一带一路”倡议等，加强了与其他国家在工业领域的交流与合作，建设了一批国家级新型工业化产业示范基地，推动了中国工业向更高质量、更可持续的方向发展。江苏积极响应国家关于新型工业化的战略部署，推动信息化与工业化深度融合，加快传统产业转型升级，发展智能制造、绿色制造等，致力于构建现代化产业体系，实现高质量发展。这个阶段，江苏着重推动传统产业转型升级、发展现代服务业、加强生态文明建设等。同时，注重提高经济发展的质量和效益，推动经济持续健康发展。

进入新时代，国家出台政策推动职业教育发展，以更好地适应创新驱动发展战略下经济结构调整和产业转型升级的需求。2014 年 5 月，国务院颁发的《关于加快发展现代职业教育的决定》指出，要坚持企业参与制度，深化产教融合，发挥企业重

---

① 胡孝四：《论基于校企合作和生活德育的高职德育模式创新》，载《教育与职业》2011 年第 27 期，第 64—65 页。

要办学主体作用。[①] 2015 年 7 月，教育部颁发的《关于深化职业教育教学改革全面提高人才培养质量的若干意见》指出，要深化校企协同育人。2017 年 12 月，国务院办公厅颁发的《关于深化产教融合的若干意见》指出，要全面推行校企协同育人。随后，国家密集出台相关文件、高位推进产教融合，其中包括《职业学校校企合作促进办法》（教育部，2018）、《建设产教融合型企业实施办法（试行）》（国家发展改革委、教育部等，2019）、《国家产教融合建设试点实施方案》（国家发展改革委、教育部等，2019）、《国家职业教育改革实施方案》（国务院，2019）、《职业教育提质培优行动计划（2020—2023 年）》（教育部等九部门，2020）、《关于推动现代职业教育高质量发展的意见》（中办、国办，2021）、《职业学校学生实习管理规定》（教育部等八部门，2022）和《关于加快推进现代职业教育体系建设改革重点任务的通知》（教育部，2023）等一系列重大政策，推进了职业教育产教融合的整体提升。

这一阶段，江苏积极落实国家出台的政策制度，在推动企业参与、深化产教融合和推行协同育人等方面强化引导、整体推进。党的十八大以来，江苏召开了两次职业教育大会，出台了《关于加快推进职业教育现代化的若干意见》《关于深化产教融合的实施意见》《关于推动现代职业教育高质量发展的实施意见》等一系列重要政策文件。特别是 2019 年 3 月，江苏省人大常委会通过了《江苏省职业教育校企合作促进条例》，旨在促进职业教育学校与企业深度合作，推动产教融合，完善现代职业教育制度，服务经济社会发展。该条例明确了校企合作的原则、合作内容、合作机制、政府职责、企业参与的激励措施等，为深化产教融合，提升校企合作整体水平提供了法律依据和政策支持。今后，江苏将一如既往地深化产教融合，努力服务江苏经济社会高质量发展。

第二节　江苏职业教育产教融合的影响因素

在多年的办学实践中，江苏职业院校与行业企业深化校企合作、推进产教融合，

① 彭莉洁：《职业教育产教融合的历史演进、逻辑起点与战略要点》，载《教育与职业》2019 年第 6 期，第 19—25 页。

有力促进了职业教育校企合作的深入开展,推动职业教育产教融合、校企合作的制度创新。深化校企合作、推进产教融合是更好地培养技术技能人才、实现职业院校自我发展和服务地方经济发展的重要途径。影响社会单位之间集成内力的主要因素包括个体的综合性、个体间的差异性和集成的环境因素,即个体内部因素、双方耦合因素以及外部环境因素等,也可以称之为内部因素、双方因素和外部因素。

(一) 合作主体内部因素

1. 学校内部因素

第一,对产教融合的认识程度。江苏职业院校对产教融合的内涵和意义有着深刻认识。他们充分认识到产教融合是职教界和产业界之间的合作活动、融合关系和保障制度,目的是推动技能养成与发展而达到资源的优势互补状态。产教融合打破了产业和教育单独的发展模式,体现了教育制度与产业制度的融合,以人力资本的投资和科技进步共同促进产业发展,把职业教育发展内化到产业链发展过程中。校企合作是产教融合的重要实现途径,它能够使职业院校的教育内容与企业实际需求相结合,提高教育的针对性和实用性。通过与企业的深度合作,职业院校能够为学生提供实习实训机会,增强学生的实践能力和创新精神,同时也为企业输送合格的人才。产教融合是职业教育发展的必然趋势,它能够促进职业教育与产业的紧密结合,更好地满足社会和产业发展的需求。通过产教融合,职业院校能够及时调整教育方向和专业设置,使之与市场需求相适应,培养出更多符合社会需求的高素质技术技能人才。对产教融合、校企合作的深刻认识,为江苏职业院校深入推进产教融合指明了方向。

第二,对自身实力的综合了解。职业院校只有知己知彼,才能有效推进产教融合、校企合作。江苏职业院校在自身发展过程中,明确办学理念,突出特色发展,持续改善办学条件,强化专业的评价基础与内涵建设,全面调动教育教学团队合力,提升课程教学质量、优化课程思政实践,积极推进“1 + X”证书试点,持续提升服务区域行业、产业和企业水平,提高自身的国际化水平。较高的办学水平,为江苏职业院校扎实推进产教融合、校企合作奠定了坚实基础。

第三,对产教融合的投入力度。江苏职业院校对开展产教融合、校企合作都进行了物资、人力资源和经费投入。设立专门机构和人员,与行业协会、企业建立长期稳定的合作关系，共同研究行业发展趋势和人才培养需求。加强政策宣传和引导，通过各种渠道加强对产教融合和校企合作政策的宣传，提高企业和社会各界的认识和参与度。不断深化教育教学改革，创新人才培养模式，提高教育教学质量和效率。高度重视与积极投入，为江苏职业院校有效开展产教融合、校企合作增添了底气，增强了自信。

2. 企业内部因素

第一，企业社会责任。企业社会责任是指企业应对每一个利益相关者承担相应的经济、伦理法律以及慈善责任，这些利益相关者包括股东、员工、消费者、政府和社区环境牵涉的主体等。企业社会责任是不可复制的差异化资源，是源于利益相关群体的关系资源，是提高企业声誉，形成强势的心智资源。尽管企业因为规模的大小在价值追求上存在不同，但能认识到并愿意承担社会责任的企业，对产教融合、校企合作就会有主观意愿。

第二，内部影响因素。企业参与职业院校校企合作的动力源于企业的发展战略，本质上是利益驱动，是企业对专用技能人力资源投资的内在需求，而这种需求也受相关因素影响，一是企业所属行业因素，第二产业的企业参与校企合作的行为水平更高；二是企业规模因素，以中型企业为基准，与大型企业的校企合作水平更高；三是企业所有制类型因素，在校企合作中，与外资企业合作要比国企、民企的合作水平高，民企要比国企的订单培养突出；四是技术采用因素，在校企合作中，与高新技术企业合作开展实质性人才培养水平显著。除此之外，人力资本专用性强，愿意采取合作策略的企业也能与职业院校开展实质性校企合作。

第三，技术创新需要。技术创新是指从科技成果到产业化、商业化的过程，这个过程是将科技成果引入市场体系，制造出市场需要的新产品的过程。开展技术创新是以企业为主体开展的校企合作，在知识创新方面在职业院校的智力支持下，职业院校和企业把脉企业需求，以市场为导向，在“新技术应用”层面开展校企合作，推动科学研究知识成果向应用的转化，实现科技成果产品化、商业化。

（二）合作双方直接关系因素

合作双方直接关系因素是指职业院校与企业在校企合作中相互作用的因素。

根据过程信任演化理论，职业院校与企业开展校企合作具有动态性和演化性，不同时期，相互信任关系呈现不同特点。校企合作产生阶段，合作双方对彼此的声誉、能力和影响力进行成本评估和预期收益，双方处于合作的意向状态，并进行小型、少量的合作，该阶段，校企合作是以成本收益为信任基础，这一阶段的信任为计算信任。校企合作发展阶段是在前期认知和收益分析的基础上，合作信任得到了进一步发展，合作方式多样、合作内容丰富、合作规模扩大，该阶段，校企合作以知识认同和成本收益为基础，这一阶段的信任为认知信任。校企合作成熟阶段，双方在前期合作的基础上又有了进一步深入，合作领域扩大、技术创新深入、成果转化丰富，合作双方信任度也进一步提升，该阶段，校企合作是以情感认同为主的认同信任阶段，并形成了合作的制度体系，即校企合作机制。

(三) 第三方因素(外部因素)

第三方因素是指除校企合作双方之外的环境因素，包括经济发展(含区域经济发展)环境、科学技术发展环境、行业组织环境、法律政策制度环境和社会文化氛围等。

经济发展环境是社会经济条件及其运行状况、发展趋势等情况，主要体现为所在地区的经济发展程度、产业规模以及企业数量等区位条件。经济越发达的地区，产业发展越强大，企业数量越多，对职业教育校企合作就越有利。科学技术发展是指科学技术的应用对社会进步所产生的影响。行业组织是以会员的形式将众多的工商企业组织在一起，共同促进行业发展。行业组织对职业教育发展具有指导、评价和服务三大功能。法律政策制度环境方面，国家制定了《中华人民共和国教育法》《中华人民共和国职业教育法》，江苏省及下辖的各地市政府和教育管理部门出台了教育条例等，为职业教育发展保驾护航。地方政策环境对校企合作的影响很大，如苏州、无锡、常州等苏南经济较发达地区都相继颁布了促进职业教育校企合作的支持政策和地方法规。社会文化氛围主要由信仰、价值观念、道德规范以及风俗习惯等因素构成，社会文化氛围决定了民众对职业教育的认识与支持。

第三节　江苏职业教育校企合作的主要模式

职业教育的“职业性”体现在教学上就要求与企业、行业高度融合。校企合作模式是一种职教发展模式，也是校企双方共同培养技术技能人才的一种教育方式。校企合作模式是职业院校长期办学实践和探索的结晶，也是政府与教育行政部门政策推动的结果。校企合作模式强调学校的学习要紧密联系企业的实践，只有校企共同培养学生的职业综合能力，学生才能成为社会需要的高素质技术技能人才。因此，校企合作模式的本质是实现产教融合，核心是开展工学结合，目标是实现校企共赢。不同的校企合作模式意味着校企间不同的合作制度安排，体现了校企间不同的合作结构和利益分配方式。按照合作主导者的不同，可分为以校为主、以企为主和校企共建；按照合作数量不同，可分为一对一合作、一对多合作、多对一合作、多对多合作；按照合作内容不同，可分为自行组织教育型合作、生产型合作和研发型合作；按照合作途径不同，可分为由政府主导、校企自组织、社会中介联系等；按照合作程度不同，可分为紧密型合作、中间型（半紧密型）合作与松散型合作等。

在多年的办学实践中，江苏职业院校广泛开展了与企业的联合办学（班），在企业建立职校师生实习实训基地，企业给予职校人、财、物等方面的支持，派专业技术人员参与职业院校教育教学过程等，探索形成了订单培养、建设企业教学实习基地、引企入校（校中厂）、政校企合作联盟、集团化办学、现代学徒制等多样化的校企合作模式。[①]

（一）订单培养

订单培养是指职业院校与企业签订的技能人才培养培训合同，职业院校根据企业对人才需求的质量和数量要求，开展有针对性的定制化培养。订单培养一般的运作机制包括学校招生与企业招聘一体化、学校专业设置与企业职业岗位对应

① 李德方、孙建、袁丽英等：《省域职业教育校企合作研究——基于江苏实践的考察》，苏州大学出版社 2019 年版，第 108—116 页。

化、学校教学内容与企业工作任务一致化等。在这种模式中,企业积极参与职业院校的人才培养过程,与学校共同制定培养目标,确定人才培养规格,设置安排课程和教学内容,参与学习成果评估,等等。江苏订单培养模式具有以下四个方面的特点。

第一,培养目标的针对性。企业有什么人才需求,学校就培养什么人才,企业需求是人才培养目标确定的依据。而培养企业需要的人才所需要的具体条件和能力,包括开设哪些课程、如何评价学生是否符合企业的需要等,则需要校企共同商定。因此,作为人才培养的主体之一,企业要参与人才培养的全过程,不仅要提供设施设备、培训场地、训练岗位,还要将本企业文化渗透到培养过程中,促进学生了解企业环境、熟知企业规程、感受企业所需,更好地增强学生的归属感。

第二,课程设置的实用性。课程是实现人才培养的核心要素,培养什么人才,就需要设置什么课程。订单培养班的课程设置的主要依据是企业的人才需求,只有将职业岗位所需要的知识、能力和素质作为课程内容,才能培养出符合岗位需要的技术技能人才。

第三,课程开发的职业性。以职业需求为导向,对岗位工作任务进行分析。以职业能力建设为出发点,挖掘工作任务中的能力要素,并体现在课程内容中,以确保课程内容的职业相关性。同时,在课程开发中,要增强实操性内容,因此实践性也是课程内容的重要组成部分。

第四,教学过程的协作性。在人才培养过程中,学校和企业只有根据培养环节的需要,通力协作、密切配合、无缝衔接,使培养过程"丝滑、流畅",富有节奏感,才能使所培养的人才真正符合企业需要。

(二)企业教学实习基地

企业教学实习基地是指职业院校与企业协商建立的具有一定实习规模并相对稳定的学生参加校外教学、实习和社会实践的重要场所。"企业教学实习基地"的实质是把学校的教学地点设在校外的工厂或者车间,学校和企业是企业教学实习基地的建设和运营管理主体。为建设企业教学实习基地,学校和企业要根据各自的需求和目标,在充分协商的基础上,签订基地建设和使用协议,并成立校企共管的基地管理办公室。总体来看,学校和企业共同商议并提出建设要求,包括基地面积与位置、基地布局与功能、基地设施与设备等,同时,学校负责提供基本的教学条件、实习实训教学,企业负责提供场所和生产设备,协助学校教师开展实践教学活动。江苏建立企业教学实习基地要坚持四个方面的原则:一是满足教学要求。企业不仅要有主观合作的愿望,还要提供满足教学实习任务要求的场地、设备、设施等。二是校企互惠互利。企业教学实习基地是基于校企双方自愿、互惠互利原则建立的,基地建设、运转和管理要充分体现学校和企业责任共担、效益共享的出发点。三是就近合作优先。围绕教学要求,择优选择离学校较近、实力较强、社会责任感突出的优质企业,就地就近建立相对稳定和节约开支的企业教学实习基地。四是实习条件保障。以学生为本,关注学生的实习条件和生活条件,选择能够满足实习学生住宿、学习、卫生等方面的条件的企业建立教学实习基地。

(三)引企入校(校中厂)

引企入校是指企业在学校内建立"校中厂",既可生产,也能教学,以此开展校企合作办学。在引企入校的过程中,学校和企业根据各自需求和目标签订共建协议。学校提供场地和标准厂房,企业提供运营资金和生产设备。"校中厂"的建设既要考虑企业生产,具有生产性,也要兼顾学生实训,具有教学性;既要引入体现竞争的市场机制,也要兼顾全面发展的育人要求。"校中厂"的环境布局、流程设计、功能规划都要按照生产和教学的双重要求统筹安排,实现"实训性生产、生产性实训"的建设目标。学校通过"引企入校"的多种合作模式,深度推进了校企融合发展,促进了学校办学质量的提升,达到学校和企业的互利双赢。江苏引企入校坚持四个方面的原则:一是人才培养优先原则。围绕技术技能人才培养的目标,服务于教育教学改革,服务于应用技术研发,服务于产教融合发展,服务于人才质量提升。二是协作共赢原则。尊重企业发展需求,优先考虑企业利益,将企业利益与职业院校人才培养目标结合起来,实现企业利益增长与职业院校人才培养质量提升共赢的效果。三是互动与创新原则。企业与职业院校优势互补,发挥校企所长,共育技术技能型人才。突破现有体制机制,共同推进技术技能积累创新。四是市场导向原则。学校依托企业现有业务和区域产业发展,围绕人才需求,采取校企协同育人的模式。

(四)政校企合作联盟

政校企合作联盟是政府主导的校企合作。这种方式一般是成立协调领导小组,成员包括地方政府、行业协会、学校和企业等,然后,当事各方按照校企、校际和校政合作交流等途径推动"联盟"具体运转。政校企合作联盟建立的目的是建立健全"政府主导、行业指导、企业参与"的办学机制,充分发挥政府、行业企业和职业院校各自优势,推动完善人才共育机制,逐步形成"合作办学、合作育人、合作就业、合作发展"的办学格局。政校企合作能够实现人才培养、科研创新、经济发展和就业服务的多赢局面,对于提升教育质量、促进社会经济发展具有重要意义。

第一,有助于提升人才培养质量。政校企三方的合作能够整合各自的优势资源,为在校学生提供实际的工作体验,提高职业技能,实现由学生向社会人的角色转变,增强就业竞争力。

第二,有助于资源共享和协同发展。政府、学校和企业之间可以形成优势互补、创新合作的机制,实现资源共享和协同发展,共同应对企业招工难、用工难和学生就业难问题,实现学生就业和企业用工的顺利对接,为企业发展输入专业人才,营造良好的营商环境,推动经济建设再上新台阶。

第三,有助于开展职业技能大赛。政府主办、学校和企业共同参与的职业技能大赛,可以充分发挥职业院校优势,调动高校积极性,形成"产、学、研、用"四位一体的合作模式。

据2022年省教育厅、省发展改革委联合发布的《江苏省职业教育专业结构与产业结构吻合度预警报告》显示,江苏积极搭建各级各类产教融合平台,深化政校企合作协同育人,促进现代职业教育体系彰显江苏特色。2022年,部省共建、整体推进苏锡常都市圈职业教育改革创新已经实现预期目标,苏锡常都市圈已经成为全国深化产教融合体制机制改革先行区、现代职业教育体系建设示范区和职业教育区域一体化发展标杆区。其中包括建设了千亿级产教融合联合体等十大"标杆项目",总投入超过15亿元,建设了覆盖专业大类13个,涉及产业领域20个的省级高职产教深度融合实训平台100个,产教融合集成平台35个。

（五）职业教育集团

职业教育集团是一个职业教育办学联合体，由职业院校、行业协会和企事业单位共同组成。该集团一般由政府牵头推动，职业教育相关的行业企业深度参与，共同促进职业教育发展。职业教育集团以技术技能人才培养为核心，以资源共享、优势互补、互利互惠、共同发展为原则，充分发挥集团成员各自优势，深度参与并促进职业教育发展。按照组建形式的不同，职业教育集团可以划分为区域型、行业型、复合型、特色型和涉外型等。江苏的职业教育集团具有四个方面的特征：第一，非盈利性。职业教育集团具有"教育"属性，其主要活动就是围绕技术技能人才培养开展教学和科研工作，因此，职业教育集团不以盈利为目的。第二，平等性。集团成员中，职业院校、行业协会和企事业单位都是法人单位，法人的法律地位平等，职教集团本身一般不具有独立法人资格，因此，职业教育集团具有平等性。第三，主导性。职业教育集团中，牵头的职业院校实力强、影响好、有威望，参与的职业院校和企事业单位有意愿、有能力、有想法，共同为推进产教融合、校企合作做贡献。第四，约束性。职业教育集团成立之时就确立了集团章程，集团成员共同遵守集团章程，并受其约束，是职业教育集团开展工作的前提与保障。因此，职业教育集团具有约束性。

2022 年《江苏省职业教育专业结构与产业结构吻合度预警报告》显示，江苏职业院校根据产业需求设置或调整专业，积极对接产业链、创新链，由政府推动组建省级职业教育集团 32 个，其中有 15 个职业教育集团入选全国示范性职业教育集团培育单位，占全国入选总数的 10%。针对行业产业发展需求，共聚合省内外职业院校 400 多所，行业企业 1 000 多家。

（六）现代学徒制

现代学徒制是以校企深度合作为前提，以学生技能培养为核心，以教师和师傅的联合传授为途径，注重技能传承、弘扬工匠精神的现代人才培养模式。该模式有利于促进行业企业全程参与人才培养，促进人才培养质量和人才培养针对性的提升。江苏自开始进行现代学徒制试点以来，政府高度重视、积极推进，制定出台了相关政策文件，并对试点工作统一进行了部署。在政府的大力推动下，各个职业院校踊跃参与、积极探索,取得了显著成绩。江苏现代学徒制有四个方面的核心要求：一是招生与招工一体化。江苏每年对各类招生统筹安排、统一部署,在落实现代学徒制试点院校的招生自主权的基础上,要求试点院校坚持“招生即招工、入校即入厂、毕业即就业”的原则,与合作企业一道共同商定招生招工一体化方案,确保试点工作稳步推进。二是深化工学结合模式。江苏推动试点院校围绕现代学徒制项目,深化工学结合人才培养模式改革,通过校企共同制订人才培养方案,共同参与人才培养全过程,培养学生的职业技能和职业素养,在校期间,学生既要进行学习,也要参与具体工作。通过学习,解决工作中的问题;通过工作,应用所学知识。三是加强师资队伍建设。江苏高度重视职业教育教师队伍建设,尤为重视现代学徒制的双导师制度建设。通过建章立制,规范“双导师”队伍的管理。通过建立动态管理的企业师傅资源库,按需选聘企业师傅担任教学任务;通过“建、培、研、聘”等措施培养现代学徒制所需的“双导师”。四是建立管理运行机制。现代学徒制试点工作的重要保障是科学合理的教学管理与运行机制,江苏积极推动试点院校与合作企业共同建立以过程管理为核心的现代学徒制管理运行机制。一方面,校企共同制定学徒管理办法。不仅要保证学徒的基本权益,还要明确相应的责任与义务。另一方面,按照工学结合要求,给学徒安排岗位、分配任务,通过实施弹性学制,助力学徒完成规定的任务。同时,学校和企业根据考核评价要求,总体评价学徒的学习和工作表现。

据2022年省教育厅、省发展改革委发布的《江苏省职业教育专业结构与产业结构吻合度预警报告》显示,江苏积极推进现代学徒制试点,已基本形成国家级试点、省级试点和市级试点三级网络,参与试点的职业院校占比超过50%。27家(所)国家级试点项目中,地级市有2个,科教城有1个,企业有1家,中职学校有6所,高职院校有17所。

第四节　江苏职业教育产教融合的保障机制

产教融合保障机制是指为产教融合提供物质和精神条件的机制。江苏省通过政府推动、行业监督和激励,以及校企合作双方的协商共谋,激活了校企参与合作动因,夯实了参与各方责任、义务及利益,保证了校企形成利益共同体,推动了校企的深度融合,实现了校企的联动发展。具体体现在以下三个层面。

(一)政府层面的全力推动

江苏省政府发挥宏观决策的统筹作用,发挥2018年6月省政府办公厅发布的《关于深化产教融合的实施意见》的战略导向作用,厘清各级政府、职业院校和行业企业在产教融合中的"责权利",强化产教融合统筹规划,发挥企业产教融合重要主体作用,深化产教融合人才培养改革,强化产教融合教师队伍建设,加强产教融合平台载体建设,加强产教融合在财税用地和金融方面给予政策支持。对在产教融合、校企合作中履责不力的合作方进行责任追究,通过倒逼机制推动全省产教融合、校企合作深入发展。

(二)行业层面的监督激励

江苏省各职业教育行业协会不断加强自身建设,强化履行监督和激励的职能,各行业协会通过制定各类标准,规范企业行为、监督产品和服务质量。通过建立信息共享机制,成为政府与企业、企业与职业院校的桥梁纽带。同时,结合本行业的发展趋势,预测发展需求、分析人才规格、提出培养建议。制定行业办学制度与标准,推动企业全过程、深度参与人才培养,推动企业搭建校企融合平台,促进人才培养持续发展。

(三)校企层面的协商共谋

学校和企业是校企合作的主体,政府制度的落地落实、校企合作的深入推进、人才培养的作用发挥等,都需要校企的坚定执行和有效贯彻,更需要学校和企业协商合作、共谋发展。职业院校为企业培养所需要的人才,企业参与职业院校的人才培养全过程,学校和企业的目标是一致的,都是为了学生掌握技术技能、服务经济社会发展。因此,学校和企业只有协商共谋、形成合力,才能促进人才培养,服务学生的全面发展。

企业则按照产业发展需求，推出校企合作育人的激励措施和保障机制，为培养技术技能人才添砖加瓦。

一是建立多元主体共同愿景。愿景是指所向往的前景，希望达到的目标。校企共同愿景是校企不同利益主体共同努力的方向，也是双方有效互动的前提。学校与企业追求不同，学校追求提高人才培养质量，企业追求产品利益最大化，尽管校企之间客观存在价值冲突，但通过双方不断自我调节，能够在博弈中达成战略协同的共同愿景。学校与企业文化类型不同，但校企在人才价值的延展性上共识一致，职业院校培养技术技能人才，合作企业需要技术技能人才，使得校企能够实现文化共融。

二是明确不同主体利益诉求。校企之间本质上是教育与经济的关系。职业教育通过培养人才而成为经济社会发展的动力源头。学校和企业分别代表两个不同的利益体，在校企合作中有着不同的利益诉求。职业院校希望通过校企合作，共同确立人才培养目标，共同构建人才培养方案，共同探究专业设置与调整，共同推动教学内容贴近符合企业发展需求。通过产教深度融合，校企深入合作开展人才培养，能够让学生接触生产实际，学到企业需要的技术与技能，成为推动企业可持续发展的骨干人才。同时，产教深度融合，校企深入合作对职业院校双师型教师的培养也具有重要意义；而合作企业希望通过产教深度融合、校企深入合作，获得更多的高素质技术技能人才，助力企业又好又快地发展。同时，合作企业也可以充分利用职业院校资源培训员工，促进企业员工的再教育，不仅能够提高在岗员工的技术技能水平，还能够在技术创新、新产品开发方面得到更多益处。因此，只有明确了职业院校和合作企业的利益诉求，并朝着双方的诉求方向去努力，才能有效促进产教深度融合、校企深入合作。

三是校企协商深化合作内容。伙伴“志同道合”、合作“互惠互利”是产教深度融合、校企深入合作的前提。校企双方要找到想合作、能合作，实现互惠互利的伙伴并非易事，不仅需要主动出击、广泛接触，寻找“志同道合”，也需要政府部门牵线搭桥、创造条件，推动相互吸引。在合作之前，合作双方都要清楚合作的必要信息，如有哪些校（企）想合作，合作的内容有哪些，合作的动机是什么，合作的目的是什么，具备的优势和潜力有哪些，合作的方式有哪些，等等。在了解这些必要的信息后，自身还要根据实际，对诸多待合作的对象进行分析比较，最终选择自己认为的“志同道合”“优势互补”的合作伙伴。当然，教育主管部门、行业协会和中介机构有义务为校企合作提供信息、牵线搭桥、创造条件，通过人才招聘会、产品交流会、校企洽谈会等，推动校企面对面、零距离接触，促进校企双方广泛而深入地沟通与交流，找到理想的合作好伙伴。

四是建立多元主体利益共赢机制。校企利益共赢机制是指通过校企合作的具体行为，实现学校和企业的和谐相处。互利共赢是指统筹学校和企业这两个不同的主体之间的利益，尽可能提升校企双方的发展能力，创造互利共赢的条件，实现校企的共同发展。“共赢机制”以追求校企双方效益最大化为目标，充分调动校企合作双方的积极性、主动性、创造性，为达到共赢目标而持续努力，校企双方的合作过程，就是利益共赢的过程。学校和企业都是相互独立的利益主体，在校企合作中，双方只有投入足够的资源，进行足够的沟通，才能建立足够的信任，开展深度的合作。因此，校企双方经过投入资源、建立信任、明确“责、权、利”、确定利益分配比例之后，一定能够促进校企合作深入持久地发展。

第十九章　优化区域职业教育制度环境

职业教育类型化变革，体现在公平而有质量的职业教育。办好公平而有质量的职业教育，是经济转型发展新形势对职业教育提出的新要求，是人民日益增长的美好生活需要对职业教育提出的新要求，是加速教育现代化进程对职业教育提出的新要求。职业教育公平包括内部公平和外部公平，[①]其中，内部公平是指社会个体在不同发展阶段接受职业教育与职业培训机会平等、权利平等，外部公平是指在职业教育促进社会公平和教育公平中享有的公平。因此，制度环境对于实现职业教育公平至关重要。制度环境是实现职业教育公平的重要条件。[②]目前，我国职业教育制度环境由管理制度环境、财政制度环境、人事制度环境、教育制度环境和文化制度环境构成，优化区域职业教育制度环境，对促进区域职业教育发展意义重大。

第一节　管理制度环境

职业教育的管理制度环境由职业教育的组织领导线路、管理机构设置和管理职能设定等组成。我国现行职业教育管理制度是：分级管理，地方为主，政府统筹，社会参与。该制度对现在我国职业教育发展仍然发挥着不容置疑的重要作用。尽管我国人民的生活水平总体上已经达到了小康水平，但我国幅员辽阔，城乡间、东部西部间、沿海内地间的经济发展很不平衡，差距较大，这种差距会在各地职业教

① 盛洁：《社会分层视野下的职业教育公平研究》，广东技术师范大学 2016 年硕士学位论文，第 20 页。
② 孙玫璐：《我国职业教育公平的制度环境问题简析》，载《职教通讯》2011 年第 13 期，第 1—4 页。

育发展中形成不公平。一方面,体现为职业教育投入方面区域之间不均衡。地方政府是职业教育的投入主体,由于各地区的经济发展相互之间存在差距,在职业教育的投入上必然也就相互存在差距,这直接造成了区域间职业教育发展的不平衡。另一方面,体现在职业教育发展利益的享有上不一致。职业教育要地方投入,职教成果地方却不全拥有。这主要由于劳动力流动的市场化程度越来越高,职业院校培养的技术技能人才很多都去往大城市就业,当地的经济社会发展没有得到职业教育的完整回报,这无疑挫伤了地方办学的积极性。

多年来,江苏在营造和优化职业教育管理制度环境方面多措并举。

在建立现代职业教育管理体系方面,江苏对职业教育管理体系进行了改革,建立了现代职业教育管理体系,加强学校的质量管理和评估,提高了教育质量和学校的整体运作效能。

在推进教育公平方面,江苏鼓励发展职业教育,将教育资源纳入区域均衡发展的总体规划,扩大职业院校规模,加大对特殊人群和学生的扶贫力度,推动教育公平。

在打造职业教育品牌方面,江苏积极推进职业教育国际化,鼓励优质职业院校通过多种方式与国外高等院校开展合作办学、师资培养等活动,提高了学校的国际声誉和知名度。

在促进产教融合方面,江苏加强产教融合建设,推动企业、职业院校、研究机构在职业技能教育培训、技术研发等领域的深度合作,提高了毕业生就业率和企业技能培训水平。特别是在生均经费投入方面,由于江苏地处长三角核心地带,经济发达、产业集聚,为江苏职业教育高质量发展创造了条件,多年来,江苏职业教育生均投入持续提高,2020 年,全省高水平高等职业院校生均财政拨款的基本定额标准,已经提高到与普通本科同等水平。中等职业学校生均财政公用经费达到当地普通高中的 1.5 倍,苏南、苏中、苏北中等职业学校生均财政拨款经费分别不低于 1 万元、8 000 元和 7 000 元。在职业教育成果享有方面,江苏属于人口"吸纳型"省份,多年来,江苏常住人口逐年增加,2023 年末 2024 年初,常住人口 8 526 万人,比 2021 年末 2022 年初的常住人口 8 505.4 万人多出 20 余万人,这些多出来的人口大多是技术技能人才。

第二节 财政制度环境

职业教育的财政制度环境是指对职业教育的经费投入和利益补偿机制安排。目前,我国职业教育财政制度环境的主要问题仍然是职业教育经费的投入不足。一方面,体现在职业教育投入不足。长期以来,我国的教育经费始终处于低增长状态,一直没有与 GDP 增长同步,而职业教育经费的投入力度更是“低增长中的低增长”“弱势中的弱势”。可喜的是,从 2005 年开始,我国职业教育经费的投入力度超过了 GDP 增长速度,职业教育呈现出迅猛的发展态势。但职业教育的公共投入横向比较仍不乐观,普通高校的预算内生均经费是职业专科的 2 倍,普通高中的预算内生均经费明显高于中职和技校,“普强职弱”局面仍然没有改变。职业教育的办学成本高于普通教育是公认的事实,而投入与现实的倒挂又加剧了不公平,因而,急需补充大量的预算外经费支撑职业教育发展,随即,职业院校被推上了“产业化”战场,这也造成了职业教育横向比较的不公平。另一方面,体现在贫困生资助投入不足。贫困生职业教育不公平的根源是经济问题。经济上贫富差距能够造成贫困生在职业教育的起点、过程和结果的不公平。一直以来,职业院校的贫困生比例远高于普通学校贫困生比例。尽管国家对职业教育越来越重视,教育投入也在大幅度提升,但职业教育原有的投入不足,发展基础相对还很薄弱,再加上职业教育贫困生资助和利益补偿机制的不完善,也导致了职业教育的不公平。

多年来,江苏持续优化职业教育财政制度环境,全力推进职业教育更好更快地发展。一方面,在财政投入上多措并举、强力推进。财政投入稳步增长。多年来,江苏加大了对职业教育的财政支持力度,职业教育的财政投入不断增加,有力地保障了职业教育的发展。贫困地区重点投入。江苏对贫困地区和薄弱学校的职业教育投入力度加大,以帮助提升这些地区和院校的教学条件和水平。政府推行购买服务。江苏逐渐推行政府购买服务模式,职业教育的发展更多地依靠学校、企事业单位和社会力量等多元主体参与。学校财务自主权增强。江苏职业教育学校财务自主权不断加强,学校可以更加自主地运用财政经费,对教学条件和师资队伍等方面进行自主投入。另一方面，在贫困资助上统筹兼顾、持续发力。推进城乡职业教育一体化。统筹兼顾，全力推进城乡职业教育一体化建设，以解决城乡教育公平问题为目标，使职业教育公平在起点上充分体现，让贫困生能够享受同样的职业教育资源。建立教师岗位的流动制度。积极推动区域间和校际教师定期交流制度，实现了优质教师资源的共享，推动了贫困生职业教育公平化。坚决取缔各种不合理收费。江苏下大气力坚决取消招生录取的“点招费”、进校专业调换的“转专业费”、相关企业的“赞助费”等，确保了贫困生上好的职业院校的名额。加大对弱势群体财政支持。江苏十分重视财政功能，在公共物品供给和为贫困生提供免费职业教育的财政政策方面出实招、下实功、见实效。

第三节　人事制度环境

职业教育人事制度环境由技术技能人才在社会上的各项具体制度组成，这些制度包括选拔、录用、工资、福利、退休和抚恤制度等。劳动用人以及社会分配制度结构对技术技能人才作用的忽视，导致人才评价机制的不公平。长期以来，“劳心者治人，劳力者治于人”旧思想深刻影响着人们对“人才”的理解，而在目前的“学历社会”，更是存在“学历高消费”倾向，在事业编制、公务员和大型国企的招聘中，职业院校毕业生一般没有应聘的资格。当今，“技术技能”人才尽管得到了社会认可，但他们在入职、晋升、收入、福利等方面还是受到了不平等对待。职业教育培养的技术技能人才如果继续遭受社会的不公平定位和评价，就不能获得公平待遇和发展机会，就是职业教育的不公平。

近年来，江苏省在优化职业教育的“人事制度环境”方面采取了一系列创新举措，旨在提升职业教育的质量和效率，增强职业教育的吸引力，以及提高技术技能人才的社会地位。在提高技术技能人才待遇方面，江苏省委、省政府印发了《关于提高技术工人待遇的实施意见》，多措并举完善技术工人的培养、评价、使用、激励和保障等措施。在优化职业教育发展路径方面，江苏明确在事业单位招聘、工资、职称、晋升等方面，技工院校高级工班、技师班毕业生与大专、本科学历享受同等待遇。在建立技能人才激励机制方面，设立江苏技能大奖，提高技能领军人才待遇，设立技能领军人才服务窗口，解决其切身利益问题。在推进职业教育高质量发展方面，江苏省委办公厅印发了《关于推动现代职业教育高质量发展的实施意见》，提出建设技能型社会、提高技能型人才社会地位、提高职业院校应届毕业生起薪等目标。在强化职业教育政策支持方面，江苏强化了职业教育经费保障与动态调整机制，拨款方式实行财政性经费与办学规模、成本和质量挂钩。高水平高职院校生均拨款与普通本科相同，中职生均拨款适当高于本地高中。在优化职业教育发展环境方面，职业院校毕业生与普通院校毕业生在招聘、就业、落户和职称等方面待遇同等。同时，加强宣传引导，及时总结宣传职业教育改革发展成果，营造良好社会氛围。

第四节　教育制度环境

职业教育发展的教育制度环境由教育体系的规则、规范、组织和信念构成。从教育公平视角看，职普教育间所受待遇和发展机会的不平等是教育制度环境的主要问题。长期以来，相对于普通教育，由于职业教育的质量不高，人们没有把职业教育当作一种类型教育，而是将其看作是普通教育的“附属品”“副产品”。职业教育质量不高有三个方面的原因：一是教师质量普遍不高。表现在来源上，多为普教转行、普通高校招聘，师资少有企业经历、企业背景；待遇上，普通学校教师待遇普遍高于职业院校教师；发展上，培训进修机会不多。二是软硬件投入不够。鉴于职业院校的整体财政经费投入不足，职业院校的软硬件投入也不足，专业发展因投入不足受到很大影响，不能与产业技术的发展实现同步，不能与企业发展脚步同行，不能与学生就业的要求一致。三是班子配备视野不宽。在教育主管部门和职业院校的领导班子配备时，组织人事部门通常从教育系统内部选拔、调配，基本没有来自产业部门的人才担任职业教育领域的领导职务。

多年来，江苏省在职业教育制度环境建设方面采取了一系列措施，以贯彻落实国家关于深化现代职业教育体系建设改革的意见，推动职业教育高质量发展。

总体思路。江苏坚持服务国家战略需求、人的全面发展和江苏经济社会发展，推动职业教育高质量发展，优化职业教育类型定位，打造现代职教体系样板。

重点任务。开展省市联合建设改革新模式试点，探索省域现代职业教育体系建设新模式。打造市域产教联合体，增强区域发展的协同性、联动性、整体性。打造行业产教融合共同体，促进专业链对接产业链，打造应用型专业。深化职业院校教育教学改革，推动职业教育数字化转型升级。建设高水平“双师型”教师队伍，建立多元参与的教师评价考核体系。实施产教融合提升行动，建设开放型区域产教融合实践中心。支持技能人才多样化成长成才，改善职业院校办学条件，推动职业院校做精做强。促进职业教育交流合作，深化职业教育区域协同发展。

保障措施。加强组织领导，坚持党的领导贯彻到现代职业教育体系建设改革全过程。[①] 强化政策支持，对“高精尖缺”技能人才实行激励办法，提高技术技能人才工资收入水平。加大资金投入，健全政府投入为主、多渠道筹措职业教育经费的保障机制。营造良好氛围，提高职业教育吸引力，提升技术技能人才的社会地位。

第五节 文化制度环境

文化是一种整体的生活方式，任何社会系统都存在一个文化制度环境。职业教育价值社会认同度低是我国职业教育文化制度环境里存在的主要问题。一直以来，精英教育倍受我国传统文化推崇，而职业教育培养的技术技能人才是服务生产、建设和管理一线的劳动者，不是传统文化认同的主流教育。尽管近年来在国家高度重视下，职业教育赢得了良好的发展机遇，有了很大发展，取得了很大成绩，在一定程度上，职业教育的价值也被社会再认识、所肯定，但其整体社会认同度仍然不高，特别是职业教育在促进人的全面发展方面的价值，还需要时日等待社会的一致认可。如果教育不能关照人的长远发展，那么，这种教育也就不是主流教育。

多年来，江苏在优化职业教育文化制度环境方面采取了一系列举措。坚持文

① 李明、夏智伦、朱孔军等：《深化现代职业教育体系建设改革全面服务支撑中国式现代化（笔谈之二）》，载《中国职业技术教育》2023 年第 3 期，第 5—12 页。

化素质与专业技能并重。江苏职业教育人才培养方案统筹设置公共基础课程与专业技能课程,加强通识教育,夯实学生文化基础,注重文化素质和专业技能的双重培养。坚持深化“三教”改革。江苏根据国家部署组织实施省职业教育教材规划,设立省职业教育教材建设奖,支持职业院校与企业合作开发教材,建设省级职业教育教材研究基地,推动教材建设科学化水平提升。坚持健全标准与质量保证体系。江苏对各层次职业教育的省级指导性人才培养方案、核心课程标准等进行了系统研制、统一实施,同时,建立职业院校人才培养实施方案公开制度,完善职业院校人才培养质量保障体系。坚持提高教师队伍建设水平。江苏支持高水平大学开设相关专业,强化职业教育师资培养。同时,建立职业院校新入职教师培训制度,通过“师范教育 + 企业实践”系统培训,推动新入职教师角色转变,尽快适应岗位要求。坚持促进不同类型教育相互融通。积极推动职业启蒙教育,培养学生初步的职业认知。主动探索高中与中职的学籍互转、课程互选、学分互认。引导职业本专科紧密联系应用型、综合型大学,实现职业教育内涵式发展。坚持深化产教融合改革创新。改革创新是校企融合发展的不竭动力。职业院校只有主动对接产业升级,积极开展技术创新,才能服务经济社会发展。企业只有坚持改革创新,才能深化产教融合,推进校企协同育人,促进人的全面发展。

通过优化职业教育文化制度环境,职业教育的价值得到了社会的广泛认可。提升了学生综合职业素养,江苏职业院校毕业生就业率稳定在 95%以上,促进了学生高质量就业。提升了重点人群就业能力,通过大规模培训退役军人、下岗失业人员和新型职业农民,推动了重点群体的就业能力和就业质量的逐步提升。推动了职业教育国际化,通过实施“郑和计划”,与“一带一路”合作伙伴开展合作,培养熟悉中国技术、产品、标准和品牌的本土化技术技能人才。打造职业教育高质量发展样板,通过部省共建,整体推进了苏锡常都市圈职业教育改革创新,打造了高质量发展样板,提升了职业教育的社会地位,增强了职业教育的适应性和吸引力。这些措施体现了江苏省在职业教育制度环境建设上的全面性和系统性,旨在通过改革和创新,提升职业教育质量,满足社会和产业发展的需求,为江苏在推进中国式现代化中“走在前、做示范”提供了强有力的技术技能人才支撑。

第二十章　建立现代职业教育管理体系

第一节　我国职业教育国家基本制度建设状况

“管理”是指指挥和控制组织的相互协调的活动。“管理体系”是指为实现某一确定目标，利用系统工程原理将管理要素或管理活动组成有机整体，并形成相应的运行机制，通过自我约束和自我完善的有效实施，实现以高标准服务顾客需求、以先进性工艺减少影响、以人为本维护员工健康和以降低成本促进效益提高的系统。职业教育基本制度建设是现代职业教育管理体系的根基，是职业教育发展的核心内容，是解决职业教育发展中诸多问题的根源。改革开放以来，特别是党的十八大以来，职业教育抓住了大发展、大改革历史机遇，取得了巨大成就，实现了跨越式发展。表现在：主动服务经济社会发展的适应性更强了，全面深化产教融合使办学路子更宽了，职普相互衔接促学生成长路子更畅了，内部多层次的有效贯通让学生的发展力更足了，学校教育与职业培训并重使自身责任更大了，服务全民终身教育使办学形式更活了，服务“一带一路”倡议使开放水平更高了。

与此同时，职业教育也暴露出国家基本制度不健全这个最为关键的问题，为此，职业教育领域有着相当强烈的忧虑感。一是职业院校仍然担忧自身生存问题。经过大改革、大发展，尽管很多职业院校办学条件很好，每年的招生、就业也都很不错，但几乎所有的职业院校都有很强的生存危机感，而这种现象在基础教育和高等教育中却很少存在，职业院校“集体忧虑”表明，职业教育基本体系还不稳定。二是职业院校努力始终难有大的成效。一方面，中等职业学校办学定位迷茫，孩子们继续升学路子不宽，马上就业年龄又过小。另一方面，在人才需求调研与课程开发方面,所有职业院校付出都很大,而收效却很小。没有脚踏实地真知灼见的调研报告,就不可能产生高质量的课程,就很难培养出适合经济社会发展的高素质技术技能人才。三是职业教育整体效益无法集中体现。在管理体制上,由于职业教育办学资源分别掌握在教育部门和人社部门,职业教育办学经费、研究机构由教育部门掌管,劳动就业政策、职业资格证书由人社部门掌管,内部管理不协调,[①]资源也就无法实现整合。四是职业院校问题一直无法根本解决。一方面,双师队伍建设收效甚微。双师型教师队伍建设是办好职业教育的根本,当今,尽管各级各类"双师型"项目开展了很多,但职业院校教师的"双师型"素质似乎没有得到根本性提升。另一方面,专业标准与培养方案开发作用小于预期。职业院校开发专业教学标准与人才培养方案基本属于自主行为,院校更多关注的是学生就业,很少考虑与职教高考衔接,同时,也无法监测这些标准与方案对人才培养质量的影响,因此,没有完全使这些标准与方案发挥应有的作用。凡此种种表明,国家基本制度没有建立和完善与这些现象的产生有着直接关系,当今,职业教育发展重心应该从只围绕职业院校的做大做强,促进职业院校自身发展,转向建设职业教育国家基本制度上来。

经济基础决定上层建筑,没有坚实的经济基础,就不可能拥有稳固的上层建筑,职业教育是职业教育体系的经济基础。改革开放以来,我国把职业教育建设的重点都放在了职业院校建设上。20 世纪八九十年代主要提升中等职业学校的办学水平;21 世纪大力发展职业教育专科教育,经过 20 年发展,我国职业教育已经达到世界领先水平。2019 年,我国开启了本科职业教育新篇章。现如今我国职业教育学校体系已经基本建立,在通往中国式现代化征途上,只有创新制度体系,才能促进职业教育高质量发展,实现职业教育发展模式的转型升级。因此,职业教育发展战略重心应上移,即,在现有的雄厚物质基础上,转向国家基本制度层面的建设。现代化的全部内容不只是物质、技术与人类理性的发展,还要不断改善和创新制度,实现制度的现代化,才是我国现代化的本质和关键。改革开放以来,我国以政策推动职业教育发展,主要目的就是"聚焦职业院校建设,提升职业院校办学水平",在建立庞大职业教育体系的过程中,也进行了职业教育国家基本制度建设。

① 徐国庆:《职业教育实现现代化的关键是完善国家基本制度》,载《华东师范大学学报》(教育科学版)2021 年第 2 期,第 1—14 页。

1985年5月《中共中央关于教育体制改革的决定》,提出调整中等教育结构,大力发展职业技术教育。由此,确立了职业教育在教育体系中的“半边天”地位,为建立现代职业教育体系奠定了坚实基础。1996年5月全国人大常委会通过的《中华人民共和国职业教育法》、2012年2月启动的国家专业教学标准开发、2019年国务院印发的《国家职业教育改革实施方案》等都属于国家基本制度建设。与西方发达国家职业教育发展水平相比,我国国家制度体系不仅整体设计不够,建设投入也远远不足。

在20世纪80年代甚至更早前,西方发达国家在建立和完善职业教育国家基本制度体系方面就进行了诸多探索,并在探索的基础上,推动了国家职业资格证书体系和国家资格框架建设。德国职业教育享誉世界,尤以双元制教育模式称著,其根本原因是德国建立了完整的职业教育公共制度体系,如职业教育的企业参与制度、人才培养过程的校企协调制度、职业培训内容标准制度和职业资格证书制度等;英国能够顺利开展现代学徒制,得益于其构建的完整的职业教育制度体系,包括成立教育部和技能部,建立国家职业资格体系和国家资格框架。其中,职业教育由教育部与技能部统一管理,课程开发依据、培养质量评价和人才生涯发展等由国家职业资格体系统筹解决,“职普等值”则由国家资格框架具体解决;美国在州政府层面开发职业教育教学的内容标准体系,以此为基础开发的职业生涯测评体系,能够科学引导学生选择教育类型和专业。美国劳工部开发的职业分类体系,以及及时系统的就业数据报告,为人们选择专业与职业提供了现实参考。对标西方发达国家在职业教育国家基本制度上的建设成就,我国还存在不小差距,在国家基本制度构建上集中发力,迎头赶上、缩小差距,是当前我国职业教育的头等大事。

第二节　江苏职业教育地方基本制度建设实际

依据现行的“分级管理,地方为主,政府统筹,社会参与”职业教育管理制度,多年来,江苏政府联合职业教育业界,深刻洞察职业教育运行实际,坚持问题导向,借鉴国外经验,立足江苏实际,围绕江苏职业教育发展远景目标,系统构建江苏地方职业教育基本制度,取得了一定的成果。

(一)职能协调国家基本制度建设

1. 现有问题。运行需要资源保障,资源需要行政整合,整合需要职能协调。职业教育运行是完全开放的体系。一方面,体现在出发点的需求机制。职业是职业教育运行的逻辑起点,职业教育的人才培养逻辑是根据职业的需要按需培养。因此,职业教育运行必须要建立一种需求机制,将教育与职业有机统一起来。另一方面,体现在结果点的技能评价。技能习得如何评价?就业公平如何保证?这两个"点"直接决定了职业教育的运行。要确保职业教育有效运行,需要把出发点的需求机制与结果点的技能评价一体化设计,这需要管理职能的资源整合,但教育部门并非掌管所有职业教育办学资源。第一,办学主体存在着多元化。尽管职业院校多数由教育部门举办,但也有一部分职业院校由行业部门举办。第二,不全为学历教育。职业教育不仅有学历教育,归属教育行政部门管理,还有职业培训且规模更大,归属人社部门管理。第三,必须有企业参与。增强职业教育适应性,其人才培养必须有企业参与,而企业的管理归属发改委。统筹不同行政部门的职业教育办学资源,不仅有益于办学资源的使用效率,还有益于建立职业教育体系。职业教育办学资源需要行政资源整合。

2. 经验借鉴。各国职业教育体系运行都需要借鉴互观,但国情不同,治理模式也不同。德国职业教育归属行业协会管理,法律法规起到了保障作用,规范了职业学校和企业在职业教育中的地位与作用、分工与合作。该模式以社会为中心,纷繁复杂;英国政府成立了教育与技能部,统筹教育和就业管理,不仅起到了重视职业教育的作用,还很好地协调了教育与就业两大问题。该模式将管理职能合并到一个部门,在我国不具有可操作性;美国的治理模式为教育与劳动分离,这既与美国人口规模较大有关,也与重点关注职业教育的教育功能有关。美国模式是分离式管理,削弱了职业教育的职业性。总的来看,这些治理模式作为别国经验都不符合我国国情,都不适合我国。

3. 江苏实践。2019 年 1 月,国务院颁发《国家职业教育改革实施方案》,提出建立国务院职业教育工作部际联席会议制度,负责统筹协调全国职业教育工作。很显然,就目前我国的基本国情,这种跨部门协调制度能够最为稳妥地处理好我国职业教育面临的重大问题,下一步还要将这一联席制度"行政化",发挥行政管理职能，同时，也要将指导咨询委员会列为联席会议的学术机构，发挥咨询、辅助功能。2019 年 5 月，江苏省教育厅发布了《关于建立省职业教育工作联席会议制度的通知》（苏教职联办〔2019〕1 号），该通知包括主要职能、成员单位及职责、工作规则和工作要求四个部分。主要职能部分具体详细地说明联席会议制度有什么职能；成员单位及职责部分详细说明了联席会议包含哪几个部门，以及每个部门具体有什么职责；工作规则部分具体说明联席会议每年定期召开 1—2 次专门会议，每次会议由召集人和副召集人主持，每次会前由联席会议办公室召开联络员会议等；工作要求部分对各成员单位承担的职责提出了落实要求。该通知自实施以来，在职业教育若干重大问题的解决落实方面成效显著。

（二）学校结构国家基本制度建设

1. 现有问题。进入 21 世纪，我国职业学校层级已经发展为中职学校、职业专科院校、职业本科院校/应用型本科院校三个层级，通过国家基本制度——职教高考紧密联结起来，构成了现在完整的职业学校体系。职教高考不仅具有实现中高职衔接的功能，更有构建技术应用型人才培养体系的目的。在建立现代职业教育体系过程中，专业教学标准是实现中高职衔接的纽带，而职教高考就是现代职业教育体系构建的关键机制，更是推动职业院校自觉实施统一的专业教学标准的根本动力。目前实施的职教高考存在两个方面的问题：一是缺乏职教高考吸引力。当前，中职生升入高等学校（职业专科学校、职业本科和技术应用型本科院校）的途径有很多，但这些途径始终没有成为中高职之间的衔接机制，其主要原因是这种“职教高考”竞争力不强、影响力不大，以至没有因为“职教高考”推动职业院校在教学中实施专业教学标准。二是强化了对口招生模式。对口招生考试一般都由招生院校独自命题，由于这种考试的自主性强，命题院校一般都将本院校所关注的内容作为考试内容，而非专业教学标准的要求，这就使得中职学校没有动力实施专业教学标准，如此一来，“职教高考”没有成为学校体系形成的推动力量。

2. 经验借鉴。在德国，中等职业学校毕业的学生升入高等院校不需参加考试，只需自己申请，申请制的关键是要具备相应的文凭或资格，一个是获得高中毕业文凭，一个是同等学力的大学入学资格。中等职业学校学生参加完阶段 2 的学习获得证书后，可以根据自己的意愿申请综合大学、应用科学大学、专科学校和职业技术学院。在英国，中等职业学校学生学完规定课程、完成规定培训，通过考核取得国家职业资格三级证书，可免试入学高等学校攻读学士学位，取得学士学位后，还可以再攻读硕士学位和博士学位。此外，也可按照自己的意愿选择就业，还可以继续接受职业教育考取国家职业资格四级证书、五级证书。在美国，所有公立高中学生都增加职业教育课程或项目的学习，在同一个职业课程学习领域所获学分不同，对该生的称谓也不同，取得三个及以上学分的为“职业教育专修者”，取得至少一个学分的为“职业教育参与者”。学生毕业后升学有两条路径，一是参加美国高考，即参加学术能力评估测试(SAT)；二是开放入学，即不参加高考，提供高中毕业文凭或同等学力证明就可升入高等院校学习，这些学校一般是州立学院和社区学院。

3. 江苏实践。2007 年 3 月，教育部办公厅在《关于同意江苏、浙江、湖南、广东等四省在部分示范性高职院校中开展单独招生改革试点工作的批复》中指出，鼓励各地积极探索落实高职院校的招生自主权。[①] 2010 年 5 月，国务院发布的《国家中长期教育改革和发展规划纲要(2010—2020 年)》首次提出实行分类考试。2013 年 4 月，教育部《关于积极推进高等职业教育考试招生制度改革的指导意见》提出六种形式的高职分类考试。[②] 2014 年 9 月，国务院发布的《关于深化考试招生制度改革的实施意见》指出，要加快推进高职分类考试。2019 年 1 月，国务院印发的《国家职业教育改革实施方案》提出“职教高考”概念。2021 年 10 月，中办、国办印发的《关于推动现代职业教育高质量发展的意见》提出，要加快建立“职教高考”制度。[③] 在我国对职教高考的系统推进下，各地区纷纷进行了程度不同的具体实践。多年来，江苏始终坚持改革促发展，勇立潮头谋新篇，在探索地方职教高考的道路上，持续深耕，取得了显著成效。

自从国务院《国家职业教育改革实施方案》实施以来，江苏建立了“职教高考”制度，积极推行“分类考试、综合评价、多元录取”的江苏考试招生模式，相继出台了一系列政策文件，推动江苏“职教高考”逐步完善。2019 年 4 月，江苏省人民政府发布的

① 张渺：《“职教高考”怎么考怎么改》，载《中国青年报》2023 年 9 月 19 日，第 6 版。

② 王元、韩萌萌：《类型定位下职教高考制度的“破”与“立”》，载《江苏高职教育》2022 年第 3 期，第 39—44 页。

③ 陈顺利、吴根洲：《历史制度主义视野下的中国高职招生制度变迁》，载《职教论坛》2022 年第 10 期，第 5—14 页。

《深化普通高校考试招生制度综合改革实施方案》指出，将在2021年整体实施“江苏考招模式”。2019年4月，江苏省高等学校招生委员会发布的《关于高等职业院校考试招生制度改革实施方案的通知》指出，要建立以江苏考招模式为基础的“职教高考”制度。2020年3月，江苏省教育厅发布的《关于进一步做好深化高考综合改革相关工作的通知》指出，要加快推进江苏高职院校分类考试。2020年7月，江苏省教育厅发布的《职业教育质量提升行动计划》指出，健全职业教育考试制度，推动“职教高考”成为高职院校招生主渠道。2021年9月，江苏省教育厅发布的《关于中等职业学校学生学业水平考试实施方案的通知》指出，中等职业学校学生学业水平考试主要衡量中职学生达到国家和省规定学习要求的程度，是高等职业院校考试招生制度的重要内容。因而，多年来，江苏在推进职教高考改革上下足了功夫，取得了成效。江苏在全国首创中职学业水平考试，并将其纳入职教高考制度。江苏坚持以分类实施、公平公正，统筹设计、分步推进，综合评价、多元录取为基本原则，以普通高中学生、中职学生和社会人员为招考对象，以选拔高素质应用型和技术技能型人才为高考目的，以“文化素质＋专业技能”为选拔方式，[①]以职业专科院校、职业本科院校、应用型本科院校为录取高校，统筹设计职教高考制度。具体如表1所示。

表1　江苏“职教高考”具体信息

<table>
<tr><th colspan="2">招生方式</th><th>招考对象</th><th>考试内容</th><th>考核主体</th><th>考试时间</th></tr>
<tr><td colspan="2">提前招生-
春季职教高考</td><td>普高应届毕业生</td><td>文化素质＋职业技能＋
综合素质</td><td>招考院校</td><td>每年3月</td></tr>
<tr><td rowspan="3">中职
职教
高考</td><td>第一
批次</td><td>中职、职高、成人中专、技校毕业生</td><td>文化素质＋职业技能</td><td>省考试院</td><td>每年3月
和4月</td></tr>
<tr><td>第二
批次</td><td>中职、职高、成人中专、技校毕业生</td><td>文化考试招考院校决定，
无须技能考试</td><td>省考试院</td><td>每年4月</td></tr>
<tr><td>大赛
升学</td><td>技能大赛获奖者</td><td>须参加文化考试</td><td>省考试院</td><td>每年4月</td></tr>
</table>

① 李淑娟：《职教高考制度建设的区域实践——以江苏、山东、河南三省为例》，载《职业技术教育》2023年第6期，第20—25页。

续 表

招生方式	招考对象	考试内容	考核主体	考试时间
面向社会全日制教育	在职员工、退役军人、务工人员、新型农民、往届毕业生、待业人员等	文化素质+职业技能	招考院校	每年9月和10月

尽管在多年职教高考探索实践中，江苏积累了一定的经验，取得了一定的成绩，同时也积累了诸多体会。要让职教高考与普通教育高考一样有吸引力，就要形成考试竞争力，推动职普升学机会同等。围绕职教高考，对职业教育的"招、考、培"三方面进行分类优化，一是在考试方面，应以全国统一考试方式考核"文化素质"部分，在省级层面统一测试"职业技能"部分。二是在招录方面，要打破升学地域限制和学校限制，招生计划要与生源数量相适应，招生计划覆盖所有综合性大学和高水平应用型大学，扩大职校生对高等学校及其专业选择的自由度。三是在培养方面，所有招录高校应独立组班、独立培养、独立评价。

(三) 职业需求国家基本制度建设

1. 现有问题

职业教育是面向职业的教育。职业是社会分工的产物，职业是指从业人员以自身的知识与技能，创造物质财富和精神财富服务经济社会发展，取得合理报酬满足自身物质生活和精神需要的社会工作。"职业性"是职业教育的本质特征，职业需求是其人才培养逻辑起点。随着人类社会的发展，职业也在分化，职业需求也被赋予了新内涵。职业的多样化，才使人们从事不同职业成为可能。要准确把握职业需求，需要有三个前提：

一是完善的职业分类体系。职业分类是一种制度，在一定的规则、标准和方法下，把相同或类似的职业进行分组，并按照职业性质与职业特征，将其归并到相应的类别中。其也是一项经济分析，既可以描述因科技进步带来的结构性变化，也可以衡量工作活动到所需技能的路径。职业分类体系能够度量各个职业的社会位置和社会阶层顺序，从而揭示国家的社会性因素对社会结构的影响，是社会阶层分类的理论基础。

二是科学的职业标准体系。职业标准是关于能力的概念，具体说明了从业人员在职业领域的有效能力。这些“职业标准”能够直观体现该职业角色的职业资格范畴，推动标准化的职业培训，促进职业发展的标准化。“职业标准体系”本身也是职业需求的重要信息。

三是人员基本数据与趋势。从业人员的基本数据，产业未来发展变化及对从业人员需求影响的变动趋势等都是准确把握职业需求的重要因素。如人员总数、离开者人数、进入者人数、未来几年需求人数和工资中位数等数据。

目前，职业教育发展中的突出问题之一是人才需求调研偏离实际，导致职业院校人才培养与产业需求不吻合、不匹配。尽管“政行企校”开展了相关的人才需求调研并发布报告，但问题依然普遍存在。一是组织缺乏协调性。“政行企校”多头调研，力量分散、侧重不一，缺乏统一协调机制，企业数据反复采集、各取所需，信息碎片化、孤岛化严重，报告缺乏权威性、影响力。二是分析缺乏科学性。需求调研指标设置随意、样本数量偏少、数据分析黑箱、结论主观臆断、报告不够科学。三是结论缺乏指导性。需求与供给“两张皮”，报告分析结论对专业设置与调整、推动职业教育高质量发展缺乏指导性。造成这种现象的原因，主要是产业人才需求调研理论指导缺乏、方式方法单一、团队支撑薄弱。因此，职业院校现有的不以职业需求为依据的人才需求调研，能获得有价值的数据并不多，这种普遍存在的问题亟待解决。

2. 经验借鉴

在德国，职业分类由劳工局、劳动力市场与职业研究所共同主导，分为职业领域、大类、中类、小类和细类五个层次，通过职业专业性和要求等级两个标准维度进行结构化，职业专业性是指划分的职业领域，要求等级是指从事职业活动的复杂程度。[①] 德国没有独立的（社会）职业标准，只有教育职业标准，德国的职业标准指的是教育职业的专业标准。其包括教育职业名称、教育培训时间、教育职业规格、教育框架计划和考试要求，它一方面规定了从业人员的技能、知识和能力要求，另一

---

① 谢莉花：《德国职业教育的“教育职业标准”：职业教育条例的开发内容、路径与经验》，载《外国教育研究》2016 年第 8 期，第 28—40 页。

方面也为还未显现出来的资格与需求发展趋势提供了空间。在英国,按照社会分工,将职业分为九个大类。英国职业标准由政府、行(企)业、职业教育机构三方合作完成,涵盖政府、企业、学校和学生等多方面的需求,它不仅是实用且灵活的职业标准内容框架,还是以能力为基础的职业标准体系。英国职业标准体系对每个职业、每个等级的"工作内容"的知识与技能都做了相应的要求。在美国,职业管理一直处于全球领跑地位,美国《职业分类词典》是最为完善的职业分类体系,它对每个职业都有工作内容、从业人员心理条件、教育要求、职业资格证书要求以及各种与就业趋势等相关的描述内容。每年,美国劳工部对现有职业的各种数据做出准确报告。

3. 江苏实践

我国 2015 年首次颁布《中华人民共和国职业分类大典》,并于 2022 年修订。它没有按照职业本身逻辑进行分类,而是按照社会人员类别角色对职业进行分类,"2022 年版"职业分类体系共有 8 个大类、1 639 个职业、2 967 个工种,比"2015 年版"净增 158 个新职业,297 个新工种。同时,人社部针对新职业,年年在更新《国家职业技能标准》,及时完善国家职业标准体系。

江苏是我国职业教育发展最具发展活力的省份之一。在职业需求制度建设方面,充分发挥省职业教育工作联席会议制度协调作用,省教育厅和省人社厅依托国家职业分类体系和职业标准体系,立足本省产业发展实际,健全完善技能技术人才需求发布机制,为职业教育更好地服务产业发展提供助力。省教育厅逐年完善职业院校专业建设与产业结构对接机制,以 2～3 年为一个周期发布《江苏省职业教育专业结构与产业结构吻合情况预警报告》,对存在的问题以及未来各地产业结构调整趋势提出专业结构调整思路和策略。省人社厅坚持以促进就业、适应产业需求为导向,及时发布《江苏省技能人才需求报告》《江苏省技工院校专业与产业吻合度调研报告》,建立专业动态调整机制。重点聚焦省内先进制造业产业集群、重点与优势产业链和现代服务业发展需求,摸清产业底数、配套人才地图、编制需求目录,助力产业与高技能人才精准对接。持续完善全省技能人才信息数据库,建立数据动态更新管理机制。依托江苏省人社一体化信息平台等信息系统加强技能人才数据统计分析,为技能人才队伍建设提供决策参考和依据。定期发布技能人才供求信息、紧缺人才目录，引导技能人才合理流动。打造全省“高技能人才地图”，更好地服务人才结构分析、人才发展规划、世界高精尖缺人才引进。建立民营企业高层次和急需紧缺人才需求信息编制与发布机制，共享海外引才引智资源。

（四）内容标准国家基本制度建设

1. 现有问题

2019 年 1 月，国务院颁发的《国家职业教育改革实施方案》提出，要建成具有国际先进水平的中国职业教育标准体系。[①] 专业教学标准是整个职业教育体系运行的基础。第一，从功能定位上看，职业院校人才培养方案的上位概念是国家专业教学标准。国家开发专业教学标准的目的是解决两个方面的问题，这也是长期困扰职业院校在人才培养方案开发中存在的问题，一个是缺乏开发依据。[②] 该“依据”是指“内容标准”的依据，如专业面向的职业岗位、核心素养和职业能力等。一个是开发所需的原材料。该原材料是指专业教学的具体内容，如要实现团队合作能力的培养，就需要知道提高团队合作能力教学的具体内容。因此，国家专业教学标准是规定课程设置，描述文化课程、专业基础课程和专业课程的内容与学习标准的文件，职业能力标准是其核心内容。第二，从制度基础上看，国家专业教学标准是新的教学治理体系下产生的概念。专业教学标准在以制度视角理解课程中，有着现代教学治理体系构建的目的，教育部举全国之力开发国家专业教学标准，职业院校则根据该标准，以人才市场需求为导向，开发符合自身需要的人才培养方案，由此形成现代教学治理体系的基本构架，这对推动职业院校积极面向人才市场，主动探索人才培养规律具有重要意义。第三，从内容结构与描述方式上看，国家专业教学标准是国家对专业教学结果的分析式描述。标准是对事物所要达到的要求的规定，标准规范的对象一般是结果。国家专业教学标准规范的对象是人才培养结果，但对人才培养过程中的重要环节，如课程设置、学时总数和实习要求等，也做出了制度化规定。由于国家专业教学标准不仅用于检验职业院校的人才培养结果，还

① 张慕文：《我国职教高考的研究进展及未来趋势——基于 CiteSpace 的知识图谱分析》，载《宁波职业技术学院学报》2023 年第 6 期，第 17—26 页。

② 徐国庆：《国家专业教学标准建设是实现职业教育现代化的基础》，载《中国职业技术教育》2019 年第 7 期，第 62—66 页。

能为人才培养方案的开发提供内容依据和原材料，因此，专业教学标准采用的是分析式描述。开发教育内容标准，国际上有两种模式：第一种是教育内容标准直接采用职业能力标准，第二种是参照职业能力标准开发独立的职业教育内容标准，我国采用的是第二种模式。建立和完善我国职业教育国家专业教学标准体系，就是为了集中解决职业院校课程建设中的基础性问题，搭建职业院校课程建设国家平台。

我国职业教育专业目录从1963年建立到现在，经历了六次（1993年、2000年、2004年、2010年、2015年和2021年）修订。自2012年全面启动建设国家专业教学标准以来，2015年和2021年这两次目录修订也都伴随着专业教学标准的修（制）订。2022年9月，新版专业目录与简介发布，之后公布了按照新版专业目录制订的首批758个专业教学标准，这些教学标准覆盖了全部19个专业大类及中、高、本三个层次的量大面广的专业。可以说，我国职业教育专业教学标准体系建设有条不紊，持续推进，取得了很好的成绩，但也存在着一定的问题。从目前发布的专业教学标准看，该项制度建设没有真正深入教育内容层面，课程建设工作模式仍然停留在传统的政府层面，具体表现在三个方面。一是能力要求体现不足，内容质量尚不统一。能力本位是我国专业教学标准的基本导向，但在能力要求体现、能力分析依据和对接职业标准等方面存在差距、体现不足。“中高职”国家专业教学标准的内容质量也没有实现统一。二是开发主体有待完善，开发机制模糊不清。修（制）订国家专业教学标准一般都是教育部委托给各个行业职业教育教学指导委员会（简称行指委）完成的，由于存在各行指委间在开发标准的开发人员组成、开发流程标准和内部机构关系等不统一、不清晰，甚至有的行指委归口在一所职业院校的情况，标准的质量和权威性受到挑战。三是标准体系尚未形成，具体实施效果不佳。我国地域辽阔，区域差异较大，将所有职业院校的教学标准统一到国家专业教学标准中，对于不同地区、不同院校存在达标困难或简单化问题，因此，推动国家专业教学标准开发与实施，也存在国家、区域、学校层面的统一性与灵活性问题。

2. 经验借鉴

英国没有与我国完全对应的专业教学标准概念，但国家职业标准及资格与学分框架中的学习单元在功能和性质上是相近的。行业技能委员会和行业技能组织负责组织领导专业教学标准的开发工作，国家职业标准开发过程要经过职业需求调研、功能分析、鉴别与应用等环节，[①]在此基础上，再开发与资格相对应的学习单元，学习单元包括名称、学习结果、评估标准、学分值和级别等五个部分。职业不同，国家职业标准不同，与之对应的学习单元的内容也不同。英国专业教学标准具有高度契合职业、开发过程清晰、评估标准明确、学习结果明确和注重机制完善等特点。在美国，专业教学标准上联联邦政府开发的职业标准，下联职业院校开发的课程标准。在内容和形式上，美国专业教学标准具有诸多特点，一方面，呈现模式科学、规范。开发主体由政府组织和领导，教师、大学研究人员和行业技术人员共同参与，教学标准能最大限度地适应学生和企业岗位的实际需要，文字表达准确、规范、层次清晰、逻辑严密。另一方面，开发理念是以学生为本。围绕工作任务定义职业能力，根据职业能力重构知识、技能，开发职业能力服务学生生涯发展。在德国，职业教育实行的是“双元制”教育模式，因此，企业和学校要分别有各自的专业教学标准，专业教学标准的开发人员由政府、行业协会、企业、工会和职业学校代表组成编写委员会，为了更多体现企业要求，委员会中的企业人员占相对多数。[②]联邦职业教育所牵头编写的《职业教育条例》类文件组成的专业教学标准指导企业职业教育，各州文教部长联席会牵头编写的《框架教学计划》类文件组成的专业教学标准指导学校职业教育。德国专业教学标准以适应社会发展为根本目标，在开发过程中，有法律政策引导，有工作机制保障，有务实内容支撑，有行动导向指导。

3. 江苏实践

多年来，江苏职业教育紧紧围绕服务经济社会发展，提高教育教学质量，深入推进省域职业教育教学标准建设。2005 年 11 月，江苏省教育厅印发的《江苏省职业教育课程改革行动计划》指出，要制定颁布有关课程标准，协调与行业的关系，解决课程改革中的重大问题。之后，陆续开发出《专业教学计划开发框架》(2007)、《项目课程研发标准》(2007)、《江苏省中职、五年制高职语文、数学、英语课程标准及教学要求研究报告》(2010)、《江苏省中等职业教育和五年制高等职业教育专业建设标准》(2011)。2013 年，初步建成具有江苏特色的中职专业教学标准体系，并

① 李添甜、徐国庆：《英国职业教育专业教学标准开发技术方案》，载《职教论坛》2015 年第 7 期，第 88—92 页。

② 陈东：《德国职业教育专业教学标准开发特征及启示研究》，载《中国职业技术教育》2020 年第 29 期，第 62—66 页。

在此基础上，利用两年时间分别完成中职、五年制高职主要专业指导性人才培养方案62个和44个。2014年起，江苏实行中职学生学业水平考试制度，为此，江苏先后分别开发中职和五年制高职专业课程标准243门和520门。2016年1月，开发完成《江苏省中等职业教育主干专业核心课程标准》，包括农林牧渔、能源化工、土木水利、加工制造等12个专业大类36个主要专业，按照每个专业3～5门的规模，共计开发了147门专业核心课程标准。2021年4月，针对2019年10月教育部发布的《中等职业学校公共基础课程方案》，开发了江苏省中等职业学校10门公共基础课程标准教学实施指导方案，开发完成首批5个专业类21个专业指导性人才培养方案及60门课程标准（试行）。2021年7月，开发完成第二批7个专业类25个专业指导性人才培养方案及60门课程标准（试行）。2022年6月，开发完成第三批4个专业类20个专业指导性人才培养方案及94门课程标准（试行）。2023年5月，开发完成第四批5个专业类9个专业的指导性人才培养方案及60门课程标准（试行）。江苏专业教学标准体系的构建和有效实施，为全面提高人才培养质量发挥了基础性作用。

（五）条件运行国家基本制度建设

1. 校企合作对国家制度的需求

校企合作是指学校和企业联合培养技术技能人才，核心是企业参与职业院校人才培养过程。校企合作的政策导向是把职业院校的重心聚焦到人才培养上，把企业参与人才培养的积极性激发出来。一方面，要对职业院校选择合作伙伴上有要求。一是合作有能力，业务能对口。合作企业的人才培养能力要强，业务与专业的关联度要高，明确校企合作的主要内容是人才培养。二是以学生为本，助企业发展。以学生的成长发展为根本，尊重学生的劳动权益，落实教育部等八部门联合印发的《职业学校学生实习管理规定》，不以校企合作为名向企业输送廉价劳动力。三是过程有指导，管理有要求。要深入了解企业对人才培养的实际情况，为更好地发挥企业在人才培养中的重要作用，需要对企业的人才培养过程进行指导。另一方面，要理解企业参与人才培养的顾虑。一是鼓励企业有“长劲”。与捐赠设备不同，企业参与人才培养需要投入大量的人力、物力和时间成本，鼓励企业承担社会责任,共同促进企业现代化发展和现代制度的完善,建立现代企业文化和价值观,推动企业又好又快发展。二是协助企业早"安排"。参与人才培养、吸纳学生实习,不仅增添了企业的管理成本,还会对生产秩序造成一定影响。职业院校要主动协助企业强化学生管理,配合企业解决学生实习与正常生产的矛盾,早规划、早预警、早安排,让学生实习成为助力企业发展的动力。三是支持企业去"改变"。人才培养是社会工程,既关系着个人的成长与发展,也关系着整个社会的进步与发展,不仅是教育系统的责任,也需要全社会的共同参与。改变原有观念,参与技术技能人才培养,责任神圣、使命光荣。

建立国家制度,能够进一步深化校企合作。2018 年 2 月教育部等六部门联合印发的《职业学校校企合作促进办法》指出,开展校企合作应当坚持育人为本,既对职业院校选择合作企业的要求给出了回应,也对企业参与合作育人顾虑的理解表达了关切,并提出了推进产教融合型企业建设试点的措施。这充分表明,我国校企合作制度建设向校企合作国家制度建设迈出了重要一步。2019 年 1 月国务院颁布的《国家职业教育改革实施方案》提出了促进校企合作的两个抓手:一个是建设产教融合型企业,一个是建设"1 + X"证书制度。在建设产教融合型企业方面,要建立产教融合型企业认证制度,在认证标准中,明确提出企业参与人才培养的具体要求;在建设"1 + X"证书制度方面,将技能等级证书正式纳入职业教育人才培养过程,目前,相关的技能等级证书已被正式推广使用。"1 + X"证书制度,让毕业生在获得学历证书的同时,也能获得多个技能等级证书。推动"1 + X"证书制度,不仅需要政策措施的支持保障,强化企业的主体地位,开发技能等级证书,还需要通过证书开发,把企业核心技术知识融入课程建设,为企业参与职业院校人才培养过程开辟新路。

西方发达国家职业教育关于校企合作的制度法规值得学习借鉴。在德国,职业教育法律体系十分完备。从《联邦职业教育法》(1969 年)、《劳动促进法》(1969 年)、《企业法》(1972 年)、《青年劳动保护法》(1976 年),到联邦《职业教育促进法》(1981 年),再到新《联邦职业教育法》(2005 年),德国职业教育法律体系逐步得到丰富。同时,在"双元制"教育中分别建立的适用学校和企业的《框架教学计划》《职业教育条例》,更促进了德国职业教育法律法规体系的完善。在美国,1991 年,劳工部要求把目前和将来的职场上所必需的三部分基础(基本技能、思维能力和个性品质)和五种基本能力(资源能力、交际能力、信息能力、分析能力和技术能力)作为各级学校主要教学目的并建立合适的评价体系,同时,也要求所有用人单位将其纳入人力资源开发内容。1994 年,政府通过《学校至职场机会法案》,要求各州政府建立"学校至职场机会"教育体系,为保证校企之间更好地合作,联邦政府拨出专款予以支持。从 20 世纪 80 年代开始,德国各级政府通过税收减免、财政补贴和专项资金等政策支持,吸引了更多企业开展校企合作。在英国,职业教育校企合作的运行是行业和学校共同参与,职前教育与在职培训一体化。最早颁布的职业教育法规是 1562 年的《工匠法》,19 世纪颁布了《工厂法》《都市企业法》和《技术教育法》,20 世纪先后颁布了《技术学校法规》(1905 年)、《职业交换法》(1909 年)、《职业选择法》(1910 年)、《巴特勒法案》(1944 年)、《产业训练法》(1964 年)和《就业与训练法》(1973 年),到 20 世纪 90 年代,基本形成了较为完备的职业教育法规体系。2009 年,实施《学徒制、技能、儿童和学习法案》,奠定了学徒制的法律地位。

多年来,江苏深入推进产教融合、校企合作。2018 年 5 月,省政府出台的《关于加快推进职业教育现代化的若干意见》指出,逐步建立学生实习工作考核与补助制度。2018 年 6 月出台的《关于深化产教融合的实施意见》指出,研究制定"产教融合型"企业评定标准和奖励办法,今后 5 年,省级政府每年认定"产教融合型"企业 100 家左右。2019 年 3 月,江苏省人大常委会通过的《江苏省职业教育校企合作促进条例》指出,县级以上政府可以设立校企合作专项资金,可用于"产教融合实训基地建设"等。2019 年 5 月,江苏省政府出台的《关于推行终身职业技能培训制度的实施意见》指出,完善企业参与校企合作成本补偿政策。2022 年 11 月,江苏省教育厅出台的《江苏省职业学校学生实习管理实施细则》指出,职业学校是学生实习教学组织的第一责任主体,校长是学生实习工作的第一责任人,负责统筹本校学生实习管理工作。江苏加大对各职业院校产教融合、校企合作工作的指导,把校企合作贯穿人才培养全过程。2019 年,全省立项建设了 50 个产教融合集成平台(含 14 个培育项目)。2021 年和 2022 年,立项建设 78 个省职业教育示范性虚拟仿真实训基地培育项目,10 个项目入选国家级虚拟仿真实训基地培育项目。2022 年,全省遴选了 100 个职业教育校企合作示范组合培育项目和 30 个示范性职业教育集团(联盟)培育单位。同时,有 193 位企事业单位专业技术人员被遴选为 2022 年江苏省高职类产业教授,推动校企合作走深走实。

2. 职业教育教师培养对国家制度的需求

教师素质与教育质量息息相关,有什么样的教师素质,就有什么样的教育质量。多年来,我国多措并举,强力推动职业教育教师素质提升。一是创办职业技术师范院校。目前全国有 37 所本科院校参与开展了职教师资的培养,有 49 所综合性大学和师范院校或工科大学招收硕士层次的职教师范生。① 二是建立全国师资培养基地。目前,有全国重点建设职教师资基地 56 个、全国职教师资示范单位 8 个,这些基地为职教师资培养培训做出了非常大的贡献。三是设立中职教师硕士学位。2000 年 6 月,教育部发布的《关于 2000 年开展中等职业学校教师在职攻读硕士学校的通知》指出,批准 13 所学校承担中等职业学校教师在职攻读硕士的培养任务。② 四是实施教师下企业锻炼计划。2006 年 9 月,教育部发布《关于建立中等职业学校教师到企业实践制度的意见》指出,组织教师到企业实践是加强校企合作的具体体现。这些政策行动实施以来,有力推动了职业院校教师的素质提升,促进了职业院校教育教学质量的稳步提高。对比这些政策措施,推动职业教育教师提升教育教学技能的主要途径是在职教育的短期培训,系统的学历教育发挥的作用相对较小。尽管在职教育的短期培训在提升职业院校教师的素质方面发挥了重要作用,但也存在项目间联系的系统性不足、有些内容的培训针对性不够、促进教师能力发展的持续性不强等缺陷。一方面,短期培训不具有系统性,只能促进教师局部能力提高,且培训项目之间存在交叉重复、零散堆积现象,无法实现教师能力的可持续发展。另一方面,由于培训制度化、体系化设计不够,出现了教师培养与教师聘用不一致、与期望的培训效果不相符的现象。

现代化的关键是人的现代化,职业教育现代化的前提是教师队伍的现代化,而教师队伍的现代化需要教师培训现代化支撑,构建完整、系统的职业教育教师培养国家制度是这一支撑的根本保障。职业教育的发展实践充分说明:在开放式就业

① 杨芳:《基于旅游类高职院校的教师准入制度研究》,华东师范大学 2022 年博士学位论文,第 202 页。
② 李梦卿、万娥:《“双师型”视阈下职教师资培训工作发展研究》,载《教育发展研究》2014 年第 5 期,第 26—32 页。

模式下，职业院校教师来源主体早已不是师范教育，“多元化”已经成为各类教育师资来源的主要特征。职业教育对师资的要求相对较高，特别是需要具有“企业工作经历”，当今的技术示范院校很难培养这样的师资。另外，职业教育依据地方经济社会发展情况设定专业，其中有很多专业本科院校不适合开设，这也决定了技术师范院校培养的学生成为职业院校教师的占比很小。因此，职后的师资培训成为职业院校教师培养主渠道，用体系化、制度化的项目化培训取代原有的短期培训，并将教师聘用与教师培训挂钩，这就从根本上转变了职业院校师资培养思路。建立职业教育师资培养国家制度的目的是让职业院校知晓本校师资主要来自何处，让新入职的教师从进校的第一天就收到一张职业生涯发展的“培训图”。

在德国，教师教育归各州政府。德国第一个教师教育培养标准是2004年12月发布的《教师教育标准：教育科学》，2008年10月联邦政府又发布了一份补充标准，即《各州有关教师教育专业学科与专业学科教学法共同内容的要求》，该补充标准把教师教育培养标准划分为两大类别，一类是普通教育轨学科与特殊教育轨学科标准，一类是职业教育轨学科标准。德国教师教育分为六种类型，其中，职业教育教师属于第五种类型，这是职业学校教师的培养类型。德国各州对未来进入职业学校工作的教师要求较高，对招收的非师范类本科毕业生，规定必须进入师范类院校攻读硕士学位，同时，还必须是攻读理工科类学科。在美国，有着比较成熟的职业教育教师培养体系和模式。职前教育方面，美国通过实施“成功学徒项目”(SAV)，革新职业技术师范教育。“成功学徒项目”(SAV)参加人员必须是职业学校或综合高中的近期毕业生，不仅要有杰出的学术成绩，行业教师推荐提名，还需要接受SAV项目管理员的面试。“成功学徒项目”(SAV)的成功之处在于：一方面，有严格的制度化管理。项目负责人亲自参加每月例会，参与者每月要有主题演讲，并参加综合效能评估，不合格者给予降级或淘汰。另一方面，参培人员享受高补偿与高福利。参加培训人员必须签署承诺书，承诺毕业后到职业学校从教五年，否则，教育署有权追回所有相关费用。在职培养方面，以“替代路径”为特色，深入开展职业教育教师在职培养。替代途径是指不具备教育学士学位的人通过相应的政策、课程和实践，成为职业教育教师。通过“替代路径”获得培训的职业教育教师，从获得临时教师资格证书，到每五年对证书的更新与维护，要经过大学培养、在职工作与经验积累。在英国,教师培养是教师终身一体化的培养和培训过程,包括职前培养、入职培训和职后提高。从1972年《詹姆斯报告》提出教师培养的三段制(职前教育、实习与训练、职后教育),到1999年立法确立新教师入职培训制度,再到2002年《英国合格教师专业标准与教师职前培训要求》提到"三段融合"(职前教育、入职培训、职后提高)与"三方参与"(大学、职业院校和企业),英国职业教育教育与培训体系日趋完善。职前教育培育职业教育人才,入职培训塑造职业教育教师,职后培训保证职业教育发展,职业教育教师的职前、入职和职后三个培养阶段紧密联系、不可或缺;职前大学教育,强化理论教育,开展专业实践,培育"双专业"素质,获得高教文凭,取得教师资格。入职培训教育,开展ITE(Initial Teacher Education,职前教师教育)培训,接受教学指导,强化培训考核。在职培训教育,进入大学或企业进修,响应社会需求,实现专业化发展,大学、职业院校和企业三个培养主体将三个培养阶段有机结合,实现职业教育教师培养培训的无缝衔接。国外职业教育发达国家的经验表明,国家高度重视职业教育教师的职前、入职和职后培养培训,并提供了强有力的制度保障,清晰分层的资格认证体系和全方位多渠道的培训方式等。

多年来,江苏高度重视职业教育教师培养培训工作,在认真落实国家政策制度的基础上,创新培养培训举措,推动职业教育师资队伍建设向高质量发展。一方面,江苏出台了一系列政策制度,推进职业教育教育培养培训工作。2018年5月,江苏省政府印发的《关于加快推进职业教育现代化的若干意见》指出,要改革职业院校教师管理体制,支持中等职业学校按有关规定面向行业企业公开招聘教师。2019年6月,江苏省政府印发的《关于推行终身职业技能培训制度的实施意见》指出,要加强职业院校"双师型""一体化"教师队伍建设。2020年9月,江苏省教育厅等印发的《深化新时代江苏职业教育"双师型"教师队伍建设改革实施办法》指出,要建立健全政府统筹管理、行业企业和职业院校(含技工院校)深度融合的职业教育高素质"双师型"教师队伍建设机制。2022年2月,江苏省教育厅等印发的《关于"十四五"深入实施职业院校教师素质提高计划的意见》指出,坚持职业院校教师五年一周期全员培训制度和企业实践制度,进一步健全国家、省、市、校四级培训体系。2022年3月,江苏省教育厅印发的《江苏省职业教育"双师型"教师团队建设项目管理办法》指出，要遵循职业教育类型属性要求和职业院校教师成长规律，坚持“德技双馨、专兼结合、守正创新”的建设理念，秉承建梯队、育名师、出成果、促发展的建设思路，以教学名师、技能大师为引领，以培养一批教育教学改革创新骨干、打造一批教育教学实践优秀成果为核心，推动教师专业成长、教研技研攻关、教学改革示范等协作，形成组织化、制度化的“双师双能”高水平专业发展共同体，激发职业院校教师、行业企业专家参与教育教学改革的实践活力和创新能力，优化教师队伍结构，整体提升“双师”素质。2023 年 2 月，江苏省建立省级职业教育教师企业实践基地，深度参与“双师型”教师培养培训，提供必要的场所、设备和指导专家等资源，通过组织技能培训、提供岗位实践、联合开展科研技术攻关等，建立健全产学研用深度合作机制，积极参与职业学校教学改革与研究，协同开发课程资源，选派高技能人才和管理人员到学校兼职任教，切实推动校企共建“双师型”教师队伍，促进“双元”育人，成为推动职业教育改革发展和提升企业自身内涵的“双赢”典范。2023 年 9 月，江苏省成立省级职业教育“双师型”教师队伍建设指导中心，负责全省职业教育教师队伍建设政策研究、学术交流、信息服务和“双师型”教师认定检查复核等工作，积极发挥省级教育行政部门参谋助手作用，服务全省职业教育教师能力提升和专业发展。另一方面，江苏省还采取了一系列创新举措，推进职业教育教师培养培训工作。

一是加强思想政治建设。全面贯彻党的教育方针，坚持社会主义办学方向，坚持师德师风第一标准，落实立德树人根本任务，从职业教育教学实践出发，切实加强教师队伍基层党组织建设，充分发挥教师党员在师德师风建设中的示范带头作用，确保教师队伍建设正确方向。

二是建立健全四个体系。探索建立“双师型”教师认证体系、改革完善职业院校教师评价体系、建立健全职业院校教师培训体系、规划建设职业技术师范教育体系。

三是推进职称制度改革。充分发挥教师评价、职称评审的导向作用，分类分层，科学评价，调动职业院校教师干事创新活力。

四是扎实开展教师培养培训。强化培训项目和专项资金的规范管理，突出“双师”内涵特征，创新培训模式，优化培训内容，增强培训实效。

五是推动全省职教队伍共同发展。发挥项目建设导向和国家“双高”、省现代化示范院校及其教师团队的示范辐射作用，引领带动薄弱地区、一般院校教师队伍共同建设、均衡发展。

多年来，江苏认真贯彻落实《国家职业教育改革实施方案》和教育部、财政部等有关文件的精神，认真实施职业院校教师素质提升计划。全面落实职业院校教师五年一轮训制度和企业实践制度，其中实施国家级、省级培训项目 925 个，合计培训 4.9 万多名教师。组织中职学校重点建设了 200 个省级名师工作室，高职院校选聘省产业教授 607 人，省财政累计奖补兼职特聘教师 2 628 人。2019 年，教育部首批立项国家级职业教育教师教学创新团队，江苏入选总数列全国第一。在努力构建“中、高、本、硕”衔接融通的现代职业教育体系，全力发展具有江苏特色、一流水平、人民满意的职业教育实践中，江苏职业教育教师队伍发挥了支撑新时代职业教育高质量发展的基础和关键作用。

（六）技能评价国家基本制度建设

国家技能评价基本制度就是对技术技能人才的技能水平进行评价，并将相应的社会待遇与评价结果对应的制度。这一制度与职业教育质量保障有关，也与保护技术技能人才学习积极性有关。而这两个基本问题会直接影响人们对职业教育的选择。技能评价国家基本制度建设包括以下三个方面。

1. 技能评价体系建设

我国劳动力市场模式以外部劳动力为主体，劳动者就业机会不稳定，要公正评价劳动者的技能水平，需要有公认的技能评价体系，从国际来看，这个评价体系被称为国家职业资格制度，是国际人力资源开发管理的一项基本制度。职业资格制度是相关组织依据国家职业技能标准对个体胜任某个工作岗位的能力水平的评价和鉴定。2017 年 9 月，我国对国家职业资格的设定依据进行了明确，对认定范围进行了界定，对实施机构进行了确定，职业资格框架体系初步形成。但实际运行表明，仍有一些制约因素，妨碍了该制度的正常发展。

一是职业资格制度与职业教育发展体系脱节。完整的职业教育发展体系由专业认证、资格认证和继续教育等构成，社会分工反映到教育上，就产生了学校教育和短期培训;反映到证书上,就有了学历证书和职业资格证书。当学历证书与资格证书彼此脱节,一定导致学历学位认证体系与职业资格认证体系相互分离,这也就无法形成完整的职业发展体系。

二是职业标准设置有不科学、不统一现象。当前,在制度上无法实现技能人员与技术人员两类职业标准的沟通衔接。前者遵循职业导向,强调岗位需求的知识技能;后者遵循专业导向,强调专业能力素质。同时,我国还缺少国家职业资格框架,无法实现职业资格标准和专业教育标准的沟通衔接,也导致了毕业生的能力素质不符合市场需求,学历证书与职业资格证书相互分离,这主要源于我国的职业资格制度的标准缺乏顶层设计。

三是政府主导的单一治理模式没有改变。就国际经验看,"自上而下""自下而上"两种模式的国家职业资格体系将长期共存,因此,不仅要有主管部门组织设计和实施的职业资格认证,还要有市场化、社会化水平类职业资格认证,政府、协会学会、高校都应该发挥作用。目前,我国主要是"自上而下"模式,高校和主管部门间还没有形成合力。

四是国际资格互认工作没有实质性进展。目前,我国仅有少数几个职业资格实现了国际互认,如结构工程师和建筑师等,其他职业领域的职业资格还没有实现国际互认,随着我国"走出去"战略的不断深入,国际互认职业资格的要求将越来越迫切,我国实现职业资格国际互认的目标还有很长的路要走。

英国 1986 年成立国家职业资格委员会,牵头制定国家职业资格标准,负责国家职业资格考评工作。通过制订不同行业职业资格标准,在汲取原有经验教训的基础上,职业资格证书制度在全国正式实施。1997 年成立资格与课程委员会,负责对课程、考试和职业资格证书的开发认证,以及完整建立教育与培训体系。2003 年,在原有 5 个等级资格的资格框架基础上,重新细分为 9 个等级资格框架。该制度的实施,得到了全社会的广泛接受和高度认可。英国资格种类繁多,这些资格包括 A 级证书、基本能力、入门水平资格、普通教育证书、普通国家职业资格、关键能力、现代学徒制、国家职业资格和职业资格等等,为学习者提供了更多选择。英国推行国家职业资格证书制度,是职业教育适应经济社会发展的必然要求。

德国 1969 年颁布《职业教育法》,奠定了职业资格证书制度基础。1981 年颁布

《职业教育促进法》、2005 年修订《职业教育法》，分别对职业资格证书制度提出了具体要求。目前，德国职业资格证书遍及专业领域 13 个，职业种类 450 多种。德国的职业资格认证由行业协会具体负责。考试委员会由雇主、雇员和学校代表组成，具体负责相关的认证事务。德国职业资格证书分为三种类型，一是按照学习与培训有无地点分类。考试证书是指行业协会对结业考试合格人员颁发的考试证书，该证书无关学习场所。而培训证书、毕业证书则与场所有关，培训证书地点在培训企业，毕业证书地点在职业学校。这三种证书相互独立，又相互补充。二是按照教育职业分类。包括手工业的满师证书①、工商业联合会的考试证书和双元制的技能工证书。三是按照证书效用分类。包括行业协会的师傅证书和学徒证书。德国实行的是社会多方参与的职业资格证书管理体制。

美国职业资格证书制度发展成熟，各个职业领域广泛实施职业资格制度。其特征体现在五个方面：一是国家职业资格证书与学历证书交叉融通。美国中等学校和高等学校都可以开设技术与职业教育课程，包括副学士、职业教育证书、进修教育和学徒训练课程，体现了学历证书与资格证书交叉融通。二是国家技能标准委员会负责职业能力标准。1994 年通过《国家技能标准法案》，国家技能标准委员会(NSSB)成立，其成员包括教育、工商、劳工、雇员、社区和民权组织等各方代表，负责开发更新全国性、跨行业技能标准。三是以能力的发展为准则进行职业技能认定。美国在职业技能标准的认定与检测的基础上建立了职业能力评价体系，该体系包括五个子系统，每一个子系统又都包含了若干能力标准。四是以问责制监督市场化职业资格认证体系。美国职业教育国家行政决策一般有自上而下、自下而上和上下结合三种方式。近年来，有关职业教育管理事务委托给协会和企业管理，政府则通过问责制与绩效考评的方式对协会和企业的工作进行鉴定。五是学历基础与工作年限是资格申请的前提。在美国申请职业资格，既有学历基础要求，也有工作年限要求。职业资格是从事某个工作领域的能力体现，申请者要获得职业资格不仅需要不断学习专业理论知识，还要提高自身的技术技能水平，这就需要不断学习、终身学习，进而也推动了人的自我发展。

---

① 满师证书，来源于德语。德文为 Gesellenbrief，中文翻译为汽车电子工业技师专业资格证书，是德国手工商会为经过了 3—5 年职业教育，考试合格的汽车从业人员颁发的专业资格证书。

1994年起，我国正式实行职业资格制度。1997年以来，超过2.89亿人参与了职业技能等级鉴定，约2.4亿人取得了相应的职业资格证书。江苏是我国职业教育大省，也是我国职业资格制度实施效果较好的地区。近年来，江苏出台了一系列政策措施，推动了技能人才评价工作高质量发展。2018年12月省人社厅印发的《江苏省职业技能等级认定工作实施办法(试行)》指出，进一步深化职业资格改革，充分发挥人才评价“指挥棒”作用。2019年5月省委办公厅、省政府办公厅印发的《关于分类推进人才评价机制改革实施方案》指出，要创新技术技能人才评价制度。2019年8月省人社厅印发的《关于进一步规范专项职业能力考核工作的通知》指出，专项职业能力考核是对劳动者某一专项职业能力进行的评价考核。2020年7月，省人社厅印发的《江苏省技能人才评价技术资源建设指导意见》指出，技术资源建设是技能人才评价的重要基础性工作，是职业资格改革的重要环节，对完善多元化评价方式，树立客观公正的评价导向，促进技能人才成长发挥着重要作用。2020年10月，江苏省人社厅发布的《关于改革完善技能人才评价制度的实施意见》指出，要深化职业资格制度改革，健全完善技能人才评价体系，激励技能人才成长成才。2021年3月省人社厅印发的《江苏省技能人才评价技术资源快速响应机制(2021—2025年)工作方案》指出，深化人才评价制度改革，加快形成特征鲜明的江苏技能人才评价技术资源体系，提升各类技能人才评价主体自主建设运行技术资源的能力，推进江苏技能人才评价工作高标准、高效率、高水平发展。2021年10月省人社厅印发的《江苏省国(境)外职业技能比照认定实施办法》指出，本办法是对参加境外培训、获得境外证书的劳动者，比照国家或江苏标准(规范)，认定其职业技能水平。2022年4月，省人社厅印发的《关于进一步规范全省技能人才评价工作的通知》指出，规范技能人才评价工作流程，进一步提升职业技能评价质量，维护职业技能等级证书的权威性和公信力，要规范资格审核、办赛行为、技术标准、证书核发、质量管理。2022年10月，省人社厅和省发改委印发的《江苏省职业技能培训和评价机构信用管理办法(试行)》指出，要推进江苏职业技能培训和评价领域信用体系建设，完善信用监管机制，规范职业技能培训和评价机构执业行为。2023年8月省人社厅、省政府厅、省市场监管局印发的《关于开展全省职业技能培训和评价机构评估管理工作的通知》指出，要进一步完善江苏职业技能培训和评价机构综合监管体系，促进社会化培训和评价工作健康有序发展。

2. 国家资格框架建设

技术技能人才体现的是“技能水平”，专业型人才和学术型人才体现的是“能力水平”。世界各国建立国家资格框架的初衷是在“技能水平”与“能力水平”之间建立等值关系，获得公平待遇。国家资格框架是衔接资格证书的基本工具，它是将一个国家范围内的不同类型和层次的证书资格进行规范、整理和编排，①在不考虑这些学习成果在什么地方和以什么方式获得的基础上，明确规定和描述学习者获得某一资格需要掌握相应的知识、技能和能力的要求。国家资历框架对职业资格制度影响很大，第一，能够推动人力资源的合理分层和有序流动。作为国家人力资源开发与配置的基本规范及其制度体系，国家资格框架能够有效促进职业资格、技能鉴定、职业培训和继续教育等制度的一体化发展，推动人力资源的有序流动和合理分层。第二，能为职业教育与职业资格提供共同参照系。作为教育系统与劳动力市场之间的“旋转门”，国家资格框架能够有效促进职业标准与教学标准、职业资格和技能等级的比照认定，为不同教育和资格提供共同的参照系。第三，能够增强证书的可比性、等效性和兼容性。作为职业资格证书国际互认谈判的重要依据，国家资格框架能够有效促进职业标准体系和认证体系的规范化发展，增强职业资格证书的国际兼容性、可比性和等效性。我国迫切需要建立国家资格框架，但不是解决职业知识与专业知识、学术知识之间的教育等值问题，教育等值已经在学校职业教育体系得到了解决，国家资格框架的核心目标是通过在职业资格、技能水平和专业职称等各等级证书之间建立等值关系，来解决劳动者的社会待遇不对等问题。目前，我国在构建国家资格框架的过程中，似乎把重点放到了学分银行建设上，这不仅有违国家资格框架构建的初衷，还偏离了相关的国家制度建设的宗旨，应该尽快纠正。

英国1997年建立起5级国家资格框架，实现了职业资格证书与普通教育证书的衔接融合。21世纪初，制定了国家职业资格标准框架，促进了职业培训的进一步发展，对职业资格认证进行了统一管理。2004年，修订了国家资格框架，将原来的

① 谢晶：《国际视野下国家资历框架对我国职业资格制度改革的启示借鉴》，载《中国行政管理》2018年第8期，第150—155页。

5 级细化到 9 级。2011 年 10 月，英国建立并全面推行资格与学分框架，该框架由五个要素构成，以职业岗位能力为基础，衡量个体“知道什么和能做什么”，这是英国目前各种资格的唯一国家标准。

德国 2006 年启动国家职业资格标准框架建设。2013 年 5 月，德国正式推行终身学习国家资格标准框架(Deutsche Qualifikations Rahmen, DQR)。该框架注重学习成果的导向作用，注重培养学习者的能力，以知识、技能、社会能力和自主性等四维目标构建等级标准，共计八个等级、22 个资格类型。各级各类教育都要参照 DQR 等级标准设计课程、开发项目。政府表示会依据经济社会发展和人才发展需要持续更新 DQR。

再看美国。在借鉴欧盟的欧洲学历框架(European Qualifications Framework, EQF)的基础上，2011 年，美国露明纳基金会(Lumina Foundation)提出了学历资格框架(Degree Qualifications Profile, DQP)并得到政府肯定。该框架的核心是围绕大学生毕业取得相应的层次学历时应知道些什么和能够做些什么。该框架经试点推广取得了良好成效，2014 年发布 DQP(2.0 版)。该框架主体结构包括专门知识、广泛且融合的知识、智力技能、应用与协作学习和公民与全球学习等五个独立的学习领域，以及副学士、学士与硕士三个学历层次。该框架给出的并非标准，而是参照点，即通过学习成果的方式描述大学生毕业取得相应层次学历时需要在这五个领域所达成的要求。该框架是评价和提升国家高等教育质量的促进平台，是大学生判断自己毕业后的适应能力和自我学习能力的认知平台，是学生、教师、学校和家长之间沟通与交流的基础平台。

近年来，江苏不断加强学分银行建设，出台一系列政策举措，推动学分积累与转换制度，推进学习成果互认衔接。2013 年 12 月省教育厅印发的《江苏省终身教育学分银行管理办法(试行)》规定，学分银行提供学分认定、记录和转换等服务。2014 年 10 月，省政府印发的《关于加快推进现代职业教育体系建设的实施意见》指出，建设终身教育学分银行，建立学分积累与转换制度，推进学习成果互认衔接。2016 年 12 月，在省教育厅主导下，江苏省终身教育学分银行合作联盟发起单位共同签署了《江苏省终身教育学分银行合作联盟章程》，同时，江苏省终身教育学分银行网络服务平台正式上线运行。2021 年 12 月，省教育厅在修订《江苏省终身教育学分银行管理办法(试行)》的基础上,印发《江苏省终身教育学分银行管理暂行办法》,进一步明确了学分银行的定位功能和管理运行。目前,江苏学分银行存入用户数近 200 万,“江苏省终身教育资源库”拥有各类学习资源 80 多万个,课程总数 1 800 多门,学习视频 35 343 个,均免费向社会开放,资源总播放量超过 2.7 亿次。

3. 就业与生涯发展制度建设

我国技术技能人才在就业和职后发展中往往处于弱势地位,因此,需要建立就业与生涯发展制度。技术技能人才是指在特定的时期内拥有一定的理论知识和相关职业技术资格,并能较好地将理论运用于实践,对经济和社会发展做出一定贡献的人。就业是指个体经过特定的教育和培训,通过运用掌握的知识与技能,从事特定职业的工作,满足生活理想、实现生活目标。宏观上看,公共政策、社会环境和教育环境等因素对就业具有影响作用。多年来,我国对技术技能人才的就业和职后发展高度重视。2021 年 4 月 13 日,习近平总书记对职业教育做出重要指示并指出,要提高技术技能人才社会地位,为全面建设社会主义现代化国家、实现中华民族伟大复兴的中国梦提供有力人才和技能支撑。[①] 2021 年 3 月,《中华人民共和国国民经济和社会发展第十四个五年规划和 2035 年远景目标纲要》明确提出,要提高技能型人才待遇水平和社会地位。然而,当今技术技能人才在就业和职后发展中仍处于弱势地位。在身份地位方面,工人身份受限,社会地位较低。技能型人才的职业发展成本更高、年限更长,薪酬待遇与社会地位更低;在晋升发展方面,晋升通道不畅,发展空间狭窄,很难踏入单一的管理职务通道,职务的晋升机会少之又少。在薪酬水平方面,薪酬待遇偏低,工资结构不合理。一直以来,衡量工资水平的主要依据始终是学历水平和职务等级,员工的工资结构中也始终没有技术技能的提升要求。在工作环境方面,工作环境较差,危险系数偏高。技能型人才一般从事的是一线工作,一线环境更多要面临的是危险和脏乱。生产一线工作的风险系数一般较大、安全程度一般较低。造成这种现象的主要原因是当今人事制度的排斥规定。因此,只有深化人事制度改革,才能为技能型人才的全面发展提供制度保障。

---

① 何莎薇、徐国庆:《深化人事制度改革是提升技能型人才社会地位的关键保障》,载《中国职业技术教育》2021 年第 12 期,第 63—67 页。

多年来，江苏积极深化薪酬制度改革，重视提高技能人才工作待遇，加强对企业工作分配的指导和服务，推动了技术技能人才就业和生涯更好发展。一方面，完善企业单位内的人才晋升机制，优化技能人才职业发展通道设计。2018 年 11 月省委办公厅、省政府办公厅印发的《新时代江苏产业工人队伍建设改革实施方案》指出，在单位招聘、职称评定和职位晋升等方面，技工院校不同级别班的毕业生与学历教育相关毕业生享有同等待遇。2022 年 10 月省人社厅、省工信厅、省国资委、省工商联印发的《关于深入实施制造业技能根基工程推进技能江苏建设的通知》指出，支持和引导企业将各类技能性比武和培训活动与职业技能等级认定相结合，并建立与薪酬、岗位晋升相衔接的职业技能等级制度。这不仅能够促进企业单位的岗位晋升机制日益完善，还能够为技能型人才拥有独立完整的晋升通道奠定基础。另一方面，改革企业单位内部薪酬分配制度，完善工资结构与工资激励机制。2019 年 4 月江苏省委办公厅、省政府办公厅印发的《关于提高技术工人待遇的实施意见》指出，完善企业技术工人工资分配制度，建立企业技术工人工资增长机制，大力提升劳动者素质，支持技术工人凭借技能提高待遇，完善评价激励机制。2020 年 6 月省总工会牵头制订的《关于开展集体协商健全产业工人薪酬激励机制的指导意见》指出，要建立健全产业工人技术创新和工作能级等参与分配的机制。为企业改革薪酬制度、完善激励机制指明了方向。技能人才的薪酬制度改革，是其晋升通道建立的前提基础。在企业工资结构中体现技能型人才的技术技能价值，才是真正落实为岗位、为能力、为绩效付酬的根本所在。

第二十一章　提升职业院校社会服务能力

第一节　职业院校社会服务的动力来源

职业院校社会服务应从两个维度上进行理解。从广义上理解，职业院校社会服务是指其人才培养和科学研究功能；从狭义上理解，职业院校社会服务是指其立足自身资源，在人才培养、教育教学和科学研究之外，通过技能培训、技术创新和文化传播等服务，为区域经济社会发展提供自己的服务。职业院校之所以要提升社会服务能力，一方面，区域经济社会发展要求是外源动力。地方政府举办职业院校的目的是解决地方经济社会发展急需的技术技能人才支撑和技术创新支持的问题，区域经济社会发展模式的变革要求职业院校要适应这个变革要求，提升社会服务能力。职业院校是区域的技术技能人才、技术创新的制高点和资源池，对地方经济社会发展能够起到支撑、服务作用。另一方面，职业院校自身发展的要求是内生动力。学校的发展需要外部资源支撑。职业院校是社会系统中众多开放子系统之一，一个开放系统必须经常与其他组织进行信息、能量和物质等资源交换。资源输入支持了职业院校的发展，而职业院校的资源输出也支持了其他组织的发展，同时，也实现了职业院校的再生产。正是有了这种输入、输出，才使职业院校充满生机与活力。有了外部资源支撑的职业院校，就要提升社会服务能力，不断随着地方经济社会发展变化，在契合度、促进度和引领度等方面与时俱进。因此，社会服务不仅是职业院校的基本职能，还是职业院校自我发展的努力方向。

第二节 职业院校社会服务的主要内容

服务决定地位。职业院校只有不断提升社会服务能力，才能体现自身价值，获得社会的支持和认可。当前，职业院校的社会服务具体包括五个方面。

一是社会培训。职业院校社会服务的主要功能就是社会培训。职业院校依靠自身优势，与社会共享教育资源、构建培训体系、搭建学习平台、开展社会培训。培训对象既有企事业人员，也有社区居民；培训内容既有创新创业培训，也有人文科普培训；培训地点既有线下校内外培训，也有线上网络培训。

二是技术服务。依托职业院校高水平教师团队和科技创新团队，与企业密切合作，搭建产学研合作平台，开展技术创新、产品研发和成果转化，促进企业提升创新能力，实现转型发展。

三是咨政咨询。充分发挥职业院校人才智库优势，围绕国家发展的重大理论、区域发展的重大问题和社区街道发展的重大关切，深入调研、深入研究、深入求证，发挥咨政咨询作用。

四是文化建设。职业院校拥有丰富的文化资源，是校企文化融合、地方文化传播和区域文化建设的重要推动力量。学校和企业通过搭建"双主体"育人平台、构建能力本位课程体系、深入拓展工学交替模式，实现校企文化的融合。职业院校通过研究地方传统文化和特色文化，感受文化魅力、推动文化传承。职业院校通过开发校内功能场所，组织文化骨干走访社区街道、行业企业，服务社区居民和企业员工，服务区域文化建设。

五是公益服务。公益服务是指不以盈利为目的，为全体人民提供无偿服务，即维护公共利益的行为。它是一种以奉献、友爱、互助、进步为精神内核的社会行为，旨在提升社会福祉，促进社会和谐。职业院校是地方文明的传承者、建设者、推动者，公益志愿服务是新时代精神文明建设的重要组成部分，主动开展师生志愿服务、"三下乡"社会实践活动和对口支援贫困地区职业院校活动，不仅能提高师生的能力和素质，增强师生社会责任感，也为促进社会的和谐稳定做出了贡献。

第三节　职业院校服务能力的提升实践

多年来，江苏出台了一系列制度政策，推动职业院校积极围绕地方经济社会发展需求，不断强化内涵建设，在打造技术技能创新服务平台、高水平专业群、高水平双师队伍，提升服务发展水平等方面下大气力、花大功夫，取得了显著成绩。2007年5月省教育厅发布的《关于开展江苏省示范性高等职业院校建设工作的通知》指出，申报省级示范性高等职业院校要有较强的社会服务能力，坚持以就业为导向，毕业生“双证书”获得率高，最近3年就业率均在90%以上。积极开展科技服务和教育培训。2018年5月江苏省政府印发的《关于加快推进职业教育现代化的若干意见》指出，要增强职业教育服务发展的能力，助推经济转型升级，促进民生改善，服务企业“走出去”。2019年1月江苏省教育厅、省财政厅印发的《关于实施中等职业学校领航计划的意见》指出，要开展社会服务与精准扶贫，充分发挥学校专业优势，参与企业科技研发和技术改造等工作，建设中小企业科技服务基地。广泛开展技术技能培训，提升企业一线劳动者的职业素质和技能。主动投身精准扶贫，建立对接贫困镇村、贫困人户制度，深入开展技能扶贫。关爱贫困家庭子女接受职业学校教育，不让任何一名学生“因贫失学”。2020年7月，江苏省教育厅印发的《江苏省职业教育质量提升行动计划》指出，要以服务发展为宗旨，加快提升服务区域发展的能力和水平。2022年8月，省教育厅印发的《江苏省“十四五”职业教育发展规划》指出，职业教育成为服务经济社会高质量发展的重要支撑。

2021年4月14日，在努力办好人民满意的职业教育新闻发布会上，江苏省教育厅曹玉梅副厅长介绍，“十三五”期间，江苏职业院校不断提升服务国家战略任务和产业发展需求的适应性，全面推进技术技能人才培养提质升级，为江苏经济社会高质量发展提供了有力智力和人才支撑。

一是服务国家重点战略。深入开展东西协作行动计划，与8省区开展对口协作，共帮助建设了当地急需的113个专业，省内举办的西藏、新疆等中职班累计毕业生达3 687人。服务长三角一体化发展国家战略，合力打造区域职业教育协作典范，由江苏牵头制定《长三角职业教育一体化平台》，率先在吴江、上海青浦和浙江嘉善实施职业教育一体化改革。积极响应“一带一路”倡议，在 16 个国家设立办学点 43 个，输出专业教学标准 247 个，为“走出去”企业提供服务，为世界职业教育贡献了中国方案、江苏智慧。

二是服务经济社会需求。中职 189 种专业，高职 433 种专业，覆盖全部 19 个专业大类，涵盖了全省国民经济的所有领域。加大专业建设力度，支撑产业向技术密集型转型。“十三五”期间，江苏高标准发展现代职业教育，共建设现代化专业群 218 个，填补了电力装备和新能源汽车等专业领域的人才培养空白。

三是服务全民受教育程度提升。“十三五”以来，江苏新增劳动力平均受教育年限人均提高了 0.5 年，即从 14.5 年增长到 15 年，其中职业教育功不可没。同时，作为职教大省、职教强省，江苏拥有专业技术人才 825 万人，位居全国第一。

据江苏省教育科学研究院《江苏省高等职业教育质量年度报告(2023)》统计，2022 年，江苏高等职业院校毕业生到中小微企业等基层就业人数，与 2021 年相比增长 32.36%，增幅较大。2022 年，江苏高等职业院校横向技术服务产生的经济效益，与 2021 年相比，增加 170 218.19 万元，增长 40.14%；发明专利授权数量，与 2021 年相比，增加 393 项，增长 36.22%；专利成果转化到款额，与 2021 年相比，增加 1 522.02 万元，增长77.15%；非学历培训项目数，与 2021 年相比，增加 750 项，增长 22.35%。

第一，在服务行业企业上，一方面，持续提升科技实力。2022 年，江苏高等职业院校聚焦科技强省建设，在培育科技力量、提高原始创新能力、加速科技成果转化等方面不断取得新突破，在推进现代产业体系建设上不断取得新成效。2022 年，江苏高等职业院校 9 项科技成果获得江苏省人民政府颁发的“江苏省科学技术奖”，与 2021 年度相比，新增 2 项，取得了新的突破。另一方面，推动企业技术革新。2022 年，江苏高等职业院校发挥技术和人才优势，面向区域、行业、企业重点领域、方向和任务，联合地方政府、行业企业开展多边技术协作，共建技术技能创新平台等产学研结合平台，积极开展科技应用服务，有效推动企业技术革新与转型发展，服务行业企业特别是中小微企业技术升级和产品研发。

第二，在服务地方发展上，一方面，紧密对接地方产业。2022 年，江苏高等职业院校积极服务地方经济发展、服务中小微企业，瞄准江苏高质量发展进程中关键环节精准发力，经济社会发展贡献度大幅提升。在中共江苏省委人才工作领导小组办公室、江苏省科学技术厅组织开展的2022年第十批江苏省科技副总项目42，全省229个高职院校教师入选，是2021年入选人数的1.57倍。科技副总们发挥专业技术优势，将科学研究成果应用到“强富美高”新江苏现代化建设的伟大事业中，在深化产学研合作、推动校企资源共建、促进科技成果转化等方面，努力出成果、见成效、做贡献。另一方面，加速科技成果转化。2022年，江苏高等职业院校依托自身的发展优势，开展各类技术应用服务，有效促进了地方经济社会发展，为江苏全面建成小康社会新蓝图增光添彩。

第三，在服务乡村振兴上，一方面，推动农业技术服务下乡。江苏高等职业院校学习贯彻习近平总书记在党的二十大报告中提出的“全面推进乡村振兴”“建设宜居宜业和美乡村”的指导思想，用实际行动践行“东西协作、精准定位、组团帮扶、整体输出”的帮扶理念，在东西协作、乡村振兴、对口帮扶等方面发挥出重要作用。另一方面，推动数字赋能惠农筑梦。江苏高等职业院校投身农业现代化建设大局，积极普及农业科技知识、推广农村特色文化、打造智慧农业生态，让手机成为新农具、流量成为新农资、直播成为新农活、农产品成为新国货、乡村特色景观成为新IP、新一代信息技术和数字技术成为助力乡村振兴的新引擎。

第四，在服务地方社区上，一方面，开展职业启蒙教育。江苏高等职业院校依托自身的发展优势，开展一系列职业体验教育、科普教育等，积极弘扬“劳动光荣、技能宝贵、创造伟大”的时代风尚。2022年，江苏省教育厅组织开展第三批省级中小学生职业体验中心认定工作，42个高职院校牵头建设的中小学生职业体验中心获得认定。办学特色各异的高职院校面向中小学生开设多种多样的技术准备课程，开展不同层次的职业体验活动，引导青少年确立职业意识、树立职业理想、感受职业文化，培育认真、专注、追求卓越、精益求精、“择一事终一生”“干一行专一行”“千万锤成一器”“偏毫厘不敢安”的工匠精神。另一方面，助力社区服务治理。2022年，江苏高等职业院校依托自身资源优势，不断增加优质资源有效供给，积极开展社区教育项目创建，高质量服务社区居民终身学习需求。

第二十二章　推进职普教育享有同等地位

第一节　职业教育“实然”地位分析

职业教育地位就是人们主观感受职业教育在社会上的位置，通常为职业教育“实然地位”。多年来，我国职业教育受到政府和民众的广泛重视，“实然地位”得到了提高，为经济社会发展做出了巨大贡献，但人们对职业教育的自身价值仍存在主观认识。职业教育地位具有综合性，内涵十分丰富，需要全面认识。

一是指职业教育在国家政治生活中的位置。职业教育的政治地位具有一定的隐蔽性，通常由其他方面的地位来体现。21 世纪初，我国名义上是为了促进经济建设发展而培养技术技能人才，实质上是为了实现社会和谐稳定，通过促进社会公平、教育公平而大力发展职业教育。二是指职业教育在国家法律体系和条文中的位置。就是国家为推动职业教育发展建立了完善的法律法规，在国家法律体系中，这些法律法规所占比例和所处位置。一个国家和地区在法律法规上重视职业教育，才是对职业教育真正的重视。三是指职业教育在领导决策中的位置。经济社会发展在不同阶段，领导决策中对职业教育的重视程度就会有不同，职业教育地位也因此会发生变化，领导讲话、文件表述体现了职业教育在领导决策中的位置，表述不同，重视程度就不同。近年来，随着我国经济社会的快速发展，政府对职业教育也越来越重视，在历次政府工作报告的表述中也都有所不同，呈现层层递进、逐步深化、逐渐强化的特点。四是指职业教育在经济社会中的位置。职业教育生存和发展的根本体现在经济和社会发展中的作用，因此，职业教育在经济社会发展中的位置就是经济学和人力资源开发所指的地位。五是指职业教育在教育体系中的位置。是指职业教育业内人们认为的职业教育地位，表现在作为一种教育类型，职业教育理论体系完善程度，治理水平和毕业生认可度等。[①] 职业教育地位高，就意味着职业教育得到了重视；反之，就是重视不够。六是指职业教育在人民群众心目中的位置。这是职业教育地位直观可见的外在表现和表面层次的含义，是职业教育在人们心目中所受的尊重或重视程度。七是指职业教育在人的发展中的位置。教育是服务人的发展的，不能脱离人，职业教育的所有功能都是通过“人”来实现的，脱离“人”的职业教育，职业教育的任何功能都无法实现，职业教育地位也无从谈起。

第二节　职业教育“应然”地位审视

第一，从人学角度看，职业教育本质就是人的本质。人学基本理论研究表明，在一定程度上，最大限度地满足人的基本权利和多元需要、解放生产力中人的因素、释放人格能量就是现代职业教育的本质，也是人的本质。对社会个体来说，生存是第一需要，成长是第一要务。

第二，从社会学角度看，职业教育通过社会分工促进社会发展。社会分工依据社会生产和生活发展而产生，进而职业也就产生了。在一定意义上，职业与职业活动就构成了社会。职业教育是面向大众的教育，弱势群体通过职业教育向上流动，促进了社会公平和公正。在适应社会分工的过程中，职业教育促进了社会制度完善和效率提高，由此，职业教育通过社会分工促进了社会发展。

第三，从经济学角度看，职业教育是推动经济发展的核心力量。马克思主义经济学和西方经济学都认为，人力资源与物质资源的有效结合是生产力形成、生产效率提高的核心动力。如今，人力资源不仅包括普通教育培养的人才，还包括职业教育培养的人才；不仅注重人才数量，还注重人才结构，人力资源已经成为社会发展的核心。职业教育已经成为推动经济发展的核心力量。

第四，从心理学角度看，多元智力理论为职业教育的存在和发展提供了心理学基础。人与大自然都具有生态特性。人所处的生态系统不同，其心理特征就会不

① 张社宇：《职业教育地位“应然”与“实然”的冲突》，载《教育发展研究》2007年第11期，第43—47页。

同,教育的关注也会不同。现代教育选择“适合的教育”来满足不同心理特征的人的不同需求。美国心理学家加德纳的多元智力理论强调,在智力上,学生个体的优势和劣势并存,学生要发挥优势,也要将优势与劣势结合,以弥补自身的不足,而这也是教育应该做的。

第三节　职业教育“贫困”处境解析

(一) 职普“同等地位”名实难副

自从 2019 年 1 月国务院颁布《国家职业教育改革实施方案》以来,职普教育“类型不同、地位同等”已深深扎根在人们心里,[①]这是我国首次赋予职业教育如此高的社会地位,破除了职业教育的“工具性”,重拾起作为教育的“人本性”。但是,法规政策从颁布到实施程序复杂、落地缓慢,会牵扯到很多方面、诸多环节,需要一定的时间才能“疏通”到位。而一直以来,我国职业教育始终强调“就业导向”,相关的政策制度也都以此定位进行规划设计。同时,职业教育在学生生均经费拨付、办学基础条件支持和招生政策倾斜重视等方面与普通教育还存在较大差距,真正要将“类型不同、地位同等”落地落实,也的确需要花大气力、下大功夫。

(二) 民众传统认知难以改变

我国职业教育也曾有过往日的辉煌。20 世纪 80 年代到 90 年代初,我国职业教育属于精英教育,只有成绩优异的初中(或部分高中)毕业生才能考取职业学校,中专毕业即可拥有干部身份、不菲薪酬和社会地位较高的“金饭碗”。随着改革开放的不断深入,特别是取消中职人群的户籍和就业优势等教育和人事制度的进一步变革,在激发推动教育改革和人才发展的同时,对职业教育产生了巨大冲击,职业教育也由此失去了往日的辉煌。中考分流机制、高考靠后录取、招工另眼看待,让考生和学校不称心;次等教育、次品教育、断头教育,让学生和家长不甘心;就业

① 李兴洲、赵陶然、王鲁艺:《论职业教育的交换权利——兼论职业教育“同等地位”及其实现路径》,载《教育发展研究》2022 年第 9 期,第 38—44 页。

导向下的低水平就业、低能力就业、低质量就业，让毕业生和用人企业不安心。同时，职业院校整体办学质量不高，更增加了民众对职业教育的偏见。

（三）办学水平偏低难有市场

目前，职业院校的整体发展良莠不齐，除了少数高水平院校，就职业院校整体而言，办学水平不高是公认的事实。办学水平、质量和特色是职业院校的核心竞争力，也是职业院校地位、声誉和口碑的前提基础，长远来看，职业院校整体办学质量如果一直保持较低水平，无论政策制度的外在力量如何加持，都很难从根本上改善办学条件、提高办学质量、实现“同等地位”。要打破“学而优则仕”的传统观念，破除“重普轻职”，就要以提升职业教育的办学质量来推动民众观念的广泛认同，以提升职业院校的就业质量来增强毕业生的自豪感，以提升培养环节的教学质量来实现学生技术技能水平的整体提高。因此，如果职业院校不能给予学生高质量的教育，学生就不能实现体面的就业，“重普轻职”就会继续，职业教育就很难有市场。

第四节　职普地位同等的支持系统

（一）职业教育的内部支持系统

1. 以宗旨观转变推动人的自主发展

教育是服务人的发展的事业。作为教育的一种类型，职业教育必须遵循教育的一般规律。职业教育外部管理制约内部管理，并通过内部管理发挥作用。职业教育具有两大功能，促进社会发展是条件，促进人的发展是根本，社会发展的实质是人的发展。职业教育的公益性决定了其自身发展离不开社会的广泛参与，目的是以人为本，促进人的发展。职业教育外在功能的发挥，也必须是以人为本，以人的发展为前提，因此，“同等地位”下的职业教育必须转变宗旨观，必须坚持以人为本，必须促进人的发展，推动职业教育在制定发展规划、出台政策制度、健全治理体系中，突出职业教育对象的“主体”地位，推动人的自主发展。

2. 以目的观转变推动人的持续发展

以满足个人物质需要为目标追求的工作是职业，以满足个人精神需求为目标追求的工作则是志业，当职业与志业一致时，个人就能实现可持续发展。作为一种教育类型，职业教育应该在促进教育对象的职业与志业一致上下大气力、花大功夫，[①]践行“同等地位”，推动人的可持续发展。职业志趣，也就是学生的个人需求，即学生的个性化发展是职业教育发展的内部动力；市场需求，也就是产业和社会需求是推动职业教育发展的外部动力，职业教育要实现最优化的发展，必须平衡人性与社会之间，也必须实现内外部动力的统一。职业教育只有转变目的观，关注教育对象的内在精神需求，才能推动人的可持续发展。与普通教育相比，职业教育的“唤醒”功能和责任更为重大、更为艰辛。做好工作的基本条件是具备相应的技术技能，然而，做好工作的内在的、持久的、根本的动力则需要拥有职业观念、道德和兴趣。因此，只有能促进学生生存需求与精神追求、特长与志趣有机统一的“适合的职业教育”，才能推动学生的可持续发展。

3. 以过程观转变推动人的个性发展

职业教育以培养技术技能人才为目标，通过强化职业岗位训练加强实践教学环节，突出学生的技术技能培养。教育的目的是激发和引导学生自我发展，教育教学过程不都是循循善诱，也会有一定程度的强制和训练，尽管技能是训练出来的，但有意义的训练是以尊重学生、信任学生和发展学生为前提进行的。未来的社会是技术社会，技术职业对创新能力和创新素质有着较高的要求，尽管训练可以出技能，但出不来创新。创新是自由和自主的结晶。每个人的职业存在都是个性化的存在，都是建立在职业伦理之上的，这正是职业教育开发的结果。因此，职业教育的教育过程和方式方法应按照学生的身心特征和发展需求进行差异化选择，推动学生的个性发展，个性发展才是人的真正的发展。

4. 以质量观转变促进人的全面发展

职业教育质量观是指在一定条件下，人们对职业教育本质、功能和目的的理性认识。在层次教育阶段，职业教育质量观的特征体现在围绕“如何练技能”“怎样就好业”，倡导学生“一技之长走四方”，把职业教育办成了“培训式职业教育”，实用主

① 张社宇、史宝金：《职业教育实现美好生活的机制与保障》，载《职教论坛》2023 年第 10 期，第 5—15 页。

义、眼前利益深刻影响了教师和学生。我国职业教育实现从“层次教育”到“类型教育”的转变,其根本是职业教育质量观的转变,体现了我国职业教育与经济社会发展的基本逻辑。当今,职业教育应坚持以学生的全面发展为本,注重学生的综合能力培养和精神层面的守护,不仅服务学生就业,更服务学生成人成才;不仅使学生“有业”“乐业”,更使学生有自由的个性与追求,以及勇于探索的创新精神。

(二)职业教育的外部支持系统

1. 推动两种市场相互流动

劳动创造了商品价值,也创造了美好生活。劳动是脑力劳动与体力劳动的统一,劳动的载体是职业,职业是社会分工的产物,其进化过程也是劳动的演进过程。随着脑力劳动与体力劳动的分化,脑力劳动实现了由直接控制生产过程的手段转变为了间接控制生产过程的手段,形成了各种专门性的职业,产生了林林总总的职业“特权”,也导致了巨大的社会差距,形成了两种劳动力市场,即偏重脑力劳动的主要劳动力市场和偏重体力劳动的次要劳动力市场。① 劳动力市场分割理论认为,主要劳动力市场与次要劳动力市场之间存在“分层器”,那就是教育类型和教育层次。接受普通教育的劳动者一般进入主要劳动力市场,接受职业教育的劳动者一般进入次要劳动力市场。因此,推动职普教育达致“同等地位”,就要建立全国统一的劳动力市场,推动主要劳动力市场与次要劳动力市场相互流动,促进技术技能人才更好地发展。

2. 推动两类教育相互补充

社会发展需要各级各类人才,人因个性和需求不同,其发展也就离不开各级各类教育,而社会分层、教育分流和人才分化是社会生态系统的必然现象。推动职普教育达致“同等地位”,就要强化两类教育的相互补充。职业教育的发展需要外界的推动与支持,但根本还是要依靠自身的质量赢得发展。高质量的职业教育已经成为建立现代职业教育体系的主要力量,而职普融通是现代职业教育体系建设的主要内容,职业教育离不开普通教育的支撑,也离不开与普通教育的融通。职业教

① 袁乐平:《劳动力市场:一元还是二元——基于就业困难群体解困视角》,载《广西财经学院学报》2020 年第 6 期,第 82—90 页。

育以培养技术技能人才为价值归依，培养“完整的技术人”，体现了技术完整性的本质，而培养“完整的技术人”需要普通教育的支持与合作。

3. 推进技术文化自信自强

观念在事物发展中具有先导作用，而文化却是观念形成的关键，因此，文化对事物的发展具有根本性影响，同样，技术文化对职业教育发展也具有根本性影响。尽管我国传统文化博大精深，但“劳心者治人，劳力者治于人”技术乃“奇拔淫巧”等思想糟粕不仅对我国职业教育的发展造成了消极影响，还对我国的技术创新产生了消极作用。当今，社会发展的阶段和水平需要技术技能，人的生存也已经处于技术化生存状态，国家已经开始建设技能型社会。2021 年 10 月，中办、国办颁布的《关于推动现代职业教育高质量发展的意见》为我国技能型社会描绘了蓝图、提出了要求，2021 年 6 月人社部印发的《“技能中国行动”实施方案》也对“技能中国”提出了建设方案和措施任务。建设技能型社会、打造技能强国对我国学历型社会文化提出了巨大挑战，体现了党和国家重构社会形态的坚强意志。因此，推动职普教育“同等地位”，不仅要在全社会弘扬工匠精神，更要推进技术技能文化自立自强。

4. 推动教育权利落地落实

权利、责任和义务是同一位阶的法律概念，有义务就要有权利，有权利就要有义务，有权利就要有责任，责任是落实权利的法律目的。职业教育具有很多重要功能，如促进地方经济发展、提升国家竞争力和促进社会公平等，在技能型社会建设中更是责任重大。要落实“不同类型、同等地位”，就要增强责任感、使命感、紧迫感，促进职业教育高质量发展，把教育选择权交给学生与家长，更好地发挥职业教育相应的功能。同时，教育选择也会受到社会条件的制约，特别是个人的选择必须要服从国家的利益。当个体教育自由失去了约束，超越了“界限”，就会被公权力强制介入。因此，职普教育“同等地位”，需要在法制上保障、规范教育对象的教育选择权利。

第五节　推动职普同等地位的实践

目前，江苏共有职业院校 282 所，其中，公办职业本科、职业专科和中职学校分别有4所、89所和189所，在校生约144万人，每年向社会输送50万名技术技能人才，职业教育办学质量始终领跑全国。多年来，江苏高度重视职业教育发展，积极推动职普教育"同等地位"。2018年5月江苏省委办公厅、省政府办公厅印发的《关于加快推进职业教育现代化的若干意见》指出，要着力发展质量高、贡献度高、社会认可度高的现代职业教育。[①] 2020年9月印发的《教育部江苏省人民政府关于整体推进苏锡常都市圈职业教育改革创新打造高质量发展样板的实施意见》指出，要提升职业教育吸引力和贡献力。2021年12月，江苏职业教育大会指出，要增强职业教育的适应性，办好人民满意的职业教育。多年来，在政府的正确推动下，江苏省各委、办、厅、局主动作为，出台了一系列政策举措，积极落实职业教育个体与普通教育劳动力市场上的收入和社会地位同等。2018年5月省委办公厅、省政府办公厅印发的《关于加快推进职业教育现代化的若干意见》指出，要提高职业教育生均经费标准，中职学校生均拨款苏南、苏中、苏北分别不低于1万元、0.8万元和0.7万元，并达到当地高中的1.5倍，高水平职业院校要与普通本科标准相同。国有企业举办的技工院校可参照学校所在地公办中职学校标准安排生均拨款。2019年5月省委办公厅、省政府办公厅印发的《新时代江苏产业工人队伍建设改革实施方案》指出，鼓励企业建立"技能"序列与"技术"序列岗位人员享受同等待遇的制度。2019年11月省教育厅、省人社厅印发的《优化全省职业教育资源配置有关工作的意见》指出，中职学校与技工学校相互增挂校牌，也同等享受对方主管部门的政策支持。2022年1月江苏省人大通过的《江苏省就业促进条例》指出，实施职业资格、职业技能等级与相应职称比照认定制度，技工院校毕业生与学历教育毕业生享受同等待遇。

多年的实践探索，江苏职业教育的基本经验是"必须始终坚持以提升质量为核心，始终坚持把打造品牌作为追求"。2022年9月29日，"江苏职业教育这十年"新闻发布会指出，江苏职业教育这十年取得了六个方面的全国第一。在"卓越计划"成效上，在200所的国家示范性(骨干)、200所的国家优质专科、197所的国家"双高"中，江苏分别入选15所、17所和20所，入选数量居全国第一。在校企合作促进上，2019年3月江苏省人大通过了全国第一部校企合作地方性法规——《江苏省职

① 李阳：《省级政府推动职业教育高质量发展的政策扩散机理》，载《职教论坛》2023年第7期，第5—16页。

业教育校企合作促进条例》。在育人质量提高上,10 年来,全国职业院校技能大赛一等奖总数,江苏居全国第一。2014 年和 2018 年国家级教学成果奖一等奖总数和获奖总数,江苏均居全国第一。首届全国教材评选,特等奖、一等奖、二等奖和获奖总数,江苏均居全国第一。在社会服务贡献上,江苏每年向社会输送技术技能人才 50 万名,确保江苏在岗 830 万人的专业技术人才总量,位居全国第一。如今,江苏职业教育以过硬的质量、人们信赖的品牌、全国第一的业绩赢得了企业欢迎、群众满意、社会认可,老百姓选择职业教育是发自内心的、深思熟虑的,是理性的。

第七部分 江苏职业教育类型化变革困境

第二十三章　调研和访谈规划实施

职业教育类型化是国家层面的政策导向。多年来，国家对职业教育高度重视，出台了一系列政策推动职业教育发展。2019年1月国务院颁布的《国家职业教育改革实施方案》指出，职普类型不同、地位同等，由此表达出了我国职业教育领域的共同理想。同年4月教育部、财政部印发的《关于实施中国特色高水平高职学校和专业建设计划的意见》指出，要集中力量建设一批中国特色、世界水平的高职学校和专业群，[①]拉开了高职院校“双高计划”的序幕。2020年9月，教育部等九部门印发了《职业教育提质培优行动计划(2020—2023年)》，推进提质培优的“十大重点任务”。2021年10月中办、国办印发的《关于推动现代职业教育高质量发展的意见》指出，要实现“职业教育类型特色更加鲜明”的发展目标。2022年5月，第十三届全国人大常委会修订、颁布新《职业教育法》，正式确立职业教育类型定位的法律地位。近年来，各地积极探寻职业类型化发展路径，取得了显著成效。

职业教育类型化是经济发展的现实要求。职业教育是推动经济社会发展的直接力量。当前，职业教育还不能完全适应经济社会发展的需要，产业结构调整和转型升级、“中国制造2025”战略等对技术技能人才培养提出了更高要求。技术创新的系统协同性需要技术技能劳动者的积极参与，工作任务的高端性需要较强的研究开发能力，技术创新的集成性需要较强的技术组合能力，实践过程的复杂性需要有创造性解决实际问题的经验积累，只有深化校企合作、产教融合，优化职业教育类型定位，通过经验性知识的不断积累与调试，才能有效加快技术技能创新的步伐。

职业教育类型化是职教改革的内生需求。进入21世纪以来，尽管我国职业教

---

① 宾恩林：《加强应用性研究：“双高计划”背景下高职院校专业建设之路》，载《华东师范大学学报》(教育科学版)2020年第1期，第33—42页。

育发展迅猛、成效显著，但仍然面临社会认同度低、保障水平偏低、就业质量偏低等现实问题。随着职业教育在经济社会发展中的作用越来越重要，人们对职业教育的认知和需求也愈发理性。近年来，国家相继出台《国家职业教育改革实施方案》《加快推进教育现代化实施方案(2018—2022 年)》《关于实施中国特色高水平高职学校和专业建设计划的意见》《职业教育提质培优行动计划(2020—2023 年)》《本科层次职业教育专业设置管理办法(试行)》《关于推动现代职业教育高质量发展的意见》《中华人民共和国职业教育法》《关于开展职业教育教师队伍能力提升行动的通知》《关于做好职业教育"双师型"教师认定工作的通知》《关于深化现代职业教育体系建设改革的意见》等一系列政策、法规推动职业教育改革发展。实践表明，职业教育在促进共同富裕、教育强国、就业创业和经济社会高质量发展中能够发挥重要作用。因此，坚持职业教育类型定位，实现特色化发展，已经成为新时代职业教育深化改革、推动高质量发展的内生需求。

作为职教大省和职教强省，江苏坚持职业教育类型化定位、深化职业教育类型化改革坚定不移、坚持不懈、坚决有力，取得了显著成效。但在类型化改革发展中，也会遇到这样、那样的困境，为了更好地促进江苏职业教育类型化发展，通过调研、访谈和查阅官方网站等形式，全方位了解江苏职业教育类型化发展过程中的困境。为此，设计了"调查表""访谈提纲"。调研采取线上问卷方式，访谈采取线上视频方式。调研、访谈对象分布在江苏各地市，地市不留空白，对象尽量专业，时间为 2022 年 10 月至 2022 年 11 月。问卷调查总体情况为：共搜集问卷 298 份，参与调查人员中，专任教师占 26%，专业带头人/教研室主体占 39%，一般管理人员占 8%，中层及以上干部占 27%。在参与调查的人员中，"专业带头人/教研室主体""中层及以上干部"二者合计占 66%，学校的主要骨干和管理人员占大多数，说明参与问卷调查的人员层次较高。在"20 选 5"的选项中，"职教与产教体系互通困境""中高本贯通培养现实困境""职普协调发展的实践困境""学科专业一体化发展困境""服务终身学习的现实困境"五项分别占 81%、79%、75%、72%和 69%，为所有选项前五位。说明这五项内容为江苏在促进职业教育类型化发展时的主要困境。

第二十四章　职业教育类型化困境

第一节　职教与产教体系互通困境

（一）各主体没有形成合力

1. 政府主体：管理僵化，政策缺位，权责不清

管理僵化指的是思想或管理方式变得僵硬，不再适应变化的环境和需求。管理僵化表现为思想凝固不变，用过去的认知体系评价新事物，用老眼光看待新问题，用曾经的教训来否定一切。在理念上，仍停留在“管理”上，与“治理”有距离。“管理”一般是政府自上而下，强调“全能政府”。而“治理”一般是所有主体积极参与，强调“全民行动”。在职业教育的管理上，政府仍是“家长式”的“大包大揽”，在相关决策上，学校和企业很少能够参与，使得政府的管理效果不是很理想。

政府缺位表现在两个方面。一方面，已有政策未能有效落实。国家出台相关激励政策促进主体间合作，一些省份也相应出台了配套政策，如江苏的相关地市出台了《关于实施校企合作共赢计划的意见》等，但由于政策宣传、落实不到位，政策的应有效力没有得到有效发挥。另一方面，有效干预政策尚未出台。目前，真正能够促进职业教育主体间合作的政策还没有，一般政策均以“鼓励企业积极参与校企合作”来对企业主体提出校企合作“要求”，很少有“强制”要求，这对企业是否参与、参与到什么程度都很难掌握。

权责不清，也主要体现在两个方面：一方面，是中央政府和地方政府之间的权责边界不清。尽管改革开放后，中央政府的财政政策由“统一”改为“分级”，但在利益面前，中央与地方也出现了全局管理和局部管理的博弈，一些新的问题也会产

生。如政府职责不清、中央与地方在集权与放权之间摇摆、职业教育政策也会从国家全局和地方利益出发，出现“上有政策，下有对策”的现象。另一方面，是职业教育的“多头管理”。职业教育的政策会涉及多个部门，如财政部、教育部和人社部，由于“多头管理”，使得出台政策不及时，落实政策不顺利。

如在访谈中，有的管理者谈到，职业院校一般隶属地方政府，职业院校的改革和发展与地方政府主要领导的意见与看法有直接关系。地方政府在考虑出台地方促进校企合作政策时，主要是按照教育部要求，履行政府职责、促进校企合作。在考虑调动企业积极性上，一些浅层次的问题，如企业接受实习生补贴，是能够及时落实到位的，但对于让参与校企合作的企业享受更多的税收优惠政策，则会有诸多考虑，认为减免企业税收会促进企业更好地参与职业教育、促进校企合作，但地方经济发展也要靠税收，又会影响地方经济发展指标，致使政策出台“一拖再拖”。反过来看，政策是否出台，又与很多部门相关联，如果各部门意见不一，也会影响职业教育的经费投入，由此，职业教育的发展会不会受到影响，也反映出政府是否履行职责。因此，政府是推动职业教育发展、促进校企合作的关键。

2. 学校主体：学校“自主性”匮乏，内驱力不足

学校的自主性是指学校在发展过程中能够与外部环境相适应、相联动，不完全依靠外力驱动，自我的发展意识和能力也会发挥很大作用，学校自主性既是区别外校的“特色”，也是一所学校的“本色”。职业院校的“自主性”一般体现为特色的办学理念，遵循职业教育规律和人才成长规律，依据外部环境变化做出相应改变。在发展过程中，学校坚持正确的办学方向，深化教育教学改革，实现自我发展，保持自身“独立性”，夯实自我“内驱力”，实现发展“自主性”。但在调研访谈中，也发现职业院校基本以政府考核为导向，以完成指标为己任，“自主性”“独立性”“创造性”不足，在已设定好的“框架”内，做事相同、成绩相同、错误相同，发展的结果也就一定是“百校趋同、千校一面”。

学校能拥有多大程度的“自主性”，不仅与学校自主意识、自身活力和创造力关系甚密，还与外部政治、经济和文化环境有关。政治环境管得“过多”，学校的自主发展就会受到影响；经济环境对学校也具有制约作用，经济的发展水平直接影响职业教育的规模和质量。同时，政治与经济环境对学校的影响也是一致的，否则，学

校会不知所措、无所适从,会选择“以不变应万变”,最终导致思想观念墨守成规、教学改革步履维艰、人才培养按部就班,学校的人才培养质量最终会受到影响。如在访谈中,有的管理者谈到:在校企合作中,各主体都有各自利益。政府重视地方发展的长远利益,学校重视人才培养质量提高,企业重视经济利益。但是,现实中,利益“结合点”很难找到,各利益主体之间很难达成一致,学校有时处于极为尴尬的境地。由于校企合作的不深入,导致“供需脱节”。合作企业反映说,你们的高级工毕业生在企业的表现没有学徒工好。我反思了一下,认为我们在培养学生的“迁移能力”方面还很不够,在日常教学中,为了提高资格证的通过率,把考题当教材,把资格证的考核过程当作教学过程,学生虽然拿到了资格证,但真正的应用能力还很不足,致使他们在实际工作中遇到问题时不知如何下手,当然就比不了在实际工作中培养的学徒工了。

3. 企业主体:受益有限,“搭便车”突出,主动性不足

企业的最大目的是“有利可图”,收益不高是企业不愿参与校企合作的主要原因。可想而知,让一个私营企业“不得利”“不受益”地做出服务教育的“利他”行为,不可能,也不应该。一个集团的个体在不考虑自身福利的情况下搞利他主义,或搞出于自私的所谓共同目标或集团目标都不可能实现。

在访谈中,有的管理者谈到:目前,“顶岗实习”是我们和企业合作比较好的项目。企业需要员工,需要有职业能力、职业素养的劳动力,我们即将毕业的学生毕竟在学校学习了两年半,他们也渴望找到“用武之地”,“顶岗实习”中,他们工作很卖力,企业很满意。企业的利益得到了保障,也会为学校做些力所能及的事情,除了成为专业指导委员会成员,上上课、指导指导实训,但在课程开发等深层次合作上,也不会花费大量时间介入太深。还有就是企业非常希望学校帮助他们完成一些科研项目,同时又对职业院校的科研能力持怀疑态度,而我们职业院校的教师教学任务又很繁重,投入科研的时间又很少,校企科研合作深入不够,科研成果自然也就多不了,企业看到“无利可图”,也就不可能与学校开展深层次的校企合作了。当然,企业虽然有用人需求,但我国企业很少有德国企业那样的观念和意识,不愿付出大的代价参与学校的人才培养,每年我国有一千多万名大学生毕业,人力市场总体又是供大于求,找工作的大学生很多,企业作为“买方市场”有着得天独厚的优

势，企业不与学校开展深层次合作，得不到学校的学生，却可以面向市场招人，也可以找到基本符合要求的毕业生。同时，目前还是学生与企业“双向选择”，即使企业投入了人力物力培养了符合企业需要的学生，这些学生最后也未必能够成为该企业的员工。

这种现象就是“搭便车”问题。企业与职业院校之间相互有需求、互相有依赖，企业有责任参与职业院校的人才培养，促进职业教育的可持续发展；职业院校有责任培养企业需要的技术技能人才，推动企业技术创新。职业教育生产的是“公共产品”，当有企业不参与生产“公共产品”而却能享用“公共产品”时，就影响了那些积极参与校企合作并在合作中投入大量人力物力财力的企业的积极性。实际上，一个集团中要不人才不多，要不就是存在强制规则要求大家为了共同利益行事的现象，而那些有思想、有理性、有目的的追求个人利益的个体，绝不会为了集团利益而采取任何行动。

（二）学校主体远离经济界

1. 校企“利益共同体”难以达成

我国职业教育是国民教育体系和人力资源开发的重要组成部分，是国家主导的办学模式，政府“有形之手”在调控中优势巨大。目前，我国正处于社会主义市场经济初级阶段，这种模式在“无形之手”面前显得力不从心。一方面，体现在学校是职业教育的主体。在应对市场变化时，教育有“周期性”，学校教育有“滞后性”，倘若学校教育完全以市场为导向，那么，学校的社会功能就会“消失”。另一方面，体现在校企“合力机制”无法建立。当前，各种形式的校企合作主体都是学校，企业常常处于被动地位。教育部门与人社部门又都在职业教育管理中具有重要地位，而行业与企业在很多方面的分工模糊、相互重叠，使得成功的校企合作少之又少。同时，由于企业在校企合作中受益很小，使企业不愿参与校企合作。

在访谈中，有的管理者谈到：我认为目前的校企合作还是浅层次的合作，整体而言，顶岗实习、订单培养和工学交替等校企合作模式都是形式大于内容，企业的实践训练、人员素质和稳定性都很难得到保障。校企合作的双方协议，也没有实质的保障作用。教学计划还是由学校制定，现有的职业技能鉴定标准滞后于企业发展。当今的校企合作,很少有以相关的利益机制为纽带的,绝大多数都是通过“熟人社会”的关系连接起来的,企业多为顾及关系、碍于情面、被动参与,主动的学校自然也就成了校企合作的发起者、策划者、组织者、实施者,也是合作异常的解决者、推动者。

在访谈中,还有的管理者谈及:在时间上,企业的用人时间与学生的学习时间相冲突,学校有固定的教学计划,必须在规定的时间完成规定的教学任务。而企业的人才需求源于企业的发展需要。企业亟需人才时,学生必须在学校学习;学生可以离校之时,企业未必对人才有旺盛需求。

2. 需求世界与职业世界分离

滕尼斯认为,学徒制中师父与徒弟的关系是思想的“共同体”。学校形态的职业教育已将其打破。经济的职业世界是指劳动力市场,学生的需求世界是指文化传统、社会舆论和时代特征,目前,我国教育处于“供方教育阶段”,职业教育和高等教育也是如此,这就意味着职业教育不是出于学生的“选择意志”,而是出于社会的“选择意志”。职业院校以产业需求为导向,根据市场需求设立专业、培养人才。而在学生的需求世界,学生感觉低人一等,对职业教育常持排斥态度。因此,学生的需求世界与经济的职业世界处于分离状态。

3. 技术世界与人文世界割裂

萨乔万尼指出,应将人文教育与社会资本同时赋予学校共同体里的学生。职业教育具有“技术性”特征,[①]更具有育人功能,培养高素质高技能人才是国家赋予职业教育的神圣职责。职业教育不仅要为学生就业做好准备,培养学生职业素养、增强学生职业能力,还要通过技术教育与人文教育的有机结合,为学生有个理想的工作充电赋能、奠定基础。目前,我国职业院校的课程设置除了规定的思政课程等,其他课程都由学校自行设置,但课程安排的结果——文化课、专业课和实践课中,文化素养类课程达不到“人文世界”的目标要求,整个培养过程“重技能、轻素质”,缺少人文熏陶,很难实现“高技能”“高素质”的培养目标,不利于促进学生的全面发展。

---

① 赵军:《“共同体”视域中我国职业教育发展境遇与路径选择》,载《教育发展研究》2012 年第 17 期,第 19—24 页。

（三）主体间协作平台缺失

协作是指为了实现“共同目标”，不同主体相互配合、紧密合作。目前，职业教育共同体各主体，政、校、企之间的协作仍是一种政策行为，且协作平台缺失。

一方面，是政府调控校企平台缺失。政府调控平台就是对校企行为进行有效监督，保障校企合作的有效落实，没有政府监督的校企合作，一定处于随意状态。

在访谈中，管理者谈及：目前，政府对校企合作是不监管的，尽管合作的形式多种多样，但总体来看形式远大于内容。政府对所有校企合作的具体内容、怎么合作、效果如何不过问、不监督、不调控。我们学校与上百个企业建立了合作关系，但真正有深度的少之又少，大多数都是签个协议，开个会、挂个牌、握个手就算“合作”了。

在访谈中，还有的管理者谈及：现在职业院校的校企合作还处于民间状态，国家虽然出台了很多政策促进校企合作，但缺少保障监督机制。校企合作中，学校主动，企业被动，一头热一头冷，合作既缺乏动力，也没有监督保障。希望国家尽快制定法律法规，并保证其有效落实，就像德国一样，促进校企合作的健康发展。

另一方面，是校企同政府协商平台缺失。随着现代治理理念的不断深化，政府越来越需要学校和企业共同参与职业教育治理，在规划设计、政策制定和基础建设等方面，“政行企校”四方协同，共谋职业教育高质量发展，目的是使决策更具有针对性，更能体现不同利益主体的目标关注点和利益平衡点。同时，也需要为促进学校和企业合作搭建平台、营造氛围。通过平台，校企双方相互了解所有、所需和所求，并根据自身需求选择适合的合作伙伴。从现实看，江苏校企同政府协商平台缺失，学校和企业一般都通过“熟人社会”建立合作关系、开展校企合作。尽管由地方政府牵头组建了若干个合作联盟，但由于没有建立相应的制度，大多都没能持续。

在访谈中，管理者谈及：学校与企业本身就是不同的两个主体，在教育目的、资金来源、与政府的关系以及产品的性质上存在明显差异。要实现真正意义的校企合作，必须要找准二者的切入点，只有政府，也只能是政府，能在二者之间撮合推动、搭建桥梁、发挥作用。而这恰恰是缺失的。

第二节 中高本贯通培养实际困境

(一) 政策机制失范

一方面,贯通培养政策供给不足。在落实贯通培养实践中,职业院校会遇到设备购置、转专业和转段等方面的具体问题,这些问题政策性、原则性强,急需具体的政策支持。在设备购置上,需要出台教育经费统筹使用政策;在专业选择上,需要出台支持学生根据自己的兴趣爱好,选择自己喜欢的专业的转专业政策;在转段安排上,需要出台促进课程深度衔接与融合,以及在转段关键节点给予学生足够的支持,如标准化转段考核,及时公示相关的成绩和材料等。另一方面,主管部门规划指导不够。我国职业教育业务管理部门有教育部门和人社部门,教育部门与人社部门在促进职业教育发展方面都承担着相应的管理调控功能,在职业教育管理上,由于两部门"各自为政",既存在沟通不畅,也存在工作的侧重点不同,导致职业教育管理目标很难全面落实。同时,管理部门也存在对贯通培养指导不足的情况,也影响了贯通培养的效果。

(二) 主体协同失调

1. 各层级产教融合协同育人模式不一。上下游学校会与不同的企业开展校企合作,其融合程度、合作方式和育人模式都不尽相同,极易产生资源和保障的不均衡。产教融合的协同育人模式是一个由浅入深、循序渐进的演化进程,各学段如何开展、怎样开展协同育人,也需要统筹安排。

2. 各级院校贯通培养的序位关系失衡。在实践中,上游学校合作意愿不高、话语权较强,下游学校话语权较弱、主张得不到重视,贯通培养总体受制于上游学校。具体原因主要是下游学校师资和资源相对偏少,同时,政府对下游学校的支持力度也相对偏弱。相比之下,师资、平台和相应资源比较优越的上游学校更为重视学术研究,更愿意与自身实力相当的学校开展合作。

3. 政行企校协同的贯通培养机制欠缺。培养高素质人才,提高学生的综合素质和就业能力，需要建立政府、学校和企业等多方主体合作的协同培养机制。中高本贯通培养的协同培养机制较为复杂，涉及不同层级职业学校、不同的合作企业、不同的地方政府，需要统筹谋划、周密安排、合理制定。

（三）招考评价失准

1. 职教高考制度不统一。2019 年国务院发布的《国家职业教育改革实施方案》和 2021 年中办、国办发布的《关于推动现代职业教育高质量发展的意见》都明确提出了建立职教高考制度。目前，全国各地都在推行地方职教高考，但在运行方式和招生方式等方面存在明显差异，尤其是招生方式和招考标准的不同，导致生源存在较大差异，急需全国统一的职教高考。

2. 招考内容标准不统一。贯通培养有两方面的招考内容：一方面是职教高考，江苏中职职教高考采取“专业技能考试 + 文化统考”方式，总分值为 1 000 分，其中，文化统考占 400 分，专业理论占 300 分，专业技能占 300 分，总分和考试内容与其他省份不同。专业技能考试尽管由“专业联考委”统一命题，但有的专业是根据“对口单招专业技能考试标准”命题，有的专业技能采用中职“学考”考试成绩。另一方面是转段考试，江苏转段考核采用过程性评价与终结性评价相结合的方式，学校不同、标准不同、要求不同，转段考核标准不统一。

3. 评价参与主体较单一。当今，贯通培养招考基本以教育主管部门和学校为主，行业企业很少参与，产业的发展需要和企业的岗位需求没有在职业技能测试和过程性考核中体现，在综合素养评价中，职业导向甄别作用不突出，学生的职业性没有得到足够重视。

（四）课程衔接失序

1. 缺乏系统课程设计。学校主要是根据国家相关要求，围绕培养目标，校企共同确定课程体系，但很少考虑上下游学校的课程安排，由于缺乏系统性思维，使得上下游学校的课程体系衔接不畅。职业院校注重实践教学，要求各学段实践学时不少于 50%，但不同的学校对基础理论的理解和把握不同，会导致上下游学校的部分课程内容出现重叠和断层现象，削弱贯通培养的教学质量。

2. 缺乏共建共享机制。课程资源在教学中具有重要地位,但不同学校的确存在课程开发能力的不同,学校所拥有的优质课程资源也就不同。在没有建立课程共建共享机制的情况下,上下游学校之间无法实现资源共享,上游学校的预备性知识,下游学校的拓展性知识都不能满足师生要求,而优质课程资源又无法实现有效"流通"。

3. 缺乏同步更新机制。职业教育的课程内容是产业发展的写照,是技术发展的现实。职业教育与产业发展紧密相连,其课程内容直接反映了当前产业的发展状况和技术趋势。职业教育的内容不仅关注于传授技术和技能,还强调与行业企业的紧密对接,以确保教育内容与产业发展需求同步。然而,有很多职业院校很少邀请政府部门、头部企业和专业机构参与课程开发,课程内容与产业发展需求脱节,与技术进步失序。同时,课程也对新知识要素的响应滞后,这些情况的存在会对技术技能人才的培养有一定影响。

第三节　职普协调发展的实践困境

1. 职普双向融通程度有限。一是课程融通程度不高。目前,江苏有校内课程渗透、校际合作和综合高中等三种职普融通模式,其中,校际合作受合作内容、机制和形式的制约,推行范围不广。综合高中也因受资金、师资和设备限制而推广受限。只有校内课程渗透易于推广,但这种融通属于浅层次的融通。二是逆向转学不通不畅。现在的高职学生要流向本科,要通过"专升本"通道。但本科学生要逆流回高职,这个"回流"通道现在还没有,这需要制度设计、补充完善。三是融通评价尚未建立。建立职普融通评价指标体系势在必行。

2. 普职统筹处于探究阶段。职普协调的宗旨是实现共同发展,这需要职普统筹制度的支撑。目前,江苏职普比标准、区域协同制度和协调机制建设方面存在不足。一方面,缺乏省内差异化的普职比标准。依据经济、人口和文化现实,统筹规划职普结构,对于促进职普协调发展意义重大。江苏各地市间经济、人口和文化差异较大,制定职普比的差异化标准并形成制度,有利于促进各地市的平衡发展。另一方面,缺乏区域统筹制度和协调机制。由于缺乏省域层面的统筹协调和推进机制,使得职普融通的交易成本居高不下。同时,由于国家资格框架制度尚未建立,职普协调发展步履维艰。

3. 职教内部纵向贯通不畅。职教内部纵向贯通是职普协调发展的基础,职教高考是职教内部贯通的核心内容。目前的职教内部贯通不畅是由职教高考存在不足和职教升学制度不完善导致的。一方面,职教高考制度设计有缺陷。全国职教高考分为七大类、十二种方式,多样性特征非常明显,同质化问题依然存在。另一方面,职教系统升学制度不完善。职业本科虽受推崇,但“僧多粥少”,难以满足中高职的升学需求,职教高考的制度不完善,职业(应用)研究生教育没有实现有效接续,培养更高规格的人才受到很大影响。

第四节 学科专业一体化发展困境

(一) 理念缺失,缺乏协同意识

职业本科学校基本为近几年升格的高职院校,多年来,高职院校都是“只搞专业、不建学科”,因此,学科建设意识普遍缺乏,科研工作的重视程度也不平衡。通过国内的南京工业职业技术大学等33所职业技术大学各自编写的《高等职业教育质量年度报告(2023)》分析可见,职业本科学校科研意识不强、能力不足、能级不高。数据显示,33所学校横向经费平均到账513.46万元,其中,6所学校1 000万元以上,4所学校500万～1 000万元,11所学校100万～500万元,12所学校100万元以下,还有5所学校为0。江苏唯一一所职业本科学校——南京工业职业技术大学2023年横向科研经费到账3 528.83万元,位列33所学校中的第一方阵。从该校发展战略和政策导向来看,专业建设依然是学校办学的中心工作,而对学科建设重视度不高,据中国知网,该校只有2023年一篇文章研究探讨“学科建设”。这也导致该校的资源与政策倾斜于专业建设而弱化了学科建设,学科与专业一体化发展缺乏物质基础。

(二) 平台缺失,缺乏协同基础

一方面,尚未确立学科合法性地位。目前,职业本科学校已经具有合法地位,职业本科专业目录的颁发,规范了其专业建设发展,但职业本科学校的学科建设目录目前还没有出台。职业本科学校是否需要开展学科建设,定位与方向如何等,国家都还没有明确意见。另一方面,普遍缺少高水平科研平台。由于长期以来没有涉足学科建设,学校的科研组织的总体服务力薄弱、凝聚力不高。科研力量分散,热衷于单打独斗、各自为政,没有形成科研共同体。同时,由于科研服务能力偏弱,产业化的设备和场地不多,完整的科研创新链条没形成,无法与相关的行业企业共同开展协同创新,职业本科学校的科研供给与企业的科研需求存在"错位"现象。职业本科学校科研组织的自我发展能力不强,又难以与企业共建高水平科研平台,从而,也使得职业本科学校的学科与专业一体化发展推进缓慢。

(三)制度缺失,缺乏协同机制

1. 以同一标准考核评价职普高校。政府考核本科院校是用同一把"尺子",不会因为你是职业本科学校而"另起炉灶"。各级政府虽然承认职业教育的类型地位,但在制度设计、资金投入和项目支持上却没有考虑其在科技创新方面的不同,依然以考核普通本科高校的核心指标衡量职业本科学校的科研水平,使得职业本科学校也像普通本科学校一样,追求高水平学术论文、高级别科研项目、高等级科技奖项。职业本科学校的跨界性、职业性和应用性是自身的属性与特征,以科学逻辑主导基础学科评估体系评价考核职业本科高校的以职业逻辑为导向的职业学科建设,会偏离职业教育的类型定位。

2. 缺乏职业学科建设的自觉意识。职业本科学校均为"升格"不久的高水平高职院校,几十年专注专业建设,缺乏学科建设意识,基础薄弱、底蕴不足,由于没有经验,学校的制度设计与科研导向存在模仿普通本科学校的现象,学术论文、科研项目和科技奖项既是教师考核的要求,也成为教师职称晋升的必备要素,学校的政策与科研导向,严重影响了职业本科学校开展自己的职业学科建设。

3. 一体化发展缺乏激励保障机制。随着高职院校引进教师的"门槛"越来越高,博士毕业研究生已经成为当今教师引进的主要和重点人群。职业本科学校教师普遍缺乏企业工作经历,各个学校尽管有教师下企业挂职锻炼的制度要求,但对接行业企业技术创新的能力还是十分缺乏,从而导致职业本科学校的知识产权交易收入低、科研成果转化率也始终处于较低水平。同时,由于学校对激励科技创新的政策不健全、不完善,也削弱了教师科技创新转化教育教学资源的意识和能力,学科建设与专业建设一体化发展受到诸多影响。

第五节 服务终身学习的现实困境

1. 职业教育与社会需求的多元性矛盾。当前,职业教育服务终身学习的渠道、项目和课程有限,社会民众自发性、临时性、碎片化学习平台还无法提供。产业发展的人才需求层次越来越高,职业教育却没有足够的资源培养更高规格人才,致使职业教育与社会需求的多元性矛盾日益突出。

2. 办学模式与产业发展的融入性矛盾。校企合作办学模式对人才培养具有重要作用。目前,职业教育在探索“校企一体化”办学模式方面还不够深入,其“三链对接”动力、专业建设活力、服务社会合力和数字化转型潜力也都需要提升,现有程度的“校企一体化”办学模式还无法适应产业发展对人才培养的要求,使得职业教育服务终身学习和技能型社会建设受到影响。

3. 办学条件与资源支撑的匹配性矛盾。充足的经费、专业的师资和完善的课程是职业教育服务全民终身学习的重要基础,但现实中,职业院校经费来源单一、投入不足,师资数量不足、水平不高,课程体系建设目标错位、取向偏颇,在课程开发、使用和共享方面也都很不够,体现出办学条件与资源支撑的匹配性矛盾,制约了职业教育更好地服务社会,也使职业教育服务终身学习体系和技能型社会建设受到了影响。

4. 评估体系与教育质量的协同性矛盾。当前,职业院校统筹规划、持续推进,积极服务终身学习体系和技能型社会建设,但在衡量服务成效的整体与分类评估体系构建上还很不够,对体现服务成效的关键要素特征界定还很不够,对体现服务质量的主体力量特征认定还很欠缺,对体现服务过程的认定标准特征判定还很匮乏,服务评估体系不完善、不健全,评估体系与职业教育服务质量之间的这种协同性矛盾,导致职业教育服务全民终身学习和技能型社会建设的服务成效、服务质量和服务过程无法具体衡量，社会效能大打折扣。

5. 体制机制与教育内涵的一致性矛盾。在服务全面终身学习和技能型社会建设中，江苏职业院校的服务定位越来越倾向科学研究、文化引领和技术创新。由于省级层面还没有统一的顶层设计和具体部署，行动方案与指导要求、过程管理与结果评价、任务目标与工作举措都还不健全、不完善，而这些内容也正是职业教育内涵建设的重要组成部分。因此，体制机制与职教内涵的一致性矛盾使“服务”受到一定的影响。

第八部分 职业教育类型化变革的江苏路径

第二十五章　深化江苏现代职业教育体系建设

自从2019年1月国务院颁布《国家职业教育改革实施方案》，我国职业教育就开启了职业教育类型化改革发展的新征程。党的二十大对职业教育提出了更高的要求，对职业教育的战略定位、实践要求、规律认识更为清晰和明确，从而加快推进现代职业教育体系建设改革。2022年12月中办、国办颁发的《关于深化现代职业教育体系建设改革的意见》指出，职业教育功能定位要由"谋业"转向"人本"，改革重心要由"教育"转向"产教"，主体要由"单一"转向"多元"，由此推动职业教育"转型升级"。2024年1月，江苏省委、省政府印发的《关于深化现代职业教育体系建设改革的实施意见》指出，坚持服务国家战略需求、人的全面发展和江苏经济社会发展，优化职业教育类型定位，推动职业教育"三融"发展，打造现代职教体系样板。深化江苏现代职业教育体系建设，就要认真贯彻落实文件精神，坚持服务国家战略需求、人的全面发展和江苏经济社会发展，把推动现代职业教育高质量发展摆在更加突出的位置，优化职业教育类型定位，打造现代职教体系样板，为江苏在推进中国式现代化中"走在前、做示范"、谱写"强富美高"新江苏现代化建设新篇章提供强有力的技术技能人才支撑。

第一节　加快现代职业教育体系建设

一、深化职教与产业体系互融互通

（一）市域产教联合体建设

第一批国家级市域产教联合体名单于2023年9月公布，入围的市域产教联合体(以下简称“联合体”)共计 28 家,其中,江苏有 3 家上榜。江苏省首批共确定的 13 家省级“联合体”,上榜的 3 家中,苏锡常各有一家。高质量发展强调发展的质量变革、效率变革、动力变革和可持续性。江苏要深化职教体系与产业体系互融互通,首先就要在高质量发展背景下推动“联合体”建设。“联合体”是指依托经济技术开发区,“政产学研”多元主体参与,实行实体化运作的区域性产教融合组织形态,具有区域性、多元性、丰富性和健全性等特征。加强“联合体”建设,有助于服务区域经济社会发展,促进教育链、人才链与产业链、创新链有机衔接,实现“政产学研”多元共治。改革开放以来,江苏经历了职业教育集团、“校中厂”“厂中校”、产业学院和产教融合型企业等多种产教融合组织形态,而“联合体”就是它们的迭代升级。依照三螺旋理论,构成“联合体”的政府、企业和职业院校等主体,在相互关联、相互促进、相互融合中呈非线性螺旋形态上升,[①]合力促进“四链”的有机衔接。同时,三螺旋理论也因空间生产理论嵌入“联合体”而实现创新发展。空间生产理论强调的“空间”不仅是“物质空间”,还可以是抽象的“社会空间”。作为空间实践,“联合体”立足物理空间“市域”,依托经济技术开发区,通过对产业和教育资源的有效整合,实现职业教育与产业经济协同发展。此外,“联合体”也存在着各行动主体的利益博弈,要保证“联合体”的有效运行,必须建立新的生产关系。尽管当今我国产教融合还面临“合而不融”“校热企冷”等现实困境,但通过建立新的产教融合组织形态,一定能够促进职业院校与行业企业精准对接、共同发展。高质量发展下构建“联合体”,需要做好以下四个方面的工作。

一是协调主体利益。组织的本质是一个通过边界自我维持的系统。市域产教联合体由政府、行业企业和职业院校等主体构成,是一个跨界型教育组织,各参与主体虽属于同一个“联合体”这个独立组织,但每一个主体又有着各自的边界与利益。政府是建设的主导者,发挥促进和保障作用。职业院校是建设的执行者,负责人才培养、技术知识生产与转移、技术创新与成果转化。企业是营利性组织,作为建设的执行者,旨在获得经济利益、知名度和美誉度。行业协会是政府和市场的“调和人”,是企业利益的代言人,肩负维护行业中企业的整体利益的责任。共同体

① 刘奉越:《高质量发展下市域产教联合体的构建逻辑及路径》,载《教育学术月刊》2024 年第 1 期,第 9—15 页。

中存在共有目的，一旦各成员的利益和需要得到满足，就能够推动他们为互利而一起工作。技术技能人才培养是校企双方的公共需求，建立制度、明确标准、平衡诉求、多方共赢，是“联合体”发展的关键所在。

二是明晰法人地位。近两年，国家相继颁布和印发了《关于深化现代职业教育体系建设改革的意见》(中办、国办，2022 年 12 月)、《关于开展市域产教联合体建设的通知》(教育部办公厅，2023 年 4 月)、《关于加快推进现代职业教育体系建设改革重点任务的通知》(教育部办公厅，2023 年 7 月)等，这些文件都强调要实行实体化运作“联合体”。“实体化”是“联合体”的重要特征，市场经济环境下，“联合体”实体化运作，必须有合法主体才能落实权利分配、资本增值、责任鉴定和企业投资风险规避等。因此，要构建“联合体”，就要通过立法确立其法人地位，通过完善所有制结构融通各参与主体，使“联合体”产权清晰、制衡有序，成为理想的命运共同体。

三是健全组织结构。组织结构是组织的重要构成要素，其会深刻影响组织内部的制度安排、权利配置和资源分配。研究表明，通过机会主义防范和社会合法性建立，组织结构能够为组织内部协调行为能力和水平提升提供支撑、奠定基础。与其他产教融合组织形态相比，“联合体”的组织属性存在差异性。《关于开展市域产教联合体建设的通知》(教育部办公厅，2023 年 4 月)明确指出，要成立“政产学研”等多方参与的理事会(董事会)。按照市场化原则的总体要求，成立多方参与的理事会(董事会)，需要建立相应的体制机制，建立制度体系，设置职能机构。此外，还须建立相应的沟通协调、监督管理机制，确保“联合体”实体化运作顺畅、高效。

四是加强质量评估。评估是对事物价值或优点的系统调查。目前，教育部已经下发了“联合体”建设指标体系，这为“联合体”质量评估指明了方向。在评估模式上，推行第三方评估。西方发达国家的职业教育一般均推行第三方评估，我国教育也在积极推行“管办评”分离。第三方质量评估，不仅是“管办评”分离的具体体现，还是评估的专业性、独立性与客观性的明显显现。在评估方式上，采取信息化手段。2020 年 10 月，中办、国办颁布《深化新时代教育评价改革总体方案》强调，要以现代信息技术创新评价工具、提高评价质量。因此，通过应用新一代信息技术，确保“联合体”的质量评估及时准确、公平公正。

（二）行业产教融合共同体

2023年7月，国家轨道交通装备行业产教融合共同体在江苏常州成立，开启了我国行业产教融合共同体（以下简称“共同体”）建设新征程。“共同体”是产教融合的一种新型组织形态，是为促进行业发展，由行业龙头企业、高等学校和职业学校牵头，共同组建的跨区域产教融合组织。“共同体”具有跨区域整合资源、“产教”高度匹配、服务全行业发展的特征，其通过对行业自身发展趋势的深入了解，能够快速洞察企业对人才的需求，并为学校及时调整教学内容和方式指明方向。对此，制度经济学认为，“共同体”是一种新的制度设计，是以规则与机制促进校企共同发展。社会资本理论认为，“共同体”是一种由企业、学校和其他利益相关方以信任为基础、以合作为纽带、以共享为核心的社会资本网络，推动运作效能整体提高。组织社会学认为，“共同体”是一种通过建立协调机制、整合相关资源的跨区域、跨组织的合作形式，推动校企协同创新、共同发展。① 尽管不同的理论都对行业产教融合共同体的内涵属性做出了相应的解释，但也可以看出各自的局限性，因此，需要在结合具体实践的基础上，综合运用多种理论，才能准确明晰其内涵属性，实现产业与教育的深度融合。“共同体”建设需要政府主导、行业协调、企业牵头、学校支持，通过以下四个方面推动其建设和发展。

一是建立政策体系。政策体系能够将多方主体紧密联系在一起。政府要发挥主导推动作用，通过制度建设，明确“建设什么样的共同体”“怎样建设共同体”“共同体怎样运行”等，即通过制订发展规划、政策指引和评价标准，明确目标任务、组织架构、运行规则和评价机制等。行业组织要发挥桥梁纽带作用，整合行业资源，沟通利益主体，推动需求对接，提供行业指导，推动政策落实。企业要发挥主体牵头作用，与行业院校合作开展委托培养、订单培养和学徒制培养，提供实习实训岗位，支持行业院校教学资源建设，为共同体提供实践支撑和服务。学校要提供全方位的支持，包括面向行业需求的教育教学改革，师资队伍建设、科技创新服务、评价体系建设等，不仅有助于学生的能力提高，还为企业提供有竞争力的人才支撑，促进产教深度融合，实现校企共同发展。

---

① 黄亚宇、冯用军：《教育法治视野下行业产教融合共同体：核心要义及其法律规制》，载《河北师范大学学报》（教育科学版）2024年第2期，第93—102页。

二是建立组织网络。“共同体”组织网络是围绕行业人才培养建立的多层次、多形式、多领域的组织网络。多层次“共同体”组织网络是围绕国家级“共同体”，建立省、市、县等不同层面的“共同体”。国家级“共同体”统筹抓总，指导省市县“共同体”发展。省市县“共同体”根据地方需求，制订地方行业标准，推动行业人才培养、反馈情况提出建议；多形式“共同体”组织网络是学校和企业因规模、类型和特色不同而建立的不同形式的“共同体”。如为培养高端化人才，开展技术创新，需要由职业专科以上学校和大型规模化企业建立“共同体”。开展订单培养、提供企业培训，需要由中职学校和中小企业建立“共同体”。培养特色人才、推广特色技术，需要由职业院校和特色企业建立“共同体”；多领域的“共同体”组织网络是学校和企业因行业、领域、方向不同而建立的不同领域的“共同体”。行业“共同体”是由同一行业的学校和企业建立，跨行业“共同体”是由不同行业的学校和企业建立，跨领域“共同体”是由不同领域的学校和企业建立。

三是建立治理结构。政府提供政策保障。政府要发挥引导、支持、监管的作用，通过政策支持，保障“共同体”的建设和运行；行业提供需求保障。[①] 行业要发挥引领作用，通过制订行业标准、整合行业资源，满足行业发展需求；企业提供主体保障。企业要发挥主体作用，通过开展委托、订单和学徒制人才培养，校企开展教学资源建设，提供实习实训岗位，为共同体提供实践支撑和服务；学校提供基础保障。学校要发挥基础作用，在人才培养、技术创新、服务产业和文化传承中提供基础保障。

四是建立价值体系。“共同体”是一种新型的教育模式，有着自身的价值定位。“共同体”以人才培养为目标。以培养行业发展需要的人才为出发点和落脚点，在培养技术技能的同时，更关注人才的全面发展；“共同体”以产教融合为核心。打破产业与教育的传统壁垒，通过校企深度融合、资源共享、优势互补，实现双方无缝对接、双向互动、互利共赢。“共同体”以技术创新为动力。为实现行业技术进步和技术领先，“共同体”要锚定技术发展方向，加强产学研深度融合，开展技术创新与研发，推动校企协同创新，提高自身竞争力。“共同体”以服务产业为导向。强化企业

① 洪波、严洪广：《行业产教融合共同体的组建逻辑、现实困境与突破路径》，载《职业技术教育》2024 年第 16 期，第 44—50 页。

主体地位，整合行业需求、技术研发和资源要素，推动人才培养、技术创新，服务行业转型发展，助力社会不断进步。

（三）产教融合型企业建设

自2017年起，国务院和各相关部委就出台政策，提出培育和建设产教融合型企业。2019年1月国务院发布的《国家职业教育改革实施方案》，提出要培育数以万计的产教融合型企业。同年3月国家发展改革委、教育部发布的《建设产教融合型企业实施办法（试行）》，提出“先建后认”的建设原则。2023年6月国家发展改革委、教育部、工信部、财政部、人社部、自然资源部、中国人民银行、国务院国资委印发的《职业教育产教融合赋能提升行动实施方案（2023—2025年）》指出，要培育建设产教融合型企业，推动形成产教融合“头雁效应”。[①] 至此，我国已经拥有数以万计的产教融合型企业，产教融合“头雁效应”初步形成。作为职教大省，江苏先后发布了五批（第一批83家、第二批63家、第三批51家、第四批170家、第五批248家）省级产教融合型企业名单，现有省级产教融合型企业615家，“十四五”期间，计划再建设600家产教融合型企业。产教融合型企业是指深度参与产教融合、校企合作，拥有商品生产和教育教学双重功能，具有较强带动引领示范效应的企业。[②] 当前，产教融合型企业建设培育的重点领域是先进制造业。从2020年1月江苏省首批产教融合型试点企业名单公示到2023年2月第五批名单公示的情况，我们可以看出，这五批产教融合型试点企业的产生均采取“企业自愿申报、地方初审、第三方评估和省相关部门联审后确定”的方式，[③]该方式不仅体现了企业的主观意愿，还体现了省级主管部门高度重视评审工作和严谨认真的负责态度。2019年1月国务院发布的《国家职业教育改革实施方案》已明确指出，要建立产教融合型企业认证制度。[④] 这不仅有利于企业明确成为产教融合型企业的方向，按照标准“对号入座”，

---

① 伍俊晖、蔡丽：《现代职业教育高质量发展背景下湖南省产教融合型企业认定研究》，载《教育与职业》2023年第21期，第53—57页。

② 付达杰、唐琳：《政策观照下职业教育产教融合话语关注、价值追求与实践向度——基于国家职教政策的文本分析》，载《中国职业技术教育》2023年第7期，第61—65页。

③ 张蕊、冉云芳、张文静等：《产教融合型企业参与职业教育办学的现状与趋势分析——以常州市为例》，载《职教通讯》2022年第7期，第28—35页。

④ 阮芷茹：《我国“产教融合型企业”研究：回顾、反思与展望》，载《职教通讯》2022年第4期，第60—66页。

在发展过程中逐步按照认证制度完善企业,并成为产教融合型企业,也有利于企业在履行社会责任的同时享受国家的“组合式激励”和“税收政策”,更好地促进企业发展。江苏要推行产教融合型企业认证制度,需要做好以下几项工作。

1. 建立认证制度的前提是把握产教融合型企业的适应条件

第一,产教融合型企业兴办职业教育的范畴。企业只有与职业院校开展校企合作,才能成为产教融合型企业。[①] 2018 年 2 月教育部等六部门发布的《职业学校校企合作促进办法》第六条、第七条,明确了企业参与校企合作的具体内容。第六条规定,企业应利用自身所持有的资本、技术、设备和管理等要素与职业院校开展合作,依法履行企业作为主体实施职业教育的义务。第七条规定,企业与职业院校要结合实际开展相关合作。在人才培养上,企业要深度参与人才培养全过程,合作办学、合作创建并共同管理教学机构,按照工学结合模式,实行校企双主体育人,在专业建设、师资互聘、资源开发、人才评价等方面深度合作。在技术创新上,合作创建科研机构,建设技术工艺和产品开发中心,发挥校企各自优势,积极开展产品研发和成果转化,合作开发岗位规范和质量标准。在就业创业上,建设学生创新创业中心,吸收学生就业、支持学生创业。在社会服务上,建设技能鉴定机构,制订职工培训方案、系统开展员工培训。在文化传承上,传承优秀企业文化,推动校企文化融合。因此,主动发挥自身优势,依法举办或参与举办职业教育的企业,都有可能成为产教融合型企业。

第二,产教融合型企业应具备的资格和条件。根据 2018 年 9 月教育部职业技术教育中心研究所受教育部职业教育与成人教育司委托发布的《关于征集培育一批产教融合型企业的公告》,凡是满足三个方面的资格和条件的企业,都可纳入产教融合型企业目录。一是企业所属的领域。该公告明确提出 11 个重点领域作为资格划定的依据,凡是属于这“11 个重点领域”的企业均可以申报。从这“11 个重点领域”来看,反映出我国对产教融合型企业的认定侧重先进制造业,这与我国“实业强国”战略高度吻合。当然,这些重点领域也会随着中国式现代化的进程而不断调整。二是注册与合作年限。该公告明确,凡是在我国境内注册成立的规模以上

① 周凤华:《建立产教融合型企业认证制度推动职业院校和行业企业形成命运共同体》,载《中国职业技术教育》2019 年第 7 期,第 86—92 页。

企业，依法举办或参与举办职业教育3年以上的企业均可申报。从注册地看，要求企业必须是在境内注册的规模企业。从校企合作年限看，要求校企深度合作满足3年以上。随着申请企业的不断增加，该条件也会随之要求越来越高。江苏在推行该认证制度时，可结合本省实际做出相应的约束。三是满足“五中二”条件。该公告所提出的五个条件分别关注了是否为职业院校的举办者、是否与学校共建专业与现代学徒制、是否与学校共建基地与设备捐赠、是否拥有教材的知识产权、是否与学校共享知识产权。这五个条件初步涵盖了企业参与职业教育的主要方面，但随着产教融合型企业数量的不断增加，相应的资格条件也会不断变化，其变化的方向一定是更好地促进校企合作、产教融合，更好地促进企业在职业教育中发挥更大作用。

2. 产教融合型企业享受激励政策的主要依据是测算投资额

当一个企业具有“基本资格”，符合“基本条件”，成了产教融合型企业，那么，“投资额”就成了企业应享受什么优惠政策的标准。投资额是指企业对职业教育的投资数额总和，即在校企合作过程中，企业投入的货币性和非货币性资产的总和。其中，货币性资产据实统计，非货币性资产则按公允价值统计。同时，测算投资额，还需要从投资构成和方法确定两个方面进行考量。一方面，明晰产教融合型企业依法举办职业教育的投资范围。2018年9月教育部职业技术教育中心研究所受教育部职业教育与成人教育司委托发布的《关于征集培育一批产教融合型企业的公告》，指出企业可以独资、合资或合作方式，可以投入技术、设备和管理等自身独有要素参与职业院校专业建设、师资建设和技术研发。江苏在推行认证制度过程中，可以根据省域实际进一步优化、完善企业投资范围。另一方面，明确产教融合型企业投资职业教育体现的具体形式。根据企业调研发现，货币资金直接投入、人力资源投入、学徒制学生补贴、固定资产投入、相关资产使用权投入、无形资产投入六种形式是企业投资职业教育的主要形式。六种形式投入总和为企业对职业教育的总投入。① 货币资金直接投入。具体包括合作办学经费、日常经费开支、专项经费和其他货币资金，其投入的计量方式为实际投入的货币资金。② 人力资源投入。有两类人力资源投入，一类是能工巧匠和管理精英等与企业有雇佣关系的人员，其投入的计量方式为耗用的小时数×工时费；一类是到职业院校开展与教学相关的活动(教学指导、比赛评审、举办讲座)的企业外聘专业技术人员,其投入的计量方式为支付劳务费。③ 学徒制学生补贴。具体包括服装费、保险费、在校期间生活费、就餐补贴、交通补贴等,其投入的计量方式为实际支出金额。④ 固定资产投入。具体包括房屋、仪器设备、教学用具和使用过的固定资产,其中,房屋的计量方式为房屋的账面净值,仪器设备和教学用具的计量方式为购入的货币金额,使用过的固定资产的计量方式为账面净值。⑤ 相关资产使用权投入。具体包括土地使用权、资金使用权和机器设备使用权,其中土地使用权的计量方式为评估价值,资金使用权的计量方式为借款或贷款金额×(市场基准利率-实际利率),机器设备使用权的计量方式为折旧金额。⑥ 无形资产投入。具体包括软件著作权、特许使用权、技术特许使用权、知识技术和其他无法计价的无形资产,其中,软件著作权和特许使用权的计量方式为评估价值(评估报告),软件著作权和技术特许使用权的计量方式为销售价格(一年内),知识技术和其他无法计价的无形资产的计量方式为无法准确计量。

二、深化职业教育人才的贯通培养

2024 年 1 月,江苏省委办公厅、省政府办公厅印发的《关于深化现代职业教育体系建设改革的实施意见》指出,要支持技能人才多样化成长成才。深化现代职业教育体系建设改革,是实现多样化培养高素质技术技能人才的重要途径。职业教育贯通培养是指围绕技术技能人才培养目标,对两个或多个层次的职业教育整体规划设计、系统衔接连通的一种培养方式,该方式培养领域“专”、培养时间“长”,是培养职业教育技术技能人才的有效途径。目前,职业教育贯通培养包括四种样态:一是中高职贯通。中高职贯通是指通过“3+2”或“3+3”培养模式,即通过 3 年的中等职业教育后,再经过 2 年或 3 年的职业专科教育,学生完成所有学业能够获得职业教育专科毕业证书。二是中本贯通。中本贯通是指通过“3+4”培养模式,即通过 3 年的中等职业教育后,再经过 4 年的职业本科(应用型本科)教育,学生完成所有学业能够获得职业本科(应用型本科)毕业证书。三是高本贯通。高本贯通是指通过“3+2”培养模式,即通过 3 年的职业专科教育后,再经过 2 年的职业本科(应用型本科)教育,学生完成所有学业能够获得职业本科(应用型本科)毕业证书。四是中高本贯通。中高本贯通是指通过“3+2+2”培养模式，即通过3年的中等职业教育，再经过2年的职业专科教育，再经过2年的职业本科(应用型本科)教育，学生完成所有学业能够获得职业本科(应用型本科)毕业证书。职业教育贯通培养，有助于丰富人才培养类型，培养多元化人才，推动职普融通和职业教育与高等教育协同发展。

(一)职业教育贯通培养的内在逻辑

2019年1月国务院发布的《国家职业教育改革实施方案》即“职教20条”明确指出，职业教育与普通教育类型不同、同等重要。职业教育作为一种独立的类型教育，其贯通培养的逻辑起点为同类教育，职业属性不变；不同层次，培养规格提升，具体内容如下。

第一，三个坚持不变。一是坚持作为类型教育的职业属性不变。办学模式、培养模式和课程模式是中高本不同层次职业教育类型属性追求的主要体现。其中，办学过程越发强调与产业发展相向发力，根据产业发展要求，调整培养方向、修正培养规格；培养模式更为注重学校和企业共同培养，企业为学生提供实操、实训和实习的机会，将课堂所学应用于生产岗位、实际工作中；课程内容更为强调基于职业能力导向的内容体系开发。相比普通教育，各层次职业教育都更为注重坚持类型定位，突出职业属性，对接行业企业，培养技术技能人才。因此，“职业与工作”是中职、高职和职业本科共同的逻辑起点。二是坚持技术技能人才的培养目标不变。在人才培养过程中，各层次职业教育都注重对行业技术知识和职业技能的传授，培养学生胜任特定职业领域岗位。中等职业教育着重培养技能型人才，胜任岗位需要的职业技能。职业专科教育强调培养技术技能人才，知识与技能更广泛、工作职责和要求更高。本科职业教育强调理论和实践训练并重，培养高素质职业技能型高级专门人才，理论知识比重相对增加，在就业市场更具竞争力。总之，三个层次的职业教育都强调传授技术知识，理论和实践并重，传授技术知识，培养技术技能人才。三是坚持学校和企业共同培养人才不变。在人才培养上，三个层次职业教育都强调校企合作。中职教育的校企合作侧重在课程中融入工作经验，强调实践导向，注重技术实践知识和岗位训练。职业专科教育尽管也注重校企合作，学校和企业共同培养技术技能人才,但更多地强调理论与实践并重,重视学习技术理论知识和培养职业能力。本科职业教育的校企合作围绕高端产业的技术与应用需求,培养高素质高规格技术技能人才,强调与企业进行技术创新与合作,注重技术知识和职业技能的实际应用,以学科建设引领专业建设。因此,三个层次的职业教育无不高度重视产教融合、校企合作,切实围绕产业发展的不同层次需求,让不同层次的学生都能拥有过硬的技术技能,服务产业转型升级和技能型社会建设。

第二,两个逐步提升。一是培养规格及其质量逐步提升。中等职业教育、职业专科教育和职业本科教育由于层次不同、定位不同,其人才培养规格在逐步攀升。一般而言,中等职业教育主要培养生产、建设和服务一线的综合职业能力强的高素质技能型人才,以适应工业化和现代化的需要。职业专科教育主要培养复合型技术技能人才,提升社会生产效率,满足区域经济社会发展需要。职业本科教育主要培养具有一定的创新创业能力和自我发展能力的高素质高规格技术技能人才,适应产业高端化和高端产业化需求,服务于中国式现代化建设。因此,职业教育层次越高,人才培养的规格就越高,其素质和能力就越高,面对的也自然是职业领域的较综合性、较复杂性的问题。二是技术技能水平要求逐步提升。三个层次的职业教育对技术技能水平的要求是逐步提升的。培养层次和技术技能水平要求相对较低的中等职业教育,主要面向初中毕业生,旨在培养懂规范、会操作的技能型人才,如生产一线劳动者。职业专科教育的技术技能水平要求和培养层次相对较高,主要面向中等职业学校毕业生和高中毕业生,旨在培养复合型技术技能人才,如技术员等。职业本科教育的技术技能水平要求和培养层次相对较高,主要面向职业专科毕业生和高中毕业生,旨在培养高素质高规格技术技能人才,如生产工程师、产品工程师、服务工程师,以及与职业技能等级制度对应的高级技师、特级技师和首席技师等。因此,职业教育的层次越高,对人才培养的要求就越高,毕业生的技术技能水平也就越高。

(二)职业教育贯通培养的优化策略

江苏推进职业教育贯通培养,需要做好四个方面的工作。

一是建立稳定的贯通学制。多年来,各地方在职业教育贯通培养方面进行了许多有益的探索,取得了较好的成绩。江苏是我国现代职业教育体系贯通培养试点较早的省份,从2012年到2022年,已经实施了近5 000个试点项目,超过15万名学生通过中职专科、中职本科、高职本科等贯通培养项目进入了本专科学校学习。时至今日,全国各地区历经多年的广泛探索,不仅丰富了贯通种类,还探索了足够多的贯通模式。更重要的是,新职教法确立了“贯通培养”的法律地位,各地“百花齐放”的贯通培养试点也已趋于稳定,贯通学制的设立条件基本成熟。国家层面应在系统总结各地区实践的基础上,将贯通培养综合为三类,即中高职贯通、中本贯通(其中,中高本贯通可视为中本贯通的一种形式)、高本贯通,并进行学制划分。明确“每一类”的专业目录,包括专业名称、学制时间和前后分段等。目前,江苏职业教育贯通培养已稳定为三种样态、五种形式,即中高职贯通的“3+3”分段培养,中本贯通的“3+4”分段培养,高本贯通的“5+2”“3+2”分段培养和“4+0”联合培养。在国家建立贯通学制后,江苏还需要就“专业贯通”制定相应的管理办法,确保江苏职业教育贯通培养规范化、易复制、可推广。

二是建立贯通的标准体系。首先,要制定专业教学标准。依据专业技术技能培养的内在逻辑和规律,整体设计各层次职业教育培养目标。对照现代产业和个人发展需求,分析工作任务、梳理技术知识、提炼职业能力,开发课程标准,形成课程体系。其次,建立公共课课程标准。[①] 一方面,合理地将难易不同的知识点划分到上下游学校,确保学生学习循序渐进。另一方面,依据专业类别不同,如文商类和理工类专业,开发不同版本的课程标准。此外,对贯通培养的师资要求也要更为明确。在标准建设基础上,上下游学校要制定人才培养方案并严格执行。同时,还要避免出现“两化倾向”,即中职教育“高中化”、上游培养“空心化”和“高中化”背离职业教育贯通培养初衷,“空心化”则违背职业教育人才培养规律,只有按照贯通“标准体系”要求,将长学制科学地安排好、实施好、统筹好,坚决避免“前紧后松”式的贯通培养。总之,无论出于何种原因,切不可影响职业教育贯通培养质量。

三是建立贯通办学共同体。经过十几年的探索实践,政府应统筹指导贯通培

① 刘磊:《我国职业教育贯通培养的实践审思》,载《苏州大学学报》(教育科学版)2023年第2期,第71—79页。

养的办学主体建立紧密稳定的办学共同体。关系稳定、职责明确是做好贯通培养工作的基础,通过政府主导推动,建立办学共同体,有助于调动上下游学校的积极性,确保贯通培养工作稳步推进。首先,要建立贯通办学同盟。根据衔接关系,建立不同专业类别的联盟,上游学校担任联盟“盟主”,发挥牵头引领作用。其次,赋予联盟权利与义务。各联盟成员在共同的使命、目标和价值追求感召下,对职业教育贯通培养的人才培养规格、培养目标形成共识。只有在政府的支持、调控之下,才能更好地发挥共同体作用。一方面,要给予经费支持。通过激发联盟成员参与贯通研究的积极性和主动性,高质量开发贯通标准。要选拔积极性高、实践成果多、办学实力强的院校牵头开发省级层面的专业教学标准和课程标准,标准开发不仅能够带动联盟成员深入了解贯通培养实质与要求,还能够提升教师的专业化水平。另一方面,要加强运行评价。要采取过程评价和结果评价相结合的评价方式。过程评价要以过程跟踪、及时指导为主,注重实践过程;结果评价要以实践成效和取得成果为主,注重探索结果。综合过程评价和结果评价,并将其作为经费支持的重要依据,以期更好地发挥办学共同体的作用,促进职业教育贯通培养高质量发展。

四是建立纵横向贯通体系。职业教育贯通培养是以专业为纽带的连通培养,职业教育贯通体系在纵向上表现为上下相通,在横向上表现为跨界相融。在纵向上,主要面向高质量发展的目标,需要对上下游院校进行全方位、系统性的培养框架设计,包括学校、专业、课程、教师和学生等各个层面。设计人才培养方案要遵从职业教育人才培养逻辑,围绕市场需求,深化产教融合、校企合作,强化师资队伍建设,开展教育模式创新。以职业岗位能力为逻辑起点,开发课程标准、构建课程体系。职业教育贯通培养、纵向上的上下相通,体现在各个层面围绕课程体系规划进行的系统设计。在横向上,需要增强职业教育适应性,只有将产教融合、校企合作落地落实,才能提高职业教育质量,培养高素质技术技能人才。贯通培养体系具有长周期、一体化的特点,要突出理论与实践并重,推进校企双元育人,必须要重视“企业元”的重要作用。第一,解决课程设计的问题。这有助于明晰专业面向的岗位及其所需的职业能力,是课程体系设计的核心问题,也是课程设计的逻辑起点,必须由企业提供,也只有企业才能提供。第二,优质师资选聘的问题。要培养什么规格的人才，就需要相应的老师参与培养过程，发挥企业技术人才优势，就能实现职业教育技术技能人才的培养。第三，真实环境提供的问题。贯通培养有着长周期、一体化的特点，只有在企业的真实环境中“摸爬滚打”，才能塑造职业素质、培养职业能力、成为企业栋梁。

第二节　不断促进人的全面发展

一、推动职业教育与普通教育协调发展

2022 年 4 月新修订的中华人民共和国《职业教育法》指出，要统筹推进职业教育与普通教育“协调发展”。从 1996 版《职业教育法》的“教育分流”到 2022 版的“职普协调发展”，不仅有助于保障教育个性，也有助于实现教育公平。“协调发展”是指有利于人的全面发展的社会各子系统内部及其相互之间的各种比例关系。协调发展理念体现的是辩证思维和系统思维的有机结合，是马克思主义哲学方法论在教育上的创造性运用。对于事物发展来说，“协调发展”针对的是矛盾性，着眼的是整体性，解决的是平衡性。因此，运用辩证思维理解职普“协调发展”至关重要。

第一，职普发展的矛盾性。矛盾性是哲学思考的本质。职普之所以类型不同、各成体系，源于二者的矛盾性。它们在教育目标、教学模式和课程内容上差异甚大，该矛盾性是造成“职普分流”的主要根源。尽管“职普分流”改善了早前的中等教育结构，也培养了大批当时国家急需的技能型人才，但在技术变革、产业发展和高教普及的今天，必须要加快构建“纵向贯通、横向融通”的现代职业教育体系，必须要优化职业教育类型定位，必须以整体性的辩证思维分析二者的新发展。

第二，职普发展的整体性。整体性是马克思主义的内在属性和本质特征。[①] 只有立足整体，才能推动各部分相互协调，实现整体效能大于各部分效能之和的目的。职业教育与普通教育既有区别，又有共同育人属性，只有理解两类教育内在的、本质的关系，才能真正构建教育发展的整体性。横向构建协同育人体系，纵向

① 王可欣、谢莉花：《职普协调发展的概念释义、价值澄明与实现路径》，载《当代职业教育》2022 年第 6 期，第 39—47 页。

构建终身育人框架，是推进全方位育人理念、实现人的全面发展的基本前提。只有不同类型、不同层次教育的共同参与，才能实现技能之“高”和人的全面发展的目标。

第三，职普发展的平衡性。平衡是指事物内部各要素之间相互适应或事物同外界之间相互协调的关系。以一定的比例进行“普职分流”，才能保证教育的平衡发展。一方面，“普职分流”是由劳动力市场的客观需求决定的，这既是社会的需求，也是现实的必然。另一方面，作为一种类型教育，职业教育的工具理性强调技术的实用性和职业能力的提高，其价值理性则体现了教育的育人属性。工具理性与价值理性的有机统一，使职业教育类型作用得以展现。因此，职普协调发展实质是追求职业教育与普通教育的一种动态平衡。

推动职普协调发展，有助于回归教育本真，推进个体全面发展。育人是教育的根本，立德树人是学校的根本任务。职普协调发展就是推动两类教育互促互进，践行全面育人、回归教育本真、实现教育价值。个体全面发展需要学习各类知识，既要学习科学知识，也要学习技术知识。科学知识和人文素养融入职业教育，可以助力学生夯实基础、聚焦兴趣、明晰志向。普通教育引入职业实践活动等职业教育资源，塑造学生职业价值观，增强职业生涯规划意识，实现教育与日常生活紧密相连。当今，知识经济抬高了职业岗位的准入门槛，人们已经认识到普通教育的科学系统知识过于片面，在个体的职业生涯中，拥有职业经验、实践知识至关重要。同时，技术技能人才仅知道“做什么”“如何做”的知识已经不能满足岗位发展的要求，要依靠系统科学知识，知晓技术的原理与规则，知道“为什么”这么做，“怎样做”才更好。因此，职业教育和普通教育只有协调发展才能促进个体的全面发展。江苏要实现职普协调发展，必须切实做好以下四个方面的工作。

一是以升学制度完善推进纵向贯通。职教高考是职业教育纵向贯通的基本制度，要根据国家政策和学生实际不断完善。一方面，要将职教高考制度作为纵向贯通起点。要以就业兼顾升学为导向，坚持以人的全面发展为根本目标，促进人才培养与招生有机衔接。为强化多元选拔机制建设，适应社会对多样化人才的需求，促进职普质量提升，既要落实“文化素质 + 职业技能”制度，也要强化中职生源的文化素质考查、高中生源的职业适应性测试。推动建立与普通高考相一致的全国职教高考标准和招生方式。另一方面，要推进中职高职与职业本科纵向贯通。要加大职业本科的政策供给力度，强化中职教育与职业本科、职业专科与职业本科的贯通衔接，建立并完善其相应的升学制度，探索建立职教类型的专业学位研究生教育试点，培养更高规格的应用技术人才。

二是以管理制度优化促进横向融通。横向融通体现在课程融通、逆向转学和评价制度等方面。在课程融通上，主要通过校内课程融合、校际扩大合作，促进中等教育阶段的文化素养和职业素养的课程融通；通过综合高中、特色高中建设，全方位探索课程融通。在逆向转学上，建立以学籍保留、学分互认、课程衔接为主要内容的逆向转学制度，为普通高校学生向职业专科、职业本科逆向转学提供制度保障。在开展评价上，要通过强化政府部门和第三方评价，促进职普横向融通。要将相关的制度完善以及职普课程融通、职普转学与逆向转学的质量，纳入学校办学评价体系，引导职普横向融通。①

三是以成果融通互认强化统筹推进。坚持以类型特色和平等地位为指引，围绕"职教强国""技能型社会"建设，推进职普规模、结构、质量和关系的协调发展，促进职业教育社会地位提升，为人们提供不同层次、形态、类型的教育服务。通过建立国家和省域职普协调委员会，定期研讨职普协调发展的相关事宜，推动不同区域职普协调均衡发展。统筹推进区域学习成果的融通互认，加快推进国家资格框架制度建设，实现职普教育之间、学校与培训之间的学习成果、各类证书和教育学分的转换与互认，促进职普多元、交叉融通发展。

四是以强化基础投入提供可靠保障。职普协调发展离不开资源投入、师资队伍打造和环境保障。在资源投入方面，为满足学生职业能力培养需要，要增强不同层次职业教育的软硬件投入，公共设施要对标普通教育，实训条件要高于普通教育。职业本科和研究生层次职业教育阶段的高级技能培训更需要加强资源投入。在师资配备方面，要增强"双师型"教师配备，提升普通教育学生职业素养。要增配理论型老师，强化职教通识教育。同时，要加强"理论＋实践技能"培训，提升教师的综合素质。在平等就业方面，要遵照新修订的《职业教育法》要求，任何社会招

① 肖纲领、熊亮州：《普职协调发展的价值意蕴、实践困境与推进路径》，载《教育与职业》2022 年第 22 期，第 13—17 页。

录，不设歧视条件，公平竞争、平等就业。特别是招考技术技能岗位人员时，要更多注重考核其技术技能水平。在制度创新方面，职业教育必须以制度创新为突破口，强化政策试点、打造品牌特色，不断增强职业教育适应性，实现自身的高质量发展。

二、以改革服务终身学习和技能型社会建设

（一）以职业教育改革服务终身学习

2019 年 2 月中共中央、国务院印发的《中国教育现代化 2035》，2020 年 9 月习近平总书记在教育文化卫生体育领域专家代表座谈会上的重要讲话，2021 年 12 月人社部等四部门印发的《"十四五"职业技能培训规划》等，都对职业教育服务全民终身学习、构建终身学习体系以及提升职业院校社会服务能力提出了明确要求。终身学习是指个体在不同成长阶段对所需要的知识、技能的学习和利用的整个过程，也是个体持续一生的学习历程。新时代，构建服务全民终身学习体系，是推动职业教育高质量发展的核心任务。近年来，江苏全力推进全民终身学习体系建设，积极营造终身学习氛围。在居民参与方面，城乡五级社区广泛开展各类学习活动，全省城镇居民和农村居民年参与率分别超过 60%和 40%。在资源建设上，为便利民众线上学习，打造"江苏学习在线"，建设线上课程、共享视频分别为3 100门和 4.8 万个。在品牌建设方面，积极发挥示范引领作用，分别建成省级教育服务"三农"基地、农科教示范基地和国家级农职教和成人教育示范县 104 个、55 个和 15 个。如今，随着人们的多元化需求与个性化教育需要日益强烈，加快推动了终身学习体系的建设。江苏以职业教育改革服务终身学习需要做好以下五个方面的工作。

第一，以体制机制创新服务终身学习。在强化目标方面，江苏职业院校要以省委办公厅、省政府办公厅印发的《关于推动现代职业教育高质量发展的实施意见》、江苏省教育厅印发的《江苏省职业教育质量提升行动计划（2020—2022 年）》、江苏省教育厅印发的《江苏省"十四五"职业教育发展规划》等文件精神为统领，结合自身发展实际，出台《江苏省高职院校服务全民终身学习的行动计划》，明确总体目标和主要任务。在组织机构方面，成立"终身学习服务指导中心"等机构，统筹资源配置、落实服务项目、推动社会办学。通过制订技能培训、老年教育、社区教育和社会办学等制度，服务终身学习体系，发挥职业院校主体作用。在过程管理上，运用现

代信息技术,构建多维度评价指标体系。如校企共建课程、共建基地、共建师资等。加强质量、服务和教学平台建设,推进职业教育社会服务能力提升。

第二,以教育模式改革服务终身学习。在面向需求方面,重点建设“需求大、认可高、就业好”的专业,满足产业发展和区域建设需求。加大教学改革力度,提供课程研发能力,推进课程体系建设,深化产教融合、推进技能培训、服务产业发展。在平台建设方面,搭建大数据服务和在线学习平台,通过网络直播、线上教学,跨越时空交流、扩大学校影响。通过提供线上资源,便利学习者业余时间学习、个性化发展,助力全民终身学习。在基地建设方面,发挥院校教育优势,加强实训基地建设,树立现代培训理念、创新职业培训方式、打造终身学习品牌,提升职业教育服务的认可度和知名度。

第三,以拓宽教育渠道服务终身学习。在深化校企合作方面,坚持校企协同育人,推进职前职后教育衔接。职业院校要贴近行业、服务企业,构建课程体系,与职业资格互通;开发教学方案,与职业标准融合;培训符合企业需要,教学贴近岗位需求。校企共建实训实习平台,共同服务终身学习体系建设。在融合社区教育方面,职业院校服务终身学习,要与社区教育深度融合、深入对接。通过资源建设、目标开发、平台搭建,拓宽服务渠道、创新服务方式、提升服务水平,共同为服务终身学习做出贡献。在学分互换融通方面,推进学分银行建设,制定学分互换、学习经历及成果认证管理办法,引导学习者建立终身学习账号,协助学习者制定终身学习计划,督促学习者开展终身学习活动,推动学习者完成学分互换融通,实现终身学习目标。

第四,以教育资源建设服务终身学习。在团队建设方面,职业院校都要建立服务终身学习教师库,这些教师以兼职为主,分流管理、动态优化、分层组建,强化教师队伍的职业化和专业化,推进教师的“双师型”职业资格认证,确保服务全民终身学习提供师资保障。在理论研究方面,职业院校要设立终身学习研究中心,广泛吸纳校内外专家、学者加入,积极开展职业教育服务终身学习的相关研究,指导职业院校更好地服务终身学习,充分发挥“研究中心”的桥梁纽带作用,为职业教育服务终身学习提供智力支持。在经费投入方面,完善保障机制,构建多层次、全方位资金筹措体系。如设立各级各类教育项目、开发各级各类教育资源、聘请各级各类兼职教师等等，争取政府、社会和企业投入，保障职业教育服务终身学习有效运行。

第五，以深化教育评价服务终身学习。在评价内容方面，会涉及教育项目、教育方式、教育经费和教育资源等多个方面，因此，可以采用宏观与微观相结合的方式进行评价。理念、机制、方式和投入是宏观内容，职业培训、课程设置、成果转化和学分对接是微观内容，通过宏观与微观相结合的多方位评价，不仅增强了评定标准的严肃性和规范性，也提升了评价指标的全面性和合理性。在评价主体方面，注重多元化主体评价。组织校内外专家、学者、政府人员、行业企业顾问和第三方机构进行校内外评价，通过多元化主体评价，不仅提升了该评价体系的公信度和权威性，也强化了评估、监控和指导，并提出意见和建议。在评价方式方面，要推动多要素评价，采取定性与定量相结合方式。可以定性评价服务的理念、方案、规划和机制等，定量的方式评价服务的项目、课程、基地、培训和经费等，定性与定量相结合，①不仅能够体现评价的全面性、整体性，也能够增强评价的认可度和成效度。

（二）以职教改革服务技能型社会建设

当今，尽管我国已经成为世界第二大经济体，但一些产业的核心技术还是受控于人，因此，要实现高质量发展，必须推动产业结构调整与转型升级。2021 年 4 月，全国职业教育大会提出了建设技能型社会的理念和战略。② 同年 7 月，人社部印发的《“技能中国行动”实施方案》指出，要以构建技能社会为引领，培养更多技术技能人才和大国工匠。同年 10 月，中办、国办印发的《关于推动现代职业教育高质量发展的意见》指出，建设技能型社会是我国做出的战略选择。技能型社会是指一种社会形态中，技能是职业选择的重要工具，是社会分层的重要依据，政府和社会对技能和技能人才拥有较高的认同度。服务技能型社会建设，已经成为现代职业教育高质量发展的重要目标。职业教育服务技能型社会建设具有深刻的内在逻辑，职

---

① 雍莉莉：《职业教育服务全民终身学习的价值意蕴、矛盾表现与实践路径》，载《教育与职业》2022 年第 22 期，第 96—100 页。

② 曹玉娜：《技能型社会建设背景下职业院校技能人才培养探究》，载《天津职业大学学报》2023 年第 2 期，第 29—32 页。

业教育肩负促进就业创业的重要职责，助推国家重视技能培养（王屹 等，2023）。[①]职业教育培育工匠精神的价值向度，推动社会崇尚技能氛围形成。职业教育传承技术技能的目标取向，助力人人学习和拥有技能。因此，职业教育能够为促进技能型社会建设发挥更大的作用。多年来，江苏积极营造“尊重劳动、崇尚技能”的社会氛围，推动“人人皆可成才、人人尽展其才”技能型社会建设。一是努力营造崇尚技能的良好氛围。江苏通过劳动教育，引导学生崇尚劳动、尊重劳动，树立热爱劳动价值观。积极宣传“最好的教育是适合的教育”的理念、职业教育在经济社会发展中不可替代的作用，通过“职业教育活动周”和世界青年技能日宣传活动，推动形成“不唯学历凭能力”的舆论氛围。二是着力构建技能型人才成长机制。江苏通过建立职业技能等级制度、深化职业资格制度改革、健全技能人才评价机制，完善技能人才评价体系。通过开通“绿色通道”，招聘高级别技能大赛学生获奖选手入编。三是注重形成选树典型的示范效应。江苏通过选树典型、讲好“故事”，积极开展工匠事迹巡回报告活动，弘扬工匠精神，营造社会氛围。通过每年全省技能大赛，推动职业院校以赛促教，以赛促学，检验教学质量、表彰集体个人、形成示范效应。江苏尽管在技能型社会建设方面已经做得很好，但今后还应在以职业教育服务技能型社会建设方面做好以下四个方面的工作。

第一，以创新技能供给完善省域技能开发体系。江苏只有创新技能供给方式，才能建成“政府重视技能”的技能型社会。创新技能供给方式，完善省域技能开发体系，校企要冲在前、打头阵。一方面，要明确职前职后技能人才培养目标。“职前”阶段目标应为满足入职条件的“准入”水平，而职后阶段目标应为能够促进生涯的可持续发展。另一方面，要调动多元主体深度参与人才培养。完整的技能开发体系包括职业教育与职业培训，职业院校负责职业教育，企业与机构负责职业培训。学校职业教育已经获得足够重视，而职业培训至今仍然需要着重加强。因此，一方面要发挥职业院校在技能体系开发中的主体作用。职业院校要紧跟产业脚步、了解准入要求、优化专业布局，通过完善内部纵向贯通、外部横向融通现代职业

① 王屹，黄凤萍：《职业教育赋能技能型社会建设的逻辑、困境与路径》，载《中国职业技术教育》，2023 年第 1 期，第 54—61 页，第 75 页。

教育体系，推动技术技能人才培养的精准性和适应性不断提升。另一方面，要发挥企业在技能体系开发中的主体作用。企业要健全和完善职后培训相关制度，推动入职培训、转岗培训和轮岗培训的规范化开展。同时，要创新培训模式、改进培训方式、更新培训内容，不断增强职后培训的效益与效果。总之，职前阶段的职业院校要充分发挥自身优势，为企业培训奠定基础、提供条件；而职后阶段的企业培训更要利用好自身独有的真实环境、自有技术和培训导师，为职业院校师生提供实践机会和发展条件。

第二，以强化职业启蒙重构社会文化支持系统。江苏要建成“社会崇尚技能”的技能型社会，需要做好两方面的工作。一是要推动学校开展职业启蒙教育，在基础教育阶段，学校要创新课程内容，将各种形式的职业体验活动渗透到相关的课程中，让学生在课程学习中认知职业，树立劳动观念，接受职业启蒙教育。二是要密切学校、家庭和社会间的关系，为学生争取更多的职业体验机会，同时，结合学生实际，精心安排、讲解示范，从观察技能优胜者现场操作，到学生触摸生产设备、参与实践训练，让学生在活动中感知、感悟、感受职业与劳动带给自己的“技能”体会。三是要引导职业院校敞开自己的大门。当今的职业院校都有着丰富的“技能”资源，从先进设备到特色专业，再到各级名师、工匠，无不体现江苏职业教育的发展实力，通过敞开大门，“大手”拉“小手”，为中小学生职业认知提供窗口，为中小学生动手实践创造条件，这样既有利于社会了解、认同、支持职业教育，也有利于大学生融入社会、服务社会。

第三，以推进技能更新打造终身技能学习框架。江苏只有根据民众的技能实际需要，推进技能更新、提供技能服务，才能建成“人人学习技能”的技能型社会。人人学习技能、人人拥有技能是技能型建设的基本前提。以技能为核心内容，面向全人群、全生命周期的职业教育公共服务，要根据产业发展和社会需求及时更新升级，要根据全体劳动者不同阶段的个性化发展需要，构建终身技能学习框架，推动“技能”人人皆学、处处能学、时时可学。一是确保“人人”有机会学习技能。职业院校要发挥办学优势，服务区域社会，面向有需求的各类人群开展技能培训，助其获得一技之长，为经济社会发展做贡献。二是确保“处处”有机会学习技能。在一定条件下，职业院校要面向社会开放校内的实习实训场所，同时，要发挥自身师资优势，主动参与普惠性、公益性公共实训基地建设，走进社区、走进乡村、走进基层，解决民众技能难题，提供技能学习服务。三是确保“时时”有机会学习技能。为适应智能时代技能学习需要，职业院校要利用自身师资、专业和技术优势，面向不同行业、针对不同人群开发线上技能学习资源、构建技能学习环境，全面提升民众的数字技能素养。

第四，以突出理实一体改革技能人才培养模式。江苏要建成“人人拥有技能”的技能型社会，就要积极创新人才培养模式，不断提高人才培养质量。在人才培养中，技术理论知识属于“符号体系”，解决“为什么”的问题；技术实践知识属于“行动体系”，解决“怎么做”的问题。[①] 技术实践知识学习需要相应的情境，同时，该情景也为技术理论知识的学习提供了基本前提。职业院校要推动理实一体人才培养模式改革，就要深化校企合作，开展专业、师资和课程等系统改革，重视工作本位学习，在真实工作环境中学知识、练技能。一是要对接国家战略。要锚定产业需求，优化专业布局，完善课程体系，丰富课程内容。二是要深化“三教”改革。要以优化校企专兼职“双师型”队伍为核心，[②]通过政策引导、制度保障，吸引企业教师参与人才培养全过程，校企合作共同开发教材、改革教法，提升技术技能人才培养质量。三是要强化实践环节。职业院校要积极探索现代学徒制培养模式，深化产教融合、校企合作，推进工学结合、知行合一。校企共建产业学院、实训基地，营造真实的学习环境，解决企业的技术难题，推进技术成果转化，打造校企命运共同体。

第三节 服务经济社会高质量发展

作为与经济社会联系最为密切的教育类型，职业教育肩负着传承技术技能、培养多样化人才、助推中国制造迈向中国创造的重任。近年来，江苏着力推动区域统筹协调发展，实施以“扬子江城市群＋江淮生态经济区、沿海经济带、淮海经济区中

① 郝天聪：《指向一体化的高质量职业教育人才培养路径探析》，载《中国职业技术教育》2022 年第 7 期，第 18—22 页。

② 张丽颖、张学军：《数字化时代高职院校“三教”改革的现实路径》，载《成人教育》2024 年第 3 期，第 74—79 页。

心城市”的“1+3”重点功能区为引领的区域发展战略，增强了全省“发动机”作用，夯实了生态本底，突出了港产城联动，加强了区域协同，取得了重要成效。2020年4月，首届苏锡常一体化发展合作峰会召开，就推动区域产业协同、科创协同、基建协同和政策协同达成共识，三市主要领导共同签署《苏锡常一体化发展合作备忘录》。2023年6月，江苏省委办公厅、省政府办公厅印发《加快建设制造强省行动方案》，提出“1650”产业体系建设目标。因此，江苏职业教育要服务经济社会高质量发展，就要围绕江苏“1+3”功能区、苏锡常都市圈等重点区域，对接“1650”现代产业体系建设，增强职业教育区域适应性、促进学校企业协同式创新、推动职业教育数字化转型，实现职业教育对区域经济社会高质量发展的人才支撑。

一、增强职业教育省域适应性

《中华人民共和国国民经济和社会发展第十四个五年规划和2035年远景目标纲要》和2021年4月全国职业教育大会都提出要建设高质量教育体系，增强职业技术教育适应性。当前，增强职业教育省域适应性，已经成为打造现代职业教育体系江苏样板，服务江苏经济社会高质量发展的重要任务。[①] 适应性是指生物体与环境相适应的状态。1984年，美国圣塔菲研究所（Santa Fe Institute, SFI）的复杂适应系统理论认为，系统中主体呈现主动性和适应性，该适应性意为系统主体同其他主体和系统环境交叉互动，通过完善自己，改变自身的结构与行为。作为一种教育类型，职业教育与经济社会联系紧密，适应产业发展、服务经济建设是职业教育发展的基本要求。职业教育的根本属性是服务人的全面发展和经济社会发展，职业教育适应性是以这个根本属性为基本旨归。不同时期，背景不同，职业教育适应性的内涵也会不同。一方面，职业教育适应性的根本含义是适应人的全面发展，而促进人的发展是职业教育最核心功能。社会之所以对不同层级的人才有需求，是因为社会分工产生了职业，分工细化促进了岗位分层。而人们为了实现自我发展，也对职业教育期望更高，进而推动了职业教育“适应性”发展。随着社会进步和技术发展，人的成长和发展成为了职业教育适应性的目标。另一方面，适应产业发展需求

① 潘海生、林晓雯：《新发展格局下职业教育的适应性发展》，载《职业技术教育》2021年第15期，第15—20页。

是职业教育适应性的主要目的。职业教育不仅为产业发展培养人才,也提供技术支持。职业教育的主要目的是培养受教育者的职业素质和职业能力,并使其随着产业发展变化而实现能力迁移。在产业发展过程中,职业教育也为其提供更多的技术服务。同时,产业发展也决定了职业教育的发展。产业带动效应理论指出,产业的兴起会引发相关行业变化,从而对相关职业的需求结构和规模产生影响,进而也对职业院校的专业设置、专业规模以及职业教育的层次产生深刻影响。增强职业教育省域适应性,需要做好以下三个方面的工作。

(一) 建立健全产教融合的制度体系

建立健全产教融合制度体系是推进省域职业教育人才培养供给侧结构性改革,深化产教融合、强化校企合作,促进学校和企业共同培养技术技能人才的重要保障。一是要明晰产教融合制度边界。江苏要根据新修订的《中华人民共和国职业教育法》,进一步确定校企合作、产教融合相关利益主体的"责权利",针对现有的产教融合形式,如市域产教联合体、行业产教融合共同体、产教融合型企业、产业学院等,出台专门性产教融合地方法规,这不仅有利于规范现有各类产教融合制度,也有利于克服原有制度"纷繁复杂、分割实行和力度不强"等问题,更好发挥各利益主体的作用。二是要搭建"四位一体"运行体系。江苏要发挥政府统筹作用,同步规划产教融合与经济社会发展,统筹优化教育和产业结构,统筹布局职业教育与区域发展。发挥企业重要主体作用,推动企业全过程参与人才培养,深化校企协同创新。发挥人才培养改革主线作用,推动职普融通,深化校企双元育人、双师团队建设和评价机制改革。发挥社会组织的作用,搭建高端平台,创新服务模式,提供技术支持,整合相关资源,促进产教紧密结合。三是要搭建产教融合制度框架。技术进步推动职业技能生成,建立和完善产教融合制度体系,要尤为注重职业技能生成规律,并将其转化到技术技能人才的培养过程中。

(二) 塑造成才报国的职业教育文化

文化是教育的基础,教育是职业发展的基础,职业教育文化为职业发展提供了动力。一直以来,职业教育的发展受到了传统观念的影响,"劳心者治人""劳力者治于人”等观念深刻影响了人们对职业教育的选择，困扰了职业教育的发展。因此，环境和理念对职业教育适应性有着深刻的影响。在战略上要高度重视职业教育文化。要明确职业教育文化的战略地位，加强职业教育文化自信建设，大力弘扬劳模精神、劳动精神、工匠精神，增强对职业教育文化传承的认同和对职业教育内在文化的接纳，推动实现人的“适应性”和全面发展；在用人上要公平对待技术技能人才。要建立健全公平公正的用人制度和晋升制度，坚持职普教育类型不同、地位同等，正确看待应用型人才与技术技能人才的地位和作用，正确培养、使用、评价和考核技术技能人才。积极营造技能成才的良好社会氛围，让技能人才心怀祖国、技能报国；在发展上要兼容并蓄汲取优秀思想。要加强职业文化、产业文化和职业教育思想理论研究，推动职业教育话语体系逐步形成。要兼容并蓄、海纳百川，既要传承传统文化的优秀思想，也要吸收借鉴域外成熟经验，在拓宽视野的基础上，贡献中国技能智慧。

（三）构建职业教育适应性调整机制

个人需求与产业需求、技术发展与政府决策都会对职业教育适应性产生影响。构建职业教育适应性调整机制，既是职业教育自身特性的内在需要，也是增强职业教育适应性的必然要求。一方面，要形成“适应性”系统分析体系。在适应目标上，既要考虑产业需求，也要兼顾个人需要。在适应内容上，既要注重系统治理，也要重视多元发展。要建立多元合作机制，落实主体利益诉求。通过“领航计划”“双高计划”，实现职业教育适应性的与时俱进。在适应结果上，体现为职业教育高质量发展服务中国式现代化。增强职业教育的适应性，是满足产业发展需求、人们多样化教育需求、职业教育高质量发展需求的关键举措。另一方面，依托信息化手段增强“适应性”。通过建立职业教育“大数据”平台，服务人才培养、服务学校治理、服务国家决策。由于职业教育发展受技术发展、社会进步、产业升级等诸多要素的影响，因而职业教育适应性本身不会“一劳永逸”，也会动态发展，依托信息化手段增强“适应性”，是职业教育创新引领、面向未来、高质量发展的必然选择。

二、促进学校与企业协同创新

2014 年 6 月，国务院颁发了《关于加快发展现代职业教育的决定》，首次对职业教育技术技能积累提出要求，由此，为职业院校科技创新指明了方向。教育部、财政部在 2019 年 3 月颁发的《关于实施中国特色高水平高职学校和专业建设计划的意见》中进一步明确提出，高职学校要以技术技能积累为纽带，服务区域发展和产业转型升级。[①] 2022 年 7 月，教育部等三部门发布的《关于组织开展“千校万企”协同创新伙伴行动的通知》中指出，要深入实施创新驱动发展战略，推动高校与龙头企业、中小企业分工协作、优势互补、协同创新，推动创新链产业链深度融合。校企协同创新就是合理配置、全面共享和有机融合高校和企业的资源与优势，校企配合，共同推动产业、技术与产品创新，共同推进创新型国家战略的有效实施。校企协同创新具有主体多样性、创新性、持续性、动态性和共赢性等特征。人才培养和科技创新一体化推进是高职教育校企协同创新的具体实践，校企协同创新对于高职教育资源与产业科技资源有机融合，提升产业创新成效具有重要意义。[②] 在价值逻辑上，是两个不同属性的组织——高职院校和企业共同追求的公共价值。在共生逻辑上，赫尔曼·哈肯的协同理论认为，通过相互协调、相互合作，一个系统内各子系统形成的新功能都胜过原有彼此独立的功能，从而产生 1＋1＞2 的协同效应，实现系统有序、整体优化。高职院校和企业的知识、技术及资源经过合理配置实现全面共享和有机融合，就产生了 1＋1＞2 的协同效应。为更好地促进校企协同创新，应做好以下四个方面的工作。

一是以价值理念引领校企协同创新。实现资源融合和吸收，校企价值融合是基础。一致的认知基础、统一的价值框架是校企协同创新的前提。以“科研”为纽带，认知把握科学研究与人才培养、社会服务的关系，建立“产教科”融合价值理念，引领校企协同创新。一方面，以科研链接协同。根据利益相关者理论和产学研合作理论，学校和企业通过研发合作，不仅能够在高职院校人才培养中融入企业研发元素，也能够在企业科技创新和社会服务中融入高职院校科研项目。以科研链接学校人才培养和企业技术创新，提高了校企协同创新的渗透性。另一方面，以机制强化合作。校企协同创新要以创新型人才培养和“关键”技术、“卡脖子”技术攻关

① 龚方红、朱苏、徐安林、徐晴、韩冰：《高职院校技术技能积累模式的探索与实践》，载《中国职业技术教育》2018 年第 22 期，第 77—82 页。

② 张菊霞、任君庆、彭振博：《科教融汇视域下高职教育校企协同创新治理的逻辑与路径研究》，载《职教论坛》2024 年第 4 期，第 104—112 页。

为目标，通过整合校企资源，在平台搭建、要素流动和利益激励等方面建立合作机制，以制度保障协同育人、协同创新，以制度支撑校企协同创新平稳运行。

二是以合法地位保障校企协同创新。高职院校和企业在校企协同创新中既相互独立，又相互影响。一般情况下，在高职院校的人才培养过程中，学校处于主导地位，企业则扮演附属角色，企业的话语权、资源配置权较弱，从而使企业深度参与不足，提高人才培养质量不易实现。而在企业科技创新过程中，企业拥有技术与资源，处于主导地位，高职院校则扮演附属角色，缺少一定的话语权，科技创新要想达到预想的高度同样不易。只有确保高职院校主体和企业主体在校企协同创新过程中，均拥有创新型人才培养和关键科技创新的"高"话语权，才能激发高职院校和企业两个主体的主观能动性，提高校企协同创新成效。在人才培养中，高职院校要主动为企业参与人才培养提供平台、创造条件。企业要当仁不让地发挥育人主体作用，向教师有条件开放自身的工艺改进、技术创新、产品研发等项目，积极探索"研中教""研中学"，深度参与高职院校创新型人才培养；在科技创新中，企业要主动为高职院校参与科技创新搭建平台、提供便利。高职院校要理直气壮地发挥科研主力军作用，教师队伍要主动融入企业研发，增强研发意识、提升创新能力、拓宽服务领域，强化人才培养与生产技术同频共振、同步发展，强化培养学生技术思维和创新能力，增强校企协同创新话语权；在稳定关系中，要充分保障学校和企业两个主体在协同创新中的合法地位，在重大研发决策、重大研发项目、重大研发战略上，让每个利益主体拥有知情权、话语权、表达权，使校企协同创新始终处于开放包容的氛围之中。

三是以资源渗透促进校企协同创新。资源是校企协同创新的基础。通过校企共建实验室、研发室和实训室等，建立校企协同创新中心。只有整合研发平台、研发人才和研发管理等实现资源渗透，建立契合高职院校和企业利益机制，才能合力攻关企业重大科技项目，推进校企协同创新平稳发展。在建立平台整合机制上，坚持资源融合、共享，以保障高职院校和企业利益为中心，通过整合学校和企业的人才、技术、资本、设施和管理等资源，建立协同创新中心、创新实验室和企业技术中心等，促进校企协同创新；在建立人才互通机制上，坚持人才融合、共享，以保障人才发展，校企利益为中心，通过建立校企人才双向互聘、兼薪、管理等"双向互通"机制，以及教师学生校企“双身份”，推动校企人才合理流动，促进校企协同创新；在建立标准联动机制上，以校企协同创新项目促进国家标准、企业技术标准同高职院校的专业标准和课程标准的有机融合，同时，将高职院校前沿科技成果融入行业企业技术标准，通过“标准双向联动”机制，引领校企协同创新；在建立利益共享机制上，合理关切校企协同创新各利益主体利益均衡分享。各利益主体间要通过沟通与妥协，化解各类矛盾，当主体间利益出现不平衡、不均衡现象时，要及时补偿利益受损方的相关利益，确保利益公平，实现公共利益最大化。

四是以教育治理规范校企协同创新。校企协同创新治理归属教育治理，教育治理是一种救治手段，当政府和市场失灵时，教育治理会发挥作用。教育治理会使政府扮演“元治理”的角色，为多元治理提供制度环境。在环境营造上，政府应在制度环境、实施条件等方面为高职院校和企业等各类创新主体提供便利。特别是在科教融汇领域政策的制定、协同创新项目的设立、各类创新资源的整合等方面，发挥政府的“元治理”作用，对于统筹区域内校企协同创新、协同育人，提升校企协同创新的能力与信心，建设市域产教联合体项目具有重要意义；在科研观念上，要广义看待校企协同创新。一方面，高职院校与企业的协同创新不一定都是“前沿的”“尖端的”“关键的”科学研究项目，也会对企业的应用性和服务性的项目进行研究，以体现协同创新体系和科研服务体系的职业教育特色。另一方面，要加强教育部门与科技部门的统筹协调，既要强化校企育人功能与效果，也要推进高职院校与科研院所的有机融合，促进“科教产”协同育人、协同创新；在评价引导上，引导高职院校既要重视教学，也要重视科研，通过“科研＋教学”评价，推动高职院校不仅开展实用性的教学研究，也要开展创新性的科研研究，在教学评价中纳入科研成果，在科研评价中涵盖教学成果，由此推进高职院校教学与科研的有机融合。

三、推动职业教育数字化转型

近年来，数字技术飞速发展，新理念、新业态、新模式正全面融入社会各领域，教育出现了结构性变革，推动了国家教育数字化战略行动的实施。2022 年 2 月，教育部提出实施教育数字化战略行动。随后，又提出建设数字化“1＋5”体系，推动职业教育数字化转型。同年 3 月，国家职业教育智慧教育平台上线，由此开启了职业教育数字化新篇章。2024 年 1 月,“2024 年世界数字教育大会”在上海召开,大会就教育数字化与学习型社会建构等议题进行了广泛探讨,为教育数字化转型指明了方向。教育数字化转型成为教育迈向高质量发展重要推动力量。作为教育的子系统,职业教育只有抓住数字化转型的时代契机,推动职业教育系统性变革,才能实现自身的高质量发展。职业教育数字化转型的需求逻辑就是为应对数字时代挑战,培养适应数字时代的技能人才,提供学生“认可”的学习环境和学习方式,推动职业教育生态的全方位变革。职业教育数字化转型的目标逻辑就是为重塑职业教育生态,职业教育系统内部正走向开放,系统内部各要素的内涵正发生变化。职业教育系统外部的产业数字化、数字产业化的“四新经济”对职业教育人才培养提出更高要求;职业教育数字化转型的实践逻辑就是为实施全面战略行动,宏观层面要做好顶层系统设计,中观层面要加强数字资源建设,微观上要鼓励教学实践创新。

职业教育数字化转型是促进职业教育高质量发展的必然要求,可以撬动更加全面的理念更新、模式变革和体系重构,推动现代职业教育迈上高质量发展新台阶。是提升职业教育适应性的必然趋势,可以推动职业教育体系与产业体系、经济体系、社会体系、科技体系深度融通,培养更多高素质高规格技术技能人才。是深化职业教育教学改革的必然选择,可以有效应对教育教学方式的重大结构性变革,使大规模个性化学习成为可能,确保职业教育教学改革满足师生需要、符合时代要求。多年来,江苏积极推进职业教育数字化转型,取得了显著成效。一是在丰富资源方面拿出硬招,全力拓展职业教育数字化应用新场景。丰富数字教育资源,改革智慧教学模式,优化教学评价模式。二是在提升素养方面苦练内功,着力构建职业教育数字能力进阶新体系。提升数字化领导力,提升数字化教学创新能力,提升数字化学习创新能力。三是在长效机制形成方面主动作为,全面激活职业教育数字转型新动能。制定职业教育数字转型升级标准,完善资源共建共享机制,强化数字平台运维能力。随着数字技术对江苏经济社会的影响逐渐深入,江苏职业教育数字化转型应该着手做好以下工作。

(一) 培养数字化时代高素质的技术技能人才

改革开放以来,我国经济快速发展,综合国力显著增强,如今,已经成为全球第二大经济体。尽管如此，我国制造业供需结构性失衡问题仍然比较突出，其深层次原因主要表现在制造业创新能力整体偏弱、基础配套能力不足和部分领域产品质量可靠性亟待提升等。我国制造业生产要从“劳动密集型”和“资源密集型”，向“技术密集型”实现跨越，推动“中国制造”迈向“中国智造”，根本在于要拥有数量众多的、能够适应产业发展需求的高素质技术技能人才。当今，智能车间、智能工厂和智能制造，“机器换人”“人机协作”“机器协作”等给制造业生产方式变革带来的深刻影响，同时，其岗位工作模式也因智能化生产系统的引入而发生变革，这些都对职业教育的人才培养提出了更高要求。职业教育数字化转型，就是推动职业院校适应数字时代要求，立足产业发展需求，树立现代培养观念，促进产教深度融合，培养“数字化”技术技能人才，这也是职业教育数字化转型的根本价值。

一方面，培养的技术技能人才能够适应“数字经济”发展需要。新人力资本理论认为，数字经济下，非认知能力，即能够应对技术变革和生产创新的能力，更能促进智能化劳动生产效率的提高。因此，构建省域现代职业教育体系过程中要注重培养学生的非认知能力，强化培养技术技能人才的知识迁移能力、创新协作能力和可持续发展能力。通过优化顶层设计，树立面向职业生涯的终身化职教理念。通过强化知识迁移，打造人机高效协同的数字化教学生态。通过深化产教融合，围绕非认知能力，构建多元化课程体系，努力培养适应“数字经济”发展需要的技术技能人才。另一方面，培养的技术技能人才能够彰显“数字教育”能力水平。在数字能力方面，作为“数字土著”，当今的学生具有天然优势。数字化时代，对职业院校学生的数字素质要求较高，学生不仅需要掌握一定的专业知识和职业素养，还需要具有数字化职业能力。① 因此，提升职业院校“数字教育”整体水平，特别是提高师资队伍的数字化整体能力水平，对于增强职业院校人才培养的数字化能力，提高技术技能人才的数字化素养具有重要意义。

（二）推动数字化时代人机协同教学生态建设

数字经济生态下的智能工厂对相应岗位人员的知识迁移能力提出了更高要

① 张慕文、祝士明：《职业教育数字化转型的内涵、逻辑与策略》，载《现代教育管理》2023 年第 3 期，第 120—128 页。

求。目前,很多职业院校的人才培养缺乏对发现问题和解决问题的重点关注,仍停留在单向式、浅层化的机械灌输层面,导致学生的知识迁移能力十分欠缺。职业院校只有打破原有的教学流程,围绕知识迁移能力塑造,重构教学理念、整合教学内容、创新教学模式,助力学生从惯于观察事物表象发展到善于洞察事物的本质与规律,才能实现知识点之间的贯通理解和技能单元之间的高效转换,拥有知识和技能的迁移能力,让学生走上工作岗位后能够解决综合性复杂问题并实现自身的可持续发展。

一方面,职业院校要重塑教学理念。职业院校要摒弃原有的单向式、浅层化的教学导向,坚持以知识迁移能力塑造为教学的核心指向,在转变认知观方面,既要打牢专业理论的认知基础,也要依托人文艺术课程陶冶学生情操、美化学生心灵、启迪学生智慧,提升学生的核心素养。在转变知识观方面,职业院校要在非良构的问题情境中推动学生深入思考、鼓励学生提出方案、促进学生解决问题,以强化学生的批判性思维和复杂问题的处理能力培养,实现从事实性知识、概念性知识到程序性知识再到元知识的迁移过程。

另一方面,职业院校要升级教学流程。职业院校要主动适应数字经济发展要求,精准对接产业发展需求,积极推动教学业务流程的数字化转型升级。职业院校只有将人机协同的范式和方法引入教学内容、教学环境和教学工具等环节,实现机器智能与人的智慧有机融合,才能推动学生自主式、互动式和迁移式学习。要利用智能技术创设人机一体化学习情境,让学生在“真实”环境中,激发创新灵感、培养创新思维、提高创新能力;要借助智能化分析系统为学生学习画像,了解学生所思、所想、所求,并将个性化学习资源通过智能化机器助手定制并推送给学生,满足学生学习和研究的内在需求;要将行业和产品典型案例纳入教学内容,让学生提前了解人机协同工作模式,感知协同工作的操作步骤,提高未来解决突发问题的能力。因此,通过教学环境、教学工具和教学内容等的人机协同,一定能够促进职业院校的人才培养从浅表学习走向深度学习,把所学知识转化为现实能力,并实现能力的自我生产效应。

(三)提升数字化时代师生的数字素养与技能

职业教育数字化转型是一个系统工程,涉及职业院校的方方面面。在这些因素中，教师和学生是最为关键的两大“应用”主体，只要他们感觉“适用”“实用”“管用”，职业教育数字化转型才算真正落地落实。第一，要提升领导者的思维认识。职业院校的领导者要高度重视数字化智慧校园建设，要统筹规划建设定位、分析投资效益、明晰价值导向，为学校整体的数字化转型指明方向、提供保障。第二，要提升师生的数字化素养。一是要提升领导者数字化领导力，数字化转型关乎全局、影响广泛，以“一把手工程”的担当压实领导责任，提升领导者的数字化领导力，就能高起点规划、高标准建设、高水平管理，职业院校的数字化转型就有了保障。二是要提升技术人员数字化服务力。提供优质的数字化服务是业务部门技术人员的工作职责，技术人员的数字化素养不仅关系到职业院校的数字化战略的落地落实，也关系到全校师生是否拥有良好的数字化应用环境，因此，推动职业教育数字化转型，一定要提升技术人员的数字化服务力。三是要提升教师学生数字化应用力。职业院校的教师和学生是数字化的两大应用主体，在教育教学过程中，师生能否在数字化环境中高质量完成“教”与“学”，不仅取决于环境的适切性，也取决于师生自身的数字化应用力。第三，要提升职教课堂的创新活力。职业院校要利用数字化赋能精准学习，促进大规模的个性化学习转型，实现学生的个性化培养。要利用数字化重构教学组织方式，在教学中更多支持学生的学，而非教师的讲授。推动线上线下无缝衔接，让教学突破传统课堂教室边界。要利用数字化重构教学场所，让学生坐在教室里就可以与科学家共同来完成某项研究，与工程师共同设计产品，与艺术家合作完成艺术创作。尽管数字化技术为教育带来了无限可能性，但过度依赖技术可能导致学生的基本技能和人际交往能力下降，虚拟世界的诱惑也可能导致学生的学习动力和专注力下降，因此，需要认真思考合理利用数字化技术来变革传统的教学方式，使之助力实现理想的育人效果。

第二十六章　强化江苏职业教育职业学科建设

“办大学”就是“办学科”，没有一流的学科，就没有一流的大学。多年来，江苏以“顶天、立地、树人”，推动学科建设，取得了显著成效。每一个优势学科从遴选到考核都紧紧围绕“质量、贡献、影响”这三个方面，没有贡献、没有服务的学科，就要撤销、就要淘汰。目前，已经形成四层学科发展体系。世界一流建设学科为第一层级，有15所高校的43个学科在列。江苏优势学科为第二层级，目前正在立项建设的是178个优势学科三期项目，已经完成的一期、二期项目，省财政总投入60.8亿元；三期项目，省财政投入14.4亿元；江苏重点学科为第三层级，覆盖所有本科院校，“十三五”期间有323个重点学科立项建设；校级特色学科为第四层级，由高校本着质量、贡献和影响自行设立。目前，江苏省15所高校（其中省属高校6所）、43个学科进入国家“双一流”建设，建设高校和学科数分列全国第二和第三。27所高校（其中省属高校16所）的141个学科进入国际公认的基本科学数据指标（ESI）前1%，高校数和学科数分列全国第一和第二。尽管江苏学科建设引领全国、成效显著，但同全国一样，江苏职业本科学校在职业学科建设方面也才刚刚起步。江苏不仅是教育大省和教育强省，也是职教大省和职教强省，江苏学科建设有着深厚的基础，理应在职业学科建设方面也要“走在前、做示范”。[①]

第一节　职业学科的内涵和特征

职业专科教育快速发展了十几年，始终不谈学科、只搞专业，直至设立职业本

① 崔景贵、夏东民：《江苏现代职业教育体系研究》，知识产权出版社2015年版，第247—248页。

科高校。2014 年 6 月,国务院颁发的《关于加快发展现代职业教育的决定》指出,要探索发展本科层次职业教育。[①] 2019 年 1 月,国务院颁布的《国家职业教育改革实施方案》指出,要开展本科层次职业教育试点。[②] 2021 年 1 月,教育部办公厅印发《本科层次职业教育专业设置管理办法(试行)》。截至 2024 年 6 月,全国共有本科层次高等职业学校 51 所。因为学位颁发的依据是学科,因此,职业学科才因本科层次高等职业学校的诞生而应运而生。

职业学科是以"职业"为导向,通过职业研究,解决职业岗位的关键问题、培养技术技能人才的学科。职业学科是关于职业的知识体系,是围绕职业岗位构建的知识体系,是为了满足技术技能人才培养所需要的知识体系。[③] 职业学科是建立在职业科学的基础之上人为构建的结果,职业学科是职业知识的体系化,没有职业知识科学性和正确性,就没有职业知识的体系化,也就无所谓职业学科,职业科学决定职业学科,职业学科对职业科学的发展具有推动作用。类似研究型高校主要建设基础学科、应用型高校主要建设应用学科,职业高等学校主要建设职业学科。在逻辑起点上,职业学科遵循的是职业导向逻辑,其逻辑起点就是职业岗位;在逻辑主线上,职业学科是培养技术技能人才、开展职业研究。其中,职业研究是指为解决职业岗位关键问题和非技术类问题,通过利用基础研究和应用研究成果而开展的科学研究活动,具体包括两个方面的研究,一是技术技能人才所必需的知识、技术和能力的职业科学研究;二是特定职业领域的课程开发、特定职业领域的教与学等方面的职业教育学研究;在逻辑支点上,支撑职业学科的主要是职业高等学校的职业创新团队和以职业研究为目的的各种发展平台;在逻辑旨归上,职业学科遵循职业导向,服务职业进步,具体包括服务职业本身进步、服务学生职业进步。在职业教育发展过程中,学科建设发挥着至关重要的作用。推动职业学科发展,有利于提高职业教育的实用性和技术技能人才培养质量,更好满足职业领域的发展需求,促进产业和经济社会的可持续发展。

---

① 罗霞:《职业本科建设的中日比较——以日本专门职业大学为例》,载《宁波职业技术学院学报》2024 年第 3 期,第 10—16 页。

② 章丽君:《本科职业教育制度精准供给的国际启示——基于对英国学位学徒制的新制度主义考察》,载《中国职业技术教育》2021 年第 21 期,第 13—19 页。

③ 侯长林、李世梅、罗静:《职业学科概念意涵研究——从职业学科与职业科学、应用学科的比较视角》,载《职业技术教育》2023 年第 12 期,第 41—46 页。

第二节 学科与专业一体化建设

一、学科与专业一体化建设内涵

学科是科学学的概念,属于学术范畴,其既是一个知识体系,也是一种学术制度,强调高水平科研队伍建设。学科的划分关联知识分类,学科和学科建设的本质是学术性,体现了高校的本体性特征。专业是社会学的概念,属于教育的范畴,其为专门学业或职业之意,强调知识面广、应用能力强、就业竞争力大的专业人才培养。[①] 专业的划分关联职业分类,专业和专业建设的本质上教育性,体现了高校人才培养的工具性特征。学科与专业都需要团队、内容、评价体系建设,以及经费支持。同一学科可以分设多个专业,同一专业也可以涉及多个学科。学科建设与专业建设互相支撑、相互耦合、彼此协同,学科建设是基础,可以为专业建设确定专业特色、提供师资支撑、知识来源和优质平台。专业建设是动力。专业建设培育的名师、教育教学改革和高素质本科人才培养,反过来可以促进学科建设的学术团队建设、推动科学研究和培养研究生人才。学科与专业一体化建设是指以学科建设为龙头,引领和指导专业建设,以学科建设提升专业水平,以专业建设促进学科发展,实现学科与专业相互支撑、协调发展。[②]

二、一体化建设的内在生成机理

第一,生成的目标基本相同。学科建设和专业建设是大学基本职能的根本支撑,以协同机制推动学科和专业一体化建设,既益于强化本科教育的基础地位、实现教科研同步发展,也益于强化本科人才培养、提升专业竞争力。第二,生成的基础基本一致。学科与专业之所以能够实现一体化发展,主要取决于它们至少存在

① 阎琨、江宇辉、吴菡、张雨颀、侯煜欣:《推进学科-专业二元治理体系改革:理性辨析和实现路径》,载《高等教育评论》2022年第2期,第242—256页。

② 侯长林、张秀、李世梅:《职业型高校以职业教育专业为重点、职业学科是支撑的一体化发展模式构建》,载《职业技术教育》2024年第13期,第6—12页。

两个方面相近的基础，一是知识链条。学科提供知识，专业培养人才，学科和专业位于同一知识链条上。一是教师团队。学科建设就是团队建设，而专业建设的基础也是队伍建设。学科与专业相近的基础为一体化建设奠定了基础、提供了保障。第三，生成的功能是汇聚资源。推动学科专业一体化发展，让资金产生 1+1>2 的集聚效应，因为资金的集中投入，统筹学科和专业资源，迈大步、办大事。第四，生成的旨归是相互促进。发挥学科的基础作用和专业的动力作用，推动学科与专业一体化发展，不仅能够发挥学科优势，支撑专业建设，为高校人才培养提供更多的科学知识，也能够通过专业建设促进学科建设，不断提高学科的建设水平。持续推动高校高质量发展。

三、职业学科与专业的内在联系

世界一流大学和知名大学的学科和专业建设都遵循"一体化"思想。只建学科或只建专业的高校少之又少。学科建设与专业建设是相互依存、彼此促进的。根据高等教育及其发展的基本原理和规律，一所大学的学科水平决定了其人才培养质量。同样，职业学科与职业教育专业之间也有着内在联系，"职业岗位"是职业学科和职业教育专业共同的逻辑指向，职业学科围绕职业岗位构建知识体系，职业教育专业以职业岗位为逻辑起点，由此，"职业岗位"为推动二者一体化建设和发展提供了依据、奠定了基础。如果职业学科与职业教育专业一体化建设体现了职业高等教育的本质，那就要在实践中自觉坚持，推动职业高等教育高质量发展。

第三节　一体化发展的基本逻辑

一、能够使职业教育专业保持重要地位

人才培养是高等院校的根本任务，专业建设负责完成人才培养。长期以来，我国高职院校十分重视专业建设，并且取得了非常显著的发展成效。为了在构建一体化发展模式中保持专业建设的重要地位，要以专业建设为重点、以学科建设为支撑，才能更为有效地发挥二者的作用，产生 1+1>2 的效果。

一是有利于巩固专业建设成果。一直以来,我国职业专科高校始终致力于专业建设,没有开展学科建设,专业建设取得了巨大成绩。特别是在中国特色“双高建设计划”中的专业建设、省级“双高建设计划”中专业和专业群建设中,都取得了显著的建设成果。这些成果在构建一体化模式中只能巩固、不能削弱,只有保持专业建设的重要地位,突出专业建设这个“重点”,才能在一体化模式构建中巩固专业建设成果。

二是有利于保持专业发展优势。专业处于学科体系与社会职业需求的交叉点,肩负着人才培养的重任,学科对专业则具有基础性作用,在构建以专业为重点、以学科为支撑的一体化发展模式中,要高度重视专业的地位和作用。无论是职业专科高校,还是职业本科高校,都要保持专业重要地位、突出专业重要作用,这也是促进专业发展、保持专业优势的良策。

三是有利于争取学科建设空间。在职业高等学校人才培养过程中,专业建设独占所有“空间”。在构建以专业为重点、以学科为支撑的一体化发展模式中,就要在保持专业重要地位的同时,为学科建设“让出”一定的空间,这不仅不会削弱专业的重要作用,还会在“以专业为重点位置、以学科为支撑地位”中产生 1 + 1＞2 的效果。因此,构建以专业为重点、以学科为支撑的一体化发展模式,体现了职业高等教育的现实需求。

二、能够使职业学科建设发挥支撑作用

学科在高校的职能中发挥着重要的基础性作用。长期以来,我国高等职业教育一直忽视了职业学科的作用,尽管专业建设取得了巨大成绩,但由于没有学科建设的支撑,对高等职业教育高质量发展产生了一定的影响,直到本科层次职业高校诞生,职业学科建设才得到政府和业界的重视。一方面,理论探索起步稳健。随着 2019 年 1 月国务院颁布的《国家职业教育改革实施方案》确立职业教育类型地位和 2019 年 12 月全国第一所公办本科层次职业高等学校——南京工业职业技术大学诞生,2019 年 12 月,基于职业教育类型特征的学科概念——“职业学科”也应运而生。目前,学界已逐渐对“职业学科”有了认同,普遍认为,职业高等学校非常有必要开展职业学科建设。另一方面,政策文件支撑有力。2021 年 11 月,教育部《关于

做好本科层次职业学校学士学位授权与授予工作的意见》指出，本科层次职业教育学士学位按学科门类授予。2023 年 1 月，教育部印发《高职本科专业学士学位授予学科门类对应表》，本科层次职业学校学士学位授权纳入国家整体学士学位工作体系。由此，为职业高等学校开展职业学科建设，并发挥职业学科建设基础性作用提供了政策依据。尽管如此，职业学科建设必须要坚持职业教育类型定位，发挥专业建设的主体功能作用，将职业学科建设的"支撑"作用在技术技能人才培养上，体现在专业建设上，从而构建起以专业建设为重点、以学科建设为支撑的一体化发展模式。

三、能够使职业高等教育凸显类型特色

学科与专业一体化是高等教育发展的规律，职业高等学校应遵守这一规律。职业高等学校以技术技能人才培养为根本任务，专业建设在其中具有重要的地位和作用，因此，职业大学在学科与专业一体化同一性基础上的个性表现是以专业为重点、以学科为支撑，体现了自身鲜明的个性。在学科与专业一体化发展中，不同类型高校对其中的学科和专业的定位也有所不同。对于学科，在研究型大学、应用型大学和本科职业大学中地位依次降低。对于专业，在研究型大学、应用型大学和本科职业大学中地位依次升高。对于本科职业大学而言，在学科与专业一体化发展中突出专业的重要性，专业地位最高，处于重点位置，而学科处于支撑地位，这实质就是本科职业大学的类型特色。在中国式现代化新征程上，本科职业大学走内涵式发展道路、以改革创新为动力、服务国家重大战略，在培养科技创新型人才所需要的科技创新知识和科技创新成果，均来自职业学科建设，一定要抓学科建设。因此，本科职业大学构建学科与专业一体化发展模式，既是凸显类型特色的需要，也是高质量发展的需要。

第四节　一体化发展模式的策略

一、树立职教一体化发展理念

职业高等学校要构建专业与学科一体化发展模式，转变观念是前提。几十年

来，职业高等学校“只建专业、不搞学科”观念根深蒂固，要让职业高等学校认可职业学科，就需要明晰学科内涵，阐释职业学科建设的价值和意义，感受职业学科给职业高等学校带来的发展变化，才能树立专业与学科一体化发展的理念。职业高等学校在开展学科建设之初，就要通盘考虑学科与专业的一体化发展问题，整体设计以专业为重点、以学科为支撑的一体化发展方案，不仅要产生 1 + 1＞2 的效果，也要突出专业建设的重点地位、学科建设的支撑作用。在专业为重点上，过去专业建设在职业高等学校“一方独大、唯我独尊”，现在专业建设与学科建设在职业高等学校“双雄并立、并肩同行”，在如今的专业与学科一体化发展中，专业建设处于重点地位。在学科为支撑上，尽管职业学科能够与职业教育专业共同在推动职业高等学校的人才培养、技术创新和社会服务发挥作用，但其既不是在研究型高校中处于龙头地位，也不是在应用型高校中处于并重地位，而是在职业高等学校中处于支撑地位。因此，职业学科在独自发挥支撑作用的同时，不仅要尊重职业教育专业的重点地位，也要协助、配合专业建设共同推动职业高等学校高质量发展。

二、确定重点专业及对应学科

在职业高等学校构建以专业建设为重点、以学科建设为支撑的一体化发展模式中，需要职业高等学校要在现有专业中遴选出重点专业，只有确定重点专业，才能确定优先发展学科领域。这就需要学校统筹规划专业与学科建设，尤为重要的是在客观分析现有的专业建设现状的基础上，综合评判专业建设与职业学科建设之间的相互影响，专业建设重点内容一旦明确，其对应的职业学科领域也就明确了。在学校统筹规划下，各二级教学单位也要有一体化理念、一盘棋思想，将重点专业、优先发展学科领域“定下来”，将学科建设纳入专业建设规划“统起来”。职业高等学校以专业建设规划统筹职业学科建设规划，专业是重点，学科围绕专业发挥支撑作用。

三、发挥一体化中的课程作用

职业高等学校通过课程将专业与学科紧密联系在一起，实现了一体化发展。与基础学科和应用学科建设相比，职业学科更为重要的是在促进自身发展的同时，通过利用学科优势、整合学科资源,支撑专业建设,助力高素质本科人才培养。要做到这些,职业学科须将已有的体系化知识、职业学科知识体系与职业知识和新知识分别转化为教材内容、课程内容、讲座内容,教材和讲座属于课程范畴。因而,学科建设是将建设成果转化为“课程”,在人才培养中发挥作用。技术技能人才培养是职业高等学校专业建设的使命任务,课程是专业人才培养的主渠道,但由于课程建设缺少职业学科提供的体系化知识,职业高等学校只能到普通高校的学科建设成果中去“零星抓取”,之所以还能够“零星抓取”,就因为普通高校的基础学科和应用学科不是专门服务职业教育的,它们中只有“零星”的职业技术知识,这些知识要想使用,必须进行知识重构。而职业高等学校有了职业学科,有了职业学科体系化知识,课程建设就有了内容来源。因此,职业高等学校课程建设有了职业学科做支撑,才迈上了新台阶,也达到了新水平。

四、完善一体化发展组织架构

过去几十年来,由于高职院校“只建专业、不搞学科”,其相关的组织架构只是为服务专业建设而设立的,从没考虑服务学科建设,因此,构建学科与专业一体化发展模式,必然要对职业高等学校的机构设置提出相应的要求。在职业高等学校中,由于学科建设与专业建设相似度比较高,它们对学校主体组织架构的要求也很相近,如果调整或增设校级相关部门,如增设职业学科办,或将职业学科建设职能划拨给现有的科研处(科技处),而二级教学单位只需增加学科建设职责,即可保证学校整体的正常运转,从而为以专业为重点、以学科为支撑的一体化发展模式提供组织保证。

五、建立一体化发展制度机制

一体化发展模式不仅包括表面的专业建设和学科建设,也包括内在的教师发展和学生发展。要确保以专业为重点、以学科为支撑的一体化模式可持续发展,要统筹兼顾、突出重点,确保有利于“一体化”各组成部分协同发展。一方面,建立评价与激励机制。为了更好地突出一体化发展模式中专业建设的重点地位,有效地发挥学科建设的支撑作用,使教师明确努力的目标、以立德树人为根本任务,既重视教学工作，也深耕学科建设，使学生清晰自己要成为什么样的人才，以全面发展为己任，既努力学习技术技能，也积极向上生长。因此，职业高等学校不仅要建立专业与学科一体化建设绩效评价与考核机制，也要建立教师教学、科研双重评价机制，学生成长成才激励机制，并在每年给予常态化精神和物质的支持和奖励，为更好推动以专业建设为重点、以学科建设为支撑的一体化发展提供坚强保障。另一方面，建立资源保障机制。以“人、财、物”为特征的物质资源保障是实现职业高等学校“一体化”发展的重要保障。在人员配备、资金划拨和房屋调配等方面，要紧紧围绕“一体化”发展理念，以专业为重点，“人、财、物”重点安排，特别是要对职业高等学校的重点建设专业要加大力度投入，保障品牌特色专业的更好发展；以学科为支撑，“人、财、物”统筹兼顾，尤其是引入学科建设初期，要多重视、多投入、多激励，确保职业高等学校职业学科建设很顺利、支撑有能力、发展有底气，实现“人尽其才，财尽其效，物尽其用”的保障目标。

第二十七章　推进江苏职教融入终身学习体系

事实上，现代职业教育发展内涵与全民终身学习理念相一致，[①]而在全民终身学习体系服务社会民众的过程中，职业教育能够起到巨大的推动作用，职业教育与终身学习体系相得益彰、相互促进，都是建设学习型社会、学习型大国的重要基础。江苏职业教育尽管取得了长足发展和进步，但融入终身学习体系的程度还很不够。需要在拓展办学空间、贯通培养通道和丰富育人方式上花大气力、下大工夫，切实在"融入"上抓紧抓实抓出成效，为"走在前、做示范"、谱写"强富美高"新江苏建设做出职业教育应有的贡献。

第一节　职业教育融入全民终身学习体系的内在逻辑

一、职业教育能够拓展终身学习体系办学空间

面向"走在前、做示范"、谱写"强富美高"新江苏建设，全民终身学习体系要能够为民众提供更为宽广的学习空间。美国心理学家库尔特·勒温认为，办学空间是一个特殊的场域，在该场域中，学习者是主体，知识是中介，学习活动是旨归。职业教育融入终身学习体系，能够拓展终身学习体系的线上线下学习空间。在线上学习空间拓展上，当今，职业教育数字化转型如火如荼，数字教学资源、数字教育频道能够为终身学习提供便捷的线上培训支持。在线下学习空间拓展上，职业教育线下资源丰富，各类功能场所应有尽有，通过资源共享，使得终身学习体系"服务

---

① 虞安骥：《面向中国式现代化：职业教育融入全民终身学习体系的逻辑、价值与实践方略》，载《中国职业技术教育》2023 年第 3 期，第 70—76 页。

稳、底气足”,既拓展了服务领域,也弥补了师资与设备不足。目前,“江苏学习在线”累计共享视频资源 4.8 万多个,课程 3 100 多门,学习人次超 6 300 万,为社会民众提供了充足的数字资源和学习场所。总体而言,在持续推进“走在前、做示范”、谱写“强富美高”新江苏建设的道路上,职业教育融入终身学习体系,能够有效拓展终身学习体系办学空间,增强终身学习体系的服务能力,更好地服务“强富美高”新江苏建设。

二、职业教育能够贯通终身学习体系培养通道

面向走在前做示范谱写“强富美高”新江苏建设,全民终身学习体系能够在社会层面营造积极向上的学习氛围,能够为社会民众提升技能提供再学习、再深造的条件和机会。

职业教育融入终身学习体系,对于服务社会民众不同时期学习、不同阶段深造、相关技能提升,起到重要的推动作用。

一方面,打通职业教育学历提升通道。职业教育具有完整的教育体系,能够为社会民众提供中职、职业专科、职业本科甚至学位研究生教育,实现学历层次的新跃升,也能够连通不同类型教育,并将其融入全民终身学习体系,为社会民众提升不同类型教育学历层次搭建贯通“立交桥”、升学“新通道”,让各类教育资源合力支撑、共同参与全民终身学习,形成全民终身发展的良好格局。另一方面,贯通职前职后教育衔接渠道。开放、包容的职业教育的“融入”,会带动其他社会教育形态共同融入终身学习体系,企业教育、社区教育和成人教育等社会教育形态的融入,更加丰富了全民终身学习体系,对于打通职前职后衔接通道,助力社会民众“时时能学、处处可学、人人皆学”,实现终身学习、终身发展。总体而言,在持续推进“走在前、做示范”,谱写“强富美高”新江苏建设的道路上,促进职业教育融入终身学习体系,终身学习体系的功能更强了,不仅能够打通职业教育学历教育通道、贯通职前职后教育衔接渠道,也能够通过不同类型教育的共同融入,增强自身功能、连通发展渠道、拓展服务领域,使终身学习体系更能适应社会民众的多样化发展需要。

三、职业教育能够丰富终身学习体系育人方式

面向"走在前、做示范"、谱写"强富美高"新江苏建设，推动职业教育融入全民终身学习体系，能够促进全民终身学习体系有效衔接多种教育教学和培养方式，实现自身的多样化发展。一方面，增强终身学习体系内容多样化服务功能。内容多样化是指教育内容能够满足各类不同教育对象的学习需求。职业教育的"融入"，不仅能够提供学历和非学历教育，也能够把讲座、论坛和会议等非正式学习方式带进街道社区和企业一线.教育内容的多样化满足了不同教育对象的学习需求。同时，终身学习体系自身拥有的教学形式的多样化、教学方式的灵活性，更助推了内容多样化的作用发挥，对于服务社会民众多样化学习、个性化发展创造了条件、提供了保障。另一方面，增强终身学习体系方法灵活性服务功能。方法灵活性是指以灵活、多元的教育方法，提供多样化、个性化的学习服务。职业教育的有效"融入"，提供了多种多样的学习形式，理论与实践、线上与线下及其混合式教学等满足了社会民众对终身学习的灵活性要求。对于时间充裕的学习者，职业教育能够为其制定长期的、系统的、完善的学习计划。对于时间碎片化学习者，职业教育有灵活的、特色的、适合的培训项目。育人方式的多样化、灵活性，凸显了终身学习体系的本质特征。因此，在持续推进走在前、做示范、谱写"强富美高"新江苏建设的道路上，促进职业教育融入终身学习体系，一定能够增强全民终身学习体系的内容多样化、方法灵活性，更好服务学习型社会、学习型大国建设。

第二节　职业教育融入全民终身学习体系的实践价值

一、促进人的全面发展的重要途径

职业教育不仅要满足经济社会发展需求，也要满足个体的发展需求，促进人的全面发展已经成为新时代我国职业教育的新使命。促进人的全面发展的过程，就是人的自然属性和社会属性不断得到满足的过程，实现人的全面发展是人类社会发展的必然结果。个体的职业生涯是一个连续、长期的发展过程，职业教育能够促进人的职业生涯发展和成长进步。职业教育融入全民终身学习体系，能够为人的

终身发展提供技能培训，能够全面提升个体技能素质和发展潜力，给人的全面发展注入了“源头活水”，蓄积了强劲动能。“十四五”期间，江苏将加大政策支持力度，努力完成政府补贴性职业技能培训 800 万人次(全国 7 500 万人才)以上，新增取得职业资格证书或职业技能等级证书 400 万人次(全国 4 000 万人才)以上等主要发展指标，为江苏新时期发挥职业教育个体层面价值提供了重要契机、创造了优越条件。总体而言，面向“走在前、做示范”、谱写“强富美高”的新江苏建设，全民终身学习体系有了职业教育的加持，能够充分满足社会民众追求美好生活、实现全面发展的学习需求。

二、满足社会可持续发展的迫切要求

面向“走在前、做示范”、谱写“强富美高”新江苏建设，推动职业教育融入全民终身学习体系，有助于推动终身学习体系提供更为便捷、更为灵活、更为多元的学习服务，促进社会各类教育发挥所长、凝聚合力，共同推进社会可持续发展。一方面，推动社会生产力提升。马克思指出，提高社会生产力是经济社会发展的根本。科技是第一生产力，人才是第一资源，职业教育将它们有机衔接，共同推动经济社会发展。2020 年 11 月，习近平总书记在全国劳动模范和先进工作者表彰大会上指出，技术工人是支撑中国制造、中国创造的重要基础，并强调要造就一支有理想守信念、懂技术会创新、敢担当讲奉献的宏大产业工人队伍。[①] 目前，我国累计有 2 亿多名高素质劳动者是由职业教育培养、输送的。这充分说明，职业教育在适应产业发展需求、服务人的全面发展方面发挥着最基本、最直接的作用。职业教育融入终身学习体系过程中，整合各类教育资源、贯通教育培养通道、提供终身技能培训，提高了社会民众的职业素养和职业能力，促进了经济社会的可持续发展。另一方面，营造社会学习新风尚。推动职业教育融入全民终身学习体系，也要引导社会民众用好全面终身学习体系，营造社会学习新风尚。要崇尚学习、重视学习，发扬学习的传统；要热爱学习、终身学习，形成学习的风尚；要勤于学习、善于学习，提升学习的质效。同时，以“人人皆学、处处能学、时时可学”的学习型社会建设为目标，推动

① 张胜、王斯敏、刘钊汐：《如何走好技能成才、技能报国之路》，载 2020 年 12 月 7 日《光明日报》，第 7 版。

各级各类教育紧密结合，为社会民众提供各级各类学习服务，为经济社会可持续发展营造学习好环境、新风尚。总体而言，推进职业教育融入终身学习体系，为社会个体在不同的发展阶段提供相应的服务，帮助社会个体适应产业发展需求，促进个体和社会的共同发展。

三、实现现代化强国目标的时代响应

党的十八大报告指出，要完善终身教育体系，建设学习型执政党。党的十九大报告指出，要加快建设学习型社会，大力提高国民素质。党的二十大报告再次强调，要建设全民终身学习的学习型社会、学习型大国。从完善终身教育体系到大力提高国民素质，再到促进全民终身学习；从建设学习型政党到建设学习型社会，再到建设学习型大国，无不体现着党和国家对社会民众终身学习的深切关怀、殷殷厚望。终身学习对实现现代化强国目标具有深刻影响，主要体现在提升国民素质、促进人力资源开发、适应科技革命和产业变革，以及为经济社会发展注入强大动力等。因此，自党的十八大以来，“全民学习、终身学习”的理念不断深入人心。随着我国教育改革的持续深入，推动职业教育融入全民终身学习体系，全民终身学习体系的办学空间得到了拓展、培养通道得到了贯通、育人方式得到了丰富，并营造了“人人皆学、处处能学、时时可学”社会学习环境，充分彰显了全民终身学习体系的时代特征，这既是对社会民众追求美好生活的深切回应，也是对建设学习型社会、学习型大国的时代响应。总体而言，推动职业教育融入全民终身学习体系，对于促进“走在前、做示范”、谱写“强富美高”的新江苏建设和中国式现代化建设具有十分重要的现实意义。

第三节　职业教育融入全民终身学习体系的实践方略

面向“走在前、做示范”、谱写“强富美高”的新江苏建设，职业教育融入全民终身学习体系，增强了全民终身学习体系“人人皆学、处处能学、时时可学”的时代特征，促进了社会个体和经济社会的共同发展。在对职业教育融入全民终身

学习体系的内在逻辑和实践价值深刻把握的基础上，需要以“资历框架”指引、以“三教协同”促进、以“主动适应”推动，才能推动职业教育有效融入全民终身学习体系，为推动“走在前、做示范”、谱写“强富美高”的新江苏建设和学习大国建设提供有力支撑。

一、以“资历框架”指引职业教育发展融入

“资历框架”是指国家资历框架，是衡量、沟通和衔接社会民众的多元化学习成果的等级和通用标准，也是各种类型教育、培训和业绩之间沟通和衔接的制度性系统。其中学习成果包括学历证书、资格证书和技能证书等。资历框架体系由等级和标准构成，并与教育学制系统相对应，小学、初中、高中、大专、本科、硕士、博士共7个等级，分别对应具体的学习成果标准。[①] 行业和专业等级标准就是依据这7个等级和相应的成果标准开发制定的，它们共同构成资历框架体系。在实际应用中，只有学习成果认证制度和学分银行制度协同配合、形成合力，资历框架才能发挥应有的作用。学习成果认证制度是评价个人知识、技能和能力的制度。学分银行制度是指将个人成果认证转化为资历学分，并按要求兑付为资历证书。其为每一名社会个体都开设个人终身学习账户，同时提供学分认证、积累和转换服务，以此证明个人所具备的资格，该资格在个人升学、就业和职位晋升中具有公平同等的价值。十几年来，我国在探索资历框架、学习成果认证和学分银行建设方面强化政策引导、推动观念转变、勇于实践创新，在相关方面也取得了显著成绩。但国家层面始终没有出台资历框架的制度体系和国家标准，使得国家资历框架体系至今没有建立。要实现终身学习体系目标，必须要建立终身学习资历框架。在国家层面没有正式确立相关标准的情况下，江苏应该扛起“争当表率、争做示范、走在前列”的光荣使命，践行“让干部敢为、地方敢闯、企业敢干、群众敢首创”，弘扬“三创三先”江苏精神，争当“资历框架”建设先锋，努力为我国终身学习体系建设和“学习型”大国建设做出江苏贡献。为此，要做好以下四项工作。

① 张伟远、谢青松、谢浩、杜怡萍：《推进数字时代终身学习制度体系建设的中国方案》，载《中国电化教育》2023年第4期，第7—15页。

（一）终身学习资历框架设计

终身学习资历框架是上位标准、顶层设计和行业母标准，涵盖“四教”（普通教育、职业教育、继续教育和社会教育）、各类证书和各类业绩，凸显了“四教”“证书”“业绩”之间的高度融合。根据我国教育体系、成果类型，结合相关的研究成果，可以构建终身学习资历框架的架构。[①] 其中，以普通教育划分资历等级，职业教育、成人教育、社会教育，以及培训和各类业绩划分资历等级则参照普通教育。职业教育形成中职教育/中级工、职业专科/高级工、职业本科/技师、专业硕士和专业博士五个等级，继续教育形成各类高中/中级工、各类专科/高级工、各类本科/技师、各类硕士、各类博士五个等级，职业培训形成国家职业资格证书、技能等级证书、职业技能等级证书和其他职业培训证书同为一个等级，社会教育形成社区教育、老年教育和职工培训同为一个等级，各类业绩形成科学研究、创新创业、社会服务、竞赛奖励和文化传承同为一个等级。

（二）终身学习制度体系构建

通过借鉴国外经验，结合我国实际，构建出我国终身学习制度体系为“资历框架标准＋学习成果认证＋学分银行”，包括标准层、质量层、平台层和应用层。其中，应用层（学习成果）包括各类教育、各类培训和过往学习等，平台层（数字学分银行）包括学习账户、学习档案、学分积累、学分认定和学分转换等，质量层（学习成果认证）包括内部质量保障、外部质量评审、数字资历名册和成果认定评价等，标准层（资历框架标准）包括资历框架等级、维度、标准和行业资历等级标准等。通过构建终身学习制度体系，为促进职业教育有效融入终身学习体系、推动职业教育有方向、有目标开展技能认定与评价提供了基础指引。

（三）学习成果认证制度建设

学习成果认证制度是终身学习保证。与普通教育、职业教育、继续教育等成果认定相对简单明了相比，非正规教育和非正式学习的成果认证则可比性差、更为复

① 张伟远：《国家资历框架的理论基础和模式建构》，载《中国职业技术教育》2019年第18期，第28—35页。

杂。因此,学习成果认证以"双非"成果认证为核心,依托第三方权威机构组织实施。通过过往学习成果认证,社会个体在不同地点通过"双非渠道"获得的学习成果都能够得到教育机构、社会和雇主的认可,这不仅调动了人们主动学习的积极性,激发了人们的学习热情,减少了人们的重复学习,也促进了人们终身学习和学业、职业、事业更好发展。同时,也更有助于职业教育融入全民终身学习体系。

(四)数字学分银行制度建设

学分银行制度是终身学习通道,为个人成长和事业发展"蓄势储能"。学分银行制度建设,是终身学习制度体系建设的重要组成部分,需要在明确其在终身学习制度体系中的定位和作用的基础上,探索运行体系,开展制度建设。通过学分计算标准制订,实现学习成果认证、积累和转换。通过学分银行的数据库标准和运行标准,储存、积累和转换经认证的学习成果学分。职业院校要主动融入全民终身学习体系,积极参与学分银行建设。要将校内外学生实习实训、培训课程、企业顶岗、社区服务、社会兼职等所获学分存入学分银行、实行统一管理,实现年内学分的叠加与转换。以学分兑换机制,将银行积累的学分按照学生所愿,兑换为技能等级证书和学历认证。

总体而言,通过终身学习制度体系建设,不仅能够实现对学校教育制度的及时补充,整体提升学校教育的育人功效,也能够提升非正规教育、非正式学习的社会认可度,实现不同地点、不同方式学习成果的相互转换,推进全民终身学习体系深入人心,为助力"走在前、做示范"、谱写"强富美高"的新江苏建设和中国式现代化建设营造良好的社会学习基础。

二、以"三教协同"促进职业教育发展融入

2019 年 2 月,中共中央、国务院印发的《中国教育现代化 2035》提出,要更加重视终身学习,要建成服务全民终身学习的现代教育体系,[①]实现各级各类教育纵向衔接、横向沟通,职业教育、高等教育和继续教育协调发展,建成人人皆学、处处能

① 朱胜晖:《统筹职业教育、高等教育、继续教育协同创新:何为、难为与可为——整体性治理理论的视角》,载《成人教育》2024 年第 9 期,第 10—16 页。

学、时时可学的学习型社会。2022 年 10 月，党的二十大报告强调，统筹职业教育、高等教育、继续教育协同创新。这既是党和国家做出的重大决策部署，又是高质量教育体系建设的重大改革举措，不仅体现了学习型社会、学习型大国建设的内在要求，也反映出教育高质量发展中三类教育的共同愿景。职业教育、高等教育、继续教育（三教）协同创新是指教育系统内各类教育，通过协同体制机制建设，发挥优势、协同配合、横向融通，以整体协同效能共同融入终身学习体系，服务社会民众学习需要的一种发展状态。“三教”协同创新主要体现在以教育资源共享为基础的人才培养协同上，通过体制机制创新推动师资互聘、课程互选、设施共用和学籍转换等，[①]为受教育者提供更多的终身学习的机会和可能。推动职业教育、高等教育和继续教育协同创新，对于促进职业教育融入全民终身学习体系、助力“走在前、做示范”、谱写“强富美高”的新江苏建设和中国式现代化建设具有重大现实意义。以“三教协同”促进职业教育发展融入需要做好以下三个方面的工作。

（一）以制度融通促进职业教育与高等教育协同

各级政府在坚持任人唯贤的同时，也要尽最大努力帮助每一个人成长成才，使每一名学生升学有基础。就业有能力。一是促进“职普”融通。2022 年 12 月，中办、国办印发的《关于深化现代职业教育体系建设改革的意见》指出，要深化职业教育供给侧结构性改革，推动职普协调发展、相互融通，让不同禀赋和需要的学生能够多次选择、多样化成才。因此，要拓宽学生成长成才通道，增加职业本科设置数量，让更多的高水平本科学习参与职业教育改革，推进职普融通、协调发展。通过深化现代职业教育体系建设，推进职普融通，学生既有技术技能又有学历，不仅能够拿到技能证书，也能够拿到文凭和学位。二是打造“进出”枢纽。要将高职院校（职业专科学校）打造成为职业教育进入与转出的枢纽，发挥教育系统“中转站”的作用，学生既能向上升学位，也能向下深技术。一方面，政府要加大投入，院校要强化内涵，只有公平竞争，优胜劣汰，形成“僵尸”院校退出机制，才能促进高职院校转型升级，使更多的高职院校成为“双高”学校。另一方面，增强高职院校功能，避免

① 谢清、秦惠民：《论职业教育、高等教育和继续教育协同创新——基于人口宏观形势的视角》，载《中国人民大学教育学刊》2023 年第 3 期，第 1—8 页。

高职院校成为狭义的职业教育机构，要让其既能升学、就业，也要具有技术研发和技术应用等功能，高职院校的毕业生既能高质量就业，也能进入任何类型的大学，通过大学培养，将学生培养成研究型、教学型、技术型甚至管理型技术技能人才。三是推动职教“打开”。要引导学生树立用手、用脑、用心都能够出类拔萃的社会观念，无论学生处于教育的哪个阶段，职业教育都能向所有学生敞开，使职业教育选项“最大化”。鼓励学生根据自身的兴趣爱好选择升学道路，不断完善职业教育制度设计，强化职业教育的经费投入，使职业院校学生的生均拨款达到其他类型学校学生生均拨款的 1.2 倍以上。同时，要增强职业教育吸引力。要完善职业教育体系，进一步提升中等职业教育质量，做好考试招生制度改革和贯通培养，畅通多样化成长成才路径。

（二）以技能框架促进职业教育与继续教育协同

一个社会是否充满活力，是否健康、可持续发展，不仅要看职业院校毕业生是否成功就业，也要看这些学生走出校门后是否重视继续教育、能否实现自我持续发展。为进一步推动职业教育融入终身学习体系，强化职业教育与继续教育协同创新，就要构建“技能框架”，通过政府牵头推动，行业、企业和职业院校共同参与研制开发，整合“职前”依赖职普融通、职后依靠资格认证，将二者统一于社会个体的职业生涯之中，以此促进职业教育与继续教育协同发展。① 一是“技能框架”应以职业生涯为主体内容。核心要点包括技能深化、职业发展和终身学习，主体内容包括个人职业发展的状态、过程及结果构成的个人职业生涯，具体描绘社会现有行业的职业发展路线、必备能力和教育途径。对于学生来说，“技能框架”体现出的是隐性的教育功能，引导学生明确目标、发奋学习、自我发展，实现终身学习。对于社会个体来说，不论该个体处于求学、待业、在职或退休哪个职业阶段，都能确立职业生涯目标，强优势、补短板、聚资源、谋发展。将个体职业发展与教育体系有机结合，激励个体持续学习，向着新目标，奋进新征程。二是“技能框架”应以教育培训为核心辅助。职业教育和继续培训是保证“技能框架”的核心辅助，但重点需要有学校和企

① 林杰、刘业青：《新加坡职业教育融入“终身学习系统”的过程与机制研究》，载《教育与职业》2024 年第 7 期，第 94—101 页。

业的资源、资金支持。教育是个体实现职业发展、职业流动的主要途径。职业院校,特别是高职院校应该强化继续教育与社会培训功能。党的十八大以来,中央对发展继续教育提出了明确的要求。党的十八大、十九大和二十大都明确提出要积极、重视发展继续教育,《中国教育现代化 2035》也明确提出要完善继续教育制度,强化高等学校的继续教育功能。① 发展继续教育,法律有规定、国家有需求、群众有期盼,是积极落实国家基本教育制度和法律规定的具体行动,是建设人力资源强国和促进共同富裕的有效途径,是满足人民对美好生活向往,增进人民福祉的重要举措。目前,我国职业学校和高等学校都在努力融入全民终身学习体系,增强继续教育与社会培训服务功能,并向终身学习机构转型。三是"技能框架"应以学分账户为配套措施。要充分发挥学分银行的作用,通过认证、积累和转换服务,为个人成长和事业发展"蓄势储能"。如今,科技发展日新月异,新兴产业加速迭代,人的一生可能有多次的职业变动,只有不断学习,才能适应发展。当今,"微证书"这种多样、灵活的非学历技能证明,已经渗透到社会的很多领域。"微证书"之所以受到社会的广泛认可,是因为当下人们的工作节奏快、压力大,要抽出"大块""完整"的时间进行学习很不现实,而微证书所具有的小而精、低成本、见效快的优势,更容易被大家所认可与接受。随着职业终身学习的制度化、正规化,职业教育融入终身学习体系的程度也会越来越深,许多微型、模块化培训项目将会陆续纳入认证体系,人们会根据自身的职业生涯目标,开展针对性强、个性化强、时效性强的课程、项目与活动,实现自己的职业发展。

(三) 以无界文化促进职业教育与社会生活融合

现实中,无论多么优质的在职培训,也不能完全满足工作情景中的复杂需求,这就需要借助无界文化来融合职业教育与社会生活。高职院校中的无界文化指向学习的迁移、应用和综合创新能力,具体体现为重视专业基础素质、重视实践、重视综合活动的特征。通过"学习-工作-生活"融合,引导个体坚持终身学习,强化能力培养,努力为实现自己的职业发展积蓄力量、夯实基础。

① 夏阳、徐平平:《中国式现代化视域下高等学历继续教育创新发展研究》,载《苏州科技大学学报(社会科学版)》2024 年第 1 期,第 19—24 页。

一方面，以校企合作推动个体“学习-工作”融合。要强化人才培养与工作结合。通过校企合作，积极推行现代学徒制、工学结合、半工半读和项目化学习等教育教学模式，特别是中职后继续教育阶段，工学结合、半工半读的课程应该占比70%以上。要保证社会参与。解决职业教育综合性重大问题，要发挥国家和地方职业教育工作“联席会议制度”的作用。对于相关问题，要发挥教育部、人社部、财政部和发改委等部委办的作用，当然更要发挥行业企业、职业院校和专业咨询机构的作用，要根据职后继续教育的特点、需求，在课程开发、项目研制、考核标准制订等方面协同配合、共同完成，以此推动个体“学习-工作”融合。

另一方面，以理念与制度推动个体“学习-生活”互相渗透。实践表明，完善相应的理念和完备的制度支持对个体在主动学习具有引领和保障作用。在理念上，经济增长与社会个体成长发展相辅相成、相互促进，这既有制度的作用，更有思维变革的效力。要将终身学习从选择变为必需，不仅需要职业院校将终身学习立为治学目标，更需要社会个体胸怀大志、积极向上、勇往直前。在制度上，政府要确立建设目标、整合社会资源、加大财政投入，为社会个体的终身学习、职业发展和持续成长营造氛围、打造环境、投入资源。职业院校也要注重发挥自身优势，通过数字化转型，拓宽服务渠道，丰富育人方式，如通过在线社区、在线导师系统建立，为社会个体终身学习提供个性化、交互式媒体技术支持，课堂和课程只是职业院校的一部分，要让职业院校成为激发学习热情、资源无处不在、校企紧密合作的大型学习生态圈。

三、以“主动适应”推动职业教育发展融入

职业教育适应性是职业教育自我发展的本质反映，党和国家就“增强职业教育适应性”多次提出明确要求。职业教育要主动适应经济社会发展，要主动适应融入终身学习体系的建设要求，要主动适应社会个体终身学习需求，不仅是职业教育自身发展、融入终身学习体系的现实需要，也是学习型社会、学习型大国建设的迫切需要。转变教育观念、创新招生方式、整合职教资源和完善课程结构是职业教育主动适应学习型社会和终身学习体系建设，融入终身学习体系的有力举措。

（一）以教学观念转变找准融入定位

面向学习型社会、学习型大国建设，构建全民终身学习体系赋予职业教育新的历史使命，推进职业教育融入终身学习体系，已经成为职业教育改革发展的新目标。为更好地融入终身学习体系，职业教育应以教学观念转变找准定位、突出优势、发挥作用。一方面，创新职业教育发展理念。传统的教育思想、教育观念，制约了职业教育的发展，影响了职业教育融入全民终身学习体系。因此，职业院校只有积极创新发展理念，深化人人皆学、处处能学、时时可学的终身学习体系定位，既要重视适应经济社会发展需求，也要关注人的全面发展，服务人的终身学习，面向社会、面向人人，全方位、全过程提供学习服务，努力为健全终身学习体系做出职业教育贡献。[①] 另一方面，突出职业教育类型特征。知识论的人才培养逻辑表明，人才培养是职业教育类型特征的主要体现，以人才培养推动职业教育高质量发展，是增强职业教育适应性，职业教育融入终身学习体系的核心要义。因此，职业教育要突出人才培养这一类型特征，找准自身发展定位，将构建与全民终身学习相适应的人才培养体系作为重要目标，融入终身学习体系，服务学习型社会、学习型大国建设。要充分发挥职业教育优势，面向社会不同群体，以在职与下岗员工、现役与退役军人和进城务工人员的学习需求为重点，拓宽服务领域、丰富育人方式，聚焦现实需求，开发特色项目，提供专业服务，切实突出职业教育人才培养的类型特征，助推终身学习体系功能更强、服务更优、作用更好。要建立常态化职业培训机制，巩固职业技能培训成果。通过建立企业学院、家长学院和进城务工人员学院，加强职业培训平台建设，深化协同创新；通过为员工、军人和进城务工人员等提供涉及范围广、应用程度深的职业技能培训，优化参与结构，创新培训模式；通过校企合作、社区服务、扶贫帮困等，促进职业教育与全民终身学习体系的多面对接融合。通过常态化机制等建立，提升终身学习体系的社会知名度、美誉度和认可度。

（二）以招生方式创新服务融入需求

职业教育融入终身学习体系，就要围绕终身学习体系的特征、功能和发展要

① 朱德全：《职业教育统筹发展论》，科学出版社 2016 年版，第 8—10 页。

求，突破传统职业教育招生方式，紧扣每一个社会个体学习需求和社会发展需要提供持续学习的服务。一是突破招生学历限制。职业教育学历教育招生对象一般都是初中后有初中学历或高中后有高中学历的毕业生，没有任何学历的社会个体无法进入职业院校学习。但职业教育要融入终身学习体系，就要更多地考虑为社会在职人员提供学习服务，就要突破传统的学历限制，吸引更多的社会个体进入校园参与终身学习，接受有益于个人生涯发展的技术技能培训。同时，职业院校要建立健全学历、资格认定机制，使受教育者无论有没有学历，接受相应的职业培训服务后，都能拥有人生出彩的机会，实现自己的职业发展。二是突破招生年龄限制。全民终身学习体系的显著特征和职责使命就是面向社会、服务人人，为所有学习有需求的社会个体提供技术技能培训。因此，职业教育融入全民终身学习体系，就应该围绕全民终身学习需求，在招生时对年龄就要适当放开，并针对不同年龄段学员的不同需要，开展多元化教学、差异化培养、针对性培训，不断增强职业教育与全民终身学习体系的契合度。三是突破招生专业限制。专业是人才培养的基本单元，是职业院校的工作核心，是学生未来身份的主要标签。职业教育要融入终身学习体系，就要主动适应终身学习体系构建、学习型社会和学习型大国建设的社会发展需求，在招生专业上突破限制，在专业设置上调整优化，以“产销对路”的专业深度对接区域经济社会发展需求，以校企联合培养增强专业覆盖的广度与深度，既体现了现代职业教育发展的本质特征与内在规律，也为实现职业教育融入终身学习体系奠定了基础、打通了道路。

（三）以职教资源整合拓展融入服务

职业教育资源整合的实质就是深化对职业教育资源的管理。推动职业教育融入终身学习体系，就要体现职业教育资源整体效益最大化。一方面，基于社区学习完善教育供给渠道。社区学习是终身学习的重要组成部分。职业教育要融入终身学习体系，就要主动对接经济社会发展需求，通过整合资源、面向社会，打造社区学习中心、注入职业教育资源、发挥优势服务社区，以特色课程、现场指导和项目活动等，助力社区学习、创新服务方式、完善供给渠道，为全面终身学习体系建设发展、服务学习型社会和学习型大国贡献职教智慧。另一方面，以数字技术驱动打造网络学习平台。传统的教育培训方式难以满足人们“人人皆学、处处能学、时时可学”的终身学习要求。2021 年 11 月，中央网络安全和信息化委员会印发《提升全民数字素养与技能行动纲要》指出，要完善数字技能职业教育培训体系，建设数字技能认证体系与终身教育服务平台，[①]推动全民数字素养与技能达到发达国家水平。因此，职业院校要顺应数字时代要求，充分利用数字化手段打造网络学习平台，面向社会、服务人人，满足“人人皆学、处处能学、时时可学”的终身学习要求。要统筹规划职业教育线上教学资源，通过数字化技术，将优化组合后的职业院校教学资源共享于网络学习平台，将有助于职业生涯发展的相关线上培训提供给社会民众，增加服务内容，拓展服务通道。要统筹整合社会各主体线上教学资源。职业院校要充分发挥数字技术的赋能作用，统筹整合社会主体教学资源，拓展服务渠道，打造数字化平台，服务终身学习。

（四）以课程结构完善强化融入基础

职业教育要更好服务终身学习体系，首先就要以优化课程体系结构为抓手，紧密衔接行业、企业和岗位需求，紧紧围绕提高社会民众的职业发展能力，努力推进职业教育课程体系与全民终身学习体系对接融合、衔接适配，服务终身学习体系建设。一是打造层级化课程体系。课程体系的层级化是指职业院校根据技能学习者的基础实际，构建不同等级的与职业资格相匹配的课程。职业院校以技能学习者为服务对象，传授知识、培训技能，提升其职业发展能力。该层次化课程体系一般包括高、中、低三个技能阶段的课程，学习者根据自身的现有基础，随时开展相应的技能阶段课程学习，充分体现了层级化课程体系中课程的职业定向性、操作实践性和动态适应性的特点。同时，也要根据持续性学习需要，构建不同层级课程体系的衔接机制，完善职业教育课程结构，推动学习者终身学习学分累计、知识衔接。二是提升实践课程的占比。终身学习体系的技能学习者一般都有过工作经历，他们更多地是为了完善和提升自身的实践技能。因此，职业院校应该在课程体系构建中回应学习者的技能培训需求，不仅要提升实践课程占比，也要设置符合岗位需

① 胡城军、王彦璎：《论保障公民数字受教育权的国家义务》，载《湘南学院学报》2024 年第 3 期，第 47—51 页。

要、针对性强的技能训练课程。职业院校通过课程的顶层设计，增加实践课程、强化实践训练、服务技能提高，为培养更多的复合型、实践型人才提供了“时间表”和“路线图”，不仅能够增强与终身学习体系的适配性，也能够为终身学习体系高质量发展做出贡献。三是建立类型化课程清单。目前，职业本科学校生源多来自职业院校，这些学生大多理论基础较差、学术水平不高，但却有着较强的专业实践能力。因此，职业本科学校在课程体系设计中应尤为重视类型化教育，根据不同学生基础理论知识水平的不同，通过构建“菜单式”“类型化”实践项目清单，帮助不同基础学生提高技能水平、促进专业学习，推动职业本科学校实践教学向精准化、全面化、精细化的方向发展。职业本科学校构建的“类型化”课程体系，不仅与职业教育类型化相适应，也为融入终身学习体系，培养更高层次技术技能人才贡献职教智慧。

参考文献

一、著作类

[1] 布列克里局，杭特.教育社会学理论[M].李锦旭，译.台北：桂冠图书股份有限公司，1987.

[2] S.鲍尔斯，H.金蒂斯.美国：经济生活与教育改革[M].王佩雄，译.上海：上海教育出版社，1990：68.

[3] ARUM R. The effect of resource investment on vocational student early labour market outcomes[C]. Paper presented at the 1997 Annual Meeting of the American Sociological Association，Toronto，Canada，1997：3－9.

[4] 崔景贵，夏东民.江苏现代职业教育体系研究[M].北京：知识产权出版社，2015：247－248.

[5] 傅维利.教育功能论[M].沈阳：辽宁教育出版社，1990：100－106.

[6] 国家教育发展研究中心.2000 年中国教育绿皮书[M].北京：教育科学出版社，2000：34.

[7] 李德方，孙建，袁丽英，等.省域职业教育校企合作研究——基于江苏实践的考察[M].苏州：苏州大学出版社，2019：108－116.

[8] 路宝利.美国中等职业教育发展的职业主义与民主主义之争："普杜之辩"研究[M].北京：中国社会科学出版社，2015：71.

[9] 瞿海魂，柳靖.规律与镜鉴：发达国家职业教育问题史[M].北京：北京大学出版社，2019：198－206.

[10] 斯托克斯.基础科学与技术创新：巴斯德象限[M].北京：科学出版社，1999.

[11] 萧今，黎万红.发展经济中的教育与职业[M].天津：天津人民出版社，2002：177－190.

[12] 徐国庆.从分等到分类：职业教育改革发展之路[M].上海：华东师范大学出版社，2018：117－118.

[13] 徐国庆.职业教育课程论[M].上海：华东师范大学出版社，2015：81.

[14] 翟葆奎.教育基本理论之研究[M].福州：福建教育出版社，1998：283.

[15] 张人杰.国外教育社会学基本文选[M].上海：华东师范大学出版社，1989：9－23.

[16] 张云霞.教育功能的社会学研究[M].武汉：武汉大学出版社，2011：64.

[17] 周倩，刘莹，郭连锋，等.比较职业发展教育[M].郑州：郑州大学出版社，2020：32－33.

[18] 朱德全.职业教育统筹发展论[M].北京：科学出版社，2016：8－10.

[19] 朱新生，闫智勇.中等和高等职业教育有效衔接机制研究[M].南京：江苏教育出版社，2014：2－3.

二、期刊部分

[1] BENNELL P. Using and abusing rates of return：A critique of the Word Bank's 1995 education sector review [J]. International Journal of Education Development，1996，16(3)：235－248.

[2] BENNELL，PAUL，SERGERSTROM J. Vocation Education and Training in Developing Countries：Has the Word Bank Got it right [J]. International Journal of Education Development 1998，18(4) (July)：271－87.

[3] 宾恩林.加强应用性研究："双高计划"背景下高职院校专业建设之路[J].华东师范大学学报(教育科学版)，2020，38(1)：33－42.

[4] 操友根，任声策，杜梅.我国企业牵头创新团队合作：总体特征、网络演化及其启示——基于国家科技进步奖项目的分析[J].科学学与科学技术管理，2023，44(12)：118－139.

[5] 曹晔.我国现代职业教育体系建设历程与发展趋势[J].职教论坛，2012(25)：

44 - 48.
[6] 曹玉娜.技能型社会建设背景下职业院校技能人才培养探究[J].天津职业大学学报,2023,32(2): 29 - 32 + 70.
[7] 曾丽颖,闫广芬.数字技术下职教跨界性及其知识生产模式研究[J].中国电化教育,2021(12): 72 - 78.
[8] 曾天山,李杰豪.新《职业教育法》保障职业教育高质量发展[J].中国职业技术教育,2022(16): 16 - 22.
[9] 曾天山.克服职业教育普通化倾向势在必行[J].教育家,2021(33): 1.
[10] 陈东.德国职业教育专业教学标准开发特征及启示研究[J].中国职业技术教育,2020(29): 62 - 66.
[11] 陈宏艳,徐国庆.技能型人才价值认可是现代职业教育构建的逻辑起点[J].当代职业教育,2017(6): 21 - 25.
[12] 陈建录.城乡统筹背景下职业教育功能探析[J].当代教育科学,2010(23): 61 - 62.
[13] 陈磊,张兴海.新时代高职院校"课程思政"建设的逻辑进路[J].广西社会科学,2021(2): 180 - 183.
[14] 陈清.职业教育校企共建共享型校内生产性实训基地建设研究[J].中国职业技术教育,2017(23): 88 - 91.
[15] 陈顺利,吴根洲.历史制度主义视野下的中国高职招生制度变迁[J].职教论坛,2022,38(10): 5 - 14.
[16] 陈玉峰,池卫东,何林元.共建共享型生产性实训基地建设的探索与实践[J].中国职业技术教育,2018(20): 12 - 16.
[17] 陈子季.以大改革促进大发展推动职业教育全面振兴[J].中国职业技术教育,2020(1): 5 - 11.
[18] 迟俊,刘晓倩.创新驱动战略下我国高等职业教育的功能定位[J].河北企业,2016(3): 100 - 101.
[19] 崔景贵,尹伟.江苏现代职业教育体系构建的历程、路径与策略[J].中国职业技术教育,2015(6): 21 - 27.

[20] 邓波，贺凯.试论科学知识、技术知识与工程知识[J].自然辩证法研究，2007(10)：41－46.
[21] 窦芳."岗课赛证"融通的职业教育新形态教材开发逻辑与路径[J].中国职业技术教育，2022(26)：65－71.
[22] 方小斌.美国社区学院的办学理念及其对我国高等职业教育的启示[J].教育与职业，2008(8)：17－18.
[23] 冯小红，刘义兵.基于教育类型的职教高考制度研究[J].中国高教研究，2022(11)：103－108.
[24] 付达杰，唐琳.政策观照下职业教育产教融合话语关注、价值追求与实践向度——基于国家职教政策的文本分析[J].中国职业技术教育，2023(7)：61－65＋88.
[25] 高鸿，赵昕.加强职业教育领导与管理全力推动中国特色职业教育改革与发展[J].中国职业技术教育，2019(28)：5－10.
[26] 龚方红，朱苏，徐安林，等.高职院校技术技能积累模式的探索与实践[J].中国职业技术教育，2018(22)：77－82.
[27] 龚云.习近平人才思想的精髓——论"人人皆可成才、人人尽展其才"思想[J].人民论坛，2019(3)：35－37.
[28] 顾准.我国技能型社会建设的现实困境与行动策略[J].武汉职业技术学院学报，2023，22(1)：5－10.
[29] 关晶.现代职业教育体系的"现代性"辨析[J].中国高教研究，2014(11)：25－28.
[30] 郭静.中等职业教育的发展走向——基于新中国成立以来中等职业教育发展轨迹的归因分析[J].中国职业技术教育，2016(34)：135－141.
[31] 郭萌，王怡.应用型高校创新创业教育"金师"胜任力构成要素分析[J].创新与创业教育，2023，14(2)：45－51.
[32] 郭素森，丁竹青，侯国强，等.职业院校混合所有制办学改革实践的现状、关键问题及推进策略研究[J].中国职业技术教育，2021(34)：5－13.
[33] 韩宇，沈亚强.我国现代职业教育体系研究综述[J].教育与职业，2014(23)：

8 - 11.

[34] 郝天聪.指向一体化的高质量职业教育人才培养路径探析[J].中国职业技术教育,2022(7):18 - 22.

[35] 何莎薇,徐国庆.深化人事制度改革是提升技能型人才社会地位的关键保障[J].中国职业技术教育,2021(12):63 - 67.

[36] 何杨勇.职业教育作为类型教育的特征与超越——基于杜威普职融合的视角[J].职教论坛,2020,36(5):6 - 13.

[37] 洪波,严洪广.行业产教融合共同体的组建逻辑、现实困境与突破路径[J].职业技术教育,2024,45(16):44 - 50.

[38] 侯长林,李世梅,罗静.职业学科概念意涵研究——从职业学科与职业科学、应用学科的比较视角[J].职业技术教育,2023,44(12):41 - 46.

[39] 侯长林,张秀,李世梅.职业型高校以职业教育专业为重点、职业学科是支撑的一体化发展模式构建[J].职业技术教育,2024,45(13):6 - 12.

[40] 胡城军,王彦璎.论保障公民数字受教育权的国家义务[J].湘南学院学报,2024,45(3):47 - 51.

[41] 胡国勇.基础职业教育:上海中等职业教育的新定位[J].教育发展研究,2009,29(Z1):25 - 30.

[42] 胡孝四.论基于校企合作和生活德育的高职德育模式创新[J].教育与职业,2011(27):64 - 65.

[43] 黄斌.职业教育作为类型教育的内涵、特征及其培育[J].中国职业技术教育,2020(1):67 - 72.

[44] 黄瀚玉,刘邵鑫,曾绍伦.产教融合人才培养模式研究的知识图谱可视化分析[J].教育与职业,2018(11):18 - 25.

[45] 黄宏伟.高职院校专业教师实践教学能力培养的问题与对策[J].教育与职业,2010(14):51 - 52.

[46] 黄亚宇,冯用军.教育法治视野下行业产教融合共同体:核心要义及其法律规制[J].河北师范大学学报(教育科学版),2024,26(2):93 - 102.

[47] 贾文胜.关于建设高水平实训基地的思考[J].中国职业技术教育,2019(7):

103－107.

[48] 姜大源.德国“双元制”职业教育再解读[J].中国职业技术教育，2013(33)：5－14.

[49] 姜大源.跨界、整合和重构：职业教育作为类型教育的三大特征——学习《国家职业教育改革实施方案》的体会[J].中国职业技术教育，2019(7)：9－12.

[50] 姜大源.职业教育：类型与层次辨[J].中国职业技术教育，2008(1)：1＋34.

[51] 姜丽杰，宁永红，巩建婷.建国 70 年来我国职业教育课程模式的引进、改造及创新[J].职业技术教育，2019，40(16)：6－11.

[52] 姜丽萍.持续发挥引擎作用不断提升职业院校教师教学能力[J].中国职业技术教育，2022(5)：9－14.

[53] 蒋慧杰，杨中保，王元鸷，等.成果导向型工程造价人才培养研究——基于现代学徒制[J].深圳职业技术学院学报，2019，18(3)：50－57.

[54] 金星霖，石伟平.论职业教育与普通教育协调发展[J].现代教育管理，2022(8)：102－110.

[55] 靳国庆，李人杰，王凯.新时代高校教师思想政治素质考核评价指标体系的构建[J].中国高等教育，2019(17)：16－18.

[56] 匡瑛.走出误区：深化我国现代职业教育体系建设改革的认识与行动[J].南京师大学报(社会科学版)，2023(3)：28－40.

[57] 李梦卿，万娥.“双师型”视阈下职教师资培训工作发展研究[J].教育发展研究，2014，34(5)：26－32.

[58] 李明，夏智伦，朱孔军，等.深化现代职业教育体系建设改革全面服务支撑中国式现代化(笔谈之二)[J].中国职业技术教育，2023(3)：5－12.

[59] 李鹏，石伟平.中国职业教育类型化改革的政策理想与行动路径——《国家职业教育改革实施方案》的内容分析与实施展望[J].高校教育管理，2020，14(1)：106－114.

[60] 李胜，张西华.现代职业教育体系高移背景下专科教育定位：存续价值、逻辑依据与实践方案[J].中国职业技术教育，2022，805(9)：38－45.

[61] 李淑娟.职教高考制度建设的区域实践——以江苏、山东、河南三省为例[J].职

业技术教育,2023,44(6):20-25.
[62] 李添甜,徐国庆.英国职业教育专业教学标准开发技术方案[J].职教论坛,2015(7):88-92.
[63] 李维春,易小军,王敏.产教融合背景下校企混编教学团队建设研究——基于35位教学团队成员的深度访谈[J].中国职业技术教育,2019(29):78-82.
[64] 李新发.职业教育作为一种教育类型的典型特征辨析[J].职业技术教育,2022,43(33):35-40.
[65] 李兴洲,赵陶然,王鲁艺.论职业教育的交换权利——兼论职业教育“同等地位”及其实现路径[J].教育发展研究,2022,42(9):38-44.
[66] 李兴洲.职业学校的功能探析[J].职教论坛,2004(16):13-14.
[67] 李训贵.高校扩招以来我国高等职业教育人才培养政策分析[J].黑龙江高教研究,2011(7):102-104.
[68] 李阳.省级政府推动职业教育高质量发展的政策扩散机理[J].职教论坛,2023,39(7):5-16.
[69] 李莹.发展中国家是否应发展中等职业教育?——一个长期的国际争议[J].教育科学,2007(1):68-72.
[70] 李玉静.职业教育作为一种类型教育:基本特征[J].职业技术教育,2019,40(1):1.
[71] 李增军,李建广,张露颖.高职院校混合所有制办学探析[J].教育与职业,2021(24):34-38.
[72] 梁燕.美国社区学院生涯与技术教育的发展成就与借鉴[J].职教论坛,2020(4):167-176.
[73] 林杰,刘业青.新加坡职业教育融入“终身学习系统”的过程与机制研究[J].教育与职业,2024(7):94-101.
[74] 刘奉越.高质量发展下市域产教联合体的构建逻辑及路径[J].教育学术月刊,2024(1):9-15.
[75] 刘惠芹,王金凤.高职德技并修工学结合育人激励机制研究[J].辽宁高职学报,2019,21(7):18-22.

[76] 刘江义.美国的“人民学院”——关于美国社区学院的理念、经验和特点研究[J].中国职业技术教育,2007(2):55-58.
[77] 刘精明.教育选择方式及其后果[J].中国人民大学学报,2004(1):64-71.
[78] 刘磊.我国职业教育贯通培养的实践审思[J].苏州大学学报(教育科学版),2023,11(2):71-79.
[79] 刘晓杰,邵雯.基于“岗课赛证”融通的职业教育新形态教材评价指标体系构建[J].职业技术教育,2023,44(14):75-79.
[80] 刘雅婷,樊灵燕,袁金辉.基于1+X证书制度的课证融通路径研究——以环境设计专业为例[J].职业教育,2023,22(34):54-56+60.
[81] 刘育锋.论我国中高职衔接的模式[J].职业技术教育,2002,23(10):5-7.
[82] 刘育锋.人均GDP与中学职普比关系的比较研究[J].中国职业技术教育,2015(18):5-13+66.
[83] 娄元元.新中国成立以来基础教育普职融通政策的回顾与展望[J].职业教育研究,2021(2):17-23.
[84] 卢德生,刘瑶.新中国成立七十年我国职教教师教育政策变迁与展望[J].中国职业技术教育,2019(9):35-40.
[85] 罗霞.职业本科建设的中日比较——以日本专门职大学为例[J].宁波职业技术学院学报,2024,28(3):10-16.
[86] 吕玉曼,徐国庆.从强化到优化:职业教育类型属性确立的实践路径[J].现代教育管理,2022(2):111-118.
[87] 马金龙,肖梦悦.中国式现代化的内涵及其当代价值[J].宁夏师范学院学报,2023,44(2):5-10.
[88] 马树超,郭文富.坚持学历教育与职业培训并举推动新时代职业教育改革[J].中国职业技术教育,2019(7):13-18.
[89] 马宇.德国“双元制”职业教育发展特点新论[J].教育评论,2012(6):150-152.
[90] 孟凡华,岳金凤,于志晶.新《职业教育法》:“类型教育”的作用和价值[J].职业技术教育,2022,43(15):25-28.
[91] 孟凡华.职业教育工作部际联席会议制度:发挥统筹合力[J].职业技术教育,

2018,39(36): 1.

[92] 潘海生,林晓雯.新发展格局下职业教育的适应性发展[J].职业技术教育,2021,42(15): 15-20.

[93] 潘懋元.建立高等职业教育独立体系刍议[J].教育研究,2005(5): 26-29.

[94] 潘天群.技术知识论[J].科学技术与辩证法,1999(6): 32-36.

[95] 彭莉洁.职业教育产教融合的历史演进、逻辑起点与战略要点[J].教育与职业,2019(6): 19-25.

[96] 彭宇文,彭学琴.我国职业教育基本定位政策演进研究[J].教育科学,2022,38(6): 76-83.

[97] 平和光.为何强调职业教育是类型教育[J].职业技术教育,2019,40(4): 1.

[98] 祁占勇,王锦雁.美国职业教育制度的发展演变及其基本特征[J].职教论坛,2017(34): 58-64.

[99] 祁占勇,王羽菲.改革开放40年来我国职业教育产教融合政策的变迁与展望[J].中国高教研究,2018(5): 40-45+76.

[100] 秦祖泽,黄俊伟,吴敏,等.中国式现代化视域下优化职业教育类型定位的价值向度与推进策略[J].职业技术教育,2023,44(1): 21-26.

[101] 邱福明.装备制造大类职业教育专业链对接产业链的价值性、着眼点和着力点[J].教育与职业,2022(1): 96-100.

[102] 任杰,陈道志.数字技术助推职业教育精细化治理: 内涵、机制和路径[J].教育理论与实践,2024,44(3): 20-24.

[103] 阮芷茹.我国"产教融合型企业"研究: 回顾、反思与展望[J].职教通讯,2022(4): 60-66.

[104] 沈健.深化教育教学改革成就出彩人生——谱写江苏职业教育新华章[J].中国职业技术教育,2015(16): 5-12.

[105] 沈健.树立正确人才观加快建设江苏现代职业教育体系[J].中国职业技术教育,2014(28): 53-57.

[106] 石中英.知识性质的转变与教育改革[J].清华大学教育研究,2001(2): 29-36.

[107] 司晓宏."以人为本"教育价值观的真正确立——对党的"十七大"报告从"改善民生"角度论述教育问题的解读[J].陕西师范大学学报(哲学社会科学版),2009,38(5):95-99.

[108] 孙翠香."苏格兰学分与资格框架"的质量保障机制研究[J].河北师范大学学报(教育科学版),2021,23(2):105-113.

[109] 孙玫璐.我国职业教育公平的制度环境问题简析[J].职教通讯,2011(13):1-4.

[110] 覃丽君.本科职业教育制度精准供给的国际启示——基于对英国学位学徒制的新制度主义考察[J].中国职业技术教育,2021(21):13-19.

[111] 谭禧锦.职业教育产教深度融合育人的多维分析[J].职教通讯,2023(6):10-16.

[112] 唐智彬,石伟平.生产方式发展与职业教育办学模式变迁[J].河北师范大学学报(教育科学版),2013,15(5):63-68.

[113] 唐智彬.理解职业教育类型定位的三重逻辑及其制度调适路径[J].南京师大学报(社会科学版),2023(1):28-39.

[114] 涂雪仁,黄宇红.美国社区学院职业教育发展特征及趋势[J].教育评论,2015(1):149-151.

[115] 汪治,刘红燕.职业教育类型的时代特性与特征探究及其启示[J].职教论坛,2021,37(4):26-32.

[116] 王凤玉,刘英俊.美国社区学院的办学特色[J].现代教育管理,2012(7):118-123.

[117] 王广慧,张世伟.教育对农村劳动力流动和收入的影响[J].中国农村经济,2008(9):44-51.

[118] 王洪才,汤建.国家资历框架建设:内涵·目的·要点[J].华中师范大学学报(人文社会科学版),2019,58(4):170-177.

[119] 王洪艳.我国中高职衔接研究现状综述[J].现代教育科学,2018(7):141-144.

[120] 王可欣,谢莉花.职普协调发展的概念释义、价值澄明与实现路径[J].当代职

业教育,2022(6):39-47.
[121] 王奇.我国高等职业教育经费投入机制研究[J].重庆交通大学学报(社会科学版),2015,15(1):112-114.
[122] 王兴.职业教育类型发展:现实必然、价值取向与强化路径[J].中国职业技术教育,2020(16):43-48.
[123] 王屹,黄凤萍.职业教育赋能技能型社会建设的逻辑、困境与路径[J].中国职业技术教育,2023(1):54-61+75.
[124] 王宇翔.英国职业教育制度变迁研究——基于历史制度主义视角[J].高等理科教育,2022(5):118-123.
[125] 王元,韩萌萌.类型定位下职教高考制度的"破"与"立"[J].江苏高职教育,2022,22(3):39-44.
[126] 王志,赵倩.预判与应对:大数据视域下本科职业教育人才培养的风险及规避[J].机械职业教育,2023(6):44-47.
[127] 王志远,祁占勇."去企业化"与"再企业化"的博弈:企业举办职业教育政策的历史透视及其反思[J].职教论坛,2020,36(11):14-23.
[128] 吴雪萍,蒋新峰.美国社区学院的高等职业教育管窥[J].教育与职业,2002(2):57-59.
[129] 吴岩.锻造中国"金师"[J].中国高等教育,2022(24):13-18.
[130] 伍俊晖,蔡丽.现代职业教育高质量发展背景下湖南省产教融合型企业认定研究[J].教育与职业,2023(21):53-57.
[131] 夏阳,徐平平.中国式现代化视域下高等学历继续教育创新发展研究[J].苏州科技大学学报(社会科学版),2024,41(1):19-24+31.
[132] 肖纲领,熊亮州.普职协调发展的价值意蕴、实践困境与推进路径[J].教育与职业,2022(22):13-17.
[133] 谢晶.国际视野下国家资历框架对我国职业资格制度改革的启示借鉴[J].中国行政管理,2018(8):150-155.
[134] 谢莉花.德国职业教育的"教育职业标准":职业教育条例的开发内容、路径与经验[J].外国教育研究,2016,43(8):28-40.

[135] 谢清，秦惠民.论职业教育、高等教育和继续教育协同创新——基于人口宏观形势的视角[J].中国人民大学教育学刊，2023(3)：1－8＋181.
[136] 邢晖.《职业教育法》修订的历程回顾与新法内涵基本点及其影响的分析[J].中国职业技术教育，2022(24)：5－14.
[137] 邢彦明.从教育类型学观中国特色职业教育“类型”定位[J].中国职业技术教育，2021(33)：24－30.
[138] 熊丙奇.职业教育改革的突破点：从“层次教育”到“类型教育”[J].行政管理改革，2022(8)：23－29.
[139] 徐国庆.国家专业教学标准建设是实现职业教育现代化的基础[J].中国职业技术教育，2019(7)：62－66.
[140] 徐国庆.确立职业教育的类型属性是现代职业教育体系建设的根本需要[J].华东师范大学学报(教育科学版)，2020，38(1)：1－11.
[141] 徐国庆.职业教育实现现代化的关键是完善国家基本制度[J].华东师范大学学报(教育科学版)，2021，39(2)：1－14.
[142] 徐晔.新形势下中等职业教育功能定位研究[J].成人教育，2021，41(1)：59－64.
[143] 许昆林.政府工作报告——2024 年 1 月 23 日在江苏省第十四届人民代表大会第二次会议上[J].江苏省人民政府公报，2024(3)：5－23.
[144] 薛思敏，董显辉.德国高等教育“双元制”项目发展现状及其特点[J].职教论坛，2020，36(9)：162－168.
[145] 阎琨，江宇辉，吴菡，等.推进学科-专业二元治理体系改革：理性辨析和实现路径[J].高等教育评论，2022，10(2)：242－256.
[146] 杨公安，米靖，周俊利.新时代职业教育国家标准体系建构的背景及路径[J].中国职业技术教育，2020(25)：36－41.
[147] 杨金土.人才观与职业教育[J].职业技术教育，2008，29(36)：66－69.
[148] 杨涛.高质量发展背景下高等职业教育的类型与定位——以蔡元培高等学校分类思想为分析中心[J].河南师范大学学报(哲学社会科学版)，2022，49(6)：131－136.

[149] 杨湘宁.职业教育公益性及江苏的实践与探索[J].职业技术教育,2010,31(28):9-12.

[150] 杨梓樱.我国职业教育对经济增长的贡献率分析——基于1985—2017年教育及经济数据[J].教育学术月刊,2020(12):30-39.

[151] 叶安珊,左莉,李远峰.高等教育自学考试综合改革探索[J].中国成人教育,2015(2):33-35.

[152] 易海华.职业教育期望功能现实化之探究[J].职教论坛,2005(7):56-58.

[153] 尹庆双,肖磊,杨锦英.人的全面发展:时代特质、内涵延展与理论意义[J].政治经济学评论,2023,14(6):102-126.

[154] 尹伟民.江苏现代职业教育体系建设的实践与探索[J].中国职业技术教育,2013(36):5-9.

[155] 雍莉莉.职业教育服务全民终身学习的价值意蕴、矛盾表现与实践路径[J].教育与职业,2022(22):96-100.

[156] 余荣宝,陈新文.职业教育类型化的内涵与特征探析[J].教育与职业,2021(1):13-20.

[157] 虞安骥.面向中国式现代化:职业教育融入全民终身学习体系的逻辑、价值与实践方略[J].中国职业技术教育,2023(3):70-76.

[158] 袁乐平.劳动力市场:一元还是二元——基于就业困难群体解困视角[J].广西财经学院学报,2020,33(6):82-90.

[159] 袁平凡.我国技能型社会构建的文化逻辑[J].职业技术教育,2022,43(19):13-19.

[160] 詹华山.新时期职业教育产教融合共同体的构建[J].教育与职业,2020(5):5-12.

[161] 湛年远,谭永平,刘燕.欠发达地区高职产教融合共同体构建的意蕴、困境与对策[J].中国职业技术教育,2023(28):42-47.

[162] 张桂春,卢丽华.职普融通的教育理念与实践:基于公民素质培养的视角[J].教育科学,2014,30(5):22-26.

[163] 张健.类型视野下对职业教育特性与发展的再审思[J].教育与职业,2020

(14): 26 - 32.

[164] 张健.类型视野下对职业教育特性与发展的再审思[J].教育与职业,2020(14): 26 - 32.

[165] 张菊霞,任君庆,彭振博.科教融汇视域下高职教育校企协同创新治理的逻辑与路径研究[J].职教论坛,2024,40(4): 104 - 112.

[166] 张丽颖,张学军.高职课堂革命: 内涵、动因与策略[J].中国职业技术教育,2021(2): 18 - 22.

[167] 张丽颖,张学军.数字化时代高职院校"三教"改革的现实路径[J].成人教育,2024,44(3): 74 - 79 + 86.

[168] 张萌,张光跃.论政府在职业教育结构调整中的职能[J].中国职业技术教育,2013(27): 45 - 48.

[169] 张慕文,祝士明.职业教育数字化转型的内涵、逻辑与策略[J].现代教育管理,2023(3): 120 - 128.

[170] 张慕文.我国职教高考的研究进展及未来趋势——基于 CiteSpace 的知识图谱分析[J].宁波职业技术学院学报,2023,27(6): 17 - 26.

[171] 张祺午.企业举办高质量职业教育的困与破[J].职业技术教育,2020,41(21): 1.

[172] 张蕊,冉云芳,张文静,等.产教融合型企业参与职业教育办学的现状与趋势分析——以常州市为例[J].职教通讯,2022(7): 28 - 35.

[173] 张社字,史宝金.职业教育实现美好生活的机制与保障[J].职教论坛,2023,39(10): 5 - 15.

[174] 张社字.职业教育地位"应然"与"实然"的冲突[J].教育发展研究,2007(11): 43 - 47.

[175] 张思琪,匡瑛.从技术知识论看职业教育的类型属性[J].教育与职业,2023(12): 21 - 26.

[176] 张伟远,谢青松,谢浩,等.推进数字时代终身学习制度体系建设的中国方案[J].中国电化教育,2023(4): 7 - 15.

[177] 张伟远.国家资历框架的理论基础和模式建构[J].中国职业技术教育,2019(18): 28 - 35 + 45.

[178] 张文龙.试论中职学校落实国家专业教学标准的逻辑与策略——从研发、实施和应用三个层次的视角[J].教育科学论坛,2019(3):25-32.
[179] 张彦媛.从了解、理解到化解——由案例分析浅谈班主任解决学生问题的方法[J].教师,2019(4):12-13.
[180] 赵军."共同体"视域中我国职业教育发展境遇与路径选择[J].教育发展研究,2012,32(17):19-24.
[181] 赵蒙成.职业教育高质量教材的内涵与开发路径[J].河北师范大学学报(教育科学版),2022,24(5):83-90.
[182] 赵伟,孙英.职业教育类型论[J].中国高教研究,2020(11):98-103.
[183] 赵文平.美国职业教育体系的开放性特征分析[J].职教论坛,2014(34):53-56.
[184] 赵阵.过程论视域下的军事技术变革研究[J].自然辩证法研究,2017,33(4):113-117.
[185] 周春彦.关于科学技术化的"化"的哲学思考[J].自然辩证法研究,2001(3):27-29+52.
[186] 周凤华.建立产教融合型企业认证制度推动职业院校和行业企业形成命运共同体[J].中国职业技术教育,2019(7):86-92.
[187] 周建松.加快构建类型特色鲜明的现代职业教育体系思考[J].职教论坛,2021,37(8):158-162.
[188] 朱德全,徐小容.职业教育与区域经济的联动逻辑和立体路径[J].教育研究,2014,35(7):45-53+68.
[189] 朱善元,胡新岗,朱明苑.高职数字化教学"金课"的内涵特征、价值意蕴及建设路径[J].教育与职业,2023(4):89-94.
[190] 朱胜晖.统筹职业教育、高等教育、继续教育协同创新:何为、难为与可为——整体性治理理论的视角[J].成人教育,2024,44(9):10-16.
[191] 庄西真.分类和我国职业教育的发展——从《我国本科教育的分类问题》说开去[J].中国职业技术教育,2023(36):7-11.
[192] 庄西真.社会分层和流动与职业教育发展[J].职教通讯,2005(2):10-

12+27.
[193] 庄西真.影响欠发达地区中等职业教育发展的文化分析[J].职业技术教育，2003,24(4)：9-12.
[194] 壮国桢.我国高等职业教育类型的历史演进与基本特征[J].职业技术教育，2021,42(8)：6-10.

三、学位论文类

[1] 程宇.中国职业教育与经济发展互动效应研究[D].长春：吉林大学,2020.
[2] 贺凯.科学知识、技术知识与工程知识的比较研究[D].西安：西安建筑科技大学,2007.
[3] 黄浩怡.产教融合在广州市中职学校人才培养模式中的应用研究[D].广州：广东技术师范大学,2019.
[4] 冀晓宁.环境规制、技术创新与工业结构高度化关系研究[D].沈阳：辽宁大学,2019.
[5] 李悦.从《天工开物》试探中国古代技术知识[D].西安：西安建筑科技大学,2016.
[6] 林意章.习近平人民至上论研究[D].桂林：广西师范大学,2022.
[7] 刘茂祥.普通高中与中职校沟通的动力机制研究[D].上海：上海师范大学,2017.
[8] 刘炜杰.从单一走向多元：当前我国中等职业学校教育改革的方向与路径[D].上海：华东师范大学,2017.
[9] 刘阳.以就业为导向的中等职业教育教学质量评价体系研究[D].长沙：湖南师范大学,2013.
[10] 盛洁.社会分层视野下的职业教育公平研究[D].广州：广东技术师范学院,2016.
[11] 武智.新中国职业教育政策变迁研究(1949—2019)[D].扬州：扬州大学,2021.
[12] 席丽莎.现代艺术与设计关系研究[D].天津：天津大学,2008.
[13] 徐晔.现代职业教育体系下中等职业教育功能定位研究[D].天津：天津大学,

2019.
[14] 杨芳.基于旅游类高职院校的教师准入制度研究[D].上海：华东师范大学，2022.
[15] 杨洁.基于校企合作的中职课程建设研究[D].太原：山西大学，2017.
[16] 杨秀果.毛泽东社会主义劳动教育思想研究[D].长沙：湖南科技大学，2021.
[17] 余美杰.我国中等和高等职业教育衔接的历史、现状及趋势[D].福州：福建师范大学，2012.
[18] 张晓燕.教育的民生功能研究[D].重庆：西南大学，2014.
[19] 朱贞子."1 + X"证书制度试点改革研究[D].开封：河南大学，2021.

四、报纸类

[1] 段旻雯.职业教育前景如何——几位教育专家访谈录[N].中国教育报，2000-07-10(03)
[2] 葛道凯.建设现代化教育强省办好人民满意的教育[N].江苏教育报，2019-05-17(001).
[3] 陶韬.江苏职业教育十年高质量发展[N].江苏科技报，2022-10-19(A02).
[4] 王琼，董康.蹚出新路再领跑[N].江苏教育报，2021-02-03.
[5] 张渺."职教高考"怎么考怎么改[N].中国青年报，2023-09-19(006).
[6] 张胜，王斯敏，刘钊汐.如何走好技能成才、技能报国之路[N].光明日报，2020-12-07(007).

附录一　访谈提纲

1. 职业院校在职教体系与产业体系互通中的定位。
2. 职业院校怎样与合作企业保持密切关系？
3. 政行企校合作的各自利益是什么？
4. 政行企校合作有哪些制约因素？
5. 如何与企业建立合作关系？
6. 地方政府是否有促进校企合作的政策？
7. 政行企校长期合作应该依靠什么？
8. 是否有相关的纸质材料？

附录二　调查问卷

江苏职业教育类型化发展“困境”调查问卷

尊敬的老师，您好！这是关于江苏职业教育类型化发展“困境”的调查，希望能够得到您的支持。您的回答无对错之分，本调查不署名，只为课题研究所用。我们对您的回答绝对保密！感谢您的支持！

一、您在学校身份是【单选题】

1. 专任教师
2. 专业带头人/教研室主任
3. 普通管理人员
4. 中层及以上干部

二、请您在以下 20 项中选取 5 项

1. 职教与产教体系互通困境
2. 中高本贯通培养现实困境
3. 职普协调发展的实践困境
4. 学科专业一体化发展困境
5. 服务终身学习的现实困境
6. 促进共同富裕的现实困境
7. 推动专业建设的现实困境

8. 促进双师发展的现实困境
9. 推动数字化转型的现实困境
10. 促进高质量发展的现实困境
11. 增强职教适应性的现实困境
12. 促进职教社会认同的困境
13. 服务乡村振兴的现实困境
14. 人才培养机制建设的困境
15. 职教文化育人的现实困境
16. 职教教学改革路径的困境
17. 职教标准体系建设的困境
18. 职业教育立德树人的困境
19. 职教人才培养机制的困境
20. 促进职业教育国际化的困境